캐릭터의 대중문화

전승·예능·세계

일본대중문화총서 08

캐릭터의 대중문화

전승·예능·세계

아라키 히로시·마에카와 시오리
기바 다카토시 엮음
엄인경·김효순 옮김

보고사
BOGOSA

역자 서문

　요즘 아시아뿐 아니라 전 세계에서 일반적인 문화, 젊은이 문화, 시대의 문화, 유행 문화라고 한다면 대중문화(pop culture)로 통용된다. 미디어 환경의 변화 탓/덕분이 크다고 할 수 있는데, 그만큼 문화라는 것이 시간적인 세로축보다 공간적인 가로축을 중심으로 공유를 전제로 하는 성격을 띠게 된 것을 의미한다. 또 이는 글로벌화의 현황이자 동시에 코로나19가 가속시킨 측면임을 부정할 수 없다.

　본 시리즈는 소비되고 망각되기 바쁜 뉴 미디어를 기반으로 순식간에 전 세계에서 맹위를 떨치는 소비 중심의 대중문화를, 일본이라는 창을 통해 문화사, 재난, 신체, 캐릭터, 전쟁이라는 다섯 테마로 나누어 학술적으로 정리한 것이다. 원서는 인문학 기반 일본 관련 최대 연구 기관인 국제일본문화연구센터(이하, 일문연)가 2016년부터 2021년까지 5년 동안 착수한 대중문화연구 프로젝트의 성과이다. 일본 문화를 국제적이자 통시적으로 고찰하여 대중문화의 큰 흐름을 주도하는 일본의 새로운 상과 문화적 특징을 파악하기 위한 목적에서 기획되어 KADOKAWA가 간행한 다섯 권의 연구서이다. 이를 고려대학교 글로벌일본연구원(이하, 본 연구원)이 팀을 구성하여 번역하였으며 일본대중문화 총서 5~9권으로 간행하게 되었다.

　2020년과 2021년, 즉 코로나19가 세계를 강타했던 그 시기에 잇따라 결실을 본 이 시리즈가, 2023년 본 연구팀의 번역 과정을 거쳐 2024년 초두에 한국에 소개된 데에는 몇 가지 중요한 과정이 있었다. 우선, 최근 한 세기 동안 세계에 유래가 없었던 팬데믹을 경유하는 동안 각종 매스 미디어와 소셜 미디어, OTT 등의 발달과 더불어 전 세계가 공유하게 된 대중문화의 유동성을 고려하면, 학술적 성과라고 할지라도 신속한 해석과 소개가 필요하다고 판단했다.

이후 본 연구팀의 번역 문의에 일문연이 전폭적으로 부응하였고, 번역의 가장 큰 난관인 도합 47명에 이르는 각 권의 편저자들 및 대형 출판사 KADOKAWA와의 교섭에 나서 주었다. 그 과정에서 일문연의 교직원들로부터 수고로운 연락과 공지, 번역 및 자료 게재 허가 등 일일이 열거하기 어려운 다대한 행정적 지원을 받게 되었다. 돌이켜보면 일본의 대중문화를 일본 내에서 해명하려는 이 시리즈가 바다를 건너 현재 대중문화의 큰 물결, 그야말로 K-wave를 활발히 만들고 있는 한국에서 한일 연구자들의 관심, 신뢰, 협력을 통해 완역되어 간행된 것이라 하겠다.

일본 대중문화의 폭과 저변이 상당히 넓다는 것은 주지의 사실인데, 본 시리즈는 이를 다섯 테마로 나누어 그 연원을 추적하고 일본적인 문화의 특성을 탐색하고 있다. 일문연 대중문화연구 프로젝트로 기획된 시리즈 다섯 권의 개요는 다음과 같다.

먼저 『일본대중문화사』는 만화 원작자로도 유명한 일문연의 오쓰카 에이지 교수가 대중문화연구 프로젝트를 발안하여 착수한 첫 번째 서적으로, 본 연구원의 엄인경 교수와 일본 대중문화를 전공하는 고려대 박사과정 하성호 씨가 공역하였다. 고대로부터 현대에 이르기까지 대중 또한 작자로서 문화를 만들어 왔다는 것이 이 연구의 근간이 되는 입장인데, 이 책은 다종다양한 문화가 지금까지 어떻게 만들어지고 계승되며 갱신되어 왔는지 천착한다. 각 시대마다 존재했던 '장(場)' 혹은 '미디어'와의 연결에 착목하여 장르를 횡단하면서 이를 통사로 읽어 나가는 의욕적인 작업이라 하겠다. 지금까지의 문화사를 쇄신하여 다가올 사회와 문화의 양태를 고찰하는 연구 프로젝트로서, 시간과 영역을 넘나드는 '2차 창작'이라는 행위의 성쇠를 흥미진진하게 그리고 있다.

　두 번째 『재난의 대중문화─자연재해·역병·괴이』는 일문연 전 소장인 고마쓰 가즈히코 명예교수의 편저로, 고려대 류정훈 연구교수와 가천대 이가현 연구교수가 공역하였다. 고대부터 현대에 이르기까지 대중 또한 창작의 주체였음에 초점을 맞추어 지진, 화재, 역병 등 다양한 집단적 경험을 통해 공포와 슬픔을 극복하기 위해 사람들이 만들어낸 것을 탐색한다. 이처럼 재앙과 구원의 상상력을 힌트로 민중의 심성에 접근하는 본서는 아마비에, 메기 그림 등 사람들은 무엇을 그렸고, 무엇을 바랐는지, 일본의 역사를 되돌아보며 자연재해가 가져온 재앙과 재난에 대해 사람들이 어떻게 대응해 왔는지 살펴본다.

　세 번째 『신체의 대중문화─그리다·입다·노래하다』에서는 '신체(몸)'가 중심 주제로, 일문연 야스이 마나미 교수와 에르난데스 알바로 연구원이 대표 편저하였고, 본 연구원 정병호 원장과 충남대 이상혁 연구교수가 공역하였다. 신체는 단순히 우리의 몸이라는 의미를 넘어 그 자체가 세계와의 관계 방식이자 욕망이 기입되는 장소이기도 하다. 대중문화라는 미디어에 나타나는 성(性), 두려움, 소망과 욕망을 통해 이 장소로서의 신체를 살펴봄으로써 우리의 몸에 기입되는 세계와의 관계 방식 및 욕망이 어떻게 구성되고 있는지 엿볼 수 있다.

　네 번째 『캐릭터의 대중문화-전승·예능·세계』는 일문연의 아라키 히로시 교수와 교토예술대학의 마에카와 시오리 교수, 교토첨단과학대학의 기바 다카토시 교수가 편저하였고, 본 연구원 김효순 교수와 엄인경 교수가 공역하였다. 본서는 고대부터 현대에 이르는 다양한 문화 사상(事象)을 '캐릭터'와 '세계'라는 키워드를 중심으로 고찰한 것으로, 대중문화에 있어 '캐릭터'란 무엇인지를 규정하고, 그것이 미인, 전승세계, 회화 및 예능 분야에서 어떤 양상을 보여 왔는지, 그리고 그것이 현대 대중문화에 어떻게 투영되었는지를 분석하고 있다.

　마지막 다섯 번째 『전시하의 대중문화-통제·확장·동아시아』는 일문연 류지엔후이 교수와 이시카와 하지메 연구원이 편저하고, 고려대 일어일문학과 유재진 교수와 남유민 연구교수가 공역하였다. 본서는 전시하 '일본 제국' 일대 지역의 대중문화를 다루는데, 문학, 광고, 건축, 만화, 영화, 패션, 스포츠 등의 장르가 일본을 넘어 '외지'에서 전개된 양상을 통해 제국주의 지배의 실태와 의미를 밝히고 있다. 이를 일본 식민지 대중문화 연구 영역으로 편입하려는 이 책의 시도는 일본 역사와 문화 총체를 파악하여 보다 나은 미래로 나아가기 위한 것이다.

　번역 과정에서는 일본 문학과 문화를 전공으로 한 번역팀 입장에서 내용의 재미와 각성을 크게 얻을 수 있었던 것과는 전혀 별개로 두 가지 거대한 난관이 있었다. 먼저 내용적으로는 일본 특유의 전통적 대중문화의 흐름을 다루는 관계상 전근대의 다양한 문화 현상과 인물, 작품이 현대의 수많은 대중문화의 캐릭터 및 작품, 현상 속에서 끝도 없이 등장하는 것을 어떻게 처리해야 할지 고민이 많았다. 하지만 학술적으로 철저히 추적한다는 원서의 취지를 살려, 가독성에는 다소 방해가 되지만 역자들의 각주가 많을 수밖에 없었던 것을 미리 말해둔

다. 거듭 이야기하지만 이와 별도로 그야말로 종횡무진 자유자재로
신화에서부터 대중문화적 요소를 다루고 연결하는 일본 연구자들 각
저자들에게는 일일이 고개 숙여 경의를 표하고 싶은 만큼 감탄하며
흥미롭게 공부할 수 있는 번역 작업이었다.

　아울러 형식적 측면에서도 난관이 있었는데, 대중문화라는 분야의
특성상 원서에는 독자의 이해를 돕는 이미지가 상당히 많았다는 면이
다. 이는 300장이 넘는 방대한 양의 이미지들을 각 이미지 소장처로부
터 일일이 사용 허가를 받아야 하는 것을 의미했고, 상당히 지난한
과정이었다. 다행히 일문연이 소장한 그림들에 대해서는 일괄 허가를
받아 수월하게 진행할 수 있었으며, 대부분 개별 저자들로부터 세세한
이미지 사용 허가의 안내를 받을 수 있어서 생각보다는 많은 이미지들
을 수록할 수 있었다. 이를 정리하고 도와준 일문연의 사카 지히로
연구원과 학술적 사용임을 감안하여 무료 사용을 허락해 준 수십 곳의
일본 소장처에 깊이 감사한다.

　마지막으로 역자 서문의 자리를 빌려 이 책이 번역 간행되는 데 도움
을 주신 분들께 감사의 말씀을 드리는 바이다. 우선 집필자들에게 한국
어 번역의 취지를 전달하고 이를 진행할 수 있도록 도움을 주신 일문연
의 대표 편자들 고마쓰 가즈히코 전 소장, 야스이 마나미 교수, 아라키
히로시 교수, 류지엔후이 교수, 오쓰카 에이지 교수께 감사드린다.
또한 저작권 과정에서 문제가 없도록 계약서와 법률관계 등을 꼼꼼히
살피고 조정해 준 일문연의 국제연구추진계와 다키이 가즈히로 교수,
출판사 KADOKAWA, 무엇보다 일문연과 본 연구원의 기관 대 기관의
연구 교류 작업으로 본 번역 작업을 추진할 수 있도록 각종 의결 과정에
서 큰 힘을 실어주신 이노우에 쇼이치 소장님, 마쓰다 도시히코 부소장

님께도 심심한 감사 인사를 드린다.

　또한 무엇보다 이 총서의 번역 과정을 함께 해 주시면서 방향 제언과 행정적으로 전폭적 지원을 해 주신 본 연구원의 정병호 원장님, 번역 워크숍 진행과 제반 연락에 동분서주했던 이상혁 선생을 비롯한 번역 팀 연구자 동료들에게 박수를 보낸다. 그리고 오랫동안 본 연구원과 호흡을 맞추어 총서 작업을 함께 해 준 보고사의 사장님, 편집장님을 비롯한 편집부 모든 담당자들의 수고에 진심으로 감사드린다. 끝으로, 일본대중문화 총서 작업에 찬동하여 출판비 지원을 결정해 준 공익재단법인 간사이·오사카21세기협회에 마음으로부터 깊은 감사를 전하는 바, 이 출판 지원이 없었더라면 아무리 중요하고 관심 있는 테마일지언정 본 번역서 시리즈 완간에는 감히 도전하기 어려웠을 것이다.

　유행을 따라잡기 바쁜 것과, 어떻게 볼 것인지의 관점을 갖고 넓은 시야로 세상을 보려고 노력한다는 것은 너무도 다른 차원의 의식이자 행위라 할 수 있다. 본 시리즈의 간행이 애니메이션이나 다양한 캐릭터로 대표되는 일본의 대중문화에 대한 이해뿐 아니라, 한일 대중문화의 교류와 이해, 동아시아의 대중문화 교류사 등 보다 거시적인 연구에 학술적 자극이 될 수 있기를 바라 마지않는다.

2024년 1월 초
교토 서쪽 일문연 연구실에서
엄인경 씀

목차

역자 서문 ⋯ 5
일러두기 ⋯ 17

서: '캐릭터'와 '세계'의 대중문화사 _아라키 히로시   ⋯ 19

제1부 '캐릭터'란 무엇인가?

제1장 '캐릭터'와 '인격'에 대하여 _긴스이 사토시   ⋯ 49

　들어가며 ⋯⋯⋯⋯⋯⋯⋯⋯⋯⋯⋯⋯⋯⋯⋯⋯⋯⋯⋯⋯⋯⋯ 49

　1. 선행 연구 ⋯⋯⋯⋯⋯⋯⋯⋯⋯⋯⋯⋯⋯⋯⋯⋯⋯⋯⋯⋯⋯ 50

　2. 《인격》, 인디비주얼의 도입 ⋯⋯⋯⋯⋯⋯⋯⋯⋯⋯⋯⋯ 56

　3. 《인격》의 '유일성'과 '나'의 가탁 ⋯⋯⋯⋯⋯⋯⋯⋯ 59

　4. 픽션에서의 등장인물 삼분류와 시점 ⋯⋯⋯⋯⋯⋯ 61

　5. 등장인물의 내면과 시간 ⋯⋯⋯⋯⋯⋯⋯⋯⋯⋯⋯⋯ 64

　6. 역할어, 캐릭터 언어와 '보이스' ⋯⋯⋯⋯⋯⋯⋯⋯ 65

　7. 영적 현상 ⋯⋯⋯⋯⋯⋯⋯⋯⋯⋯⋯⋯⋯⋯⋯⋯⋯⋯⋯⋯ 66

　정리 ⋯⋯⋯⋯⋯⋯⋯⋯⋯⋯⋯⋯⋯⋯⋯⋯⋯⋯⋯⋯⋯⋯⋯⋯ 67

제2장 야마토 햄릿 일곱 가지 변화 _아시즈 가오리   ⋯ 70

　들어가며 ⋯⋯⋯⋯⋯⋯⋯⋯⋯⋯⋯⋯⋯⋯⋯⋯⋯⋯⋯⋯⋯⋯ 70

　1. 사무라이 햄릿 등장 ⋯⋯⋯⋯⋯⋯⋯⋯⋯⋯⋯⋯⋯⋯⋯ 72

　2. 할복하는 햄릿과 연극계의 곤혹스러움 ⋯⋯⋯⋯⋯ 75

   3. 물에 투신자살한 햄릿과 문학계의 도취 ························ 78

   4. 문학계의 응석받이 왕자 ································· 81

   5. 햄릿은 쇼와천황(昭和天皇)? ···························· 84

   6. 고도 성장기의 샐러리맨 햄릿 ························· 87

   7. 오사카 사투리의 불량소년 햄릿 ······················ 90

   맺으며 ··· 93

칼럼Ⅰ 캐릭터와 번역 가능성 _마이클 에메릭   ··· 96

제2부 미인이라는 캐릭터

제3장 미모의 역사와 미술의 역사 _이노우에 쇼이치   ··· 107

   1. 우사기와 라무와 아사쿠라 미나미 ···················· 107

   2. 덴표(天平)의 미인과 아수라상 ······················ 113

   3. 마돈나의 전언 ····································· 123

제4장 '세계 3대 미녀' 담론과 전후 일본의 미인관   ··· 130
    고마치(小町)와 헬레네의 교대로 생각하다 _나가이 구미코

   들어가며 ··· 130

   1. 메이드 인 할리우드의 헬레네 등장 ··················· 132

   2. 프로포션이 요구되는 시대 ·························· 135

   3. 시카고의 고마치 ·································· 138

   4. 금발의 헬레네 흑발의 클레오파트라 ·················· 143

   끝으로 ··· 147

제5장 '캐릭터'로서의 레이코(麗子) ··· 149

화가 기시다 류세이의 〈레이코상〉 연작으로부터 _ 마에카와 시오리

들어가며 ··· 149

1. '초상'으로서의 레이코 ··· 153

2. '미인'으로서의 레이코 ··· 158

3. '캐릭터'로서의 레이코 ··· 164

끝으로 ·· 168

제3부 전승세계와 캐릭터

제6장 〈신 고질라〉 세계관 ··· 175

캐릭터화된 '사나운 신'과 신화의 세계 _ 사사키 다카히로

들어가며 ··· 175

1. 고대의 사나운 신 ·· 176

2. 사나운 신들에 대한 대처 방법 ······························· 181

3. 사나운 신은 바다에서 온다 ······································ 184

4. 캐릭터화하는 사나운 신들 ·· 187

5. 〈신 고질라〉의 침입 경로 ·· 190

제7장 하늘에서 짐승이 떨어졌다 ··· 195

뇌수(雷獸) 고찰 _ 기바 다카토시

들어가는 말 ·· 195

1. 에도시대 천둥에 대한 이해 ······································ 197

2. 뇌수의 출현 ··· 200

3. 통속 캐릭터로서의 뇌수 ································· 213

맺음말 ·· 219

제8장 너구리와 전쟁 ··· 223

일본 아니메 문화에 있어 전승세계의 전개 _사노 아키코

들어가는 말 ·· 223

1. 고대에서 쇼와시대 초기까지의 너구리 이미지 ············· 224

2. 동영상 미디어와 너구리 ································· 227

3. 일본 아니메의 원숭이(1930년대 전반) ··············· 229

4. 일본 아니메의 너구리(1930년대 후반부터 종전까지) ······· 233

5. 일본 아니메의 너구리(전후) ························· 235

칼럼 Ⅱ 제가이보(是害坊)의 근세 수용 ··· 246

전생하는 천구 설화 _구루시마 하지메

제4부 그림과 예능과 캐릭터

**제9장 고바야시 기요치카의 『백찬백소』에 나타난
청국인상** _아오키 젠 ··· 257

들어가는 말 ·· 257

1. 고바야시 기요치카와 풍자화 ························· 260

2. 니시키에 속 청국인상 ································· 267

3. 『백찬백소』 ··· 272

맺음말 ·· 277

제10장 시대극과 히어로 캐릭터의 예능사 _야마구치 노리히로   ··· 281

들어가는 말 ··· 281

1. TV 특촬 히어로 캐릭터의 원점, 시대극 ················· 282

2. 시대극 히어로 캐릭터의 역사 ···························· 293

맺음말 ·· 309

제11장 가부키와 자니즈   ··· 312

형태를 바꾸어 계속해서 살아남는 문화전통 _후카야 다이

들어가는 말 ··· 312

1. 〈다키자와 가부키〉－내부의 '성(城)' ················· 313

2. KinKi Kids－우뚝 솟은 '산' ························ 316

3. 아라시(嵐)－움직이는 무대 ························· 323

맺음말에 대신하여 － '풍류의 예능'에 있어 조작물 ··········· 327

제5부 모던 컬처 프로젝션

제12장 〈야마토〉에서 〈건담〉까지의 미디어사   ··· 333

'기억해야 할 것'과 '기억하는 사람들' _곤도 가즈토

들어가는 말 ··· 333

1. '세계'와 '취향'의 전제 ···························· 336

2. '남기는' 것에 대한 욕망 ························· 340

3. 아니메 전문지와 팬 문화의 변용 ···················· 345

맺음말 ·· 350

제13장 그룹 아이돌의 세계관 공유와 보완 … 355

BiS·BiSH를 대상으로 _에구치 구미

들어가는 말 … 355

1. 대중문화의 아이돌 … 357

2. 인용과 참가에 의한 세계관의 공유와 보완 … 360

맺음말 … 374

제14장 비디오 게임의 캐릭터와 세계 … 380

〈슈퍼로보〉와 〈사가〉 시리즈로 생각하다 _마쓰이 히로시

들어가는 말 … 380

1. 캐릭터, 이야기, 세계 … 381

2. 사례 분석 ①〈슈퍼 로봇 대전〉 시리즈 … 385

3. 사례 분석 ②〈사가〉 시리즈 … 391

4. 게임의 캐릭터와 세계 … 396

집필자 소개 … 399

일러두기

1. 이 책은 『〈キャラクター〉の大衆文化——伝承 · 芸能 · 世界』(KADOKAWA, 2021)의 한국어 번역서이다.
2. 일본의 지명 및 인명과 같은 고유명사의 표기는 국립국어원이 제정하고 교육부가 고시한 외래어 표기법에 따랐다. 다만, 이미 한국에서 번역, 유통되고 있는 작품이나 대중문화 콘텐츠는 한국 내에서 소개된 제목의 표기를 따랐다.
3. 단행본, 잡지명, 신문명 등은 『 』로, 논문, 기사 등은 「 」로, 강조, 간접 인용은 ' ', 직접 인용이나 ' ' 내의 인용은 " "로, 그 외의 예술 작품 및 대중문화 콘텐츠의 제목이나 행사명은 〈 〉로 표시하였다.
4. 원어나 한자가 필요한 경우 ( )로 병기하였으며, ( ) 안에 다시 병기가 필요한 경우는 [ ] 안에 넣었다.
5. 본문 중의 각주는 모두 역자들에 의한 것이며, 원저자의 주는 각 장의 뒷부분에 제시하였다.
6. 본문 중의 그림은 소장처로부터 역서 사용에 허가를 받은 것으로, 소장처 등을 그림 캡션에 표기하였다.
7. 원저자 주는 내용이 있을 경우 우리말로 옮겼으며, 문헌의 서지사항만이 제시된 경우에는 원어 그대로 표기하였다.

'캐릭터'와 '세계'의 대중문화사

아라키 히로시(荒木浩)

1. 합성(컴포지트) 캐릭터

"내 캐릭터는 단순한 합성물입니다". 마가렛 미첼은『바람과 함께 사라지다』(1936년 간행)의 매력적인 등장인물들에 대해, 모델의 소재나 인물 조형법에 대해 캐묻는 독자를 의식해 이렇게 대답한 적이 있다. "사람들은 벌써부터 졸작의 등장인물들로부터 실제 모델을 찾으려 하는 거예요. (중략) 저쪽에서는 레트 버틀러도 거짓말 같다는 말도 들리고, 이쪽에서는 특히 레트 버틀러가 무명씨 누구누구의 할아버지를 모델로 삼고 있다는 말도 들리니 자칫 고소당할 수도 있는 상황입니다. 어디의 누구 할아버지인지 알 게 뭐랍니까? 멜라니 인물 조형에 들어맞는 사람은 그야말로 얼마든지 있을 수 있겠지만, 나 자신[이 모델]이라는 일만은 있을 수 없습니다"(「역사학자이자 채터누가대학 도서관장인 길버트 코번 앞」으로 보낸 편지, 고노스 유키코(鴻巣友季子)『수수께끼 풀기『바람과 함께 사라지다』─모순과 갈등으로 가득한 세계문학』[新潮選書, 2018]에 의한다)라고 했다. 이 편지는 1936년 7월 8일의 것이다.

『바람과 함께 사라지다』의 초판 간행은 그해 5월로 알려졌으며 본격 발매가 6월 30일이니 엄청난 유포력과 반향의 크기를 뒷받침하는 내용이다.

미국 대중소설로 폭발적인 매출을 기록한 『바람과 함께 사라지다』 는 이미 교정 단계부터 여러 영화화 이야기가 있었다고 한다. 이듬해 미첼이 퓰리처상을 받았고, 그 2년 뒤인 1939년에는 장편영화로 만들어져서 크게 히트했다. 많은 상도 받았다. 그 경위와 영화와는 다른 원작의 '캐릭터'론에 대해서는 고노스가 쓴 앞의 책을 참조하기 바란다. 테크니컬러가 아름다운 이 영화가 일본에서 개봉된 것은 점령기가 끝난 1952년 9월의 일이었다.[*1]

코로나19가 뒤덮은 2020년은 영화가 제작된 이후 80년이 넘는 세월에 해당하는데, 이 작품을 두고 큰 사건들이 겹치면서 우리를 놀라게 했다. 6월에는 노예제도를 그려낸 방식을 둘러싸고 '인종차별적이라는 비판의 목소리'가 제기되면서, 미국 동영상 송신 서비스 HBO Max 가 스트리밍을 정지(6월 9일)했다. 그 후 6월 24일에 "아프리카계 영화 비평가이자 시카고대 교수인 재클린 스튜어트 씨에 의한 약 4분 30초짜리 해설 동영상을 본편 개시 전에 붙인 다음, 당시 제작된 그대로의 형태로 다시 스트리밍되었다". "보다 공평공정하고 포괄적인 미래를 구축하기 위해, 먼저 역사를 인정하고 이해해야 한다"는 의도에 따른 것이라고 한다(『아사히신문(朝日新聞)』 2020년 6월 26일 기사 참조).

그리고 이듬해 7월에는 마지막 거물급 출연자가 세상을 떠나 각 신문을 떠들썩하게 했다.

가령 같은 『아사히신문』은 "미국 영화 〈바람과 함께 사라지다〉에서 멜라니 해밀턴 역을 맡은 올리비아 드 하빌랜드 씨가 26일에, 살고 있던 파리에서 104세의 나이로 별세했다고 미국 언론이 보도했다. 자연사였다고 한다"며, "1916년 도쿄에서 영국인 부모에게서 태어나 1919년 캘리포니아로 이주했다. 〈바람과 함께 사라지다〉(1939) 등으로 다섯 번 아카데미상 후보에 올랐고, 〈그들에겐 각자의 몫이 있다(To Each His Own)〉(1946)와 〈사랑아 나는 통곡한다(The Heiress)〉(1949)로 아카데미상 여우주연상을 두 번 수상했다"(2020년 7월 27일)로 이어진다. 다른 신문들도 대략 이런 어조였다. 두 번이나 오스카상을 거머쥐었다는 위업보다 제일 먼저 '멜라니'인 것이다. 이 합성물 캐릭터는 작가의 이미지에 빙의해 올라타고 컬러 영화라는 새로운 복합연극으로 입체화되며 거물급 여배우의 인생을 뒤덮어버렸다. 그리고 각각 소설의 세계를 확장하거나 때로는 왜곡하여 커다란 이야기 세계를 구축하고 현대로 연결한다.

2. 『겐지 이야기』[1]의 '캐릭터'와 '세계'

시공을 바꿔서 흔히 세계에서 가장 오래되었다고 하는 고대 장편 이야기인 『겐지 이야기(源氏物語)』로 눈을 돌려보자.

나쓰메 소세키(夏目漱石)[2]의 『산시로(三四郎)』[3]에서 중요한 기호가

---

1) 11세기 초, 궁중에서 일하던 무라사키 시키부(紫式部)가 창작했다고 일컬어지는 장편의 이야기로, 주인공 히카루 겐지(光源氏)의 일생과 그 주변인 및 후손들의 다양한 인생을 70년에 걸쳐 구성한 일본 최고의 고전 작품이며, 여성이 창작한 고대의 문학으로 세계적으로도 평가가 매우 높다.

2) 나쓰메 소세키(夏目漱石, 1867~1916). 메이지시대 최고의 문호로 일컬어지는 국민작가

되고, 베네딕트 앤더슨의 『상상의 공동체』에서도 인용되는(단, 영어 원저에서만) 영국의 국민문학 토머스 브라운 경의 『하이드리오타피아(Hydriotaphia)』(1658년간)는, 이상적인 미의 신 웨누스(=비너스) 한 명을 그리는 데에 온 그리스의 미녀들이 모였다고 말한다. '겐지(源氏)' 캐릭터 또한 합성물이다. 왕의 아들로 빛나는 이상적인 아름다움을 가지고 태어난 주인공 히카루 겐지는 예로부터 아리와라노 나리히라(在原業平)[4], 미나모토노 도루(源融)[5], 미나모토노 다카아키라(源高明)[6] 등 천황 후손 귀공자들에게 비견되었다. 한편 사견으로는 그 아버지와 어머니의 조형에는 다른 나라이지만 당나라의 현종황제와 그 부인들(무혜비, 그리고 양귀비)이 투영되었으며 히카루 겐지의 조형에도 무혜비의 자수왕, 그리고 양귀비의 양자이자 애인이라 전승되는 안록산이라는 이형의 소그드인[7]까지 관련된다. 좀 더 사견을 늘어놓자면 히카

로, 영어교사를 거쳐 1899년부터 영국에 유학하였다. 귀국 후 도쿄제국대학에서 영문학을 가르치는 강사가 되었으나 창작에 뜻을 가져 『나는 고양이로소이다(吾輩は猫である)』(1905)가 호평을 받으며 전업 작가가 되었고 『도련님(坊つちゃん)』, 『산시로(三四郎)』, 『마음(こゝろ)』 등 수많은 대표작을 남겼다.

3) 『아사히신문(朝日新聞)』에 1908년에 연재발표했던 중편소설. 시골에서 도쿄의 대학으로 진학한 청년 산시로를 통해 문명비평을 곁들여 1900년대 초기 대학생 생활을 그려내었다.

4) 아리와라노 나리히라(在原業平, 825~880). 헤이안시대의 미남 귀족이자 와카(和歌)에 탁월한 가인(歌人)이라 전하며 가선(歌仙)에 꼽힌다. 『이세 이야기(伊勢物語)』가 그를 모델로 했다고 보는 것이 정설이며 천황 명령에 의한 칙찬집(勅撰集)에 그의 와카가 다수 수록되어 있다.

5) 미나모토노 도루(源融, 822~895). 천황의 아들로 좌대신에 오른다. 풍류를 좋아하여 문인 귀공자들의 사교의 장으로 가와라인(河原院)을 만들어 가와라 좌대신이라 불리기도 했다.

6) 미나모토노 다카아키라(源高明, 914~982). 다이고천황(醍醐天皇)의 열 번째 아들로 좌대신까지 오르지만, 정변에 의해 실각하여 지방으로 유배를 갔다 교토로 돌아온다. 학문을 좋아하였고 조정의 의례에 해박하였으며 『사이큐키(西宮記)』를 써서 남겼다.

루 겐지는 출가를 봉쇄당한 붓다이기도 했다.

똑같이 빛나는 왕자로 태어난 붓다도 히카루 겐지와 마찬가지로 왕이 되지는 못한다. 어머니가 일찍 세상을 떠남으로써 새어머니라는 존재(마하파사파제[摩訶波闍波提]와 후지쓰보[藤壺])의 애정/애집 속에서 성장하고, 아내(야수다라[耶輸陀羅]와 아오이노우에[葵の上])와는 전생으로부터의 인연에 따라 불화를 짊어지게 된다. 붓다는 출가 전에 세 명의 아내를 두었다. 히카루 겐지도 많은 여성들에게 둘러싸여 각각 사계절(인도는 삼시, 그것이 중국에서 사계로 해석된다)의 건물을 구축해서 거주했다. 예언의 성취라는 플롯도 겹치는 등 히카루 겐지의 합성은, 많은 요소로 채색되어 글로벌한 전개도 품고 있다.[*2]

이렇게 태어난 캐릭터는 중세 학자들이 준거(準據)라고 부르는 사실적 세계관 속에서 『겐지 이야기』를 구성해 나간다. 14세기 권위 있는 대저 『가카이쇼(河海抄)』[8]라는 주석서는 다이고천황(醍醐天皇)[9]의 아들 미나모토노 다카아키라라는 모델론에서부터 풀어나가며, "이야기의 시대는 다이고천황·스자쿠천황(朱雀天皇)[10]·무라카미천황(村上天

---

7) 소그드(Sogd, 粟特)는 현재 중앙아시아 우즈베키스탄과 타지키스탄에 속하는 자라프샨 강 유역 지방의 옛 이름으로 동서 교역의 요충지였다. 3세기부터 8세기까지는 돌궐 제국의 비호하에 동서 무역을 장악했던 것으로 알려져 있다. 안록산은 소그드인이었다는 설이 유력하다.

8) 20권짜리 『겐지 이야기』의 주석서로, 아시카가 요시아키라(足利義詮) 장군의 명령에 따라 요쓰쓰지 요시나리(四辻善成)가 펴냈다. 1362년경 성립했는데, 그 이전의 설들을 모으고 어구 해석에 중점을 둔 것으로 초기 『겐지 이야기』 연구의 집대성으로 일컬어진다.

9) 다이고천황(醍醐天皇, 885~930). 제60대 천황으로 재위 기간은 897~930년. 치세 중에 『삼대실록(三代実録)』, 『고킨와카슈(古今和歌集)』, 『엔기격식(延喜格式)』 등을 편찬하게 하였다.

10) 스자쿠천황(朱雀天皇, 923~952). 다이고천황의 11번째 황자였는데 8세에 제61대 천황

皇)[11] 삼대에 준하지 않을까?"(『시메이쇼 가카이쇼[紫明抄 河海抄]』角川書店)라고 적고 있다. 이 순수한 픽션에 가부키(歌舞伎)의 '세계(世界) 정하기' 같은 일을 행한 것이다.

이 책에서 논해지는 '캐릭터'와 '세계'의 하나의 원점을, 고전 연구자인 내가 상정한다면 대략 이 언저리에서 탐색할 수 있다.[*3] 하지만 『겐지 이야기』는 이미 오래되고 소박한 것과는 거리가 먼, 꽤나 만만치 않은 존재였다.

예를 들어 히카루 겐지라는 캐릭터는 트릭 스타이기도 했다. 기리쓰보제(桐壺帝)의 훌륭한 둘째 황자로 태어나면서 "몹시도 비할 바 없이 높은 정도는 아니지만 뛰어나서 이름을 날리신" 어머니는 남편 기리쓰보제의 과잉 총애에 관하여 후궁들 사이에서 질시 받다가 "원한을 사기라도 한 것일까"(『일본고전집성[日本古典集成]』), 자주 병이 들더니 히카루 겐지가 세 살 되던 때 세상을 떠난다. 형의 어머니 고키덴노뇨고(弘徽殿の女御)[12]의 압박 속에서, 예언을 받아들인 아버지의 판단으로 히카루 겐지도 황족을 떠나지만 새롭게 아버지의 아내가 된 후지쓰보와 밀통해 자식까지 만들고 만다. 아버지 기리쓰보제는 그 사실을 모르고 후지쓰보는 괴로워하지만, 태어난 그 아이는 아버지의 아들로

에 올랐으며 재위 기간은 930~946년이다. 치세 중에 조헤이(承平)의 난, 덴교(天慶)의 난 등을 겪게 되고 정치적 혼란 상황 속에 무사들이 대두하게 된다.

11) 무라카미천황(村上天皇, 926~967). 다이고천황의 아들로 제62대 천황이며 재위 기간은 946~967년. 총명하고 학문예도 조예가 깊었으며 『고센와카슈(後撰和歌集)』 편찬이 이루어지는 등 화려한 궁정문화가 융성했던 시기로 일컬어진다.

12) 『겐지 이야기』의 등장인물. 겐지의 아버지 기리쓰보제(桐壺帝)의 가장 유력하고 신분이 높은 아내로 다음 천황이 될 스자쿠인(朱雀院)의 어머니였으며, 겐지의 어머니 기리쓰보노 고이(桐壺の更衣)를 질투하였고 배다른 자식인 겐지도 홀대하였다.

서, 이윽고 레이제이(冷泉)라는 천황이 되어 군림하게 된다. 히카루 겐지는 국가 질서의 숨겨진 교란자가 되어 이야기는 전대미문의 새로운 세계로 옮겨간다.

다음 줄거리는 생략하겠지만, 이 공전절후의 걸작은 마지막 부분의 주인공으로 「우지 십첩(宇治十帖)」[13]에서 우키후네(浮舟)라는 궁극의 안티히로인을 등장시켜 미해결 디스토피아로 독자를 투기(投企)[14]하게 된다.

그녀는 사소한 귀인 유배(히카루 겐지의 동생 우지하치노미야[宇治八の宮]의 자식으로 태어났는데 자매인 오이노키미[大君], 나카노키미[中の君])와는 어머니가 달라, 어머니 재혼 상대가 데려가는 바람에 동국[東国] 지역에서 자라게 된다)를 거쳐, 가오루가 사랑하는 오이노키미의 대리인이라는, 이야기 속 합성물로 등장한다. 그리고 합성물의 숙명처럼, 가오루와 니오노미야(匂の宮)라는 히카루 겐지의 후예인 두 사람에게 사랑의 진지함을 요구받아 결국 우지가와강(宇治川)으로 투신……. 모두 그녀의 죽음을 확신하고 시신 없이 장례식과 사십구재가 치러진다. 하지만 사실 그녀는 구제되어 재생했으며, 히에이잔(比叡山) 기슭에서 구제자인 스님을 따라 출가하게 된다.

그런데 이야기 종말 부근에서 우키후네의 생존을 알게 된 가오루로부터 액션이 있었고, 우키후네는 출가를 이끈 스님에게서 환속하여 가오루와 다시 시작하라는 편지를 받게 된다. 이렇게 운명에 농락당해

---

13) 『겐지 이야기』 54첩 중 마지막 10첩을 통칭하는 말이며, 히카루 겐지 사후의 그 자식대의 이야기를 다루며, 가오루(薫)를 주인공으로 우지(宇治)가 주요 무대이다.

14) 현재를 초월하여 미래로 자기를 내던진다는, 실존의 존재 방식을 의미하는 실존주의 기본 개념.

도 우키후네의 인생은 아직 아무것도 확정되지 않았다. 주인공의 출생, 밀통, 회임으로 전개된 이야기는 마침내 미혼과 미출산의 주인공을 남겨두고 끝난다. 우키후네라는 컴포지트는 『겐지 이야기』가 미래에 던진 이야기 역사의 실험이었다.

그리고 『겐지 이야기』는 거절하는 여주인공 앞에서 불가해하기만 한 당혹감에 헤매는 가오루라는 어리석은 남자에게 스포트라이트를 비추며 급작스럽게 끝난다. 한편 『바람과 함께 사라지다』는 마침내 떠나버린 남편에게 남겨진 스칼렛이 "내일은 내일의 태양이 뜰 테니까(After all, tomorrow is another day)"라고 낙천적(?)인 중얼거림 내뱉으며 막을 내린다. 이 두 대작은 천년 가까운 시간을 사이에 두고 오픈과 엔딩 기법에서 중첩된다. 『겐지 이야기』에는 너무도 이른 소설로서의 성숙함이 있었다.

미첼은 폭발적인 히트와는 정반대로 비판과 해적판의 횡행 등에 의해 피폐해졌으며, 또 교통사고로 일찍 사망하게 된 사정도 있어서, 속편이나 신규 이야기 작품은 끝내 발표되지 못했다. 『겐지 이야기』의 작가도 마찬가지로 이치조 천황(一条天皇)[15)]의 감탄과 동료들의 시샘에서 비롯된 '일본기(日本紀) 읽은 궁녀'라는 별명이 퍼지고, 『겐지 이야기』에 처음 등장하여 고전의 날[16)]을 선언하게 된 유래가 된 후지와

---

15) 이치조 천황(一条天皇, 980~1011). 제66대 천황으로 재위 기간은 986~1011년. 7세에 즉위했으며 치세 중에는 후지와라 가네이에(藤原兼家)에서 후지와라 미치나가(藤原道長)에 이르는 후지와라 세도의 전성시대로 궁중에 재기 넘치는 뇨보(女房)들이 많았고 헤이안 여성 문학의 최전성기를 맞는다.

16) 일본의 고전문학을 현창하는 기념일로 11월 1일이다. 유래는 『무라사키 시키부 일기(紫式部日記)』의 1008년 11월 1일에 『겐지 이야기』가 화제가 된 내용이 보이므로 이를 기념하여 제정한 것이다.

라노 긴토(藤原公任)¹⁷⁾가 취기에 놀리는 말을 하는 등, 동시대의 평판을
『무라사키 시키부 일기(紫式部日記)』¹⁸⁾에서 적고 있는데, 그 뒤 새로운
이야기를 써서 남긴 확실한 흔적은 알려지지 않았다. 하지만 사후에도
그 평가는 높아지기만 했다. 현대에 이르기까지 다양하고 풍부한 수용
사가 펼쳐지는 겐지 이야기^{*4}의 작가는 이 세상 사람이 아니라는 극찬
이나 보살이었다는 전설 등으로 일찍부터 신비화되고 캐릭터화해갔
다. 작품이 만들어진 지 200년 정도 지난 13세기 전반에는 작가 이미
지가 "어떤 사람의 꿈에" 망령으로 나타나서 "무라사키 시키부요. 허튼
말(=거짓말)만 많이 모아 사람의 마음을 현혹시킨(만든 이야기인『겐지
이야기』의 탁월함을 말한다) 까닭에 지옥에 떨어져 고통받는 일이 몹시
견디기 힘드오"(『이마모노가타리[今物語]』¹⁹⁾, 講談社学術文庫)라고 말했
다고 해서 지옥에 떨어졌다는 설화가 생겨나 '겐지 공양(源氏供養)'²⁰⁾이
라는 문예, 혹은 의례로 이어져 간다.^{*5}

---

17) 후지와라노 긴토(藤原公任, 966~1041). 헤이안시대 중기의 공경귀족이자 가인. 한시와
관현 연주에도 뛰어나 삼선의 재능(三船の才)으로 일컬어졌다. 『와칸로에이슈(漢朗詠
集)』를 편찬하였고 와카에 관한 이론서 『신센즈이노(新撰髓脳)』나 궁중 법도나 일화에
관한 저작도 남겼다.
18) 무라사키 시키부의 두 권짜리 일기문학. 천황의 비로 출사한 중궁 쇼시(彰子)를 모시던
날의 궁중 일기적 성격을 갖는다. 우아한 가나(仮名文)으로 그녀의 성격과 교우관계,
인생관 등을 예리하게 드러내며 『겐지 이야기』뿐 아니라 헤이안시대의 풍속과 의식
등을 이해하는 데에도 좋은 사료가 된다.
19) 후지와라노 노부자네(藤原信実, 1176?~1266?)가 편찬했다고 전하는 한 권짜리 설화집
으로 1239년 즈음에 성립한 것으로 본다. 길고 짧은 53개의 이야기로 이루어졌으며
궁정이나 사원의 삽화가 위주이고 와카나 렌가(連歌) 얽힌 문학 설화가 많고 신불의
영험담이나 승려의 실패담도 포함한다.
20) 무라사키 시키부가 『겐지 이야기』를 창작했기 때문에 광언기어(狂言綺語)의 죄로 지옥
에 떨어졌다는 전승이 있어서 그녀의 영혼을 구제하기 위해 공양을 하는 것을 말한다.

3. 『헤이케 이야기』[21]라는 세계

　『겐지 이야기』 작가가 무라사키 시키부(紫式部)[22]라는 망령으로 이
야기되던 바로 그 무렵, 또 하나의 중요한 이야기 세계가 탄생했다.
『헤이케 이야기(平家物語)』이다.

　이쪽도 마찬가지로 이야기라고는 하지만 픽션의 합성물은 아니다.
12세기 후반에 전개된 겐페이(源平)의 쟁란[23]이라는 역사적 사실 자체
를 소재로 삼았다. 다만 그 이야기 전개나 인물 조형에는 다분히 픽셔
널한 요소를 포함한다. 역사를 가나(仮名) 문자의 이야기로 묘사하는
것은 널리 '대잇기 이야기(世継物語)'로 일컬어지는 『오카가미(大鏡)』[24]
나 『영화 이야기(栄花物語)』[25] 등에 의해 이미 달성되었지만, 그 영향

---

21) 13세기 가마쿠라시대(鎌倉時代, 1192~1333)에 성립되었다고 보이며 성립 사정이 상당
　히 복잡한 군키(軍記) 이야기의 대표작이다. 헤이케(平家)의 영화와 몰락, 전국에 걸친
　미나모토(源) 가문의 대두 및 승리, 가문 내부의 골육상쟁, 수많은 영웅담 등이 그려져
　있다.
22) 무라사키 시키부(紫式部, 973~1014). 헤이안시대의 뇨보(女房, 황실의 궁녀)로, 작가이
　자 가인. 일본 특유의 모노가타리라는 장르 최대작이자 세계적 고전인 『겐지 이야기(源
　氏物語)』의 작가로 잘 알려져 있으며 『무라사키 시키부 일기』라는 일기 문학도 남겼다.
23) 1180년부터 1185년까지 헤이안(平安)시대 말기에 벌어진 내전. 이 전쟁에서 조정을 장
　악하고 있던 헤이시(平氏)와 지방세력인 겐지(源氏)는 일본의 각 지역에서 전투를 벌였
　는데 결국 헤이시가 패배하고 겐지가 전국을 장악하여 가마쿠라막부(鎌倉幕府)가 수립
　되기에 이른다.
24) 기전체 형식으로 쓰인 8권짜리 역사 이야기(歷史物語)의 대표작이다. 190세의 요쓰기노
　오키나(世継翁)가 이야기를 하는 형식이라 『요쓰기 이야기(世継物語)』라는 별칭도 있
　으며 작가는 알 수 없다. 850~1025년에 이르는 후지와라 씨 전성기를 다루며 비판적
　역사관도 엿보인다.
25) 정편 30권, 속편 10권의 역사 이야기(歷史物語). 정편을 아카조메에몬(赤染衛門), 속편
　을 이데와노벤(出羽弁)이 썼다는 설이 있다. 정편은 1028~1034년, 속편은 1092~1107
　년 사이에 성립된 듯하며 후지와라 씨의 화려한 영화로움에 대해 이야기한다.

을 고려할 때 『헤이케 이야기』라는 이야기 세계의 탄생은 역시 매우
큰 이정표가 되었다. 『헤이케 이야기』는 "현대에 이르기까지 다양한
문학, 예능 혹은 미술, 공예 작품 등에 소재와 화제를 계속 제공해
왔"으며, "이 정도로 일본 문화에 널리 침투한 '고전'은 다시 없을 것이
다. 물론 『겐지 이야기』도 영향력 있는 고전이지만 영향력이 미친 범
위와 그 결과로 창작된 작품들의 양을 보면 『헤이케 이야기』가 더하다
고 나는 생각한다"고 군키(軍記) 연구자인 오쓰 유이치(大津雄一)는 말
한다.*6

픽션의 캐릭터가 준거라는 '세계'를 둘러 입은 『겐지 이야기』와 겐
페이의 쟁란이라는 사실 속에서 캐릭터라이즈된 '겐페이 이야기의 세
계'*7를 전개하는 『헤이케 이야기』. 이 두 가지 거대한 고전 이야기 세계
가 같은 토포스에서 신체 재현성 있는 연극으로 합일하게 되는 것이
노(能)26)라는 예능이었다. 특히 『헤이케 이야기』의 역할이 두드러진다.
"『헤이케 이야기』 계통의 설화를 전거로 하는 노는 극히 수가 많아,
무로마치시대(室町時代, 1338~1573)의 노로 곡명이 알려진 작품 약 550
곡 중 86곡(산일곡도 포함)에 이른다. 『헤이케 이야기』야말로 노의 최대
취재원이었다."*8 제아미(世阿弥)27)는 노체(老体), 여체(女体), 군체(軍
体)를 '삼체(三体)'라 정의하고, "군체의 노를 하는 모습. 가령 겐페이의

---

26) 약 600년의 역사를 자랑하는 일본의 대표적인 전통 가무극으로, 배우는 주연격인 '시테'
와 조연격인 '와키'가 있고, 시테는 노멘(能面) 또는 오모테(面)라고 부르는 가면을 쓰고
연기한다.
27) 제아미(世阿弥, 1363~1443). 일본의 전통 가무극인 노를 완성한 작가이자 배우. 노의
대성자라 불리며 노의 궁극적인 이념을 유겐(幽玄)의 구현으로 보고 이러한 예술관에
입각하여 많은 작품과 예술론을 저술하였다.

명장이었던 사람이 본질이라면 특히나 헤이케 이야기 그대로 써야 한다"고 밝히고 있다(『삼도[三道]』[28] 일본사상대계[日本思想大系]).

한편 『겐지 이야기』는 그 몇 분의 일밖에 되지 않는다. "겐지 이야기를 소재나 본설로 한"[9] ""겐지 노(源氏能)'의 등장인물로서", '우쓰세미(空蟬)―『우쓰세미(空蟬)』, 『고(碁)』', '유가오(夕顔)―『유가오(夕顔)』, 『하지토미(半蔀)』', '로쿠조미야슨도코로(六条御息所)―『아오이노우에(葵上)』, 『노노미야(野宮)』', '아카시노우에(明石上)―『스미요시모데(住吉詣)』', '아사가오사이인(朝顔斎院)―『아사가오(槿)』', '다마카쓰라(玉葛)―『다마카쓰라(玉葛)』', '오치바노미야(落葉宮)―『교오치바(京落葉)』, 『다라니 오치바(陀羅尼落葉)』', '우키후네(浮舟)―『우키후네(浮舟)』, 『고다마 우키후네(木霊浮舟)』', '히카루 겐지―『스마 겐지(須磨源氏)』, 『스미요시모데(住吉詣)』'가 거론된다.[10] 관련 작품으로 『겐지 공양』까지 더하여 상세한 분석을 연보로까지 만든 야마나카 레이코(山中玲子)에 따르면, 이 중 "제아미, 젠치쿠(禅竹)[29], 온아미(音阿弥)[30]의 시대"에 만들어진 것은 『아오이노우에』, 『우키후네』, 『스마 겐지』, 『노노미야』, 『다마카쓰라』, 『겐지 공양』, 『유가오』의 일곱 곡이며, 나머지는 "무로마치 후기 이후"에 만들어졌다.[11]

예를 들어 앞의 제아미 『삼도』에서는 "흉내를 내는 인물의 여러 종

28) 제아미의 노(能) 이론서로 1423년 아들 간제 모토요시(観世元能)에게 노 만드는 방식에 대해 상세히 기술하여 전하려고 한 책이다. 소재, 구성, 작사라는 삼도(三道)를 창작의 출발점으로 삼고, 삼체를 기본 장르로 하여 유겐(幽玄)이라는 미의식을 중시하였다.
29) 곤파루 젠치쿠(金春禅竹, 1405~1470?). 제아미의 사위로 노 배우이자 작가였으며 이후 곤파루 극단 중흥의 선조로서 활약한다. 이론가로서도 탁월하여 예능 이론을 많이 썼다.
30) 온아미(音阿弥, 1398~1467). 노 배우로 제아미의 조카이다. 장군 아시카가 요시노리(足利義教)의 총애를 받았으며 후에 출가하고 장남에게 다유직(大夫職)을 물려준다.

류"로서 "남자는 나리히라, 구로누시(黑主)³¹⁾, 겐지, 이들처럼 풍류의
인물"이라고 적음으로써, 아리와라노 나리히라, 오토모노 구로누시처
럼 실존했던 가인(歌人)들과 히카루 겐지를 병치하고 있다. 노 연구자
인 아마노 후미오(天野文雄)에 따르면 "상연되지 않는 곡까지 포함하면
열 곡 정도가 되는 겐지 관련 무겐노(夢幻能)³²⁾"에서는 "이야기 속 인물
이 망령으로 등장한다". "기본적으로 당시에는 그들이 실존 인물이라
고 여겨졌기 때문이라고 보아도 좋지 않을까 생각한다"고 했다.*12
노라는 무대예술의 장에서 보는 겐지 캐릭터의 양태에 시사적인 지적
이다.

4. 『태평기』³³⁾ 그리고 『세계강목』³⁴⁾

노와 병행하여 14세기 중반에 『태평기(太平記)』가 등장한다. 근세문

---

31) 오토모노 구로누시(大友黑主, 생몰년 미상). 헤이안시대 가인으로 와카를 잘하여 육가
선(六歌仙)의 한 사람으로 꼽혔고 『고킨슈』 등에 노래가 실렸다.
32) 노 작품 중에서 신이나 정령 같은 초현실적 존재가 주인공으로 등장하여 해당 전설이
나 신상의 이야기를 풀어놓는 형식의 노를 무겐노라 부르며, 제아미가 완성시킨 작극
법이다.
33) 14세기 전반의 남북조(南北朝) 동란을 그린 군키 이야기(軍記物語)로 40권에 이르는
대작. 고지마 법사(小島法師, ?~1374)가 작가 중 한 명으로 거론되며, 천황과 호조(北
条) 가문, 무로마치 막부를 세우는 아시카가 다카우지(足利尊氏) 등을 둘러싼 약 50년의
동란을 그렸다. 1370년대에 지금 전하는 형식이 되었으며, 에도시대(江戸時代, 1603~
1868)에 정치적 해석이나 강담으로 이용되는 등 후대의 영향력이 큰 작품이다.
34) 가부키 작가를 위한 극의 '세계'를 만들기 위한 편람적 성격의 책으로 저자는 알 수
없다. 1791년 이전에 원형이 성립되었다고 보며 이후의 가부키 작자들이 전사(転写)하
거나 보필(補筆)한 것이다.

학 연구자인 오하시 마사아키(大橋正叔)에 따르면 시대적인 제약도 있
어 요쿄쿠(謠曲)[35)]에서 "옛곡 중에 소재를 『태평기』에서 찾고 있는 곡
은 『헤이케 이야기』, 『겐페이 성쇠기(源平盛衰記)』[36)], 『소가 이야기(曾
我物語)』[37)], 『기케이키(義経記)』[38)] 등의 겐페이나 소가 형제 관련 작품
에 비해 극히 적다. 『태평기』와 직접적인 관계를 볼 수 있는 것은 「단
푸(壇風)」"와 "「백발(白髭)」 두 곡이며, 그 밖에 호조 도키요리(北条時頼)
의 회국(廻国) 전설[39)]"" "에서 소재를 얻었다고 생각되는 「하치노키(鉢
木)」, 「도에이(藤栄)」가 있다. 또한 사나리 겐타로(佐成謙太郎) 씨는 「아
라시야마(嵐山)」, 「사리(舎利)」, 「우타우라(歌占)」와 『태평기』의 관계
를 지적하고 있다". 그러나 근세에 이르러서 사정은 크게 바뀐다. "이
와키타이라(磐城平)의 성주 나이토 후코(内藤風虎, 1619~1685)의 장서
도장이 찍힌 에도시대 초기에 편찬된 『신요쿄쿠 백번(新謠曲百番)』에
는 『태평기』 속 가장 중심적인 사건이나 인물이 다루어지며 곡목으로
들어가 있어서 옛곡과는 상당히 다른 요쿄쿠 곡목의 경향을 볼 수 있

---

35) 노의 각본을 문학작품으로 파악할 때 사용하는 명칭.
36) 『헤이케 이야기』의 이본(異本) 중 하나로도 일컬어지는 48권짜리 군키 이야기(軍記物
　　語). 작가나 성립 시기는 알 수 없으며 겐지(源氏) 관련의 기사나 불교 설화, 중국의
　　고사가 증보되어 있다.
37) 가마쿠라시대 초기인 1193년 5월 28일에 후지산(富士山)의 사냥에서 소가 형제가 아버
　　지의 원수를 죽여 복수하는 사건을 다룬 군키 이야기이다.
38) 무로마치 중기의 군키 이야기로 작자, 성립 연대 모두 미상이다. 가장 인기가 있었던
　　비극적 영웅의 요소를 갖춘 장수 미나모토 요시쓰네(源義経)와 그의 추종자들에 대한
　　이야기를 담았다.
39) 가마쿠라막부의 제5대 집권(執権)이던 호조 도키요리(北条時頼)는 막부의 정치를 자리
　　잡게 하려는 명군 무장이었으며, 검소함과 담백함으로 인정을 펼쳤다고 평가된다. 출가
　　후 승려의 차림으로 여러 곳을 돌아다니며 백성들의 삶을 살펴보았다는 회국(廻国)의
　　전승담이 전국 각지에 남아 있다.

다"고 했다.*13

오하시의 논을 이어받아 연구를 진행한 도리이 후미코(鳥居フミ子)
의 말을 빌리자면, "무로마치시대 무렵부터 무가 사이에서『태평기』
읽기가 유행하였고, 근세 초기에는 무가뿐 아니라 일반 서민을 상대로
한『태평기』읽기가 활발했던 것으로 보고되고 있다.『태평기』는 무로
마치시대에 이미 많은 이본(異本)이 있었지만 근세에 이르러 더 많은
판이 거듭되었다". "이렇게 친숙한『태평기』는 근세 초기 문학에 소재
를 제공했고 가나조시(仮名草子)⁴⁰⁾나 우키요조시(浮世草子)⁴¹⁾에도 영향
작품이 많이 만들어졌다. 이렇게 일반적인『태평기』의 유행을 배경으
로 하여 요쿄쿠, 고조루리, 가부키 등에서도『태평기』의 극화가 성행
했던"*14 시대가 거기 있었다.

그리고 가부키가 융성해지면서 이 '세계'라는 말이 중요한 용어가
된다.

　　가부키의 근저에는 '세계'라는 사고방식이 있습니다. '세계'란, 한마
　디로 말하면 고대부터 중세를 거쳐 에도시대에 이르기까지의 긴 역사
　속에서 사람들에게 사랑받고 전해져 내려온 수많은 이야기가 가부키에
　도입된 것입니다. (중략) 이 이야기들은 모두 에도시대의 사람들에게는
　스토리, 등장인물 모두 잘 알려져 있으며, 연극 작가들은 이것을 전제

---

40) 17세기 초에 교토에서 발간된 소설 종류로 가나(仮名)로 쓰인 평이한 의고문(擬古文)으
　　로 오락, 교훈, 계몽, 싸움의 기록 등 광범위한 소재를 다루었으며 기행, 소설, 수필
　　등 장르도 다양하다.
41) 에도시대 소설의 일종으로 17세기 후반 이하라 사이카쿠(井原西鶴)를 중심으로 최전성
　　기를 맞았다. 이전의 가나조시보다 사실적인 묘사, 현세적이며 향락적 내용을 특색으로
　　삼는다.

로 하여 새로운 '취향(趣向)'을 엮어 넣음으로써 새로운 대본을 만들었습니다. 1801년에 간행된 『희재록(戲財錄)』[42]에는 "세로 줄기는 '세계', 가로 줄기는 '취향'"이라고 적혀 있습니다. (「가부키 용어 안내(歌舞伎用語案内)」, 아사하라 쓰네오(浅原恒男), 「세계란(世界とは)」)[*15]

하나, 대략의 줄거리를 세움에 있어서 세계도 오래 사용되다 보니 흔한 세계여서는 연극으로 감동이 없다. 줄거리를 조합해 만들어야 하는 까닭에 세로 줄기, 가로 줄기라고 한다. 예를 들어 '다이코키(太閤記)'[43]라는 세로 줄기에 이시카와 고에몬(石川五右衛門)[44]을 가로 줄기로 넣는다. (중략) 세로 줄기는 세계, 가로 줄기는 취향이 된다. (『희재록』, 「세로 줄기 가로 줄기에 관한 내용[竪筋横筋之事]」, 岩波文庫)

에도시대에 축적되어 정리된 『세계강목(世界綱目)』(진서간행회총서 제9권, 1916년, 국립국회도서관 디지털 컬렉션에서 열람 가능)에 따르면 시대물의 '세계'는 야마토타케루노 미코토(日本武尊)[45]로부터 시작해 진구황후(神功皇后)[46], 진토쿠천황(仁徳天皇)[47], 소토오리히메(衣通姫)[48],

---

42) 1801년에 성립된 연극 서적으로 '천', '지', '인'의 세 권으로 이루어져 있다. 2세 나미키 쇼조(2世並木正三)가 저술했으며 가부키 작가를 위한 작극법, 마음가짐, 고금의 작가 열전 등을 다룬다.

43) 에도시대 초기 도요토미 히데요시(豊臣秀吉)의 전기(伝記), 즉 전투담을 위주로 일대기를 서술한 역사 군담으로 작자는 오제 호안(小瀬甫庵).

44) 이시카와 고에몬(石川五右衛門, ?~1594). 16세기 유명한 도적의 두목. 원래는 흉악한 절도 등을 저지는 인물로 극형에 처해진 인물이었는데, 연극에서 도요토미 히데요시 정권에 반발하는 의적 혹은 기괴하거나 분방한 악역 등으로 조형되었다.

45) 『고지키』, 『일본서기』, 『풍토기』 등 고대 문헌에서 전해지는 영웅전설의 주인공으로 '日本武尊', '倭建命'로 쓰기도 한다. 천황의 아들로 어릴 적부터 무용(勇武)에 뛰어나 여러 곳에 파견되어 평정을 이루었으나, 결국 먼 원정에서 힘이 다하여 쓰러진 비극적 인물로 묘사된다.

46) 주아이천황(仲哀天皇)의 황후로 4세기 전반의 전설적 인물. 신의 노여움을 사서 죽게

우라시마(浦島)[49], 마쓰라사요히메(松浦佐用姫)[50], 쇼토쿠태자(聖德太子)[51], 다이쇼쿠칸(大職冠)[52], 덴치천황(天智天皇)[53]……으로 이어진다. 그리고 『겐지 육십첩(源氏六十帖)』[54]이 나온다. 흥미로운 것은 "이 시대는 스자쿠인(朱雀院)[55]의 치세기이다. 다만 겐지는 그저 이야기이므

___

된 남편 주아이천황의 뒤를 이어 후에 오진천황(応神天皇)이 되는 아들을 회임한 채로 신라 정벌에 나섰다고 한다.

47) 진토쿠천황(仁德天皇, 생몰년 미상). 오진천황의 아들로 지방을 개척하고 조선이나 중국과 교섭하여 문화의 향상에 힘써서 야마토조정(大和朝廷)의 전성기를 구축한 천황으로 일컬어진다.

48) 인교천황(允恭天皇)의 비로 소토오리노이라쓰메(衣通郎姫)라고도 부른다. 언니가 황후였는데 그녀의 질투를 두려워하여 가와치(河內)에 숨었으며 뛰어난 미모와 와카 실력으로 오랫동안 문학의 소재가 된 인물이다.

49) 우라시마 다로(浦島太郎)의 전설을 말하는데, 용궁에 가서 행복한 시간을 보내다 돌아온 우라시마가 열면 안 된다는 금기를 가진 옥상자를 열자 그간의 세월로 순식간에 노인이 되어 버렸다는 이야기.

50) 『만요슈(万葉集)』에 등장하는 고대 전설상의 여인. 조선으로 원정을 나간 오토모노 사테히코(大伴佐提比古)와의 이별을 아쉬워하며 산봉우리에 올라 어깨에 드리운 천을 흔들었다는 모습과, 그의 모습으로 나타난 뱀의 뒤를 쫓다가 늪에 빠져 죽었다는 전설이 잘 알려져 있다.

51) 쇼토쿠태자(聖德太子, 574~622). 요메이천황(用明天皇)의 아들로 숙모인 스이코천황(推古天皇)의 섭정이 되어 내정과 외교를 담당했는데, 관위를 정하고 헌법 17조를 제정하여 집권적 관료국가로서의 기초를 다졌으며, 견수사를 파견하여 대륙문화 도입과 불교 융성에 힘썼다.

52) 관직 이름이지만 역사상 후지와라노 가마타리(藤原鎌足, 614~669)만이 오른 자리이므로 가마타리를 지칭하는 대명사이다.

53) 덴치천황(天智天皇, 626~671). 제38대 천황으로 재위 기간은 668~671년. 다이카개신(大化改新)을 이끌었고, 백제를 구하고자 했으나 나당 연합군에게 백촌강 전투에서 패배하였고, 이후 내정 정비에 힘을 쏟았다.

54) 원래 『겐지 이야기』는 54첩인데, 천태삼대부(天台三大部)가 60권인 것을 따라 이렇게 칭했다.

55) 『겐지 이야기』의 등장인물로 기리쓰보제와 고키덴노뇨고의 아들. 히카루 겐지의 배다른 형으로 천황이 되는데, 건강 상의 이유로 출가를 결심하며 딸인 온나산노미야(女三の宮)를 히카루 겐지에게 시집보낸다.

로 대략 언제라도 가용할 수 있다"고 주가 기재되었다. 하지만 '역할명'
은 이른바 정편에 한정된다. 「우지 십첩」의 사람들은 거론되지 않고
우키후네 이름도 없다. 그 안티히로인적 성격을 방증하는 점이 재미있
다. 『헤이케 이야기』에 대해서는 '헤이케 이야기' 외에 '요리마사(賴
政)'[56], '기소(木曾)'[57], '겐페이군(源平軍)'이 있으며, 관련 세계에 '기케
이키'도 있다. 요리토모를 내세운 '이즈일기(伊豆日記)'는 "이 세계도
헤이케 이야기의 역할명을 혼합하여 배역을 정해야 하다"고 했다. 『소
가 이야기』의 '소가'도 큰 위치를 차지하며 『태평기』에 대해서는 '태평
기' 외에도 요쿄쿠와 관련된 '하치노키'가 거론되고 있다.

5. 그리고 이 책의 취지와 개요 등

   이상의 기술은 이 책의 열쇠가 되는 '캐릭터'와 '세계'라는 용어를
둘러싼, 전근대의 간단한 역사적 고찰이다. 설명의 순서가 뒤바뀌었
지만 여기서 이 책 구성에 대해 설명해 두고자 한다.
   '대중문화의 통시적, 국제적 연구에 따른 새로운 일본상의 창출'이

---

56) 미나모토노 요리마사(源賴政, 1104~1180). 겐산미 뉴도(源三位入道)라는 호칭으로 잘
   알려져 있으며, 헤이케 토벌을 기획했으나 사전에 발각되어 뵤도인(平等院)에서 자결
   한다. 무장임에도 와카를 잘 하여 이 특징이 노와 같은 무대 작품에서 중요한 소재가
   되었다.
57) 기소 요시나카(木曾義仲, 1154~1184). 세이와 겐지(清和源氏) 가문의 출신으로, 가마
   쿠라막부를 세우는 미나모토 요리토모(源賴朝)와는 사촌지간. 어릴 적 아버지가 살해되
   고 기소로 도망쳐 양육되었으며, 헤이케 타도를 위한 거병에서 파죽지세로 연승을 거두
   고 정이대장군에까지 오르나, 천황의 미움을 받아 같은 미나모토 가문에 패하여 31세의
   젊은 나이로 전사한다.

라는 국제일본문화연구센터의 기간(基幹) 연구 프로젝트가 있다(2016~ 2022). 이 책은 그 집대성의 하나로 기획된 일본대중문화연구총서 제4 권에 해당한다. '캐릭터와 세계'라고 하는 테마 설정도 프로젝트에서 나온 제안인데,*16 지금까지의 이 프로젝트 활동이나 논의를 참조하면 서도 속박되지 않고 새로운 논의를 하자는 부언도 있었다. 그래서 이 책의 담당인 필자는 프로젝트 중심으로 활동하는 마에카와 시오리(前 川志織) 조교수, 기바 다카토시(木場貴俊) 프로젝트 연구원(당시) 두 사 람에게 편집 참가를 요청했고, 흔쾌히 허락을 얻어 이번 기획과 입안이 진행된 것이다.

  이 책 작성에 있어서는 편집회의를 근거로 하면서 내 나름대로 취 지문을 써서 각 집필 예정자들에게 편자 연명으로 의뢰했다. 다음은 이 서문을 위해 증보하여 정리한 사적 의뢰문 원안을 복원, 발췌한 것이다.

＊

  일본 대중문화사의 전개를 생각함에 있어서 '캐릭터'의 존립과 확 대, 혹은 진폭은 무시할 수 없는 중요한 연구 과제이다. 상식적으로 부감해 보더라도 가부키의 『세계강목』에 게시된 야마토타케루나 쇼 토쿠태자의 고대부터 현대의 팝 신(pop scene)에 이르기까지, 역사상 그리고 픽션 속에서, 또한 고전부터 현대 작품이나 현상으로서의 문 학, 그리고 미술이나 예능, 만화, 영화, 음악, 아니메58), 게임 등에

---

58) 애니메이션의 줄임말로, '일본의 애니메이션', 그중에서도 주로 셀 혹은 디지털로 제작 되는 상업 애니메이션 작품을 말한다.

이르기까지 헤아릴 수 없이 풍부한 캐릭터가 등장하고 형상화되며 소비되어 왔다. 그들 중 몇몇은 문자 그대로 그때그때 세태의 입맛이나 미디어에 환대받으며 새로운 성격을 띠고, 아이돌처럼 '시대와 동침'(시노야마 노리노부[篠山紀信])하거나, 변주 혹은 반복되며 국제적으로 교차나 믹스처도 활발하게 이루어졌으며, 약간 제멋대로의 재창조나 갑작스러운 유행을 되풀이해 간다.

이 책에서는 또 하나 '세계'라는 말에 중점을 둔다. 그것은 이른바 세계(월드/글로벌)인 것은 물론이고, 보다 한정적으로는 가부키 등에서 사용되는 '세계'와 '취향'이라는 용어에 기원을 두며, 더 넓게는 현대 아니메 등의 작품에 관해서 일상적으로 논의되는 '세계관'이라는 용어까지도 의미의 연계를 가져가려고 한다.

다양한 캐릭터와 세계관이 일본 문화 속에서 공유물로 축적되고 있다. 그것들은 어쩌면 커먼즈화되어 창조의 장을 창출하고, 또는 복합적으로 합성되어 '리플레이스먼트'(마이클 에메릭의 주요한 용어)*17되며, 새로운 작품군을 만들어 내고 풍부한 대중문화를 생성해 왔다. 향후로도 여전히 플러스 마이너스 각각의 측면에서 미지의 문화 현상을 만들어 갈 것이다.

대중문화의 역사적 연속(단속)과 전개를 생각하는 본 시리즈에서, 이 '캐릭터'와 '세계'라는 한 쌍의 용어는 본질적인 핵심이다. 대상을 다양하고 유연하게 파악하고자 한다. 집필자들 각각의 전문 분야에 입각하면서 고대부터 현대에 이르는 다양한 문화 사상(事象)을 다각적 시점에서 논하고, 대중문화사 이해의 기반을 공용하여 새로운 지평을 열며, 학제적인 논의의 장을 현대에 개척하고자 한다. 그것은 우리 대중문화연구프로젝트에서 얻은 지(知)의 공간을, 연구자 선에서 머무

르지 않고 널리(현재의 대중문화의 담당자이거나 수용자이기도 한) 일반
독자들에게 전달하려는 의도에 입각한 것이다.

＊

　지금까지 이 서론의 본문 자체가 다소 인용의 컴포지트같이 되어
버렸는데, 이하 전개되는 각 편의 컴포지션이야말로 이 책의 본질이
다. 『캐릭터의 대중문화 — 전승·예능·세계』라는 타이틀로 정리하게
된 이 책의 독서 안내를 겸하여 여기서 간단하게 전체를 설명해 두고자
한다.

　이하에서 전개하는 본론은 5부로 나누어지며 '캐릭터' 자체의 분석
으로부터 미인, 전승, 회화 및 예능, 그리고 현대 문화로의 투영을
고찰의 중심적 사정에 두었다.

　우선 총론으로서, 제1부에서는 「'캐릭터'란 무엇인가」를 묻는다. 언
어학의 긴스이 사토시(金水敏)는 「'캐릭터'와 '인격'에 관하여」라는 문
제를 포착했고, 영문학자 아시즈 가오리(芦津かおり)는 「야마토 햄릿
일곱 가지 변화」라는 타이틀(고이즈미 교코[小泉今日子]!)로 각각 이 문
제를 논한다. 칼럼에서는 미국의 일본문학 연구자 마이클 에메릭이
「캐릭터와 번역 가능성」이라는 새로운 시계로 논의를 전개한다.

　제2부는 「미인이라는 캐릭터」가 대상이다. 풍속사가인 이노우에
쇼이치(井上章一)가 「미모의 역사와 미술의 역사」에서 조형미의 리얼
리즘을 둘러싼, 동양과 서양의 전통 차이와 현재로 이어지는 저변을
추적했고, 미술사의 나가이 구미코(永井久美子)는 「'세계 3대 미녀' 담
론과 전후 일본의 미인관 — 고마치와 헬레네의 교체로 생각하다」라고
제목을 붙여 전후 일본의 서양이나 미국에 대한 의식과 미인관을, 일

본 근대 미술사와 디자인사의 시점에서 마에카와 시오리는 「'캐릭터'
로서의 레이코 ― 화가 기시다 류세이의 〈레이코상〉 연작으로부터」로
레이코상이라는 '미인' 캐릭터의 전개를 고찰한다.

　제3부는 「전승세계와 캐릭터」이다. 역사, 문화지리학의 사사키 다
카히로(佐々木高弘)는 「'신 고질라'의 세계관 ― 캐릭터화된 '사나운 신'
과 신화의 세계」를 논하고, 일본 근세사, 사상사라는 전문 분야에서
기바 다카토시는 「하늘에서 짐승이 떨어졌다 ― 뇌수(雷獣) 고찰」에서
번개 형상을 추적하며, 영상문화론의 사노 아키코(佐野明子)는 「너구
리와 전쟁 ― 일본 아니메 문화에서의 전승세계 전개」를 논한다. 일본
고전문학과 전승론의 구루시마 하지메(久留島元)는 「제가이보(是害坊)
의 근세 수용 ― 환생하는 천구 설화」를 칼럼으로 제시하고 있다.

　제4부는 「그림과 예능과 캐릭터」를 분석한다. 근대역사학의 아오
키 젠(青木然)은 「고바야시 기요치카(小林清親)의 『백찬백소(百撰百笑)』
에 나타난 청국인상」을 고찰하고, 도에이(東映)에서 오랫동안 영화와
관련된 일을 한 야마구치 노리히로(山口記弘)는 문자 그대로 「시대극과
히어로 캐릭터의 예능사」의 연속성을 근현대 히어로부터 시대극, 가
부키, 노로 소급하여 통람한다. 근세문학과 연예사가인 후카야 다이
(深谷大)는 무대예술로서 「가부키와 자자니즈 ― 형태를 바꾸어 계속
해서 살아남는 문화 전통」을 도마 위에 올려놓고 비교하며 상세히 고
찰하고 있다.

　제5부의 「모던 컬처 프로젝션」은 내가 만든 말인데, '캐릭터'와 '세
계'가 현대 문화에 투영, 투기(프로젝션)된 현상을 파고들어 부감한다.
우선 미디어론의 곤도 가즈토(近藤和都)는 「〈야마토〉에서 〈건담〉까지
의 미디어사 ― '기억해야 할 것'과 '기억하는 사람들'」에서 기억 미디

어의 전개와 그것을 지지하는 잡지 문화를 논한다. 풍토학부터 도시계획사, 또한 도시공학까지 폭넓은 전문 분야의 백그라운드를 가진 에구치 히사미(江口久美)는 아이돌 수용의 동태에 관하여 가부키까지 언급하면서 「그룹 아이돌의 세계관 공유와 보완 ─ BiS·BiSH를 대상으로」에서 분석한다. 미디어와 사회를 고찰하는 마쓰이 히로시(松井広志)는 「비디오 게임의 캐릭터와 세계 ─ 〈슈퍼로보〉와 〈사가〉 시리즈로 생각하다」라는 타이틀로 게임 분석의 시계에서 캐릭터와 세계를 다시 묻는다.

구체적인 내용은 독자들이 각각의 논술을 읽고 초점에 맞춘 분석과 그 깊이를 느낀다면 더 바랄 나위가 없겠다.

6. 현대의 '캐릭터'와 '세계' ─ 서론 말미에

지난 2020년 여름 무렵 다소 색다른 소설을 만났다. 그것은, 내 입장에서 '지금, 여기'에서 벌어지는 '캐릭터'와 '세계'를 이해(폴 리쾨르의 해석학 용어로서의 '이해'를 말한다)하기에 딱 좋은 예이기에 서론 마지막에 소개해 두고자 한다. 프랑스의 롤랑 비네의 『언어의 일곱 번째 기능』(다카하시 게이[高橋啓] 역, 도쿄소겐샤[東京創元社], 2020)이라는 작품이다. 원작은 2015년, 영역은 그 다음 해에 나왔는데 일역은 5년이나 늦게 완성되었다.[59] 이 작품에서는 프랑스 철학자들이 실명으로 등장하고 그들의 담론도 인용되면서 픽셔널한 세계가 펼쳐진다.

---

59) 한국에서는 2018년 『언어의 7번째 기능』이라는 제목으로 번역본이 출간되었다.

진정 번역가를 울게 만드는 소설이다. 원래『언어의 일곱 번째 기능』
이라는 제목 자체가 소설답지 않으며, 사실 그 출처는 러시아 태생의
언어학자 로만 야콥슨의『일반언어학』이다. 그러나 야콥슨이 이 저작
에서 거론하는 언어의 기능은 여섯 가지밖에 없다. 일곱 번째 기능이라
는 것은 분류로서 존재하지 않는다. 즉 '언어의 일곱 번째 기능'이라는
것은 소설가의 상상력 속에만 존재하는 것으로, 이 작품은 일곱 번째
기능에 대해 쓰인 야콥슨의 미발표 원고를 좇는 서스펜스 소설이다.

그러나 이 소설이 '문제작'인 것은 여기서부터다. 야콥슨이 남긴 '일
곱 번째 기능'이라는 문서를 손에 넣은 게 롤랑 바르트였다는 것이다.
그리고 그의 죽음은 우발적인 교통사고 같은 것이 아니라 '일곱 번째
기능'을 바르트 손에서 빼앗아 가기 위해 공들여 짜여진 모살이었다는
것이 이 소설의 '가설'이다. (중략)

롤랑 바르트가 실존 인물이고 사인이 된 교통사고도 사실이며, 그것
을 발단으로 소설이 전개되는 이상 등장인물 대부분이 실존 인물이다.
20세기 후반 세계의 사상계를 이끈 프랑스 현대사상을 대표하는 쟁쟁
한 작가, 철학자들이 실명으로 등장한다 – 미셸 푸코, 자크 데리다, 필
립 소렐스, 줄리아 크리스테바, BHL 즉 베르나르 앙리 레비, 알튀세르,
들뢰즈, 가타리, 라캉 등등 다 열거하기에도 끝이 없다. 뿐만 아니라
정계에서는 제21대 프랑스공화국 대통령 프랑수아 미테랑과 나중에 첫
내각 각료를 맡는 등 그 정적이 되는 제20대 대통령 발레리 지스카르
데스탱도 등장한다.

하지만 이 작품은 '역사소설'도 아니고 논픽션도 아니다. 순수한 '소
설'인 것이다. (이 책의「역자 후기」)

첨예한 초역사물이지만 가부키를 관통한 '캐릭터'와 '세계'를 이미
알고 있는 우리에게는 그리 놀랍지 않은 일일 것이다. 마침 내가 대학
원생이었을 때 애독했던 사상가들의 입체적 캐릭터를『주신구라(忠臣

蔵)』[60]에서도 보듯 다소 진하게 즐길 수 있다. 게다가 이야기는 서스펜스를 담고 있다. 무대도 파리, 볼로냐, 이사카, 베네치아, 나폴리 등 유럽에서 미국까지 시공간을 자유자재로 넘나들며 역사적 학회까지 등장한다. 모르는 이름이나 사상이 나와도 상관없다. 위키피디아를 비롯한 인터넷 정보를 슬쩍 참조하면 독해에 그리 큰 불편함도 없다. 세계관 보완이 손쉽다.

위에는 이름이 거론되지 않았지만, 또 한 사람 주디스 버틀러도 중요한(?) 역할을 한다. 그리고 그것은……. 역자에 따르면 "여기에 그려진 프랑스 현대사상 스타들의, 때로는 눈을 감아버리고 싶어지는 어이없는 모습을 어떻게 생각하면 좋을까? 캐나다 토론토를 본거지로 활동하는 문예 저널리스트 리디아 펠로비치는 저자 본인에게 솔직하게 이런 질문을 던졌다". "(명예훼손으로) 고소당하지는 않을까 걱정하지 않으셨나요? 적어도 영어권 출판사들은 일단 그걸 걱정했으리라고 생각하는데요"라고.

이에 대해 저자는 "아니요. 다만 솔직히 말해서 제 출판처는 걱정했을지도 모르겠습니다. 제가 걱정하지 않았던 것은 바르트가 실제로는 살해당했을지도 모른다고 믿을 근거가 전혀 없었기 때문입니다. 그래서 나는 과감하게 아무도 진실이라고는 생각하지 않는 기상천외한 사건을 창작한 것이지요"라고 답했다(앞의 「역자 후기」). 이게 바로 '취향'이 아니겠는가? 무라사키 시키부나 미첼과 비교해도 이 프로덕티브한

---

60) 원래 제목은 『가나데혼 주신구라(仮名手本忠臣蔵)』. 막부 처분에 불만을 품은 아사노 가문 가신들이 주군의 복수를 위해 기라(吉良) 저택에 침입하여 그를 살해한 아코(赤穂) 사건을 세 명의 작가가 합작으로 스케일 큰 연극으로 만든 작품. 충의와 인정, 의리 등의 드라마를 담은 이 극작품은 가부키나 인형조루리 극의 최대 인기 흥행작이다.

귀재의 걸작 모험심이 돋보인다.

그리고 일본어판 띠지에도 적혀 있듯이, 이 책의 진정한 핵심 인물은 움베르토 에코이다. 에코는 오늘날 다시금 문제가 되는 '작가란 무엇인가'라는 문제[*18]에서, 여전히 중요한 주인공=캐릭터의 한 사람이다. 일찍이 '모델 리더'라는 개념을 내세워서 기호론 학자로서 작품론을 전개한 에코는 『장미의 이름으로』(1980)라는 난해한 소설을 세상에 내놓음으로써 베스트셀러 작가가 되었고, 자신이 작가가 되어 독자와 마주한다. 그리고 자신의 소설 영화화를 거쳐 원작자가 되기도 했고, 영화 제작 집단의 일익을 담당하며 시청자들과도 대치했다.

그 후 『푸코의 진자』(1998) 출판으로 얻은 독자와의 교류를 둘러싼 흥미로운 경험 실험은 독특한 강의 소재가 되어 작품 분석을 숲속 산책에 비유하면서, '모델 리더'와 '모델 작가'라는 조어를 응용하여 논한 기록으로 남게 된다.[*19] 이 강의록은 마지막에 약간의 연출이 되어 있다. 에코의 어느 날을 재현한 플라네타리움의 세련된 계책이 번뜩인다. 더 자세히 말하면 스포일러가 된다. 이 작품을 끝까지 읽은 사람만 알 수 있는 즐거움으로 남겨두고자 한다.

한편 대중문화 창작과 수용의 숲은 이 책을, 나아가 이 시리즈 전권을 끝까지 읽어준 당신에게 어떤 풍경으로 보이게 될까? 편자의 한 사람으로서 책의 완성에 자부심을 느끼면서도 조금은 전전긍긍하게 된다.

원저자 주

*1 아라키 히로시(荒木浩), 「스파이럴한 크로니클 ― 설화문학 연구와 1950년대의 시각
문화(スパイラルなクロニクル ― 説話文学研究と1950年代の視覚文化)」(『일본 연
구' 재고 ― 북유럽의 실천으로부터(「日本研究」再考 ― 北欧の実践から)』, 국제일본
문화연구센터(国際日本文化研究センター), 2011년 3월, 오픈 액세스)에서는 다른 시
점에서 이 영화의 의미를 언급하고 있다.

*2 아라키 히로시(荒木浩), 『이리하여 『겐지모노가타리』가 탄생하게 되었다(かくして
『源氏物語』が誕生する)』(笠間書院, 2014) 참조.

*3 또한 폭넓게 '고전 캐릭터'에 관하여 정리된 프로젝트 연구의 성과로서 『아시아 유학
(アジア遊学)』(勉誠出版)의 특집 「고전 캐릭터의 가능성(古典キャラクターの可能
性)」(108호, 2008), 「고전 캐릭터의 전개(古典キャラクターの展開)」(118호, 2009),
「고전화하는 캐릭터(古典化するキャラクター)」(130호, 2010) 등이 있다. 아울러 참
조하기 바란다.

*4 간편하게는 Thomas Harper and Haruo Shirane, ed., *Reading The Tale of Genji:
Sources from the First Millennium* (Columbia University Press, 2015). 그 내용
에 대해서는 아라키(荒木)의 「〈서평〉 토마스 하퍼, 하루오 시라네 편 『『겐지 이야기』
를 읽다 ― 10세기부터의 문헌군(『源氏物語』を読む ― 十世紀からの文献群)」(『일본
연구(日本研究)』 57, 2018, 오픈 액세스, 또 스케가와(助川) 외편, 『신시대의 겐지
학10 미디어·문화의 계급투쟁(新時代への源氏学10 メディア·文化の階級闘争)』(竹
林舎, 2017) 등을 참조.

*5 아라키 히로시(荒木浩), 『일본 문학 이중의 얼굴 ― 〈이루어지는〉 것의 시학으로(日
本文学 二重の顔 ― 〈成る〉ことの詩学へ)』(大阪大学出版会, 2007), 아라키 히로시,
「희구되는 작자성 ― 이야기라고 하는 산문의 성립을 둘러싸고(希求される作者性 ―
物語という散文の成立をめぐって)」(시라네(シラネ) 외편, 『〈작가〉란 무엇인가 ― 계
승·점유·공동성(〈作者〉とは何か ― 継承·占有·共同性)』, 岩波書店, 2021) 외 참조.

*6 오쓰 유이치(大津雄一), 『『헤이케 이야기』의 재탄생 ― 만들어진 국민 서사시(『平家
物語』の再誕 ― 創られた国民叙事詩)』(NHKブックス, 2013).

*7 전게 주 6.

*8 오쓰 유이치(大津雄一) 외편, 『헤이케 이야기 대사전(平家物語大事典)』(東京書籍,
2010), 「노(能)」(다케모토 미키오[竹本幹夫]) 항목.

*9 이 '겐지노'의 정의는 야마나카 레이코(山中玲子) 「겐지 이야기와 노가쿠 연구(源氏
物語と能楽研究)」(『노와 교겐(能と狂言)』 15, ぺりかん社, 2017년 7월)에 따른다.

*10 이시이 도모코(石井倫子), 「노의 『겐지 이야기』 ― 「겐지노」는 무엇을 그리는가(能
の『源氏物語』 ― 「源氏能」は何を描くのか)」, 『比較日本学教育研究部門研究年報』
14, 2018. 또한 전게 주 9. 야마나카 논문에서는 "「미오쓰쿠시(澪標)」가 더해졌는데
이 곡은 '다른 이름으로 「스미요시모데(住吉詣)」라고도' 하므로 '노 연극 기록상으로

는' 또 하나의「스미요시모데」와 구별하기 어렵다"(야마나카 레이코[山中玲子],「겐지 이야기와 노 ― 연보와 해제(源氏物語と能 ― 年譜と解題)」, 전게 주 4에 수록)고 했다.

*11 전게 주 10. 야마나카 레이코,「겐지 이야기와 능 ― 연보와 해제」. 영문 전문서적으로서 Janet Goff, *Noh Drama and The Tale of Genji: The Art of Allusion in Fifteen Classical Plays*(Princeton University Press, 1991)도 있다.

*12 아마노 후미오(天野文雄),「겐지물의 몽환능에서는 왜 이야기 중의 인물이 망령으로 등장하는가(源氏物の夢幻能ではなぜ物語中の人物が亡霊として登場するのか)」,『노엔쇼요(중) ― 노라는 연극을 걷다(能苑逍遙(中) ― 能という演劇を歩く)』(大阪大学出版会, 2009).

*13 오하시 마사요시(大橋正叔),『근세연극의 향유와 출판(近世演劇の享受と出版)』(八木書店, 2019).

*14 도리이 후미코(鳥居フミ子),『근세 예능 연구 ― 도사조루리의 세계(近世芸能の研究 ― 土佐浄瑠璃の世界)』제3장 제3절(武蔵野書院, 1989). 이 논저에는 구체적으로『태평기』에서 취재한 곡명이 실려 있다. 또『태평기』수용에 대해서는 효도 히로미(兵藤裕己)『태평기〈읽기〉의 가능성(太平記〈よみ〉の可能性)』(講談社学術文庫, 2005), 와카오 마사키(若尾政希)『『태평기 읽기』의 시대 ― 근세정치사상사의 구상(「太平記読み」の時代 ― 近世政治思想史の構想)』(平凡社ライブラリー, 2012) 외 참조.

*15 「세계란(世界とは)」,『가부키 용어 안내(歌舞伎用語案内)』
http://enmokudb.kabuki.ne.jp/phraseology/phraseology_category/sekai.

*16 그 전제로서『동태로서의「일본」대중문화사 ― 캐릭터와 세계(動態としての「日本」大衆文化史 ― キャラクターと世界)』(국제일본문화연구센터 프로젝트 추진실, 2018년 10월, 동 제2판, 2019년 1월)의 간행이 있다. 또「세계」와「취향」의 응용에 대해서는,「큰 이야기」를 둘러싼 오쓰카 에이지(大塚英志)의 역사적 논고『이야기 소비론 ―「깜짝맨」의 신화학(物語消費論 ―「ビックリマン」の神話学)』(新曜社, 1989. 2011년에 세이카이샤신서(星海社新書)로 재간행) 참조.

*17 Michael Emmerich, *The Tale of Genji: Translation, Canonization, and World Literature*(Columbia University Press, 2015) 참조.

*18 전게 주 5.『작가』란 무엇인가』에 수록된 하루오 시라네(ハルオ・シラネ), 스즈키 도미(鈴木登美)「시작하며 ―〈작가〉를 재고하는 것, 작가성 연구의 가능성(はじめに ―〈作者〉を再考すること、作者性研究の可能性)」등 참조.

*19 Eco Umberto, *Six Walks in the Fictional Woods, The Charles Eliot Norton-lectures*, 1993(Harvard University Press, 1994). 새로운 일본어역은 움베르토 에코『소설의 숲 산책』(和田忠彦訳, 岩波文庫, 2013). 덧붙여 에코 마지막 문학논집도 작년『문학에 대하여』(和田忠彦訳, 岩波文庫, 2020)로 간행되었다.

제1부

'캐릭터'란 무엇인가?

제1장

'캐릭터'와 '인격'에 대하여

긴스이 사토시(金水敏)

들어가며

본 장에서는 '캐릭터'에 대해 논의를 진행하는 데 있어서, 《인격》이라는 개념이 필요 불가결하다는 것을 주장한다. 선행 문헌에서 '인격'이라는 개념이 이용되고 있는 사례를 이하의 절에서 제시할 것인데, 이들 선행연구가 말하는 '인격'과 구별하기 위해 본 장에서는 《인격》이라는 표기를 사용한다. 《인격》과의 관련에서 '캐릭터'를 기술 가능성, 가반성(可搬性), 복제가능성을 갖는 '속성'의 묶음으로서 파악하는 데(이에 한해서 《캐릭터》라고 표기한다), 일반적으로는 종종 이 속성적인 《캐릭터》와 《인격》이 일체가 된 유일성을 가지는 존재(즉 등장인물)도 '캐릭터'라고 부르는 경우가 있다. 본 장에서는 후자(즉 협의의 《캐릭터》와 《인격》이 일체가 된 것)를 '인디비주얼'이라고 부르기로 한다.

이 《인격》은 일반적으로 '혼', '영혼'이라고 불리는 것과 거의 같은 뜻이며, 이러한 형태로 《인격》을 규정함으로써 픽션이나 종교 설화에 풍부하게 나타나는 '환생', '변신', '빙의', '(마음이) 서로 바뀌는 것'과 같은 '영적 현상'을 정확하게 다룰 수 있다.

또한《인격》의 '유일성'은 다름 아닌 '나'의 유일성에 근거를 두고 있으며, '나'에게 읽히고 이야기 세계에서 '나'로 살 수 있음으로써 유일성을 획득하고, 단순한 캐릭터가 인디비주얼로서 모습을 드러낸다는 것을 주장한다.

1. 선행 연구

이 절에서는 본 장의 논고와 깊은 관련을 갖는다고 여겨지는 사회심리학의 타자 인지 이론(특히 저드슨 브루어의 이중처리 모델)[*1], 언어학 입장에서 '캬라'[1)]를 논하고 있는 사다노부 도시유키(定延利之)의 『커뮤니케이션과 언어 상의 캬라(コミュニケーションと言語におけるキャラ)』(2020), 그리고 인지의미론 상의 논의로서 레이 제캔도프의 『사고와 의미의 취급 가이드(思考と意味の取扱いガイド)』(2019)를 다룬다.

사회심리학에서의 타자 인지 이론(이중 처리 모델)

우선 사회심리학 분야의 타자 인지 이론을 참조하고자 한다. 사회심리학에서는 사람을 카테고리로 판단하는 '스테레오타입'적 인지의 폐해를 어떻게 극복할 것인가 하는 관점에서 연구가 진행되어 왔지만, 본 장의 입장에서는 브루어가 제시한 '이중 처리 모델'이 특히 중요하

---

1) 일본에서는 캐릭터를 '캬라쿠타'라고 발음하며 앞의 두 글자로 축약하여 '캬라'라는 용어로 많이 사용한다.

다고 생각한다. 이 모델은 자기 입장에서 '친한가', '친하지 않은가'에 따라, '카테고리 베이스'와 '개인 베이스'를 구분해 사용하는 점에 특색이 있다. 이하, 가미세 유미코(上瀬由美子)의 「스테레오타입의 사회 심리학」에서 인용문을 제시한다.

> 타자를 대할 때 우리는 먼저 상대방의 인종, 성, 나이 등을 자동적으로 카테고리에 적용시켜서 판단합니다. 상대에 대해 그다지 알 필요가 없는(자신과는 관련성이 없는) 경우에는, 정보 처리는 이 자동 처리의 단계에서 종료합니다. 그러나 좀 더 상대방에 대해 알 필요가 있을 때에는 다음 통제 처리 단계로 넘어갑니다. 브루어는 이 단계 처리에는 '카테고리 베이스 모드'와 '개인 베이스 모드'가 있다고 생각합니다.
>
> 이 중 '카테고리 베이스의 모드'는 우리가 머릿속에 이미 형성하고 있는 정보에 근거해서 스테레오타입화하여 상대를 판단하는 경우입니다. (중략)
>
> 한편, '개인 기반 모드'에서는 상대방의 고유한 특징에 주목하여 인상이 형성됩니다. 이는 상대방이 자기 입장에서 깊이 관여하고 싶은 인물에 대해 이루어지는 정보 처리입니다. 여기서는 카테고리와 관련된 정보가 중요하지 않습니다. 이 처리 과정에서는 스테레오타입에 근거하지 않는 개인화(personalization)된 정보 처리가 이루어집니다. 이 처리 과정에서 상대방이 소속해 있는 사회적 카테고리는 그 개인의 속성 중 하나가 됩니다.[2]

여기에서는 타자에 대해 카테고리를 우위로 파악할 것인가, 유일무이한 개인을 우위로 파악할 것인가 하는 두 종류의 인지적 태도가 있으며, 그것은 자기 관여의 강도에 따라 교체되는 것을 말한다. 여기서 말하는 '카테고리'란 성, 연령, 직업 등의 속성에 의한 분류이다.

사다노부의 '캬라(쿠타)', '스타일'과 '인격'

사다노부는 언어학의 입장에서 대인 커뮤니케이션 분석에 필요한 개념으로서 '스타일', '캬라3', '인격'이라는 세 가지 레벨을 구별할 것을 주장하고 있다.[*3] '캬라3'이란, 이른바 '유루캬라'[2)]나 드라마의 등장 인물 등 일반적인 의미에서의 '캐릭터'(=캬라1)나, 이토 고(伊藤剛)가 말하는 '캬라'(=캬라2)[*4]와 구별하기 위해서 붙여진 명칭이다.

사다노부는 캬라3을 '병리적인 사정 없이 상황에 따라 비의도적으로 바뀌는 인간의 부분'[*5]이라고 한다. 캬라3은 가변적임에도 불구하고, 사람들 앞에서 노골적으로 바뀌는 것이 드러나는 것은 금기(사회적 금기)라고 한다.

왜 사람들 앞에서 노골적으로 바뀌면 안 되는가 하면, 그것은 '정적인 인간관이라는 좋은 시민의 "약속"[*6]이기 때문이라고도 말하고 있다. 구체적인 예로서 자신이 강요당하고 있는 '캬라'와 진정한 자신이 어긋난다고 느끼고 있는 사람의 다음과 같은 고백을 들고 있다.

> (1) 저도 대화 상대에 따라, 내 캬라가 바뀌는구나~라고 스스로 생각할 경우가 있습니다.
> 하지만 누구라도 약간씩은 그런 부분이 있지 않아요? 애초 '진정한 자기'가 뭐란 말이지요?
> 캬라가 흔들려 버리는 것도 '진정한 나'인 셈이니, 별로 깊이 생각하

---

2)   느슨하다, 완만하다는 '유루이(ゆるい)'나 '유루유루(ゆるゆる)'라는 말 앞 두 글자와 캐릭터의 앞 두 글자 '캬라'를 붙여서 만든 일러스트레이터 미우라 준이 만든 조어이다. 향토성과 사랑스러움, 불완전성을 요소로 하여 촌스럽지만 느긋한 느낌을 주는 귀여운 지역 캐릭터로, 일본 전국에 수천 개가 존재한다고 헤아려지며 구마몬, 히코냥, 후낫시 등이 대표적 유루캬라이다.

지 않아도 되는 거 아닐까요?

　제가 현재 전혀 무리하지 않고 함께 있을 수 있는 상대는 남편과 아이들뿐입니다.

　그거면 됐다고 생각합니다.[*7]

　캬라3이 가변성을 가지면서도 남들 앞에서는 불변하려는 성질을 가지는 데 반해, '스타일'은 대우 표현과 같이 오히려 상대나 상황에 따라 적절히 구분하여 사용하는 것이 사회적으로 성숙한 태도로서 요구되고 있다.

　반대로 '인격'은 가장 가변성이 낮은 것으로 자리매김되며 '대조적으로, 여기에서 말하는 "인격"은 안정성이 높고, 통상은 교체되지 않는다. 인격이 바뀌면, 문자 그대로 "다른 사람"인가 싶어지는, 심각하고 근본적인 변화가 생긴다'[*8]고 본다. 예로 시마오 도시오(島尾敏雄)[3)]의 소설 『귀소자의 우울(帰巣者の憂鬱)』의 한 구절이 거론될 수 있다. 여기에서는 부부싸움 자리에서 나스라는 아내의 인격이 변화하는 모습이 그려져 있다.

　　(2) "내가 잘못했어요. 가지 마세요. 사과할게요. 가지 말아 주세요."
　　(중략)
　　끌어안겨서 꼼짝 못하게 되자 나스는 양손으로 유리문을 마구 두드리며 "암마–"라고 외쳤다. 묘하게 어린 목소리였다. 나스의 고향 섬에서는 어머니를 그렇게 불렀다. 나스는 미이치의 팔을 뿌리치려고 했다.

---

3)　시마오 도시오(島尾敏雄, 1917~1986). 소설가. 요코하마 출생으로 규슈제국대학을 졸업하고 해군예비학생을 거쳐 특공대 지휘관으로 섬 기지에서 대기하던 중에 1945년 패전을 맞았다. 이후 전쟁 체험이나 전후 사회의 불안을 그린 작품으로 명성을 얻었다.

그것은 엄청난 힘이었다. 미이치는 진지해져서 말리려고 껴안았다.

"암마이, 완다카, 테레테이타포레"

(중략)

"하게, 누가카야, 무슨 짓 저지른 거야? 어떻게 된 거지? 난 어디에 있어? 여긴 어디야?"[*9]

또한 사다노부는 '스타일', '캬라3', '인격'을 가변성과 그 사회적인 허용이라는 관점에서 세 단계로 분류하고 있는데, 이것들은 대인 커뮤니케이션에 있어서의 '조절기'와 같은 것이라고 설명하고 있다.

무엇보다 인간이 다양한 상황에 대응해 나가기 위한 조절기라는 점에서 캬라3은 스타일이나 인격과 다를 바 없다. 마치 팔꿈치 관절이 어깨나 손목 관절과 마찬가지로 인간의 손 움직임을 조절하고 있는 것과 같다. 스타일, 캬라3, 인격은 인간의 '대응'이 조절되는 조절기라고 할 수 있다.[*10]

이러한 인식은 '어포던스'[4] 혹은 '상황에 끼워넣어진 학습'[*11]이라는 사고방식에 입각한 사다노부의 (음성언어) 커뮤니케이션관의 특징을 잘 나타내고 있다.

재켄도프의 '인격'

재켄도프의 『사고와 의미의 취급 가이드』[*12]는 인지과학 입장에서 사고와 의미에 대해 논한 것으로, 친숙한 문체로 쓰여졌음에도 불구하

---

4) affordance. 인지 심리학자 제임스 기브슨이 만든 말로 무언가를 하려고 할 때의 준비하는 정보 감각.

고 매우 충실하고 통찰력이 풍부한 안내서이다. 그중「속 인지 형이상학─인간」이라는 장에서는 세계의 존재물 중에서도 '인간'이 특별 취급되고 있어서, '인간에게는 동물이나 무생물과 달리 사회관계, 사회적 역할, 권리, 의무, 도덕적 책임이 있다'며 나아가 다음과 같이 설명하고 있다.

> 여기에서 말하는 개념적인 장치란, 사람은 동물과는 달리 신체로부터 분리된 특별한 부분 – '마음'이나 '혼'이나 '영혼'이라든가 '자아'라든가 마음대로 골라잡아 부를 수 있는 존재물 – 을 가지고 있다고 간주되는 점이다. 이것이 어떻게 작용하는지 이해하기 위해 '책'에 관하여 먼저 제11장에서 했던 논의로 되돌아보자. 거기에서는 전형적인 책은 물리적인 측면 – 쓰인 것이 수록되어 묶인 페이지의 모임 – 과, 그에 덧붙여 '정보를 제공하는' 측면 – 쓰인 것에 의해 전달할 수 있는 생각 – 을 가지고 있는 것을 보았다. 그러나 이들 두 측면은 서로 분리 가능하다.[*13]
> (중략)
> 여기서 우리의 본론 이야기로 돌아가자면 인지 형이상학은 책을 다루는 것과 같은 방식으로 인간을 다뤄야 한다. 한 인간에게는 하나의 지시 참조 파일이 있다. 그러나 필요하다면 우리는 지시 참조 파일을 둘로 분할할 수 있다. 둘로 나눈 한쪽 육체는 그 내용 특징에 따라 물리적 영역으로 자리매김된다. 다른 한편의 마음/혼/영혼/자기는 그 내용 특징에 따라 또 다른 불가사의한 '인격적' 영역으로 자리매김된다. 우리는 나와 타인을 이런 식으로 개념화하고 있는 것 같다.[*14]

위 인용 마지막에서는 '책'의 비유를 이용하여 인간의 특수성을 설명하고 있다. 즉 책이 물리적인 '것'으로서의 측면을 가짐과 동시에 내용으로서의 '정보'가 '책'을 '책'답게 만드는 것과 마찬가지로, 인간

의 개념화에 있어서도 '육체'와 '마음/혼/영혼/자기'를 구별하고 있어
서, 전자는 물리적 영역, 후자는 불가사의한 '인격적' 영역에 있다고
보는 것이다. 다만 재켄도프의 인지과학적 입장에서는 영혼의 실재는
도저히 받아들일 수 없는 일이지만, 이 문제를 어떻게 해결할지는 그
것을 생각하는 사람의 목적에 달려 있다고 한다.

　덧붙여 재켄도프는 '마음/혼/영혼/자기(자아)'가 세계의 문화나 종
교에서 매우 중요한 취급을 받고 있음을 지적하고, '윤회환생', '변신'
'신체 교환', '빙의'에 대해서도 사례를 들어 논하고 있다.*15

2. 《인격》, 인디비주얼의 도입

《인격》의 필요성

　브루어의 이중처리 모델에서는 우리의 일상적인 타자 인지에서 자
기 관여가 얼마나 강한지 약한지에 따라 카테고리 우위의 처리와 개인
우위의 처리가 구분될 수 있다는 가설을 보았다. 이 생각은 픽션의
등장인물 처리에도 응용 가능하다. 그 경우 '개인'이란 무엇인가, 왜
여기에 자기 관여의 강도가 관련되어 있는가, 라는 것을 생각할 필요
가 있다.

　사다노부의 『커뮤니케이션과 언어 상의 캐릭터』에서는 '인격'과 '캬
라3'이 구별되어 있었지만, 양자는 가변성의 강약으로서 나누어져 있
을 뿐이며, 오히려 '인격'도 '캬라'와 마찬가지로 속성적으로 파악되어
있을 가능성이 있다.

　이에 대해 재켄도프는 인간의 개념화에 있어서 육체와는 별도로

'마음/혼/영혼/자기(자아)'를 분리하는 것이 가능하며, 그럴 필요가 있다고 말한다. 육체 쪽은 속성인 말로 기술할 수 있지만 '마음/혼/영혼/자기(자아)'는 그렇지 않다.

이와 같은 '마음/혼/영혼/자기(자아)'는 사다노부의 앞 책에서 말하는 '인격'과는 같아 보이지만 전혀 다르다. 예를 들어 (2)의 예에서 보면 확실히 나스는 '다른 사람'처럼 '인격'이 바뀌었지만, 그러나 정말 다른 사람이 된 것은 아니며 여전히 나스는 나스다. 그렇다면 본토어를 말하는 '나스1'과 섬의 말로 말하는 '나스2'를 잇는 개념이 필요하고, 그것이 바로 '혼'이라고 생각할 수 있다. 즉 '혼'은 속성으로는 파악할 수 없고 다양한 속성을 서로 이어주는 부채의 사북 같은 역할을 하는 것이다.

본 장에서는 이러한 속성의 이음매로서의 '혼'에 해당하는 것을 《인격》으로 표기하기로 한다. 이에 대해 《캐릭터》는, 인간(의인화된 것도 포함한다)의 속성으로서 기술할 수 있는 모든 것을 가리키는 개념으로서 사용하기로 한다. '역할어'[16]도 '캐릭터 언어'[17]도 또한 속성의 하나이며 캐릭터의 한 요소이다.[18]

《캐릭터》뿐이라면 그것은 영혼 없는 껍데기, 혹은 인형 조종사가 없는 꼭두각시 인형과 같은 것이다.[19] 여기에 혼=《인격》이 불어넣어지면 인물은 활기차게 움직이기 시작한다. 전술한 바와 같이 이 《인격》과 《캐릭터》가 일체가 된 상태의 인물상을, 본 장에서는 '인디비주얼'이라고 부른다. 즉, 다음과 같은 도식으로 정의된다.

　　(3) 《인격》 + 《캐릭터》 (속성) = 인디비주얼

《인격》이 고정된 채로《캐릭터》가 바뀐다는 것은 '해리성 정체성 장애(DID)', 치매, 음주, 약물 등의 영향에 의한 (이른바) '인격의 변용' 같은 극적인 증상으로 나타나기도 하는데, 성장이나 성숙, 노화 등에 의해 자연스럽게《캐릭터》가 바뀌는 경우도 당연히 있다. 예를 들어 미야모토 히로히토(宮本大人)는 「'캐릭터가 서'려면 무엇이 필요한가」라는 물음에 대해 다음과 같이 정리하고 있다.

> (4) a. 독자성. 다른 캐릭터와 구별할 수 있는 특징을 가지고 있어야 한다.
> b. 자립성·유사적 실재성. 하나의 이야기 세계에 얽매이지 않을 것. 독자들에게 제시되는 하나하나의 이야기 뒤에 그 캐릭터가 사는, 더 커다란 이야기 세계가 있음을 상기시킬 것.
> c. 가변성. 특징, 성격이 어느 정도 변화할 수 있을 것. 시간의 경과를 체현할 수 있는 것.
> d. 다면성·복잡성. 유형적인 존재가 아닐 것. '의외의 일면'이나 '약점'을 가지고 있을 것.
> e. 불투명성. 밖에서나 다른 사람으로부터 보이지 않는 부분(내면)을 가지고 있을 것.
> f. 내면의 중층성. 자기 자신에게도 잘 보이지 않는, 제대로 통제할 수 없는 불투명함이 자기 안에 있다고 의식되고 있을 것. (중략) 즉 '근대적 자아의식'이 성립해 있을 것.[20]

a는 단순히 속성으로서의 개별성에 대해 말하고 있는 것이며, 나머지 조건은 세계를 초월한 실재성, 복수의 복잡한《캐릭터》를 묶는 개별성, 내면, 자아 등 모두《인격》을 강하게 느끼게 만드는 요소라고 간주할 수 있다. 즉 미야모토가 말하는 '"서 있는" 캐라'란 본 장의 입장

에서 말하자면, 《인격》을 강하게 느끼게 만드는 인디비주얼이라는 의미나 다름없다.

《인격》의 특징 및 기능

《인격》은 주로 픽션에서 다음과 같은 특징을 갖는다고 가정된다.

(5) a. 《인격》은 '유일성'을 가진다.
b. 《인격》은 '시점'과 관련된다.
c. 《인격》은 '내면'과 관련된다.
d. 《인격》은 독자적인 '시간'을 갖는다.
e. 《인격》은 '영적 사상(事象)'과 관련된다.

이하 절에서는 각각의 특징에 대해 개별적으로 검토한다.

3. 《인격》의 '유일성'과 '나'의 가탁

나는 생각한다, 고로 나는 존재한다

《인격》의 큰 특징은 그 존재가 세상에 유일무이한 것임을 느끼게 한다는 데 있다. 예를 들어 사이토 다마키(斎藤環)는 '동일성'을 캬라(쿠타)의 가장 중요한 기능이라 말하고 있는데,[*21] 본 장의 입장에서는 《캐릭터》란 기술 가능한 속성의 집합이므로, 가반성, 복제 가능성이 있으며, (개체의) 동일성과는 오히려 서로 녹아들지 못한다(속성의 동일성이라면 물론 물을 수 있지만, 사이토가 말하는 동일성은 개체의 유일성일 것이다). 《캐릭터》 속성으로서의 성질은, 아즈마 히로키(東浩紀)가 말하는 '데이터베이스'라고 바꾸어 말할 수도 있다.[*22] 동일성이란 오히려 《인격》에서 인정해야 하는 성질이다.

그렇다면 《인격》의 유일성은 어떻게 근거 지을 수 있을까. 그것은 바로 픽션을 읽고 있는 '나'에 의한 것이라고 생각한다. '나'는 나의 존재를 의심할 수 없으며, 그리고 '나'는 세상에 유일한 존재라고 믿는다. 즉 데카르트가 말하는 "cogito ergo sum(나는 생각한다, 고로 나는 존재한다)"이다. 세상에 이 사실을 빼고 유일성이란 있을 수 없다. 왜냐하면 인간의 지식은 유한하고, 어떤 대상이든 그것이 세상에 유일한 존재임을 실증하기란 불가능하기 때문이다. 물론 병적인 현상으로서 '혹시 "나"는 복수로 존재하지 않을까'라는 의심은 상정할 수 있지만, 그렇게 생각하고 있는 '나'는 그 시점에서 단 한 사람이다. 즉 인디비주얼에 있어서의 《인격》의 유일성은 작품을 읽고 있는 지금 당장의 '나'를 가탁함으로써 근거가 생기는 것이다.

'나'로의 연결과 '자기 관여'의 정도

이렇게 해서 '나'의 유일성이 믿어지고, '나'를 가탁함으로써 《인격》의 유일성에 근거가 생겼다고 치면, '나'에게 연결시킴으로써 적어도 그 장면의 유일성이 다양한 대상에게 부여된다. 예를 들어, '나'와 대화를 하고 있는 '당신'은 그 제한된 자리에서 유일한 '당신'으로 인정해도 좋을 것이다. 그리고 '나'는 '당신'에게 부분적으로 '나'를 가탁함으로써 '당신'을 '나'의 약한 분신으로 취급할 수 있다. 즉 '당신'의 의도를 짐작하고, '당신'에게 (다양한 정도로) 공감하지 않으면 애초 커뮤니케이션이 성립하지 않기 때문이다. 오늘날 말하는 '거울 뉴런'이나 '사회적 뇌'[*23]에 따르면 이러한 공감 작용은 어느 정도 사람 뇌에 장착되어

있는 기능으로 인정되고 있으므로, '당신'과 '나'의 상호작용은 생리적
으로도 기반이 된다.

나아가 예전에 '당신'이던 사람, 앞으로 '당신'이 될지도 모르는 사
람이라는 식으로 '나'라는 성격을 가탁해 감으로써, 다양한 정도로 유
일성의 확신이 주어지게 된다. 이것이야말로 브루어가 말하는 '자기
관여'의 정도라고 할 것이다. '나'라는 성격을 가탁받은《인격》을 가진
인디비주얼은, 개인으로서의 인지가 우위에 있지만, 반대로 '나'라는
성격을 가탁하기 어려운 약한《인격》밖에 부여받을 수 없는 대상은,
카테고리 즉 속성 우위의 인지를 적용하지 않을 수 없는 것이다. 이를
바탕으로 저자가 과거에 말한 픽션에서의 '등장인물 삼분류'에 대해
언급해 두기로 한다.

4. 픽션에서의 등장인물 삼분류와 시점

등장인물의 삼분류

저자는 픽션 등장인물을 자기동일화, 시점이나 내면묘사, 또 언어
의 관점에서 다음 세 가지 클래스로 나눌 것을 제안했다.[*24]

(6) 클래스1 : '히어로' 즉 주인공 또는 주인공급 캐릭터로 언어적으
로는 표준어를 말할 경우가 가장 많다. 그것은 독자나 시청자 입장에서
가장 접근하기 쉽고 자기동일화하기 쉽다는 조건에서 오는 제약이다.
클래스2 : '멘토', '그림자', '변신자', '트릭 스타' 등 개성이 강하고
'히어로'에게 좋든 나쁘든 강한 영향을 주는 캐릭터가 포함된다. 언어적
으로는 표준어나 스테레오타입의 역할어도 이용되지만 독자적인 스타

일(캐릭터 언어)로 독자에게 강한 인상을 주는 궁리가 이루어질 경우도
많다.

　　클래스3 : 이른바 '기타 수많'은 몹 캬라[5]로, 이름도 지어지지 않은
한정 장면 캐릭터를 전형으로 한다. 언어적으로는 표준어까지 포함해
가능한 한 장면 안에서 눈에 띄지 않는 스타일을 선택하는 것이 중요하
며, 그러한 의미에서는 가장 스테레오타입 역할어를 이용하는 것이 이
클래스이다.

　이것은 인디비주얼에서 《인격》을 어느 정도 강하게 느끼게 하는가
하는 강도에 의한 분류라고 할 수 있을 것이다. 읽는 이가 자기동일화
를 하는, 즉 '나'를 가탁하는 것을 용이하게 만들기 위해서는 속성으로
서의 《캐릭터》가 일반적으로 너무 강해서는 안 된다. 클래스1의 등장
인물은 그러한 의미에서 너무 강한 개성을 갖게 해서는 안 된다. 이를
언어 면에서 말하자면, 표준어를 사용하는 것이 기본이 된다는 것이
다.[25] 이 원칙을 '역할어 원리'라고도 한다.[26]

　이에 반해 클래스2는 클래스1의 인물에게 강하게 관여하고 영향을
미치는 인물이다. 《인격》을 느끼게 하기는 하지만, '나'라기보다 '당
신'으로서 '나'에 대치하는 인물이라고 할 수 있을 것이다. 그러나 때로
는 내면이 주어져 제2의 주인공으로 격상될 수도 있는 위치에 있다.

　클래스3은, 가장 《인격》이 약해서 거의 《캐릭터》만의 존재라고도
할 수 있다. 따라서 유일성이 별로 느껴지지 않고, 그러한 까닭에 '기
타 수많은 사람' 혹은 '몹 캬라'로서 취급되는 것이다. 롤플레잉 게임

---

5) mob character라는 영어를 의식해서 만든 일본제 외래어로, 아니메나 만화 게임 등에
　등장하는 이름 없는 캐릭터들을 말한다.

(RPG)에서의 '논 플레이어 캐릭터'도 그중 하나다. 이는 컴퓨터 RPG에서 특정 플레이어가 조작하는 것이 아니라 플레이어가 조종하는 등장인물이 말을 걸면 자동으로 정보를 주는 등장인물이다. '마을 사람', '상인' 등 알기 쉬운 모습을 하고 있으며 말투도 아주 그럴듯한 역할어를 구사한다.*27

삼분류와 《인격》《캐릭터》 및 시점

등장인물의 삼분류를 《인격》과 《캐릭터》의 관계에서 다시 정리하면 다음과 같다.

> (7) 클래스1 : 《인격》의 강도 ≫《캐릭터》의 강도 (이하 같음)
> 　　클래스2 : 《인격》 ＜《캐릭터》
> 　　클래스3 : 《인격》 ≪《캐릭터》

이 세 클래스의 관계는 '어느 입장에서 세계를 볼 것인가'라는 '시점'의 문제로도 분석할 수 있다. 읽는 이는 특권적으로 픽션의 모든 등장인물을 '보는' 입장에 있다. 즉 절대적인 시점자이다. 한편으로 클래스1의 인물은 읽는 이로부터 '보이는' 대상이기는 하지만, '나'를 가탁받음으로써 그 시점에서 다른 사람을 '보는' 경우가 많다. 클래스2는 클래스1 인물에게서 볼 수 있는 경우가 많은데, 때로는 '보는' 입장에 설 때도 있다. 클래스3의 인물들은 보여질 수는 있어도 스스로가 '보는' 입장에 서는 경우는 거의 없다. 이를 정리하면 다음과 같다. '속성의 탁립(卓立)성'이란 외형이나 행동의 화려함을 말하며, 클래스2에서 최대가 되는데, 이는 볼 수 있고 또한 유일한 존재이기 때문이다.

(8) 등장인물 분류와 시점의 관계

	보다/보이다	속성의 탁립성	'나'의 가탁
읽는 사람	보다	(없음)	(나 자신)
클래스1	보다 ≫ 보이다	너무 크지 않다	크다
클래스2	보다 < 보이다	크다	중간
클래스3	보다 ≪ 보이다	작다	작다

5. 등장인물의 내면과 시간

앞서 본 등장인물의 삼분류는 내면 묘사의 과다라는 측면과도 상관이 있다. 클래스1의 인물은 그 내면, 즉 기억이나 감정이나 거북함, 또 의사, 욕망 등이 공들여 묘사되는 반면, 클래스3의 인물은 그 내면이 문제가 되는 경우는 기본적으로 없다.

여기에서 내면이란 사실 시간 표현과 강하게 관련되어 있음을 지적하고 싶다. 여기에서 말하는 시간 표현이란 물리적 시간과도, 역사적 시간과도, 또 사회에 공유되는 공적 시간과도 달라서 《인격》이 겪는 사건과 그에 따른 인과관계의 연쇄를 말한다. 이를 '주관적 시간'(혹은 '내적 시간')이라고 부르기로 한다. 즉 인디비주얼이 다양한 체험을 통해 다양한 감정을 가지고, 그것이 기억되며 또 그 감정에 기초해 어떤 의사나 욕망을 가지며 세계에 작용시킨다. 그 연쇄가 주관적 시간을 진행시켜 나가는 것이다. 《캐릭터》가 말하자면 시간적으로 정적(혹은 반복적)인 속성인 데 반해 《인격》은 이야기 속에서 유일한 주관적 시간을 살아간다. 읽는 사람은 주로 클래스1 인디비주얼과 함께 이야기 속에 흐르는 주관적 시간을 여행해가는 것이다. 주관적 시간의 흐름을 등장인물의 삼분류에 따라 정리하면 다음과 같다.

> (9) 등장인물 분류와 내적 시간
> 읽는 사람 '나'로서 독자적인 주관적 시간을 가지고 살고 있다.
> 클래스1 풍부하고 치밀한 주관적 시간이 주어져 있다.
> 클래스2 한정적이기는 하지만 나름대로 주관적 시간이 주어져
> 있다.
> 클래스3 일회성 상황과 외형이 주어졌을 뿐 주관적 시간의 기술
> 은 최소한이다.

6. 역할어, 캐릭터 언어와 '보이스'

긴스이의 『버추얼 일본어 역할어의 수수께끼(ヴァーチャル日本語 役割語の謎)』에서 역할어는 다음과 같이 정의되어 있다.

> 어떤 특정한 말투(어휘, 어법, 표현 방식, 억양 등)를 들으면 특정한 인물상(나이, 성별, 직업, 계층, 시대, 외모, 풍모, 성격 등)을 떠올릴 수 있을 때, 혹은 어떤 특정 인물상을 제시받으면 그 인물이 너무도 사용할 것 같은 말투를 떠올릴 수 있을 때, 그 말투를 '역할어'라고 부른다.[28]

이것은 넓은 정의로, 좁은 의미로는 사회적 그룹(성, 연령·세대, 직업·계층 등)에 연결된 말투로서, 또한 널리 언어 커뮤니티에 지식으로서 공유된 언어를 특히 역할어라고 부르기로 하고, 이 정의에는 들어맞지 않지만 특정 픽션의 등장인물이 사용하는 언어 유형을 별도로

'캐릭터 언어'라 부른다.*29 역할어는 물론 캐릭터 언어도 언어의 특성을 기술한 유형인 한, 그것은 속성으로서의《캐릭터》를 구성하는 요소라고 인정할 수 있다. 이에 반해 픽션 안에서 일회성 주관적 시간 속에서 나온 언어를 미하일 바흐친에 따라 '보이스(목소리)'라고 부를 수 있을 것이다.*30

이와 같이 역할어와 보이스는 속성적이냐 아니냐는 점에서 레벨을 달리하는 개념이긴 하지만, 마쓰다 유키(松田結貴)는 픽션 속에서 역할어를 바꿈으로써 다른《인격》의 등장이 읽는 사람에게 전해지는 것을, 특히 일본어 문자 종류[6]의 사용 구분에 주목하면서 구체적인 사례를 이용해 나타내고 있다.*31

7. 영적 현상

재켄도프가 인격과 결부시켜 논한 '영혼', '혼' 등의 개념은 육체로부터 분리된《인격》의 표상으로 파악할 수 있다. 그것은 육체라는 테두리를 넘어 풍겨나오는 듯한 육체의 탄생, 성장, 사멸이라는 시간을 초월한《인격》의 표현이라고 할 수 있다. 이 '영적 사상'은 대중문화 작품은 물론 픽션 안에서 매우 풍부하게 그 사례를 찾아낼 수 있다.

이러한 영적 현상은 언어나 용모 등《캐릭터》의 일부를 거느리고

---

6) 일본어에는 현재 한자(漢字), 히라가나(平仮名), 가타카나(片仮名)의 세 종류가 주로 사용되지만, 역사적 가나 사용법(歴史的仮名遣い)이나 일본 고유어에 한자를 독특하게 해당시키는 아테지(当て字) 사용 등 다양하게 변주될 수 있다.

나타나는 경우도 있는데, 그것은 동일성을 표현하기 위한 수단이며, 오히려 기억, 감정, 욕망과 같은 주관적 시간을 육체의 테두리를 넘어 넓혀가는 것이 표현의 목적이라 할 수 있다. 영적 현상이 종종 '원망'이나 '애욕', 또는 '전생의 기억' 등을 동반하여 나타나는 것은 그 발현이다.

정리

본 장에서는 픽션의 인물상을 《인격》과 《캐릭터》로 분리하고, 《인격》은 '나'로 근거 지어진 유일성을 갖는 성질의 것으로 파악하며, 시점이나 내면, 주관적 시간과 관련된 특성을 담당한다고 고찰했다. 한편으로 《캐릭터》는 역할어나 캐릭터 언어를 포함하는 다양한 인물상의 속성을 담당하는 부분으로 파악할 수 있다고 생각했다.

원저자 주

*1 Brewer, M. B., *A dual process model of impression formation*, T. K. Srull and R. S. Wyer, Jr. eds., *Advanced Social Cognition* Vol. 1~36, New York and London: Psychology Press, 1988. 上瀬由美子, 『ステレオタイプの社会心理学 —偏見の解消に向けて』, 「セレクション社会心理学」 21, サイエンス社, 2002 참조.

*2 전게 주 1, 上瀬 저서, pp.79~80.

*3 定延利之, 『コミュニケーションと言語におけるキャラ』(三省堂, 2020).

*4 伊藤剛, 『テヅカ・イズ・デッド —ひらかれたマンガ表現論へ』(NTT出版, 2005). 이 책에서는 '캬라'가 '대부분의 경우, 비교적 간단한 선화를 기본으로 한 이미지로 그려지며 고유명으로 지목됨으로써(혹은 그것을 기대하게 만듦으로써), "인격·같은 것"으로서의 존재감을 느끼게 만드는 것'이라고 정의되어 있다. 또 '캐릭터'는 "'캬라'의

존재감을 기반으로 하여, "인격"을 가진 "신체"의 표상으로서 읽을 수 있으며, 텍스트의 배후에 그 "인생"이나 "생활"을 상상하게 만드는 것'이라고 되어 있다(이 책, pp.95~97).

*5 전계 주 3, p.60.

*6 전계 주 3, p.13.

*7 「진정한 내 캬라를 모르겠다(本当の自分のキャラが分からない)」(「발언 고마치(発言小町)」) http://komachi.yomiuri.co.jp/t/2011/1101/456954.htm. 전계 주 3, p.69.

*8 전계 주 3, p.72.

*9 시마오 도시오(島尾敏雄), 『귀소자의 우울(帰巣者の憂鬱)』(みすず書房, 1955). 전계 주 3, p.73.

*10 전계 주 3, pp.75~76.

*11 전계 주 3, p.152.

*12 재켄도프 레이 저, 오호리 도시오(大堀壽夫)·가이모리 유스케(貝森有祐)·야마이즈미 미노루(山泉実) 번역, 『사고와 의미의 취급 가이드(思考と意味の取扱いガイド)』(岩波書店, 2019). [원저] Jackendoff, Ray, *A User's Guide to Thought and Meaning* (Oxford University, Oxford, 2012).

*13 전계 주 12, p.228.

*14 전계 주 12, pp.232~223.

*15 전계 주 12, pp.228~229.

*16 金水敏, 『ヴァーチャル日本語 役割語の謎』(岩波書店, 2003); 金水敏編, 『〈役割語〉小辞典』(研究社, 2014) 외.

*17 Kinsui, Satoshi and Hiroko Yamakido, "Role Language and Character Language", *Acta Linguistica Asiatica* 5-2 : 29-41(Ljubljana : Ljubljana University Press, *Faculty of Arts*, 2015). Online ISSN : 2232-3317.

*18 사다노부(定延)가 전계 주 3의 저서 등에서 '발화 캐릭터'(발화에 나타나는 캐릭터)를 '품', '격', '성별', '나이'라는 네 가지 관점에 따라 정리하려는 것도, 사다노부가 캐릭터를 속성으로 파악하고 있음을 나타내고 있다.

*19 픽션의 기원을 '역할 놀이'에서 찾는 월튼의 다음 문헌도 참조. 월튼 켄달, 『픽션이란 무엇인가― 놀이와 예술(フィクションとは何か― ごっこ遊びと芸術)』, 다무라 히토시(田村均) 역, 名古屋大学出版会, 2016. [원저] Walton, Kendall, *Mimesis as Make-Believe: On the Foundations of the representational Arts* (Harvard University Press, 1993).

*20 미야모토 히로히토(宮本大人), 「만화에서 캐릭터가 '서다'란 어떤 것인가(漫画においてキャラクターが'立つ'とはどういうことか)」(『일본아동문학(日本児童文学)』 3~4월호, 2003, pp.46~52)에 기초하여 정리했다.

*21 斎藤環, 『キャラクター精神分析 ― マンガ・文学・日本』(筑摩書房, 2011), pp.233~240.

*22 東浩紀, 『動物化するポストモダン ― オタクから見た日本社会』(講談社現代新書, 2001).

*23 苧阪直行編, 『自己を知る脳・他者を理解する脳』(新曜社, 2014) 외.

*24 金水敏, 「第十一章 言語 ― 日本語から見たマンガ・アニメ」, 山田奨治 編著, 『マンガ・アニメで論文・レポートを書く ―「好き」を学問にする方法』(ミネルヴァ書房, 2017, pp.239~262). 또한 원문에서는 「캐릭터의 3분류(キャラクターの3分類)」라고 하였다.

*25 전게 주 16, 『ヴァーチャル日本語 役割語の謎』참조.

*26 田中ゆかり, 『方言コスプレ』の時代 ― ニセ関西弁から龍馬語まで』(岩波書店, 2011).

*27 전게 주 24. 金水敏, 「第十一章 言語 ― 日本語から見たマンガ・アニメ」 및 金水敏, 「キャラクターとフィクション ― 宮崎駿監督のアニメ作品, 村上春樹の小説をケーススタディとして」, 定延利之 編, 『「キャラ」概念の広がりと深まりに向けて』(三省堂, 2018, pp.64~83). 金水敏, 「第六章 アニメキャラクターの言葉」(田中牧郎編, 『現代の語彙―男女平等の時代―」, シリーズ〈日本語の語彙〉7, 朝倉書店, 2019, pp.72~83)에서는 이 삼분류를 지브리 아니메 작품 〈바람 계곡의 나우시카(風の谷のナウシカ)〉, 〈센과 치히로의 행방불명(千と千尋の神隠し)〉에 원용하여 분석하고 있다.

*28 전게 주 16, 『ヴァーチャル日本語』, p.205.

*29 전게 주 17, "Role Language and Character Language"

*30 Bakhtin, M. M. and Caryl Emerson, "Problems of Dostoevsky's Poetics", *Theory and History of Literature* Vol. 8(Minneapolis: University of Minnesota Press, 1984) 및 미하일 바흐친 『도스토예프스키 창작의 문제: 부: 「더 대담하게 가능성을 이용하라」(ドストエフスキーの創作の問題: 付: 「より大胆に可能性を利用せよ」)』(桑野隆訳, 平凡社ライブラリー, 2013), 미하일 바흐친 『도스토예프스키의 시학(ドストエフスキーの詩学)』(望月哲男・鈴木淳一訳, ちくま学芸文庫, 1995) 참조.

*31 松田結貴, 「日本語の文字とポップカルチャー ― 文字が表現する多言語性について」, 『日本語学』40-1(明治書院, 2021, pp.102~111). 또한 松田結貴, 『ポピュラーカルチャーの詩学 日本語の文字に秘められたマルチモダリティ』(風間書房, 2019). 松田結貴, 「〈役割語〉トークライブ! 第19回 虚構の物語と「役割語」 ― 表現リソースとしての日本語の文字(1)」(연구사 웹 매거진 Lingua, 2019) http://www.kenkyusha.co.jp/uploads/lingua/prt/19/yakuwari1911.html도 참조.

제2장

야마토 햄릿 일곱 가지 변화

아시즈 가오리(芦津かおり)

들어가며

캐릭터의 보고 셰익스피어와 비극 『햄릿』

사랑하는 청년 로미오, 질투에 미친 흑인 오셀로, 탐욕스러운 유대인 사채업자 샤일록 등 셰익스피어 연극은 개성적 캐릭터들의 보고다. 그중에서도 비극 『햄릿』의 주인공은 월등한 지명도를 자랑하는 이른바 '캬라가 확립'된 캐릭터이다. 내성적이고 우유부단한 남성을 '햄릿형'('돈키호테형'과 짝을 이룬다)이라고 부르는 경우가 있는데, 그러한 유형의 존재 자체가 이 덴마크 왕자의 보편적 인지도를 나타내는 것이라 하겠다.

우선 『햄릿』의 개략과 특징을 적어보자. 무대는 덴마크. 서두부터 햄릿 왕자는 울적하다. 아버지인 선왕이 붕어한 지 얼마 되지 않았는데 어머니 거트루드가 아버지의 동생 클로디아스(햄릿의 삼촌)와 재혼했고, 그 클로디아스가 새롭게 왕의 자리에 올랐기 때문이다. 그러던 중 아버지를 자처하는 망령이 나타나 자신을 독살한 클로디아스에게 복수하라고 햄릿을 다그친다. 왕자는 먼저 망령 말의 신빙성을 확인하기 위해 망령이 묘사한 선왕 살해 장면을 재현하는 연극을 상연하고, 친구 호레이쇼와 함께 국왕의 반응을 살핀다. 왕의 유죄를 확신한 햄릿이지만 좀처럼 복수를 하지 못한 채, 어머니와 연인 오필리아, 친구들에게 마음에 없는 말을 퍼부으며 정신이라도 착란된 듯 기묘한 행동을 계속한다. 그런 왕자를 위험하게 본 왕은 그를 잉글랜드로 추방하고 암살 준비도 하지만, 햄릿은 그 간계를 간파하고 무사히 귀국한다. 대단원은 아버지와 여동생의 목숨을 빼앗기고 분노에 불타는 레어티즈(오필리아의 오빠)와 햄릿의 결투인데, 왕은 뒤에서 햄릿 살해용 독이 묻은 칼과 독배를 준비하고 있었다. 햄릿은 왕을 살해하고서야 비로소 복수를 이루지만, 그 자신도 독이 묻은 칼에 쓰러지고 레어티즈와 거트루드 모두 목숨을 잃게 된다. 주요 등장인물 대부분이 죽어 버리며 음산하게 막이 닫힌다.

수다쟁이 왕자 햄릿

위 요약에서는 드러나지 않지만, 본작의 돌출된 특징은 주인공이 어쨌든 계속 말을 해대며 압도적 존재감을 발산한다는 점이다. 단순히 대사량만의 문제가 아니다. 숱한 대사, 특히 독백으로 마음속을 도도히 드러내는 햄릿은 자신의 입장과 심경에 대한 공감을 불러일으키면서 보다 보편적인 인생의 고뇌와 회의, 사색으로 우리를 끌어들인다. 그중에서도 '사느냐 죽느냐(To be, or not to be)'로 시작하는 네 번째 독백은, 앞머리의 심플하고 인상적인 표현 때문에 인구에 회자되며 극의 하나의 볼거리가 된다. 관객들은 싫든 좋든 그에게 감정이입해 왕자의 시점에서 극을 바라보게 된다. 더욱이 왕자의 다양한 특징 ─

섬세함, 우유부단, 염세관, 명상, 연극놀이, 자기중심성 등―또한 그로 하여금 독특하고 잊을 수 없는 등장인물로 만드는 이유라 하겠다. 중요한 것이 빠진 상황을 뜻하는 영어 관용구 "Hamlet without the prince of Denmark(덴마크 왕자 없는 『햄릿』)"가 단적으로 보여주듯, 그는 이 비극의 근간적 존재인 것이다.

　다른 서양 문물과 마찬가지로 셰익스피어 극도 메이지(明治)의 유럽화 정책을 계기로 본격적인 이입이 시작됐다. 물론 처음부터 수월하게 수용이 진행된 것은 아니다. 예로부터 전해오던 문화적 전통과는 들어맞지 않는, 이 이질적인 연극이 일본 토양에 뿌리내리기까지는 연극계, 문학계, 학계 사람들의 눈물겨운 노력, 때로는 희비극적인 시행착오가 있었다. 어쨌든 지난 150년 정도 사이에 착실하게 셰익스피어는 일본인의 마음을 사로잡았고, 1990년대에는 '일본에서 가장 인기 있는 극작가'로 일컬어지기까지에 이른다.[*1] 대표작 〈햄릿〉도 수많은 번역과 상연, 연구를 통해 일본 문화에 침투하였고 변이와 증식을 더 거듭하면서 풍부한 2차 창작의 결실을 가져왔다.

　이하에서는 번안이나 스핀오프 등 2차 창작에 주목하여 일본 태생의 '야마토 햄릿'들이 때때로 일본의 세태나 문화 상황을 반영하거나 일본인의 고민을 대변하거나 웃어넘기는 모습을 소개해 보고 싶다.

1. 사무라이 햄릿 등장

재팬, 햄릿을 만나다

　[그림 1]이 일본 땅에서 처음으로 시각화된 햄릿의 모습. 상당히

임팩트 있다. 메이지 개국 후 얼마 지나지 않은 1874년 요코하마의 외국인 거류지에서 유통되던 월간 만화 잡지 『재팬 펀치』에 게재된, 영국인 찰스 워그먼[1]에 의한 기사이다.[*2]([그림 1]) '셰익스피어', '연극 무대'라고 좌우 측면에 기재된 무대 위에는 하카마 바지에 상투머리, 칼을 두 개 꽂은 차림새의 사무라이. 오른손을 볼에 대고 입의 양꼬리가 내려가게 하고는 고민에 잠긴 얼굴로 우두커니 서 있다. 사무라이 머리 위에는 "새로운 일본 연극 햄릿 씨, 『다누마르크의 수호』로부터의 발췌, 16세기 영국 문학 표절의 증거로"라는 수수께끼 같은 제목이 영어로 기록되어 있다. 배후에는 소나무와 산과 바다 같은 풍경의 일본식 배경이 그려져 있고, 무대 앞 가장자리에는 풋라이트가 보인다.

[그림 1] The Japan Punch(1874년 1월)

---

1) 찰스 워그먼(Charles Wirgman, 1832~1891). 영국의 화가이자 만화가. 에도막부 말기에 기자로서 일본으로 건너와 당시 일본의 다양한 모습과 사건, 풍속을 그림으로 남겼으며, 일본 최초의 만화 잡지 『재팬 펀치(ジャパン・パンチ)』를 창간했다. 일본인 화가에게 서양화 기법을 가르쳐주기도 했다. 본서 제9장 참조.

이 그림은 단독으로 나타난 것이 아니다. '있습니다 없습니다, 저것
은 무엇입니까(アリマス アリマセン、アレ ワ ナンデスカ)'(로마자로 표기)
로 시작하는 네 번째 독백의 일본 최초역이 더해진 삽화였다. 지금까
지의 연구에 따르면 이 신기한 번역은 진지한 시도라기보다는 장난으
로 한 번역에 불과하며, 삽화도 실제 무대 기록이 아니다. 워그먼이
거류지의 문화적 상황을 빗대어 쓴 풍자 기사다. 그 성립에는 흥미로
운 배경이 있는데, 본 장에서 다룰 여유는 없다.[*3]

동서 문화의 만남

오히려 여기에서는 이 사무라이 햄릿 그림이 상징하는 의미에 대해
생각해 보자. 이 그림은 일본과 서양의 절충적 성질 자체가, 일본과
『햄릿』이라는 동서의 만남을 시각화하고 있는 셈인데, 그와 동시에
이제부터 시작될 일본의 『햄릿』 수용 전개를 먼저 파악하는 것이기도
하다. 왜냐하면 몹시 난감한 사무라이의 표정과 자세는—아래에 기
술하는 것처럼—일본 연극계가 이 비극과 그 독백을 용이하게 받아들
이지 못하고, 여간 아닌 고생과 곤혹을 경험하게 되는 가까운 미래를
예고하는 것으로도 보이며, 한편으로는—이 또한 나중에 이야기하듯
—20세기 초의 젊은 문인·사상가들이 햄릿을 동경하며 드러낸 고뇌
의 몸짓을 가시화하고 농담으로 둘러치는 듯도 보이기 때문이다. 물론
워그먼이 전혀 알 수 없는 일이었지만…….

2. 할복하는 햄릿과 연극계의 곤혹스러움

철저한 토착화

십 몇 년 후인 1886년, 사무라이 햄릿은 보
다 사실적인 캐릭터로 나타났다. 『햄릿』 번안
으로서는 일본 최초의 완결작이 되는 『하무렛
토 야마토의 니시키에(葉武列土倭錦絵)』의 주
인공인 하무라마루(葉叢丸)이다.*4([그림 2]) 작
자 가나가키 로분(仮名垣魯文)2)은 에도(江戸)의
인기 통속작가였는데, 메이지 이후에도 개화
의 붐을 타고 『서양 도중 히자쿠리게(西洋道中
膝栗毛)』3)(1870) 등에서 활약했다. 하지만 그랬
던 그도 만년에는 침체기를 맞는다. 스스로 이
해할 수 없는, 그러나 세상에 선전되고 있는
서양 신문학에 씁쓸함과 저항을 느끼고 있었
을 것이다. 당시 정점을 맞은 정부 주도의 연
극 서양화 운동에 겉으로는 편승하면서도 서
양 문학의 대표 격이라 할 수 있는 이 셰익스피
어 비극을 거론하며 분풀이라도 하듯 철저히

[그림 2] 『도쿄에이리신문(東
京絵入新聞)』 1886년 10월 7
일(도쿄대학대학원법학정치학
연구과부속 근대일본법정사료
센터 메이지신문잡지문고 소장)

---

2) 가나가키 로분(仮名垣魯文, 1829~1894). 에도시대 말부터 메이지시대 초기에 걸쳐 그
림책(草双紙), 골계본(滑稽本) 작가이자 신문기자로 활동한 인물. 특히 메이지시대 초
기의 『서양 도중 히자쿠리게(西洋道中膝栗毛)』(1870~1876), 『아구라나베(安愚楽鍋)』
등 개화기의 풍속을 다룬 작품으로 유명하다.
3) 15편 30책에 이르는 가나가키 로분의 골계 소설. 에도시대의 짓펜샤 잇쿠(十返舎一九)
의 형식과 내용을 모방한 기행문 형태로 런던 박람회 구경을 간 설정이다.

잘게 썰어 일본화, 토착화해 버린 것이다.

로분의 환골탈태로 덴마크 왕실의 비극은 남북조시대[4] 모가미군(最上郡) 시바(斯波) 가문에서 생긴 가문 소동으로 개변되었고, 등장인물 명도 햄릿은 하무라마로, 오필리아는 미카리야히메(実刈屋姫)라는 식의 일본풍으로 바뀌었다. 시공간이나 인물명만이 아니다. 이야기가 뿌리내리는 사상 기반이나 등장인물의 행동 원리도 봉건적, 에도적인 사상, 즉 무사도나 충효 사상으로 토착화된다. 그것이 단적으로 나타나는 것은 결말 부분으로, 복수를 다한 뒤에 하무라마로는 할복한다. 원작 결말에서는 햄릿과 레어티즈가 결투하여 모두 왕이 계략을 써둔 독 묻은 칼에 목숨을 잃는다. 로분도 결투 자체는 이어받지만, 두 무사는 저마다 충효 사상이나 봉건적 윤리 규범의 틈바구니에 끼어 자해로 내몰리는 것이다.

하루사다(晴貞, 레어티즈 역)의 경우 하무라마로의 목숨을 노리는 행위는 아버지의 원수를 갚는다는 점에서 옳다고 치더라도, 주군에게 맞서는 대죄이다. 하무라마로 또한 아버지의 원수는 충효 사상의 법칙에 부합하는 반면, 나이 많은 숙부에게 칼날을 겨눈 점에서 할복이 불가피하다. 마지막 장면에서는 하무라마로와 하루사다의 화해부터 두 사람의 할복에 이르기까지가 일필휘지로 그려지며, 기다유부시(義太夫節)[5]가 이들을 '무사의 사진에 담아둘 귀감(もののふの写真鏡)'이라

---

4) 일본 역사의 시기 구분 중 하나로 1336년부터 1392년까지 교토의 조정(북조)에 대립하여 요시노(吉野)에도 조정(남조)이 있던 시기로, 천황의 양립하는 등 귀족과 무사들을 둘러싼 두 조정의 대립으로 이후 일본 사회를 크게 변동시킨 시기로 일컬어진다.
5) 이야기의 줄거리나 대사에 샤미센(三味線) 반주로 곡절을 붙여 이야기하는 조루리(浄瑠璃) 유파의 하나이다. 인형조종극과도 결합되어 발달했고 크게 유행하여 조루리라고

며 높이 기리고 감동적인 폐막을 맞는다.

독백하지 않는 햄릿

하무라마로의 또 다른 특징은 햄릿 왕자의 최대 매력이라고 할 수 있는 복잡하고 수수께끼 같은 내면성을 갖지 않는다는 점이다. 이것은 첫째, 가부키 상연을 상정한 로분이 각 등장인물을 가부키의 유형적 '배역'에 맞도록 고쳐 쓴 탓일 것이다.*5 하무라마로는 도중까지는 이치조 오쿠라쿄(一条大蔵卿)6) 같은 '어수룩한 체 하'는 '바보 나리' 역할로, 마지막에는 원작보다 강한 행동력과 의지를 지닌 무사로 변모하게 된다. 또 하무라마로의 내면성 결여는 그가 독백을 말하지 않는 것에서도 기인한다. 번안할 때 로분은 왕자의 일곱 독백을 모두 삭제하였다. 가부키에도 혼잣말 대사는 있지만, 그 대부분은 자연묘사나 자기소개와 같이 구체적, 설명적인 것으로, 특히 네 번째 독백과 같은 혼돈된 내면 고백과는 크게 성질을 달리한다.*6 즉 당시의 가부키계에는 햄릿적 독백을 연기하는 양식도 없었고, 연기할 수 있는 배우도 없었다는 말이다.

로분 이후에 쓰인 가부키용 번안에서도 독백은 계속 삭제되었다.*7 게다가 1903년에 가와카미 오토지로(川上音二郎)7)가 『햄릿』의 일본 초

하면 기다유부시를 가리킬 정도가 되었다.

6) 가부키(歌舞伎)와 조루리(浄瑠璃)로 상연되는 작품의 제목. 상대를 방심하게 만들기 위해 바보인 체 연기를 했던 지체 높은 미나모토 씨(源氏) 연고의 이치조 오쿠라쿄(一条大蔵卿)의 이야기로 바보인 체하다 정작 중요한 장면에서 돌변하여 칼을 휘두르고 다시 바보로 되돌아가는 연기가 유명하다.

7) 가와카미 오토지로(川上音二郎, 1864~1911). 메이지시대의 배우로 자유민권기의 정치청년으로 연설의 재주가 뛰어나 인기를 끌었다. 1893년에 프랑스로 갔다가 귀국한 다음

연을 실현했을 때에도 원래 대본에는 있던 네 번째 독백이 상연에서 삭제되는 사건이 일어난다. 당시 배우들은 마치 [그림 1]의 사무라이 햄릿처럼 네 번째 독백 앞에서 어쩔 줄 모르고 서 있었는지도 모른다.

3. 물에 투신자살한 햄릿과 문학계의 도취

문학계에서의 붐

그런 연극계와는 대조적으로 메이지 시대 문인들은 『햄릿』에, 특히 왕자의 네 번째 독백에 열중했다. 『신체시초(新体詩抄)』[8](1882)가 네 번째 독백을 번역하여 게재한 이후 문학계에는 열광적인 햄릿 숭배가 일어난다. 기타무라 도코쿠(北村透谷)[9], 시마자키 도손(島崎藤村)[10] 등 젊은 문학자들은 근대인의 영혼의 고백으로서 네 번째 독백에 공명하

무대에서 호평을 얻었으며 청일전쟁극으로 대성공을 거두었다. 이후 미국 순회로 명성이 더 높아졌고 귀국 후 번안극을 상연했다.

8) 일본 최초의 근대시집으로 1882년 간행되었다. 도쿄제국대학 교수 도야마 마사카즈(外山正一), 이노우에 데쓰지로(井上哲次郎), 야타베 료키치(矢田部良吉)의 공저로 서문과 번역시 14편, 창작시 5편을 수록했는데, 신체시를 표방하였음에도 불구하고 전통적 와카를 발상이나 용어의 기초로 삼았다.

9) 기타무라 도코쿠(北村透谷, 1868~1894). 시인이자 평론가. 자유민권운동에 참가하였으며 「죄수의 시(楚囚之詩)」를 발표하여 큰 반향을 얻었고, 「염세시가와 여성(厭世詩家と女性)」, 「내부생명론(内部生命論)」 등의 평론을 통해 잡지 『문학계(文学界)』에서 낭만주의의 중심인물로 활약하였으나 충격적 자살로 생을 마감한다.

10) 시마자키 도손(島崎藤村, 1872~1943). 시인, 소설가. 『문학계』 창간에 참여하였고, 시집 『와카나슈(若菜集)』를 발표하며 낭만주의 시인으로 출발하였다. 이후 소설 『파계(破戒)』로 자연주의문학의 선구로 일컬어지며 『봄(春)』, 『신생(新生)』, 『동 트기 전(夜明け前)』 등의 소설로 문단의 중심적 존재가 되었다.

였고, 그러한 근대적 자아를 체현하는 왕자에게도 도취된 셈인데, 그 열광의 상황을 상징하는 투신자살 사건이 일어난다. 물에 빠져 죽는 사람하면 오필리어가 떠오르지만, 일본에서는 젊은 햄릿이 투신자살을 한 것이다.

'소년 철학자'의 죽음

1903년 5월, 일고생(一高生) 후지무라 미사오(藤村操)[11]는 유서「암두지감(巖頭之感)」에서 인생의 '불가해함'을 한탄하며 게곤노타키(華厳の滝) 폭포에 몸을 던졌다. 당시 이 사건은 '소년 철학자'의 죽음으로 신문과 논단에서 거론되며 큰 사회적 반향을 일으켰다.[*8] 후지무라를 햄릿과 결부시키는 표면상의 이유는, 그가 자살 직전에『햄릿』을 읽었고 유서에 호레이쇼의 이름을 언급한 것 때문이다. 그러나 유서를 더 깊이 읽다보면 후지무라의 번민이 보다 깊은 차원에서 햄릿적인 것이었다는 점 — 즉 인생의 수수께끼나 회의, 염세에 시달리며 '살아야 하는가, 죽어야 하는가'하고 고민한 끝에 스스로 목숨을 끊은 일 — 에서 알 수 있다. 후지무라 주변 사람들은 물론 미디어나 논단도 그의 죽음을 햄릿적인 철학적 회의와 근대적 자아의 번민 문제로 파악했다.

『태양(太陽)』[12] 지상에서는 자살 시비를 둘러싼 논쟁까지 일었다.

---

11) 후지무라 미사오(藤村操, 1886~1903). 홋카이도(北海道) 출신의 구제일고등학교 학생으로 게곤노타키(華厳の滝) 폭포에서 투신자살했다. 자살 현장에 남긴 유서「암두지감(巖頭之感)」으로 당시 학생, 언론, 지식인들 사이에서 큰 파문이 일었다.

12) 하쿠분칸(博文館)이 1895년 1월부터 1928년 2월까지 전34권 531책을 발행한 종합잡지로, 정치, 군사, 경제, 사회, 자연과학, 문학, 풍속 등 테마와 집필자가 다양하여 일본 근대 연구에 가장 중요한 잡지 자료로 꼽힌다.

쓰보우치 소요(坪內逍遙)[13]가 후지무라의 죽음을 '의지 박약'이라고 비판한 것에 반해, 아네자키 마사하루(姉崎正治)[14]는 후지무라의 유서가 '실로 훌륭하게 이 To be or not to be의 의지 문제에서 솟아난 회의와 그 회의의 수행 동기를 표명하고 있다'고 네 번째 독백을 언급하면서 옹호했다.[*9]

전술한 바와 같이 『햄릿』은 당시 문학가들 사이에서 열렬한 붐을 일으켰으며, 특히 주인공 왕자는 근대적 자아의 체현자로서도 섬세하고 고독하며 회의적인 반체제의 상징으로서도 동경의 대상이 되었다. '작은 햄릿적 존재'라고 인식된 후지무라의 자살은, 그러한 문학가의 열광, 도취와 공명하면서 필시 강한 충격을 주었을 것이다.[*10] 그렇게 생각하면, [그림 1]의 사무라이 햄릿의 근심 어

[그림 3] 후지무라 미사오

린 표정은, 후지무라를 비롯한 메이지의 문학 청년이나 인텔리들의 철학적 회의나 고뇌의 몸부림을 비추는 것이거나 아니면 농담처럼 얼버무리는 것으로 보이기도 한다.

---

13) 쓰보우치 쇼요(坪內逍遥, 1859~1935). 소설가, 평론가, 번역가, 극작가. 대표작으로 『소설신수(小説神髄)』, 『당세서생기질(当世書生気質)』 등이 있으며 셰익스피어 전집을 번역하였다. 근대 일본문학의 성립과 연극 개량운동에 큰 영향을 끼쳤다.

14) 아네자키 마사하루(姉崎正治, 1873~1949). 종교학자이자 평론가. 교토에서 태어나 1896년 도쿄제국대학을 졸업하였다. 독일과 영국, 인도에서 유학하였으며 1904년 도쿄대학 교수가 되었다. 종교의 실증적 연구, 종교 평론이나 문명 비평 분야에서 활약하고 국제교류의 요직도 역임했다.

4. 문학계의 응석받이 왕자

사소설로서의 『햄릿』

다음 일본제 햄릿은 인기 작가인 다자이 오사무(太宰治)[15]이다. 무엇
보다 그의 경우는 주위로부터 '햄릿'이라고 인식되었다기보다는 스스
로를 왕자에 빗대어 자기를 연출했다고 하는 편이 정확할 것이다.

메이지시대에 소개된 이후 비극 『햄릿』은 작가들의 상상력을 자극
하고 많은 번안화를 촉진했다. 예를 들어 시가 나오야(志賀直哉)[16]는
적의 시점에서 「클로디아스의 일기(クローディアスの日記)」(1912)를 써
서, 햄릿의 결점이나 언동의 모순을 규탄하고 있다. 고바야시 히데오
(小林秀雄)[17]의 「오필리아 유문(おふえりや遺文)」(1931)은, 정신 이상을
초래한 오필리아가 애인에게 유서를 쓴다는 형식으로, 히로인의 슬픔
과 분노를 호소한다.

주인공 이외의 심정에 기대어 쓴 시가나 고바야시와는 대조적으로,
다자이는 『신 햄릿(新ハムレット)』(1941)에서, 햄릿에 자기를 투영해 상

---

15) 다자이 오사무(太宰治, 1909~1948). 소설가. 아오모리현(青森県) 출생으로 도쿄제국대
학을 중퇴하였다. 전후 무뢰파(無頼派)로 일컬어지며 최고 유행작가가 되는데, 수차례
동반자살 시도로도 유명하며 결국 강물에 투신자살하여 40세의 생을 마친다. 『비용의
아내(ヴィヨンの妻)』, 『사양(斜陽)』, 『인간실격(人間失格)』 등 인기작이 많다.
16) 시가 나오야(志賀直哉, 1883~1971). 메이지시대부터 쇼와시대에 활동한 일본의 소설
가. 시라카바파(白樺派)의 주요 창설 일원 중 한 사람이다. 정곡을 찌르는 예리하고
간결한 문체에 의해 지탱되는 투철한 리얼리즘으로 '소설의 신'이라고 불리는 등 문단
에 대한 영향력이 다대했다. 주요 작품으로는 장편 소설 『암야행로(暗夜行路)』 등이 있다.
17) 고바야시 히데오(小林秀雄, 1902~1983). 문예평론가. 도쿄대학 불문과를 졸업하고
1929년 잡지 『개조(改造)』에 「다양한 의장(様々なる意匠)」으로 평론 데뷔하였으며 점
차 비평가로서의 지위를 확립했다. 일본에서 본격적 근대 비평을 시작한 인물로 평가받
는다.

상의 날개를 펼친다.*11 이부세 마스지(井伏鱒二)18) 앞으로 보낸 서한에
도 '나의 과거 생활감정을 완전히 정리해서 써서 남겨두고픈 마음이
있었습니다. 그런 의미에서 사소설일지도 모릅니다'*12라고 적은 것처
럼, 다자이는 원작을 환골탈태하면서 스스로의 체험과 인생관, 내부
의 갈등이나 인간 불신과 같은, 자못 그다운 주제를 독특한 말투로
표현했다. 쓰가루(津輕)19)의 명문가 출신인 다자이가 가문이나 부모에
게 복잡한 감정을 품고 몸부림치며 괴로워했다는 사실은 일찍이 알려
졌지만, 마찬가지로 자신에 대한 의심과 애증에 번민하는 덴마크 왕자
의 이야기는 다자이의 자기 표출에 딱 좋은 수용의 형식을 제공했을
것이다. 다자이 햄릿의 한 맺힌 어절들은 작가 자신의 목소리와 겹쳐
진다.

 나는 원망스러운 것이다. 항상 그들에게 배신당하고 버려지는 것이
 원망스럽다. 나는 그 사람들을 신뢰하고 마음 한구석에서는 존경하기
 까지 하는데, 그 사람들은 이상하게 나를 경계하고 지저분한 것이라도
 만지는 듯한, 흠칫 놀라는 쓴웃음 같은 태도로 나를 대하고, 아, 저
 사람들은……언제라도 멋지게 나를 배반한다. 털어놓고 나한테 상의
 를 해 준 적은 한 번도 없다. 큰소리로 나를 된통 혼내준 적도 예전에
 없었다. 왜 나를 그렇게 싫어하는 것일까. 나는 언제나 그 사람들을

---

18) 이부세 마스지(井伏鱒二, 1898~1993). 신흥예술파로 출발한 소설가. 서민적인 페이소
   스와 유머 속에 예리한 풍자 정신을 담은 독특한 작품으로 명성이 높았다. 『존 만지로
   표류기(ジョン万次郎漂流記)』로 〈나오키상〉을 수상, 전후 활발한 작품 활동 속에서 특
   히 원폭 문제를 다룬 『검은 비(黒い雨)』 등은 높이 평가받는다.
19) 아오모리현(青森県) 서쪽에 위치한 지명을 널리 지칭하는 말. 지금의 아오모리(青森),
   히로사키(弘前), 고쇼가와라(五所川原) 등 각 시도 예전에는 모두 쓰가루에 포함되어
   불렸다.

사랑한다. 사랑하고 사랑하며 사랑한다. 언제든 목숨을 바칠 것이다. 하지만 그 사람들은 나를 피해 뒤에서 쑥덕쑥덕 나를 비판하며 '난감하다니까, 도련님은' 하는 식으로 한숨을 쉬고, 품위 있는 체하며 싫어하는 것이다. *13

도이 다케오(土居健郎)는 다자이 작품에는 '응석부리기' 주제가 빈출한다고 지적하는데, 확실히 다자이의 햄릿도 '어리광을 부린다', '졸라댄다', '토라진다'와 같은 '어리광부리기'의 전형적 언동을 반복하는 점에서 일본 특유의 감각을 이용한 개작이 되었다.*14 다만 이러한 각색이 원작의 본질을 완전히 훼손하는 것은 아니다. '응석부리기'의 근원에 있다고 보는 모자 분리의

[그림 4] 다자이 오사무

어려움은, 햄릿에게 지적할 수 있는 오이디푸스 콤플렉스적 감정과 밑바닥에서 관통하기 때문이다.

패러디화의 수법

고전의 번안화에서 다자이는, 원작에 구비된 권위와 명성을 이용하여 그것을 장난처럼 얼버무리고 웃음으로 바꾸는 패러디적 수법이 뛰어났다. 이 작품에서도 덴마크 왕실을 둘러싼 장대한 고전 비극을 비근한 가정 이야기로 왜소화하면서 곳곳에서 웃음을 자아낸다. 원작에서는 연인에게 '유행하는 귀감', '예절의 본보기'*15로 숭상되는 귀공자 햄릿이지만, 다자이의 오필리아에게는 혹독한 평가를 받는다.

　　햄릿 님에게 그저 두근두근 설레임에 빠져, 그분이야말로 세상에서
가장 아름답고 완벽한 용사라고는 결코 생각이 들지 않습니다. 실례이
기는 하지만 코가 너무 길지요. 눈이 작고 눈썹도 너무 두텁습니다.
치아도 굉장히 안 좋은 것 같고, 전혀 잘생긴 분이 아닙니다. 다리만
하더라도 살짝 휘어져 있고, 게다가 불쌍할 정도의 심한 새우등입니다.
성격만 해도 결코 훌륭하지가 않습니다. 기개가 없다고나 할까요?

　눈치챈 분들도 많겠지만, 다자이는 여기에 분명히 알 수 있는 자화
상을 섞고 있는 것이다. 스스로를 독자의 웃음거리로 삼으면서도 문학
계에서 가장 유명한 왕자 자리에 턱하고 들어앉는, 참으로 대담하기
짝이 없는 문학적 유희다. 스스로를 일본식 햄릿으로 연출하여 자신의
삶을 세계적 고전과 중첩시켜 내놓은 것이다.

5. 햄릿은 쇼와천황(昭和天皇)?

히사오 주란(久生十蘭)[20]의 번안 소설

　제2차 대전 후의 GHQ 점령이라는 특수한 상황하에, 지극히 특수한
야마토 햄릿이 조용히 탄생했다. GHQ 검열에서 벗어나기 위해 영국
고전 타이틀을 전면에 내세워 우의(寓意)를 가장하였는데, 그 정체는
바로 쇼와천황이다. 이를 낳은 사람은 대중작가 히사오 주란. 그가

---

20) 히사오 주란(久生十蘭, 1902~1957). 1929년 프랑스로 건너가 연극을 배우고 1933년
　　귀국하여 신쓰키지극단(新築地劇団) 연출부로 들어가 일하면서 추리소설을 쓰기 시작
　　했다. 1940년대 이후로는 역사소설로 전환하여 1950년대에 들어서는 〈나오키상(直木
　　賞)〉을 수상하기도 했다.

1946년 발표한 소설『햄릿』은 셰익스피어 비극에 피란델로의『엔리코 4세』를 합한 느슨한 의미의『햄릿』번안이다.[*16] 복잡하게 얽힌 줄거리인데 개략을 적어두기로 한다.

> 제2차 대전 후 1년째인 여름 피서지에 초로의 남성 고마쓰 아키마사(小松顯正)가 소후에 히카루(祖父江光)라는 청년과 함께 머물고 있다. 고마쓰는 '영성을 띤 깊은 표정'을 띤 장엄한 용모를 가지며 '이상한 친화력'을 발산하는 초인적 존재이다.[*17] 그에게 관심을 갖는 사람들을 향해 소후에는 고마쓰의 '재생' 이야기를 들려준다. 고마쓰는 전 자작이었는데, 25년 전 햄릿 역을 연기하던 중 사고로 크게 다쳐 정신이상을 일으킨 결과, 자신을 햄릿이라고 믿어버린다. 그러나 실은 그 사고는, 고마쓰의 재산과 약혼자를 노린 숙부 사카이(阪井, 연극에서 클로디아스를 연기함)가 계획한 것이었다. 고마쓰/햄릿은 사카이의 감시 아래 하인들에게 둘러싸여 어쩔 수 없이 연극적 감금 생활을 하게 된다. 사실 그는 어느 시점부터 제정신으로 돌아온 상태였지만, 사카이를 두려워하여 계속 연기를 하고 있었다. 미군의 도쿄 대공습과 같은 타이밍으로 설정된 결말에서는 사카이가 '죽어 달라'고 하는 설득에 응한 고마쓰가 생매장당하고자 방공호로 들어간다. 그러나 다음 순간 미군의 폭격은 방공호에서 죽음을 기다리는 고마쓰를 '이 세상으로 되던지고' 거꾸로 사카이의 목숨을 앗아간다.

동시대 일본의 정치적 우의

이 수수께끼 같은 이야기를 통해서, 히사오는 무엇을 전하고 싶었던 것일까? 사실 이 작품은 1938년의 소설『자객(刺客)』을 재조립한 것인데, 고마쓰의 수난과 재생을 둘러싼 줄거리는 공통되지만, 시공간의 설정이나 인물 조형, 이야기 구조, 결말의 전개 등의 점에서 주도

면밀한 가필이 되어 있다. 자세히 파고들 여유는 없지만, 요컨대 그러한 개변을 통해 히사오는 『햄릿』을 동시대 일본의 정치적 우의로 만들어냈다. 그리고 스스로는 '이야기꾼'인 소후에/호레이쇼로서 작품 속으로 숨어들어가서 경애하는 주군인 고마쓰/햄릿/쇼와천황의 이야기를 들려주는 것이다.

이 작품이 쓰인 1946년 전반이라는 시기는 쇼와천황의 전쟁 관여나 책임을 둘러싼 논의가 한창이던 시기이다. 천황은 군부의 꼭두각시였는가? 아니면 도의적 책임을 져야 하는가? 이러한 물음에 대한 대답을 히사오는 작중에 숨긴다. 소설은 서두부터 고마쓰의 신성함, 영성, 초월성을 강조함으로써 고마쓰=천황의 아날로지를 만들어 내고, 나아가 고마쓰가 세속이나 시사 문제에는 소원한 모습을 강조한다.

> 언어는 매우 명석하고 뉘앙스가 풍부해서 두뇌의 착란이나 사고방식의 장애 또한 느낄 수 없지만, 최근 20년 정도의 일본 사회 사정을 접하면 당혹스러운 빛을 드러내며 횡설수설한다. 만주사변도 상하이사변도 전혀 모르고 태평양전쟁에 이르면 그런 일이 있었다고 하더라는 정도만 아는 박약한 인식을 보이는 모습이었다.

물론 쇼와천황이 시사에 이토록 무지했을 리는 없지만 세상 물정에 어둡고 초연한 고마쓰의 묘사를 통해, 히사오는 천황이 시사 문제에는 정통하지 못하며 전쟁 책임을 지지 않아야 한다는 점을 호소한다. 마치 고마쓰가 사카이의 감시 아래 침묵과 연기를 강요당해 허구의 삶을 살지 않을 수 없었던 것처럼, 천황도 군부의 꼭두각시로서 '현인신(現人神)'[21] 연기를 계속해야 했다고 말하고 싶었던 것이다.

천황제와 미군의 개입

당시에는 천황제 존속 여부에 대해서도 치열한 논의가 벌어지고 있었다. 좌익계는 폐위를 요구했고 미군도 천황 기소를 검토했으며 천황 자신도 퇴위 의사를 밝혔다고 한다. 결국은 미군이 일본을 통제할 목적으로 천황제 유지를 결정했기 때문에 한 번 퇴위를 각오했던 천황은 '인간선언'을 거쳐 '재생'하게 되었다. 히사오가 가필한 기묘한 결말―일단 죽음을 각오한 고마쓰가 미군의 개입으로 부활하게 되는 ―또한 당시 천황과 천황제 운명의 우의로서 읽을 수 있게 된다. 허구의 덴마크 왕자와 실재하는 쇼와천황⋯⋯대극에 위치한 듯한 두 프린스가 문학적 상상력을 매개로 교차하는 흥미로운 사례다.

6. 고도 성장기의 샐러리맨 햄릿

구로사와 아키라(黑澤明)[22]의 영화 〈햄릿〉

일본이 전후의 황폐함을 극복하고 고도성장기를 맞이한 1960년, 은막에서 다시 새로운 햄릿이 튀어나왔다. 구로사와 아키라의 〈나쁜 놈이 더 잘 잔다(悪い奴ほどよく眠る)〉(이하 〈나쁜 놈〉)의 주인공이다.[*18] 미후네 도시로(三船敏郎)가 연기하는 니시 고이치(西幸一)는, 당시의 스테레오타입적 일본인 남성―검은테 안경에 수트를 걸친 샐러리맨―

---

21) 사람의 모습을 한 신이라는 의미로 천황을 가리킨다.
22) 구로사와 아키라(黑澤明, 1910~1998). 영화감독. 1940년대부터 가작을 많이 발표했는데, 1950년 〈라쇼몬(羅生門)〉으로 세계적 명성을 얻게 되었으며, 〈7인의 사무라이(七人の侍)〉(1954), 〈가게무샤(影武者)〉(1980) 등 수많은 명작 영화를 만들었다.

의 모습으로 등장한다.

셰익스피어를 사랑한 구로사와는 『맥베스』를 바탕으로 한 〈거미의 성(蜘蛛巢城)〉(1957)을, 『리어왕』을 바탕으로 한 〈란(亂)〉(1985)을 제작했다. '원작 셰익스피어'임을 공언한 것은 이 두 편이지만, 〈나쁜 놈〉이 『햄릿』의 번안이라는 것은 셰익스피어 연구자들 사이에서는 반쯤 상식이다.

영화는 성대한 결혼 피로연으로 시작한다. 신부는 일본미이용토지개발공단의 부총재를 맡고 있는 이와부치(岩淵)의 딸 요시코(佳子)이며, 신랑은 이와부치의 비서 니시 고이치. 영화 전반부에서는 비리에 연루된 공단이나 건설사 사람들이 줄줄이 체포되거나 이들에게 이상한 일이 벌어지기도 하는데, 사실은 모두 니시가 뒤에서 손을 쓴 것이다. 사실 니시는 5년 전 공단의 비리로 이와부치에 의해 자살

[그림 5] 〈나쁜 놈이 더 잘 잔다〉
(도호, 1960) ⓒTOHO CO., LTD.

로 내몰린 모리야(守屋)의 사생아였다. 정체를 숨기고 이와부치의 비서 행세를 하며 요시코와 결혼해 복수의 기회를 호시탐탐 노리고 있었던 것이다. 그는 복수의 한 걸음 앞까지 도달하지만 이와부치의 책략에 빠져 살해당한다.

전후 일본에서 끊이지 않는 비리와 정재계의 유착, 부패를 규명하려 했던 구로사와는 관련자들의 심리나 기업의 논리를 날카롭게 파고들며 공적 '범죄'가 어떻게 조직의 인간에 의해 정당화되고 은폐되며

반복되는지, 나아가 개인의 정의가 권력자나 조직의 악(惡) 앞에서 얼마나 무력한지 꼼꼼하게 그려낸다. 종반에 니시의 죽음을 알리는 친구 이타쿠라(板倉)의 눈물의 절규 "젠장! 이래도 된단 말이냐–?"에는 구로사와의 분노와 초조가 울려 퍼진다. 사실 본작이 만들어 낸 부패의 구도는 '모리카케', '사쿠라'[23] 등의 문제가 무마되는 현대 일본에서도 다르지 않다.

원작과의 유사와 대비

복수극의 틀이나 등장인물의 관계성으로 보면, 본작은 확실히『햄릿』과 흡사하다. 아버지의 원수갚기를 노리는 주인공 니시가 햄릿에, 장인인 이와부치가 적 클로디어스에 해당하며, 주인공이 적의 딸을 사랑하는 점이나 그 딸에게 오빠가 있어 여동생을 배려하며 주인공과 대치하는 점도 마찬가지다. 세세한 점(유령, 독이 든 술, 적의 반응을 확인하는 연극)에서도 셰익스피어를 의식해 만들어졌다. 다만 관객들이 햄릿과의 연관성을 깨닫는 것은 본편 중반 이후부터다. 전반은 수수께끼가 쌓이는 형태로 전개되고 중반에서야 니시의 정체나 목적, 그리고 그가 바로 진정한 주인공이라는 것도 판명된다. 그래서 처음부터 니시=햄릿이라는 도식이나 복수극의 틀을 염두에 두고 감상하면, 이 작품의 묘미인 서스펜스성도, 그것이 해결되는 쾌감도 사라진다. 구로사와가『햄릿』과의 관계를 분명히 하지 않은 이유도 여기에 있을지 모른다.

---

23) 2010년대 후반 아베 수상이 관여했다고 대대적으로 보도된 모리토모학원문제(森友学園問題)와 가케이학원문제(加計学園問題)를 합한 속칭이 '모리카케', 일본의 내각총리대신이 주최하는 4월의 공적 행사 '사쿠라를 보는 모임(桜を見る会)'이 막대한 세금 지출로 문제가 된 사건을 '사쿠라' 문제라 한다.

그렇다고는 해도 니시와 햄릿의 대비를 통해 보이는 것도 많다. 두 사람은 모두 아버지의 원수를 갚는 것을 목표로 하지만, 니시가 복수하는 동기 —"아버지의 원망도 원망이지만, 그것만이 아니다!……실컷 먹잇감이 되어도 원망할 줄도 미워할 줄도 모르는 국민을 대신해저 악당들을 심판해 주겠다"—에는 사회적 차원이 있다. 이에 비해 한 나라의 왕자여야 할 햄릿은 자기의 고뇌와 원망에 날을 지고 새며, 국민에 대한 생각 같은 것은 입 밖에 내지 않는다. 뿐만 아니라 결말에서는 왕좌를 다른 나라 왕자에게 깨끗이 넘겨줘 버리는 무책임마저 드러난다. 여성에 대한 태도도 대조적이다. 아내에 대한 사랑과 장인에 대한 증오의 틈바구니에서 고뇌하는 니시의 모습은 기분에 따라 연인을 매도하는 햄릿의 무심함, 멋대로 구는 점을 두드러지게 한다. 낭만파 이후의 비평 전통 속에서 햄릿은 '다정한 프린스'로 우상시되었고, 그 결과 그의 자기중심성과 냉담함이 간과되는 경향이 있었다. 20세기 이후에는 그러한 치우친 비평이 재검토되었지만, 〈나쁜 놈〉 또한 왕자의 부정적 측면에 비평의 빛을 비추는 것이다.

7. 오사카(大阪) 사투리의 불량소년 햄릿

"얼간아! 내가 책을 읽겠냐!"

마지막으로 소개할 것은 모리시타 히로미(森下裕美)[24]의 만화 『오사

---

24) 모리시타 히로미(森下裕美, 1962~). 만화가. 1982년 데뷔하였으며 『소년 아시베(少年アシベ)』, 『오사카 햄릿(大阪ハムレット)』 등이 대표작이다. 특히 후자는 〈데즈카 오사

카 햄릿(大阪ハムレット)』(2006).*¹⁹ 덴마크 왕실의 비극과는 전혀 다르게, 오사카의 기시와다(岸和田)를 무대로 하는 서민 마을의 인정을 둘러싼 희극이다. 주인공 구보 유키오(久保行雄)는 머리를 바짝 깎은 이른바 '양키' 소년. 어느 날 그는 담임교사로부터 너는 햄릿 같다는 말을 듣는다. 아버지가 사망하고 얼마 되지 않아 어머니와 삼촌이 동거를 시작했기 때문이다. 공부에도 책에도 관심이 없고 셰익스피어의 존재도 모르는 유키오. "얼간아! 내가 책을 읽겠냐!"고 하면서도 도서관에서 『햄릿』을 빌려 읽기 시작한다.

이 만화의 매력 중 하나는 인텔리와는 거리가 먼 불량소년이 세계적 고전을 읽어가면서 소박하고 거짓 없는 서민적 감상을 오사카 사투리로 쏟아내는 것이다. 예를 들어 그는 햄릿을 "중얼중얼 웅얼웅얼 그냥 응석받이 아녀!"라고 일축하며, "같은 취급 하지 말더라고!"라고 분개하며 담임을 방망이로 때려눕힌다. 엄하게 어머니를 책망하는 왕자에 대해서도 "안 되는 겨", "엄마한테 이케 대들고 말이여", "엄마도 아들 한 방 멕이셔"라며 거리낌 없이 비평한다.

햄릿의 네 번째 독백에 대한 반응도 재미있다. 유키오는 담임에게 질문을 던진다―"왜 햄릿은 사느냐 죽느냐 그게 문제라고 하는 겨?", "뭐 땜시 죽는 일이 남자답다고 생각혀?", "왜 이 자식은 사는 것이 비참하다고 말하는 겨?" 담임은 교사로서 설명을 시도하지만, 납득하지 못하는 유키오로부터 더 폭행을 당한다. 그 후 어머니의 임신이 발각된다. 누구의 자식일지 한동안 고민하는 유키오이지만 결국에는 새로운 생명을 기꺼이 받아들인다. 죽음의 향연으로 끝나는 셰익스피

무 문화상(手塚治虫文化賞)〉 단편상을 수상하였고, 현재도 연재를 계속 발표하고 있다.

어 비극과는 말 그대로 정반대의 결
말이다.

이처럼 본작에서는 고귀하고 섬
세한 햄릿도, 그의 철학적 사색도,
번민도, 생명력 넘치는 '양키'에 의
해 일소에 부쳐진다. 셰익스피어가
걸친 엘리트성이나 권위성도 가차
없이 벗겨지고 담임교사가 보여주
는 인텔리적 몸짓은 냉소나 야유(혹
은 폭행)의 대상이 된다. 여기에는
메이지시대 이후로 일본인들이 보

[그림 6] 모리시타 히로미(森下裕美), 『오사
카 햄릿(大阪ハムレット)』(후타바샤[双葉社],
2006)에서

여준 '세계의 문호'에 대한 공손하고 경외스러운 태도가 털끝만큼도
느껴지지 않는다.

20세기 종반의 일본인과 셰익스피어

실상 20세기 종반까지만 해도 이 극작가에 대한 일본인의 태도는
상당히 변용되었다. 100년을 넘는 동안 수용을 거듭하는 가운데 일본
에는 셰익스피어를 '내 것으로 만들었다', '소유했다'는 감각이 확산되
면서 문화적 열등감이 사라졌다. 또 80년대 후반 이후 연극 국제화와
거품경제의 파도를 타고 세계 극단들이 일본을 찾아와서 자유롭고 대
담한 셰익스피어의 해석을 보여준 것도 크다. 마침내 일본인들도 셰익
스피어를 둘러싼 본고장, 본가 콤플렉스에서 벗어나 자유롭고 독자적
인 해석, 번안화를 모색할 수 있게 된 것이다.[20] '세계의 문호' 셰익스
피어도 '명작 고전' 비극도 더 이상 공손하게 향수하거나 모방할 대상

이 아니라, 횡령하고 활용해야 할 문화자본으로 간주되며 연극이나 문학은 물론 만화, 아니메, CM, 게임 소프트 등 다양한 영역에서 풍부한 2차 창작의 결실을 거둔 것이다.

맺으며

사무라이로부터 일고생, 작가, 천황, 샐러리맨, 불량 소년⋯⋯이렇게 다종다양한 일본제 햄릿들을 소개했다. 2막 2장에서 햄릿 왕자는 배우란 시대를 비추는 '축도'이자 '연대기'라고 말한다. 본 장에서 소개한 야마토 햄릿들 또한 메이지부터 레이와(令和)[25]에 이르는 각 시대의 일본 사회나 문화의 모습을 때로는 충실하게, 때로는 에둘러서, 때로는 변형하여 비추는 축도이자 연대기라고 할 수 있다.

부기
본 연구는 과학연구비 보조금·기반연구(C)「셰익스피어 사대 비극 번안 연구－일본적인 '다시 쓰기' 메커니즘의 해명(シェイクスピア四大悲劇の翻案研究－日本的な「書き換え」メカニズムの解明)」(JP16K02449) 성과의 일부이다.

---

25) 2019년 바꾼 원호(元号)로 일본에서 가장 오래된 가집 『만요슈(万葉集)』에서 따온 조어라고 한다.

원저자 주

*1 Nouryeh, Andrea J., "Shakespeare and the Japanese Stage", In Dennis Kennedy ed., *Foreign Shakespeare* (Cambridge University Press, 1993).

*2 화가이기도 했던 워그만은 타고난 데생력을 무기로 신랄하고 유머러스한 시국 풍자 만화를 계속 그렸다. 소재는 주로 요코하마 거류지민 입장에서 절실한 정치나 외교의 문제, 거류지 사람들이나 사건이었다.

*3 이 기사에 관한 자세한 내용은 아시즈 가오리(芦津かおり), 「있습니다 없습니다, 저 것은 무엇입니까— 일본 최초의 햄릿 제4독백역에 대하여(アリマス アリマセン、ア レ ワ ナンデスカ—本邦初のハムレット第四独白訳について)」(『大谷学報』 82-3, 2003)를 참조할 것.

*4 본작에 대한 상세한 논의는 아시즈 가오리(芦津かおり), 『마타쿠라에서 보는 "햄릿" — 셰익스피어와 일본인(股倉からみる"ハムレット"— シェイクスピアと日本人)』(京 都大学学術出版会, 2020), 제6장 참조.

*5 河竹登志夫, 『日本のハムレット』(南窓社, 1972).

*6 전게 주 5.

*7 구체적으로는 河竹新七, 『葉武列土巧演劇』(1889)과 福地桜痴, 『豊島之嵐』(1891).

*8 후지무라를 모방하여 뒤따른 자살은 미수까지 포함해 4년 동안 185명에 달했다. 平岩 昭三, 『藤村操 華厳の滝投身自殺事件』(不二出版, 2003).

*9 그 밖에 후지무라의 친구 아베 요시시게(安倍能成)나 도쿄대학 교사 쾌벨 박사의 말에서도 후지무라가 햄릿과 강하게 연상지어진 것을 알 수 있다. 자세한 내용은 전게 주 4, 아시즈(芦津) 저서 제1장을 참조할 것.

*10 Takahashi, Yasunari, "Hamlet and the Anxiety of Modern Japan", *Shakespeare Survey*, 48(1996).

*11 전게 주 4, 아시즈(芦津) 저서 제4장을 참조할 것.

*12 太宰治, 「井伏鱒二宛書簡」, 『太宰治全集』 12(筑摩書房, 1999).

*13 太宰治, 「新ハムレット」, 『太宰治全集』 5(筑摩書房, 1998). 이하 작품으로부터의 인 용도 본서에 의한다.

*14 土居健郎, 『続「甘え」の構造』(弘文堂, 2001).

*15 셰익스피어 작, 가와이 쇼이치로(河合祥一郎) 역, 『신역 햄릿(新訳ハムレット)』(角 川文庫, 2003). 이하 『햄릿』 일본어 번역으로부터의 인용도 본서에 따른다.

*16 본작에 대한 자세한 논의는 전게 주 4, 아시즈(芦津) 저서 제5장을 참조.

*17 久生十蘭, 「ハムレット」, 『定本 久生十蘭全集』 6(国書刊行会, 2010). 이하도 작품으 로부터의 인용은 같다.

*18 이 영화에 대한 보다 자세한 분석은 Kaori, Ashizu, "Kurosawa's Hamlet?" *Shakes-*

peare Studies, 33(1995)을 참조.

*19 森下裕美, 『大阪ハムレット』(双葉社, 2006).

*20 20세기 종반 일본인의 셰익스피어에 대한 태도 변화에 대해서는 전게 주 4, 아시즈
(芦津) 저서, 제III부를 참조할 것. 물론 그 이전에도 자유롭고 대담한 해석은 있었지
만 거기에는 서양 문화에 대한 열등감이나 불안, 경쟁심이 감도는 경우가 많았다.

캐릭터와 번역 가능성

마이클 에메릭(Michael Emmerich)

캐릭터의 의미

과연 캐릭터는 번역 가능한가, 불가능한가. 짧은 칼럼 자리를 빌려 이 문제를 검토하고자 한다. 캐릭터 연구에서 번역은 하나의 맹점이었기 때문인지, 이 문제를 정면으로 논한 문장은 훑어본바 영어 문헌에서도 일본어 문헌에서도 찾아볼 수 없었다. 언어학적 관점에서 역할어, 여성어/남성어 등에 초점을 맞추어 만화나 아니메에 등장하는 캐릭터의 화법 번역을 분석한 논고는 존재하는데, 이는 특정 작품의 캐릭터 자체의 번역과는 조금 차원이 다른 문제인 것 같다. 또한 미디어 연구, 팬 연구 분야에서 어떠한 작중 캐릭터가 다양한 매체를 통해 글로벌하게 유통됨으로써 그 의미나 표상이 증식해 가는 과정에 주목한 연구도 최근 활발해지고 있다. 그러나 이는 좁은 의미의 '번역', 또한 여기에서 내가 다루는 대략 하나의 작품세계 속에 국한된 '캐릭터'의 용법과는 구별되어야 한다고 생각한다.

분야에 따라 캐릭터의 개념도 다양하기 때문에, 우선 캐릭터의 정의에 관해서 간단히 정리하고 싶다. 캐릭터는 문학 연구, 영화 연구,

미디어 연구 등 각각의 문맥에서 용법이 다르고, 또 같은 분야에서도
그 정의를 둘러싸고 현재도 논의가 이어지고 있다. 문학 연구에서도
예를 들어 영미문학 연구와 일본문학 연구를 비교하면, 캐릭터에 대한
시선이나 그 중요도가 조금 다르다는 인상을 받는다. 이러한 상황을
바탕으로 캐릭터의 다양한 정의를 배경까지 고려하여 상세하게 검토
하는 것이 이 자리에서는 불가능하기 때문에, 극히 간단하게 세 가지
시점의 존재를 지적하고자 한다.

　우선 첫째, 특정 작품 또는 작품군의 이야기 세계라는 한정된 공간
을, 의지를 가지고 행동하도록 그려지는 주체이다. 예를 들어 다니자
키 준이치로(谷崎潤一郎)[1]의 『치인의 사랑(痴人の愛)』 나오미나, 나쓰
메 소세키 『도련님(坊ちゃん)』의 주인공이다. 이러한 의미의 캐릭터는
어느 정도 이야기 세계라는 닫힌 공간 속에서 기능하고 있다. 다음으
로 반드시 하나의 이야기 세계에 얽매이지 않고 여러 작품 속, 또는
다양한 미디어 매체에 걸쳐 등장하며, 의지를 가지고 행동하도록 그려
지는 주체를 들 수 있다. 예를 들어 스파이더맨이나 벤케이(弁慶)[2] 등
이 좋은 예다. 이들은 특정 텍스트를 떠나 존재하기 때문에 번역이라
는 과정을 반드시 통과하지 않고 한 언어권에서 다른 언어권으로 비교
적 자유롭게 이동한다. 그리고 마지막으로 애초에 이야기 세계에 의존

---

1) 다니자키 준이치로(谷崎潤一郎, 1886~1965). 소설가, 극작가. 초기에는 「문신(刺青)」
　등을 통해 탐미주의와 공상적 세계를 화려하게 그려냈다. 1920년대 중반부터는 일본적
　인 전통미, 왕조문학의 현대적인 재현 등의 신경지를 개척했다. 『슌킨쇼(春琴抄)』, 『세
　설(細雪)』 등 수많은 대표작이 있으며 노벨문학상에도 입후보했다.
2) 벤케이(弁慶, ?~1189). 무사시보(武蔵坊) 벤케이라 흔히 일컬어지는 승려. 가마쿠라막
　부를 세우게 되는 형 미나모토노 요리토모(源頼朝)와 불화하여 어려움에 처하는 미나모
　토 요시쓰네(源義経)를 따르는 부하로 강력한 영웅 호걸로 그려지는 인물이다.

하지 않으며, 그러한 큰 이야기의 존재를 암시하면서 유통되는 캐릭터도 존재한다. 헬로키티 등이 그 고전적인 예라고 할 수 있다.

　내가 여기서 문제 삼고 싶은 것은 기본적으로는 첫 번째 케이스, 즉 특정 텍스트(하나의 작품이나 작품군) 속에 등장하는 캐릭터이다. 특정 작품에 등장한 캐릭터가 작품의 시리즈화, 또 새로운 미디어의 참가에 의해서 의미를 증식해 가는 것은 선행 연구에서 지적되고 있다. 이에 반해 어떤 작품 내부의 등장인물로서 주로 의식되는 캐릭터가, 작품이 다른 언어로 번역됨으로써 어떤 변화를 받는지, 그리고 어떻게 그 동일성을 유지할 것인지에 관해서는 지금까지 제대로 검토되지 않았던 것 같다.[*1]

공유되지 않는 사회적 인물상과 캐릭터의 번역 가능성

　하나의 문학작품에 등장하는 캐릭터(여기서는 등장인물이라고 바꿔 말해도 좋다)는 그 작품이 속한 사회, 또는 커뮤니티 내에서 공유되고 있는 다양한 이미지에 의해 형성되고 수용된다. 이와 관련해 엘리자베스 파울러는 저서 『문학의 캐릭터(Literary Character: The Human Figure in Early English Writing)』에서, 사회적으로 공유되는 '사회적 인물상(social person)'이라는 개념을 제시하고 독자들이 여러 사회적 인물상(일본의 경우 그것은 예를 들어 장인, 건방진 어린이, 역사 오타쿠 여성, 사장님 등의 틀이나 유형에 해당하는 컨셉이다)을 인용해, 각각의 특징을 선별하면서 자유롭게 재구성하여 문학작품의 캐릭터상을 만들어가는 과정을 분석하고 있다.[*2] 문학작품을 구성하는 언어에 대한 이해가, 독자의 평소 언어 생활에 의거하고 있는 것과 마찬가지로, 캐릭터의 이해 역시 사회적으로, 혹은 문화적으로 구축되는 사고방식이나 감수성에 좌우된다고 논하는 것이다.

이에 반해 번역은 캐릭터를 원래의 사회적 컨텍스트로부터 떼어내 다른 문맥으로 이식하는 행위라고 할 수 있다. 즉, 어떤 사회나 커뮤니티 안에서 공유되는 '사회적 인물상'에 의해 이미지화되고 수용되어 온 등장인물을, 그와는 다른 사회나 커뮤니티로 치환하여 전혀 다른 '사회적 인물상'을 공유하는 독자들을 향해 다시 쓰는 것이다.

나쓰메 소세키의 『도련님』 주인공은 그야말로 당시 '도련님'이라는 사회적 인물상을 바탕으로 해석되는 인물이지만, 영문 번역 『Botchan』의 독자 대부분은 당연히 '도련님'이라는 사회적 인물상의 공유 없이, 제목으로 되어 있는 'botchan'이라는 말이 도대체 무엇일지 조사라도 하지 않는 한 의문을 품으며 읽어나갈 수밖에 없다. 역자가 영문 제목을 굳이 『Botchan』으로 한 것은, 아마도 '도련님'이라는 사회적 인물상을 번역 불가능하다고 판단했기 때문일 것이다. 이 경우 사회적 맥락이 다른 원작 『도련님』과 역문 『Botchan』의 각 주인공은 별도의 인물로 봐야 할까? 캐릭터는 과연 번역이 가능할까?

캐릭터 번역 가능성

원작과 역문 독자는 당연히 각기 다른 사회적 인물상에서 캐릭터를 이해하고 수용한다. 하지만 그래도 캐릭터는 다른 문맥으로 재생할 수 있는 동일한 존재로서 번역 가능하다고 나는 생각한다. 이를 논하기 위해 극히 간단한, 그러나 흥미로운 사례를 하나 분석하여, 번역에서 캐릭터가 형성되는 과정의, 평소에는 그다지 의식되지 않던 한 측면을 조명하고자 한다.

여기에서 다루는 것은 1904년 간행된 고이즈미 야쿠모(小泉八雲)[3)]

의 단편집 『Kwaidan』에 수록된 「The Story of Mimi-Nashi-Hōïchi」와 히라이 데이이치(平井程一)[4]의 일본어 번역 「귀 없는 호이치의 이야기(耳無芳一のはなし)」이다. 히라이 번역의 『괴담』에는 사실 구역과 신역 두 종류가 있는데, 구역은 전시 중이던 1940년에 이와나미문고(岩波文庫)에서 발행되었고, 신역은 전후인 1965년에 제27쇄로 발행되었다. 지면도 한정되어 있기 때문에, 여기에서는 특히 세 작품의 첫 문장들만을 다루고 싶다. 다만 내용이 전달되기 쉽도록 아래 인용에서는 원작과 신역의 첫머리 두 문장, 구역의 첫머리 세 문장을 인용한다.

> More than seven hundred years ago, at Dan-no-ura, in the Straits of Shimonoséki, was fought the last battle of the long contest between the Heiké, or Taira clan, and the Genji, or Minamoto clan. There the Heiké perished utterly, with their women and children, and their infant emperor likewise—now remembered as Antoku Tennō. (Lafcadio Hearn, 「The Story of Mimi-Nashi-Hōïchi」, 1904)

> 지금으로부터 700여 년 전의 일이다. 시모노세키(下の関) 해협의 단노우라(壇の浦)에서 겐페이(源平)[5] 두 가문, 즉 미나모토 씨족과 다이라 씨족 사이에서 오랫동안 각축하던 마지막 결전이 벌어졌다. 이 단노우라에서 헤이케는 오늘날 우리가 안토쿠천황(安德天皇)으로 기억하

---

3) 라프카디오 헌(1850~1904). 아일랜드계 영국인 출신으로 일본에 귀화 고이즈미 야쿠모(小泉八雲)라는 필명으로 활동하였다. 나쓰메 소세키 이전에 도쿄제국대학에서 영문학을 가리켰으며 일본의 괴담이나 전설 등을 영역하여 일본 문화를 세계에 알렸다.
4) 히라이 데이이치(平井程一, 1902~1976). 영국문학 번역가이자 편집자로 다수의 해외 괴기소설을 번역해 소개했다.
5) 미나모토 씨(源氏)와 다이라 씨(平氏)를 합하여 부르는 말로 헤이안시대의 황족이었다가 성을 하사받고 신하로 강등된 가문으로 서로 대립한다.

고 있는 나어린 천황, 아울러 일문(一門)의 여자들과 더불어 완전히
절멸해 버린 것이다. (고이즈미 야쿠모, 히라이 데이이치 옮김, 「귀
없는 호이치 이야기」, 1940)

　지금으로부터 700여 년 전의 일. 시모노세키 해협의 단노우라에서,
오랫동안 천하의 패권을 다투던 겐페이 두 가문 사이에 마지막 결전이
벌어졌다. 이 단노우라에서 헤이케는 일문의 여자들, 아이들, 더불어
오늘날 안토쿠천황으로 기억되고 있는 어린 천황과 함께 완전히 멸망
해 버린 것이다. (고이즈미 야쿠모, 히라이 데이이치 옮김, 「귀 없는
호이치 이야기」, 1965)

　원작과 두 종류의 번역문에는 갖가지 차이가 있는데, 여기에서 내
가 특히 주목하고 싶은 것은 원작과 구역에서 안토쿠천황을 언급하는
방법이다. 단노우라 전투 또는 '안토쿠천황'이라는 캐릭터(앞에서 언급
한 두 번째 정의)를 인식할 수 있는 독자들 입장에서는 안토쿠천황의
죽음은 이야기 전체에 커다란 그림자를 드리우고 있는 것처럼 읽힌다.
그러나 원문에서는 그것이 'their infant emperor likewise—now
remembered as Antoku Tennō'라고, 슬쩍 언급될 뿐이다. 1965년
신역에서는 이것이 영어 문맥 그대로 '오늘날 안토쿠천황으로 기억되
는 어린 천황'으로 직역되었으며, 또 원문 구성과 마찬가지로 '일문의
여자들과 아이들'이 천황보다 먼저 언급되고 경어를 뺀 '어린 천황'이
'더불어'로 이어지는 대상이 되었다.
　그러나 1940년의 구역을 감안하면 상당히 대담하게 바꿔쓰기가 이
루어졌다는 것을 알게 된다. 같은 부분이 '우리가 안토쿠천황으로 기
억해 받드는 그 어리신 천황, 아울러 일문(一門)의 여자들과 아이들'로
되어 있어서 존댓말을 배치하여 천황을 그 신민들보다 앞서 기록하고,

'일문의 여자들과 아이들' 쪽이 '아울러'로 부가되는 구성이다. 그리고 무엇보다 원문에서는 수동태의 구문이던 'remembered as Antoku Tennō'라는 부분을 '우리가……기억해 받드는'이라고 1인칭 능동태로 번역하여 천황을 기억하는 주체로서의 '우리'를 명확히 삽입한 것이다. '받든다'고 하는 겸양어 사용이 분명히 하듯, '우리'란 역자 자신과 번역문 독자로서 상정되는 일본 제국의 '신민'이나 다름없다. 즉, '우리'는 원작자인 Hearn을 배제하고 정확히 말하면 Hearn을 연상시키는 원작의 화자까지 제거함으로써 성립되었다.

이 번역문, 적어도 이 부분에서는 작품의 원래 화자를 지우고 일본어 번역자와 같은 신민적 주체인 화자를 대두시키고 있다고 할 수 있다. 즉, 전시하의 일본에서는 '천황'이라는 사회적 인물상이 너무나 강한 영향력을 가지고 공유되었기 때문에, 그것이 번역된 픽션 속 '안토쿠천황'에 관한 어조도 바꾸어 버린 것이다. 역자든 독자든 일본 제국의 신민인 이상 원작을 본뜨고 원작자의 그늘에 가려서 천황을 중립적인 이야기로부터 만들어 올리기란 불가능했던 것이다.

숨은 3인칭의 주체

구역의 '우리'가, '천황'이라는 당시 일본사회 내에서 공유되던 사회적 인물상에 의해 필연적으로 도출된 시점이라면, 뒤집어서 영어 원문의 'remembered as Antoku Tennō'도 다른 의미에서 주목할 가치가 있다는 것을 알게 된다. 1904년 4월에 간행된 『Kwaidan』은 같은 해 2월 상순에 발발한 러일전쟁을 배경으로 세상에 나온 작품이다. 그 서문에는 러시아와 달리 일본에는 투르게네프나 톨스토이처럼 세계적으로 인정받은 문학자는 없기 때문에 'They need an interpreter',

즉 '그들(일본인)에게는 통역자, 해석자가 필요하다'는 기술이 있다. 말할 것도 없이, Lafcadio Hearn이 일본, 일본인의 좋은 이해자로서 영어권 독자를 위한 최고의 '통역자, 해석자'라고 글쓴이는 서문에서 주장하고 있다.

　이러한 컨텍스트를 염두에 두고 읽으면, 'remembered as Antoku Tennō'라는 수동태 표현에는, 사실상 'remembered [by the Japanese people] as Antoku Tennō'라는 3인칭의 주체가 숨어 있는 것을 깨닫는다. 요컨대 안토쿠천황은 remembered by them('그들에 의해 기억되는')인 셈이다. 다시 말해 '그들 일본인'은 '안토쿠천황'이라는 사회적 인물상을 공유하고 있다는 것이, 원작에서 명시되어 있는 셈이다. 그리고 이를 감안하면 구역의 '우리가……기억해 받드는'은 틀림없이 원작에 없는 가필이기는 하지만, 원문이든 구역의 번역문이든 실상 어느 쪽이나 마찬가지로 일본인을 '안토쿠천황이라는 사회적 인물상을 공유하고 있는 주체'로서 상정하고 있으며, 또 작가인 Hearn(혹은 작가인 Hearn을 연상시키는 화자)과 영어권 독자는 '안토쿠천황이라는 사회적 인물상을 공유하는 주체'와는 확연히 구별되고 있다는 점에서 상통한다고 할 수 있다.

　파울러가 제창하는 사회적 인물상이라는 사고방식은, 같은 사회나 문화에 속하는 독자가 어떻게 캐릭터를 수용하고 해석하는지를 해명하는데, 번역이라는 조작, 문맥을 고려하면 더욱 새로운 해석의 가능성과 맞닥뜨리게 된다. 그것은 사회적 인물상이 반드시 모든 독자에 의해 똑같이 공유되는 것은 아니라는 사실을 깨닫는 데에서 비롯된다.

　「The Story of Mimi-Nashi-Háichi」는 '우리는 공유하지 않는, 그들이 공유하고 있는 사회적 인물상'을 처음부터 시점으로서 내포하고 있으며, 그것이 일본어 번역에서 '우리는 공유하고 있고, 그들은 공유하지 않는 사회적 인물상'이라고 바꾸어 말한, 매우 특수한 경우임에 틀림없다. 그러나 그 반대의 사례는 일일이 열거할 수 없을 정도이다. 영어 독자들이 '봇찬'이 무엇인지 잘 이해하지 못한 채, 즉 그 사회적 인물상을 자신은 공유하고 있지 않다는 마음을 품으면서 영어 번역 『Botchan』을 읽어나갈 때, 그 '별로 잘 모르겠다'는 마음이 사실 'Botchan'이라는 주인공을, 번역문학에서 캐릭터로 입체화시키는 매우 중요한 요소라고 나는 생각한다.

원저자 주

*1   원래 이러한 문맥 상의 캐릭터는 문학 연구로부터 학문의 대상으로서 오랫동안 경원시된 경향을 볼 수 있다. 이에 관해서는 Rita Felski, 'Introduction', in *New Literary History*, 42-2(Spring 2011) pp.v~ix 는Amanda Anderson, Rita Felski, and Toril Moi, 'Introduction', in Amanda Anderson, Rita Felski, and Toril Moi eds., *Character: Three Inquiries in Literary Studies*(Chicago and London: The University of Chicago Press, 2019) pp.1~25에 자세하다.

*2   Elizabeth Fowler, *Literary Character: The Human Figure in Early English Writing*(Ithaca and London: Cornell University Press, 2003).

제2부

미인이라는 캐릭터

제3장

미모의 역사와 미술의 역사

이노우에 쇼이치(井上章一)

1. 우사기와 라무와 아사쿠라 미나미(浅倉南)

만화의 얼굴

『미소녀전사 세일러문(美少女戰士セーラームーン)』[1]이라는 만화가 있다. 20세기 말경에 『나카요시(なかよし)』라는 잡지에서 연재되었다(다케우치 나오코[武内直子], 1992~1997). 아니메가 되어 TV에서 방영되기도 했다. 뿐만 아니라 아니메는 여러 번 다시 만들어져 영화로 공개되었다. 21세기인 오늘날에도 리메이크 시도는 계속되고 있다.

작중에는 요마들과 싸우는 소녀들이 등장한다. 세일러문, 세일러마스, 세일러머큐리……와 같은 소녀들이다. 이른바 세일러 전사로, 각각에게는 열정이 담긴 응원과 편들기의 맥락이 있다. 누가 제일 좋은지 팬들이 서로 얘기하는 일도 종종 있다. 20세기 말부터 21세기에 걸쳐 널리 공감을 불러일으킨 작품이라고 할 수 있다.

---

1) 한국에서는 〈달의 요정 세일러문〉으로 소개되었다.

세일러 전사들은 모두 미소녀라는 설
정이다. 표제에도 '미소녀 전사'로 거론
되고 있어 그 점은 의심할 수 없다.

[그림 1] 세일러문(쓰키노 우사기[月
野うさぎ])(이노우에 쇼이치 모사)

만화에는 얼굴 모양의 아름다움을 드
러내는 어떤 정해진 틀이 있다. 세일러
전사들의 이목구비도 정형에서 벗어나
지 않았다. 화면만 봐도 이들이 미형으로
그려져 있음을 금방 알 수 있다. 적어도
만화나 아니메에 익숙한 사람이라면 단
박에 이해가 될 터이다. 굳이 '미소녀'라
고 이름 붙이지 않더라도 말이다.

『세일러문』에만 국한되지 않는다. 예를 들어『터치(タッチ)』(아다치
미쓰루[あだち充], 1981~1986)에 관해서도 같은 이야기를 할 수 있다.
화면을 보면 아사쿠라 미나미가 미소녀로 묘사된 것은 쉽사리 읽어낼
수 있다.『우루세이 야쓰라(うる星やつら)』[2](다카하시 루미코[高橋留美
子], 1978~1987)의 라무가 그러한 것도 마찬가지다.

이런 예는 열거하기에 끝이 없다. 지금은 내가 젊었을 때부터 봐왔
던 다소 오래된 작품을 소개했다. 그러나 만화나 아니메에서 아름다운
사람의 얼굴 생김새는 현재도 크게 다르지 않을 것이다. 대체로 같은
형태를 유지하고 있다.

2021년에는『세일러문』의 새로운 아니메가 개봉했다. 세일러 전사

---

[2]　한국에서는 〈시끌별 녀석들〉로 소개되었다. 원래 제목은 우루 별의 녀석들이라는 의미
　　와 시끄러운 녀석들이라는 의미가 중첩된다.

들의 얼굴형은 1992년 형태를 거의 계승하고 있다. '미소녀'라고 자칭
하는 것도 그만두지 않았다. 30여 년 전의 미소녀상은 오늘날에도 통
용된다. 제작자들도 그렇게 간주한다는 것을 잘 알 수 있다. 그리고
이 판단은 감상자 측에도 공유되어 있다.

미래에 대한 경고

다만 저 생김새는 현실 사회의 미소녀상을 리얼하게 드러내지 않
는다. 저것이 미형의 얼굴이라고 받아들여지는 것은 만화나 아니메의
세계뿐이다. 혹은 일러스트나 피규어를 둘러싼 자리에서도 인정받을
수 있으려나? 그러나 실사회에서는 도저히 받아들일 수 없을 것이다.

『세일러문』에 나오는, 예를 들어 쓰키노 우사기의 생김새를 생각해
보면 좋겠다. 우선 사람치고는 눈이 너무 크다. 세로 방향 길이가 정수
리에서 턱 끝에 이르는 길이에 비해 5분의 1 이상 된다. 미형이냐 아니
냐 이전의 문제이다. 애당초 인간의 얼굴이 아니다.

[그림 2] 쓰키노 우사기의 얼굴과 치수 분석(이노우에 쇼이치 그림)

코끝과 입의 거리가 눈의 세로 폭보다 훨씬 작은 것도 비현실적이다. 눈이 두 배에서 세 배 정도 크게 돼 있다. 실제로는 아무리 눈이 큰 사람이라도 기껏해야 등배(等倍) 정도이다.

전체적으로 눈과 코, 그리고 입이 얼굴 중앙, 특히 그 하반부로 너무 모여 있다. 눈의 중심은 인간의 경우 정수리에서 턱 끝까지의 중간쯤에 위치하는 것이다. 한편, 이 얼굴상에서는 눈의 중심이 중간 정도보다 상당히 낮은 곳에 놓여 있다. 또 입과 턱 끝도 사실적인 인간의 얼굴에서라면 이 정도나 떨어질 수는 없다.

이러한 생김새의 인형을 뒤집어쓴 사람과 테마파크 같은 데에서 만날 때가 있다. 이른바 인형을 입은 스태프가 손님을 맞이하는 놀이공원은 적지 않다. 아니메의 미소녀를 연기하는 경우도 종종 볼 수 있다. 쓰키노 우사기의 사례도 있을 것이다.

그러나 그들과 가까이서 마주했을 때 아름다운 여성이구나 하는 인상은 일어나기 어렵다. 오히려 섬뜩하게 느끼는 사람이 많지 않을까? 눈만 이상하게 크다. 코와 입이 왜소화된 채 얼굴 중앙 하부에 모여 있다. 그런 인형의 얼굴을 아주 가까운 거리에서 보게 되면 주춤하는 사람도 있을 것이다.

그것들이 가상세계의 미소녀를 나타내려고 하는 것임을 모르는 바는 아니다. 멀리서 바라보면 사랑스러운 마스코트로 이해할 수도 있다. 하지만 그 얼굴과 가까이 마주하면 역시 기분이 나쁘게 느껴지지 않을까?

가정의 이야기를 하고자 한다. 지금으로부터 천년 후, 31세기의 세계에 〈세일러문〉의 이미지가 전해졌다고 하자. 그러나 현실의 인간을 찍은 영상은 남아있지 않다. 그저 만화나 아니메에 그려진 인물상만이

잔존한다는 상황을 상정했으면 한다.

이럴 때 쓰키노 우사기의 화면을 본 31세기 사람들은 오해할지도 모른다. 표제에는 '미소녀'라고 되어 있다. 천 년 전 일본에서는 이런 이목구비가 아름답다고 여겨졌겠구나. 이렇게 단락적으로 해석을 해 버리는 미래인도 31세기에 국한하지 않더라도 있을 수 있지 않겠는가?

21세기를 살아가는 우리로서는 곤란한 사태다. 미래 사람들에게 말해 두지 않으면 안 된다. 잘못 판단하지 마라. 이것은 만화나 아니메라는 가상의 자리에서 그려진 미형의 상이다. 21세기를 살았던 실제 인물들과는 다르다. 이런 자료로 우리의 미인관을 헤아리지 않았으면 좋겠다고 말이다.

21세기의 우리에게는 동그란 눈동자를 좋게 보는 경향이 있다. 방울처럼 크고 동그란 눈에 매력을 느끼지 않는 건 아니다. 하지만 쓰키노 우사기 같은 눈은 도가 지나치다. 저렇게 크면 이제 무섭다는 생각밖에 들지 않는다.

다만 가상의 세계에서는 20세기 중반부터 지금 말한 것과 같은 소녀상이 보급되었다. 그때까지의 일본화스러운 미인상을 쫓아내기에 이르렀다. 그러나 현실 세계의 미인관이 똑같이 변한 것은 아니다. 미형을 드러낼 때의 그 약속 사항이 변용되었을 뿐이다. 이렇게 말로 되돌려주고 싶어지지 않을까? 미래의 착각을 품은 사람들에게.

오히려 포와트린이야말로

『세일러문』이 자주 아니메화됐다는 사실은 이미 말했다. 최초로 텔레비전에서 방영된 것은 1992년부터이다. 그 2년 전에 역시 '미소녀'를 노래한 실사 TV 드라마가 방영됐다. 〈미소녀 가면 포와트린(美少女

仮面ポワトリン)〉이 그것이다.

히로인은 여배우 하나시마 유코(花島優子)가 연기했다. 이쪽은 쓰키노 우사기와 달리 사실적인 여성의 외모를 갖추고 있다. 드라마 속에서도 스스로 종종 '미소녀'임을 표방했다. 제목도 그 점을 부추기고 있다.

그녀의 경우라면 천년 뒤의 누군가가 20세기 말의 미소녀로 판정을 해도 이해할 수 있다. 적어도 쓰키노 우사기의 비현실적인 외모와 비교하면 타당한 추정이라고 할 수 있다. 뭐니뭐니해도 그녀는 인간의 얼굴을 하고 있으니까. 어쨌든 20세기 말의 대표로 그녀가 적합한지 어떤지는 차치하겠지만.

되풀이하는데 만화나 아니메 화면은 리얼리즘을 따르지 않는다. 등장인물들의 외모는 만화 등의 양식에 따라 과장도 포함해서 나타난다. 특히 미남미녀의 경우는 표현이 양식의 틀에 묶이기 쉽다. 그렇기 때문에 툭하면 인간과 동떨어진 이목구비로 묘사된다.

물론 작품에 따라서는 리얼리즘을 지향하는 것도 없지는 않다. 배경이 되는 정경 등에는 사실성을 유지하게 만들려는 만화가도 적지 않다. 혹은 인물을 그려내는 데 있어서조차 말이다.

하지만 미인상과 같은 리얼한 변천을 보여주는 자료는 될 수 없다. 실제 인물을 베낀 사진이라면 그런 데이터로 활용할 수 있다. 혹은 리얼리즘을 중시한 회화 같은 것도 사용할 수는 있다. 하지만 만화나 아니메와 리얼리즘 사이에는 깊은 간극이 있다. 미남미녀의 역사를 탐색하는 기록으로 삼는 것은 삼가야 할 것이다.

만화 등에만 국한된 것이 아니다. 일본의 전통적인 회화도 그 점은 마찬가지다. 오랜 세월 일본 회화사는 리얼리즘에 연연하지 않았다.

특히 이상적으로 여겨지는 미남미녀의 표현에 관해서는 정형을 중시하는 경향이 강하다. 캐리커처라고 불리는 초상화에 사실을 지향하는 예외적인 시도가 없었던 것은 아니지만.

지금 말한 정형적인 회화에서 과연 미형의 리얼한 변화를 읽을 수 있을까? 나는 몹시 의심스럽다. 만화와 마찬가지로 현실적인 미인상의 추이는 주워 담을 수 없을 듯한 느낌이다.

알 수 있는 것은 아름다운 사람을 그릴 때의 약속 사항이 변용을 이루어 가는 경위만이 아닐까? 미인 묘사의 양식이 탐색해온 길밖에 파악할 수 없다고 생각한다. 미형으로 간주된 사람들의 리얼한 이목구비는 어떠한 변천을 이루었을까? 그 핵심에는 접근할 수 없다.

2. 덴표(天平)의 미인과 아수라상

회화의 미인상

『미녀의 이미지(美女のイメージ)』라는 제목의 책이 있다. 오차노미즈여자대학(お茶の水女子大学) 박사과정에서 공부한 연구자들에 의해 정리됐다. 1996년에 간행되었다. '〈미녀〉는 어떻게 이야기되고 어떻게 그려져 왔는가'(띠지)를 추궁하려 했다. 여성 연구자들로만 구성된, 그런 의미에서 별로 유례가 없는 책이다.

여기에는 '일본 고대사'를 전공하는 우메무라 게이코(梅村恵子)도 논문을 썼다. 「맑게 빛나는 공주들(清らに輝く姫君たち)」이라는 제목의 글이 그것이다. 8세기부터 11세기에 걸친 미인상을 연구한 논고이다. 그 논문은 다음의 이 한 문장으로 시작된다.

여성의 아름다움을 연구할 때, 미술사에서는 그려진 그림의 모습을 바탕으로 도상학적 고찰을 할 것이며, 문학에서는 언어학적 분석이나 문장 표현상의 형용을 생각할 것이다. 이러한 연구는 깊고 넓게 행해지고 있다. 그러나 역사학에서는 처음부터 여성의 아름다움 같은 것은 연구 대상 밖이었다.

미술사는 '그림의 모습'을 자료로 삼으면서 미인상의 역사에 도전해 왔다고 한다. 그러나 아카데믹한 미술사 연구자들은 그런 일을 그다지 하지 않았다. 역사학과 마찬가지로 '여성의 아름다움 같은 것은 연구 대상 밖'에 두었을 것이다. 물론 남자의 아름다움도.

'그려진 그림의 모습'은 결코 사실적인 미인상을 드러내지 않는다. 거기에서 읽어낼 수 있는 것은 '그림의 모습'이 '묘사된' 형태에 그친다. 나는 앞서 그렇게 썼다.

그리고 미술의 역사와 마주하는 연구자들 또한 이러한 생각을 공유하고 있을 것이다. 리얼리즘 이전의 작품군에 리얼한 실경을 너무 기대해서는 안 된다. 전문가들도 그렇게 알고 있음에 틀림없다고 나는 믿어 왔다. 그래서 우메무라의 첫머리에 대해서는 풀리지 않는 무언가를 품고 있다.

물론 '그림의 모습'에 기초한 미인사의 시도는 여러 가지가 있다. 미술사 상의 자료를 데이터로 삼아 종종 미인상의 역사가 탐색되어 왔다. 그러나 그러한 자리는 대체로 저널리스틱한 매체였을 것이다. 텔레비전이나 주간지 등이 대중적 관심을 기대하고 거듭 세상에 물었다. 혹은 일반적인 계몽서도 추진해 왔다고 생각한다.

하지만 학술적인 장은 좀처럼 이 테마와 맞지 않는다. 그런 생각에 빠져 있던 내가 우메무라의 글쓰기에 당혹감을 느꼈던 것은 이미 말했다. 그러나 당혹감을 느낀 것은 우메무라의 말투에 대해서만이 아니다. 『미녀의 이미지』라는 책은 놀라운 다른 글들도 수록하고 있었다. 불상 연구로 알려진 이와사키 가즈코(岩崎和子)의 논문에도 나는 당황했다.

그것은 「유연하게 움직이는 미녀 — 고대 일본 미녀의 이미지(しなやかに動く美女 —古代日本の美女のイメージ)」라는 제목이었다. 그 안에서 이와사키는 쇼소인(正倉院)[3)에 수장된 〈도리게류조즈 병풍(鳥毛立女図屛風)〉[4)을 들고 나왔다. 또 한 점은 야쿠시지(薬師寺) 소장품인 〈길상천화상(吉祥天画像)〉[5)도 조명하고 있다. 덴표시대(天平時代)[6)의 미인도로서.

이 두 점의 그림을 8세기 미인상으로 언급하는 사람이 적지 않다. 〈도리게류〉는 이른바 수하미인도의 좋은 예로 널리 알려져 왔다. 생김새의 제작이 인도나 서아시아와 상통하는 것도 자주 화제가 된다. 또 〈길상천〉은 미녀라고 일컬어진 고묘황후(光明皇后)의 초상으로도 화제가 되었다.

하지만 미술사학이라는 틀로 이야기를 한정하면 미인상을 탐색하

---

3) 나라(奈良)시대의 건축물로 수많은 고대 미술 공예품이 수장되어 있는 나라 도다이지(東大寺) 내부의 목조 창고를 말한다.

4) 쇼소인에 있는 병풍으로 속칭 〈수하미인도(樹下美人図)〉로 친숙하다. 나라 시대의 회화 유품으로 중요시되며 구도나 복장, 통통한 용모 등은 중국 당나라 시대의 여성화 영향이 보인다.

5) 인도의 신화에서 불교로 들어온 여신으로 중생에게 복덕을 준다는 길상천의 그림이라는 뜻으로, 나라 시대 말기의 작품이며 삼베 천에 정밀한 표현으로 풍염한 길상천녀가 그려져 있어 당시 귀족 여성의 풍속을 알 수 있는 국보 그림.

6) 나라 문화의 황금 시대라고 일컬어지는 729~749년의 덴표 연간을 중심으로 한 시기.

는 논고는 별로 없을 것이다. 그렇게 생각해 온 나는 정면으로 〈길상천〉의 미모를 논하는 미술사가의 글에 주춤했다. 학술적으로도 이런 지적을 하는 사람이 있구나 하고.

그림의 한계

이와사키의 논문은 안면이나 팔다리에 살이 붙은 정도를 주로 다루고 있다. 그리고 〈도리게류〉와 〈길상천〉을 육감미가 요구된 시대의 도상으로 자리매김시켰다. 이 무렵에는 통통한 여인이 인기를 끌었다고 말이다. 뿐만 아니라 거기에는 당나라로부터의 동시대적 감화가 영향을 미치고 있었다는 점도 논하고 있다.

다만 마른 체형인지 풍만형인지는 미인관을 좌우하는 결정적 지표가 되기 어렵다. 사실 우리는 자주 이렇게 말한다. "저 사람은 미인인데 살이 쪘어", 혹은 "말랐어"라고. 이 현실은 미모의 인정이 얼굴이나 몸의 살집 유무에 그다지 뿌리를 내리지 않았음을 보여준다.

반면 "미인이지만 이목구비에 난점이 있다"고 지적되는 사람은 우선 없다. 그것은 얼굴 생김새가 바로 미인인지 아닌지를 정하는 결정적인 지표임을 말해준다. 눈과 코, 그리고 입의 상태 및 그 균형으로 미인도는 판정되는 것이다.

그 이목구비에 대해 언급하는 것을, 이와사키의 논문은 피하고 있다. 아니 이와사키 한 사람만 그런 것이 아니다. 〈도리게류〉나 〈길상천〉을 언급하는 읽을거리는 많지만 모두 똑같은 폐단에 빠져 있다. 그 점이 나에게는 뭔가 부족하게 느껴졌다.

따지고 싶은 것은 또 있다. 〈도리게류〉나 〈길상천〉에서 그려진 여성도는 확실히 통통하다. 둥그스름한 느낌을 띠고 있다. 그러나 사람의 얼굴로서는 너무 크지 않은가?

같은 감상을 아스카무라(明日香村)의 다카마쓰즈카 고분(高松塚古墳)에서 발견된 〈서벽 여자군상(西壁女子群像)〉의 여성에게도 품게 된다. 7세기 말부터 8세기 초에 그려졌을 것으로 추정되는 여성상이다. '아스카 미인(飛鳥美人)'으로 세상에 알려지기도 했다. 그러나 이것도 사람 얼굴치고는 너무 팽창해 있다. 아랫볼이 튀어나온 정도가 심하다고 생각한다.

[그림 3] 다카마쓰즈카 고분벽화 〈서벽 여자군상〉(부분도) 7세기 말~8세기 초두(이노우에 쇼이치 모사)

만화의 쓰키노 우사기와 비교하면 아직 인간다움도 남기고 있다. 프로 스모의 출전 선수들을 짚어보면 이 정도 통통한 얼굴도 찾을 수 있지 않을까? 그러나 형질 인류학적 타당성을 지닌 일반 여성의 안면으로는 인정하기 어렵다. 적어도 이것들이 미인으로 여겨지는 여성들의 전형이었다고는 생각하기 어려운 것이다.

다만 이러한 미술 양식이 당시 궁정 근처를 풍미했을 것이라는 점은 납득할 수 있다. 당나라에서 고구려를 거쳐 일본까지 이르렀다. 그러한 국제적 인물 묘사의 틀이 돼 있었다는 것까지 부인할 생각은 없다.

또한 이를 감상하는 궁정 사람들에게도 합의는 이루어졌을 것이다. 다카마쓰즈카의 여자 그림이나 〈길상천〉 등을 보면 미인 그림으로 취급된다. 그러한 약속은 성립되었음에 틀림없다. 세일러 전사의 그림을 보고 현대인들이 미소녀의 도안이라고 납득하는 것처럼.

야마토에(大和絵)[7]에서 우키요에(浮世絵)[8]로

그렇다고는 해도 이것들이 리얼한 미인의 상이었는지 아닌지는 다른 문제다. 원래 인간의 안면을 과부족 없이 드러낸 그림이었다고는 생각할 수 없는 것이다. 이런 그림에서 과거의 미인을 복원하는 것은 삼가야 할 것이다.

『겐지 이야기 에마키(源氏物語絵巻)』[9]는 12세기 전반에 그려진 것으로 여겨진다. 등장하는 인물의 얼굴에서 개성은 찾아볼 수 없다. 모두 이른바 인목구비(引目鉤鼻)[10] 양식으로 즐비하다. 눈은 한 줄을 그은 듯 가늘고 코는 작은 갈고리 모양의 선으로 나타났다. '쿠(く)'라는 히라가나 글자처럼.

이 에마키에만 국한되지 않는다. 『선면고사경(扇面古写経)』[11]을 비롯

[그림 4] 『겐지 이야기 에마키(아즈마야[東屋])』 12세기 전반(이노우에 쇼이치 모사)

---

7) '倭絵'라고 쓰기도 하였으며 중국 당나라 그림이라는 의미의 '가라에(唐絵)'와 대비되는 말. 9세기 후반부터 귀족 문화 안에서 발전했으며 사생활과 밀착된 병풍이나 이야기 에마키 형태로 발전했다.

8) 에도시대에 크게 유행한 풍속 회화의 일종. 유곽, 연극, 일반 풍속, 풍경, 가부키 배우 등을 소재로 다루며 육필화와 목판화가 있었다. 판화 쪽은 프랑스 인상파에도 영향을 주었는데, 근대 이후에는 쇠퇴하였다.

9) 『겐지 이야기』의 각 첩에서 정취가 깊고 회화적인 장면을 골라 그려서 관계되는 본문을 발췌하여 배열한 두루마리 그림인 에마키(絵巻). 12세기 전반에 후지와라노 다카요시(藤原隆能)가 그린 것이 유명하다.

10) 헤이안시대 그림 표현기법의 하나로 길고 검은 머리와 길쭉한 얼굴에 가느다란 필선으로 가로로 긴 눈을 긋고, 단순한 'ㄴ' 자 같은 선으로 코를 그리는 방식. 귀족 남녀의 얼굴 표정을 표현하는 데에 사용된 유형적 얼굴 표현법이다.

하여 인목구비 묘사법으로 인물을 정리한 그림은 이른바 야마토에에
여럿 있다. 그것은 헤이안시대에 다듬어진 정형이나 다름없다. 미남미
녀의 표출도 이 틀에서 벗어나지 못했다. 아니, 미형이면 미형일수록
이 틀을 지킬 것이 화가들에게 요구된 것이다.

   인목구비의 인물상도 물론 리얼한 인간의 얼굴과는 거리가 멀다.
심지어 그 정도는 아스카시대나 덴표시대의 예보다 훨씬 심해졌다.
거기서부터 『겐지 이야기 에마키』가 제작된 시대의 미인관은 도저히
찾아볼 수 없다. 추출할 수 있는 것은 야마토에의 인물 묘사를 통괄하
는 양식적 구속뿐이다.

[그림 5] 기타가와 우타마로(喜多川 歌麿) 〈당시 삼미인(当時三美人)〉(부분도) 1793년(이노우에 쇼이치 모사)

[그림 6] 가쓰시카 호쿠사이(葛飾芳斎) 〈춘추미인도 (春秋美人図)〉(부분 그림) 19세기 초두(이노우에 쇼이치 모사)

에도시대의 우키요에도 종종 미인으로 여겨지는 여자들을 그렸다.

---

11) 헤이안시대 말기에 부채형 종이에 야마토에로 당시의 풍속을 그리고 그 위에 경문을
   쓰는 고사경(古写経). 귀족사회에서 작성되었으며 당시의 풍속이나 취미화한 신앙을
   보여주는 작품이다.

하지만 그것들 또한, 양식적인 약속 사항을 따르면서 나타난다. 리얼하게 사람을 드러내려고 하지 않는다. 생물학적으로 바라보면 모두 콧날이 이상하게 길고 또 입술은 너무 작다. 다만 당시 사람들도 이런 얼굴을 그림 상으로는 미인이라고 받아들였을 것이다.

헤이안시대부터 에도시대에 걸쳐 그림 속에 나타난 미인의 형태는 크게 달라졌다. 수백 년 동안 얼굴과 코는 세로로 길게 늘여졌다. 물론 생활 속에서 실감하는 미인관이 똑같이 변화를 이룬 것은 아니다. 미인을 표현할 때의 미술적 틀이 달라졌을 뿐이다.

헤이안시대에서 에도시대로 넘어가는 도중에 그려진 그림으로 눈길을 돌려보자. 아즈치모모야마시대(安土桃山時代)[12]의 〈아사이 나가마사 부인상(浅井長政夫人像)〉(와카야마[和歌山] 지묘인[持明院] 소장)을 그 하나로 꼽는다. 미인 소문이 자자했던 '오이치 님(お市の方)'이지만 실제 미인이었는지 아닌지는 의문이다. 인목구비에서 우키요에

[그림 7] 〈아사이 나가마사 부인상〉(부분 그림) 1589년(이노우에 쇼이치 모사)

로 양식적인 이행기에 위치하는 그림으로서 파악해 둔다.

조소(彫塑)의 가능성

그렇다면 미술사에서 미인사로 접근할 수는 있는 길은 절대 없는

---

12) 오다 노부나가(織田信長), 도요토미 히데요시(豊臣秀吉)가 전국시대(戦国時代) 이후 통일을 이룬 시대를 말하며 보통 1573~1600년을 일컫는다.

것인가? 미술사상 자료는 아름답다고 간주된 사람들의 이목구비를 전혀 보여주지 않는다. 우리는 그렇게 단언해 버려야 하는가?

반드시 그런 것은 아니다. 사견에 따르면 몇몇 삼차원 미술, 조소 작품은 그 자료가 된다.

예를 들어 고후쿠지(興福寺)에 소장된 팔부중의 아수라상을 보라. 불교의 수호신이지만 얼굴 생김새는 인간적으로 꾸며져 있다. 눈과 코, 그리고 입의 균형에도 큰 차질은 없다. 그렇다면 인간의 얼굴로서 형질 인류학적으로도 이해할 수 있다.

[그림 8] 고후쿠지 아수라상(부분 그림) 8세기 중엽(이노우에 쇼이치 모사)

뿐만 아니라 미소년의 조작이 표현되어 있다고 대부분의 현대인들도 파악할 수 있을 것이다. 과거 역사가인 가도와키 데이지(門脇禎二)[13]는 당시의 하급 궁녀인 우네메(采女)들이 아수라상의 모델이 되었다고 추측했다(『우네메(采女)』 1965). 우네메는 지방 호족에서 조정으로 발탁된 아가씨들, 미모로 헌상된 여인들을 가리킨다. 아마 가도와키의 눈에도 아수라상의 얼굴은 미형의 얼굴로 비쳤던 모양이다.

모델이 우네메라는 추측이 맞는지 아닌지는 알 수 없다. 나는 가도와키의 생각이 너무 넘치는 상상설이라고 받아들이게 된다. 그러나 문득 가도와키에게 그런 생각이 들게 만들 정도로 아수라상의 얼굴 생김새는 정돈되어 있다. 이 점은 간과할 수 없다.

---

13) 가도와키 데이지(門脇禎二, 1925~2007). 역사학자로 전문 분야는 일본 고대사였다.

이만큼 유명하지는 않지만 고후쿠지 팔부중에는 오부정상(五部浄
像)도 있다. 역시 얼굴 생김새는 균형이 잡혀 있다. 아수라상보다 다소
어리지만 지금 바라봐도 미소년으로 인정할 수 있다. 고후쿠지에는
천삼백 년 뒤 사람들도 미모를 느낄 수 있는 조소 건칠상(乾漆像)[14]이
수장되어 있다.

아수라상과 동시대의 〈도리게류〉나 〈길상천〉에 그러한 아름다움
은 없다. 2차원 회화 자료에 그치고 있는 것은 당시 미인 묘사법이다.
현대인에게는 미형으로 받아들이기 힘든 얼굴 생김새의 여성이 그려
져 있다. 이러한 평면적인 그림만 보면 미인관은 시대마다 다르다고
오해하기 쉽다. 사실은 표현법 차이밖에 없는데 말이다.

하지만 3차원의 조소 자료는 전혀 다른 가능성을 내비친다. 아름답
다고 여겨지는 이목구비는 천년의 시간을 넘어도 크게 달라지지 않는
다. 8세기 미형은 지금 봐도 미모의 사람일 수 있다. 그럴 가능성을
내비치고 있다.

그러고 보니 운케이(運慶)[15]의 〈팔대동자 입상(八大童子立像)〉도 사
실적이고 아름다워 보인다. 12세기 말엽의 조각이지만 그 얼굴은 현대
에도 미청년의 그것으로 통용될 수 있다.

동시대의 인목구비 그림에서 이러한 리얼리티는 찾을 수 없다. 그
리고 지금까지는 오로지 인목구비를 예로 들어 미인관의 역사적 변화
가 이야기되었다. 3차원 작품을 예시로 하여 불변의 미모관을 거론하

---

14) 나라시대에 당나라에서 전래한 칠공(漆工) 기술로, 삼베를 옻으로 배접하여 붙인 위에
　옻칠을 하는 방식을 만들어진 상.
15) 운케이(運慶, ?~1223). 불상을 만드는 전문가로, 호방한 강력함과 사실적 표현에 특색
　이 있으며 가마쿠라시대 신양식을 구축했다.

는 논술은 거의 찾아볼 수 없다. 여기서는 과감히 후자의 가능성을 제시해 두기로 한다.

모든 조소가 리얼한 인간상을 포착하고 있다고 말하고 싶은 것은 아니다. 많은 작품은 종교적 사정으로 비인간적으로 조형돼 왔다. 인물상에서도 위협이나 분노의 표정으로 안면이 일그러지는 경우는 적지 않다. 아니면 슬픔으로도.

다만 조소에는 리얼하게 형태가 만들어진 예가 몇 가지 있다. 그리고 그것들이라면 미형의 역사를 더듬어 찾는 자료가 될 수 있다. 그럼에도 불구하고 종래의 미인사 탐색에서는 별로 활용되지 않았다. 내가 말하고 싶은 것은 거기까지이다.

그림은 리얼한 인간을 좀처럼 드러내지 않는다. 그러나 조소는 표현할 경우도 있었다. 2차원과 3차원 사이에 가로놓인 이 차이가 무엇에 뿌리내리는지는 알 수 없다. 평면에서는 기술적으로 묘사하기 어려웠을까? 혹은 사실을 꺼리는 힘이 그림에는 작용했을 가능성도 있다.

그 수수께끼에 뛰어들 힘은 나에게 없다. 여기에서는 더 이상의 분석을 포기한다.

3. 마돈나의 전언

라파엘로에게 매료되어

'작은 의자의 성모'라고 통칭되는 그림이 있다. 아기 예수 그리스도에게 어머니 마리아가 뺨을 댄다. 그런 정경을 포착한 이른바 성모자상 중 하나이다. 작가는 라파엘로. 이탈리아 르네상스를 대표하는 화

가이다. 지금으로부터 500여 년 전인
1515년 전후에 그려졌다.

　어렸을 때 나는 그림 속 마리아에
게 설레었다. 얼마나 아름다운 여성
인가 하고. 역시 그 무렵 가졌던 신선
한 감명은 이제 없어졌다. 하지만 지
금도 아름다운 사람이라는 판단에는
변함이 없다. 내 안에서는 나쓰메 마
사코(夏目雅子)[16), 기타가와 게이코(北

[그림 9] 라파엘로 〈작은 의자의 성모〉(부
분도) 1514~1516년경(이노우에 쇼이치
모사)

川景子)[17)라는 미녀의 라인업에 이 마리아가 자리 잡고 있다.

　부끄러운 고백을 하고 말았다. 하지만 중요한 사항이기 때문에 그
대로 이야기를 계속한다. 나는 오백 년 전 마리아 상에 미모를 인정한
다고 그렇게 썼다. 일본으로 치면 무로마치시대 후기의 여성 그림에서
오늘날의 미인상을 느꼈다는 것과 같다.

　그러나 동시대의 일본 회화에서 볼 수 있는 여성상에게 같은 생각은
들지 않는다. 좀 더 새로운 에도시대의 우키요에에 대해서도 미모는
느껴지지 않았다. 교묘한 묘선 등을 미술로서 즐기기는 한다. 기타가
와 우타마로(喜多川歌麿)[18)나 가쓰시카 호쿠사이(葛飾北斎)[19)는 명인이

---

16) 나쓰메 마사코(夏目雅子, 1957~1985). 쇼와시대의 여배우로 1976년 니혼텔레비전의
　 〈사랑이 보입니까(愛が見えますか)〉의 여주인공으로 발탁되어 예능계에 발을 들였다.
　 화장품 캠페인 걸로 일약 인기인이 되었으며 1952년에는 영화에도 진출했으며 영화와
　 드라마에서 크게 활약하였다.

17) 기타가와 게이코(北川景子, 1986~). 2003년 모델 겸 여배우로 연예계 활동을 시작하였
　 으며, 텔레비전 드라마 〈미소녀전사 세일러문〉에 출연하였다. 이후 현재에 이르기까지
　 주연급으로 영화와 드라마에서 활약 중이다.

라고 자주 생각한다. 하지만 그들이 드러내는 여성의 이목구비를 리얼한 미인의 그것이라고 생각한 일은 없다.

현대인인 나는 근대 일본의 서양화 물결을 고스란히 뒤집어썼다. 그래서 감수성의 양식마저 저쪽의 서양식이 됐을 가능성이 있다. 라파엘로의 성모상을 미인이라고 생각하지만, 우타마로의 우키요에는 그렇게 생각되지 않는다. 그것은 구미식 심미안에 내가 중독되었기 때문이다. 이렇게 파악할 수 있을 것이다.

앞서도 말했지만 나는 고후쿠지의 아수라상 등에서 사실적인 미모를 느낀다. 일본 미술에서 오늘날의 미형상을 발견하는 것이 조소의 경우는 없지 않다. 서양화의 세뇌라는 것만으로는 말할 수 없는 부분도 내 안에는 있다.

그러나 논의의 편의를 고려하여 한 번 이 가설을 받아들여보자. 나의 미인관까지 서양화되어 버린 것이라고. 그리고 그렇게 나 자신을 자리매김해도 여전히 다 해소되지 않는 과제에 대해 검토를 진행하고 싶다.

서양화된 나는 〈작은 의자의 성모〉에 그려진 마리아를 미모의 사람이라고 생각한다. 500여 년 전 그림에 나오는 여성을 지금도 여전히

---

18) 기타가와 우타마로(喜多川歌麿, 1753~1806). 에도시대에 활동한 우키요에 화가로 여성의 미를 대담한 구도로 포착해 표현한 비진가(美人圖)에서 여성 얼굴의 아름다움과 부드러움 그리고 거기에서 풍겨 나오는 여성미 그 자체를 표현하려 한 인물.

19) 가쓰시카 호쿠사이(葛飾北斎, 1760~1849). 에도시대에 활동한 우키요에 화가로 70년에 이르는 활동기간 동안 여러 유파의 화법을 받아들여 독자적인 화풍으로 니시키에 판화, 삽화, 그림책, 육필화 등 다양한 장르에서 그림을 그렸다. 대표작에 〈후가쿠 삼십육경(富嶽三十六景)〉, 〈호쿠사이 만화(北斎漫画)〉 등을 통해 유럽의 후기인상파 화가들에게도 영향을 끼쳤다.

미인으로 받아들인다. 이는 서양화된 감수성이 500년 동안 변함없는 미인관과 함께 하고 있음을 말해준다. 아름답다고 여겨지는 이목구비는 역사를 초월한다고 말하는 것이나 마찬가지다.

라파엘로는 마리아를 아름답게 그린 화가로 잘 알려져 있다. 〈작은 의자의 성모〉만이 아니다. 〈검은 방울새의 성모〉, 〈초원의 성모〉, 〈시스티나 성모〉 등 그 밖에도 많이 있다. 마돈나의 화가라고도 불렸다.

특히 〈작은 의자의 성모〉는 통속적인 인기를 자랑했다는 점에서 발군이다. 대량의 판화도 나돌아 널리 서양 일반 가정에까지 보급되었다. 미술사가 와카쿠와 미도리(若桑みどり)는 그런 성공의 비결을 '마돈나의 서민성에 있다'고 말한다. '모든 사람을 받아들이는 젊은 어머니'의 모습이 이 그림에 '광기어린……성공'을 가져왔다고(『라파엘로』 1975).

그 통속성이 포교 상의 사정도 있으니 바티칸에서 좋아했던 탓도 있을 것이다. 라파엘로는 가톨릭의 후원을 받아 오랫동안 화성(畫聖)다운 존재가 되어 있었다. 프랑스나 독일의 미술 아카데미도 캐논의 필두로 추대하게 되었다. 미켈란젤로나 다빈치가 아니라 라파엘로를 말이다.

그러나 19세기 중반에는 이 권위가 무너지기 시작한다. 라파엘로를 정점으로 하는 아카데미에 저항하는 전위(前衛)가 나타나게 된다. 영국에서는 말 그대로 라파엘로 전파(前派)를 지칭하는 그룹도 등장했다. 라파엘로 이전으로 돌아가라고 주장하는 화가들이다.

프랑스와 독일에서도 아카데미의 위광은 점차 흔들렸다. 첨예한 표현자들은 라파엘로의 마돈나를 폄하하게 된다. 미인을 예쁘게 그린 통속 작품일 뿐이다, 이른바 키치다, 라고.

하지만 와카쿠와가 말하는 '만인이 좋아하는' 미모까지 부정된 것은
아니다. 라파엘로의 마돈나를 못생겼다고 하는 평가는 부상하지 않았
다. 다만 미술로서는 평범하다고 간주되기 시작했을 뿐이다. 미인 여
배우의 브로마이드 같은 위광은 지금도 유지되고 있다.

그렇다. 라파엘로의 마돈나를 아름답다고 판정하는 미인관 자체는
변하지 않았다. 500년의 시간을 넘어 계속 미모의 여성으로 여겨졌다.
〈작은 의자의 성모〉 등은 500년 뒤 극동에서 자란 나까지 매료시켰다.

서양이냐 동양이냐

미인관은 시대와 함께 변화한다고 많은 사람들이 말한다. 일본에서
도 어느 때부터인가 그것이 상투적으로 되었다. 헤이안시대의 에마키
나 에도시대의 우키요에에서 볼 수 있는 미인 그림은 지금의 미인상과
겹치지 않는다. 이 미술사적 실감을 미인상 자체의 추이로 대체하는
말은 흔히 들을 수 있다.

하지만, 그렇다면 500년 전 라파엘로의 성모상은 왜 아직도 미인으
로 보이는가? 아니 더 오래된 보티첼리의 비너스상도 미인의 그림으
로 받아들여질 수 있다. 이스탄불 하기아 소피아에 있는 마리아상은
9세기에 모자이크로 그려졌다. 그래도 내 눈은 현대와 통하는 미형의
사람이라고 수용한다.

『미녀란 무엇인가 ― 중일 미인의 문화사(美女とは何か ― 日中美人の
文化史)』(2011)라는 책이 있다. 비교문화 연구에 종사하는 창칭(張競)이
정리한 한 권이다. 이 안에서 창칭 또한 서양미술사의 변함없는 미인
상에 대해 언급하면서 이렇게 썼다.

서양에서는 비너스상, 아프로디테상 등 고대 그리스 조각이나 로마 시대 석상에 나타난 미녀는 현대 기준으로도 아름답다. 그에 대해 동양에서는 이상적인 미인상이 크게 달라졌다. 한나라 시대나 당나라 대는 말할 것도 없고, 명청대의 시녀도에 나타난 미인 대부분도 현재로서는 결코 아름답다고 할 수 없다. 일본도 마찬가지다. 『겐지 이야기 에마키』나 우키요에에 나타난 미인상은 현대에는 거의 통용되지 않게 되었다.

조각과 그림을 동등하게 다루는 점은 걸린다. 하지만 미술사의 큰 시각은 나도 나눌 수 있다. 서양에서는 옛 시절부터 지금과 통하는 미인상을 보여 왔다. 하지만, 일본이나 중국은 그렇게 되어 있지 않았다고 나도 생각한다.

그러나 '동양에서는 이상적인 미인상이 크게 달라졌다'는 점은 과연 어떠한가? 나는 수긍할 수가 없다. 서양만이 초역사적 미인관을 유지하고 동양의 그것은 역사에 좌우된다고 하는 말이다. 그런 사태가 과연 있을 수 있을까?

실제로는 일본이나 중국의 '이상적인 미인상'도 그리 달라지지 않았다. 고후쿠지의 아수라상에서 보이는 이목구비가 시대를 초월한 미형의 전형이 되고 있다. 그럴 가능성도 검토해야 한다고 본다.

리얼리즘 재고

거듭 말하지만, 일본 회화사는 초상화의 리얼리즘을 그다지 중시하지 않았다. 그래서 그 역사에서는 미인상 자체의 변천을 읽을 수 없다. 엿볼 수 있는 것은 미인을 묘사할 때의 양식적인 틀이 변화해 가는 경위뿐이다. 그 점은 중국의 경우도 크게 다르지 않다.

한편 서양에서는 리얼리즘 기술이 2차원 표현에서도 일찌감치 탐색되었다. 르네상스 시대에는 대체로 완성되었을 것이다. 그런 서양화가 그리는 미인도는 수백 년의 시대를 거치면서도 미인상으로 비칠 수 있다. 적어도 그렇게 비치는 예는 얼마든지 있다.

일본에 리얼리즘 전통이 있었다면 사정은 달랐을 것이다. 수백 년전 회화도 그 시대를 살던 미인의 모습을 과부족 없이 드러낼 수 있었다. 과거의 미인상을 후세에도 전할 수 있었다고 생각한다. 라파엘로가 마돈나상으로 전달한 것처럼.

그리고 그 생김새는 지금의 미인과도 크게 다르지 않을 것이다. 〈도리게류〉나 〈길상천〉 같은 얼굴이 되는 일은 없었을 것이다. 아수라상에서 볼 수 있는 얼굴형 그림이 미인상으로 남겨진 것은 아닐까? 조소뿐 아니라 평면 미술에서도.

본 소고가 미인관의 통시적 보편성을 논증했다고는 생각하지 않는다. 그러나 시대마다 변화만을 열 올려 말하는 상투에는 판단의 편향이 내재되어 있다. 그것들은 리얼리즘의 문제를 외면하면서 이야기되어 왔다. 그 왜곡만큼은 지적할 수 있었다고 생각한다.

제4장

'세계 3대 미녀' 담론과 전후 일본의 미인관

- 고마치(小町)와 헬레네의 교대로 생각하다 -

나가이 구미코(永井久美子)

들어가며

필자가 도쿄대학 휴머니티즈센터(HMC)에서 실시한 클레오파트라, 양귀비, 오노노 고마치(小野小町)[1]를 '세계 3대 미녀'라고 하는 담론의 기원을 추적하는 연구[*1]는, 왜 이 세 명이 세계를 대표하는 미녀로 뽑혔는지, 오노노 고마치를 거론한 것은 일본뿐인 것은 왜인가에 의문을 품은 사람이 많았던 모양인지 적지 않은 반향을 얻었다. 그 논문의 개략은 다음과 같다.

메이지시대 지식인들이 19세기 말 구미 문학과 미술을 접하고 그 이름을 알게 된 클레오파트라와 「장한가(長恨歌)」[2]를 통해 헤이안시대

---

1) 오노노 고마치(小野小町, 생몰년 미상). 헤이안시대 전기의 여성가인으로 와카를 잘하여 육가선(六歌仙)의 한 사람으로 꼽혔다. 미모의 가인으로 수많은 전설이 있으며, 요쿄쿠나 가부키 등 후대의 극문학 소재가 되었다.
2) 당나라 때의 장편 서사시로 백거이(白居易)의 작품이며 칠언 120구로 이루어져 있다.

부터 알려진 양귀비는, 서양을 상징하는 막강한 로마제국과 일본에 지대한 영향을 준 당나라를 각각 기울게 만든 운명의 여인들로, 19세기 말에서 20세기 초 일본에서 주목받았다. 청일전쟁, 러일전쟁 승리로 열강이라는 자부심을 얻은 일본은 중화 세계와 서양 모두에서 일대 왕조의 위기나 멸망을 초래한 양귀비와 클레오파트라 두 사람에게 자국 미녀를 나열함으로써 '세계 3대 미녀' 담론을 낳았다.

일본을 대표하는 미녀로서 오노노 고마치가 선정된 이유로, '고마치'가 미녀를 가리키는 명칭으로 널리 퍼져 있었던 것과 그녀가 '국풍 문화'를 담당하는 가인(歌人)[3]의 한 사람이었던 점을 생각할 수 있다. 중화 세계와 서양의 두 미녀는 운명의 여인이었지만 오노노 고마치는 경국의 미녀가 아니라 일본 남성을, 나아가 일본을 위협하는 존재가 아니었기 때문에 3대 미녀로 뽑혔다고 할 수 있다. 구로이와 루이코(黑岩涙香)[4]가 「오노노 고마치론(小野小町論)」(1913)에서 설파했듯이, 백일밤 다녀가기를 시도한 소장(少将)과도 끝내 만나지 않은 오노노 고마치는 정녀로서 평가받았다.[*2] 추레하게 늙어서 지방을 떠돌아다녔다고 하는 만년에는, 천부적 미모로 남성들을 고뇌하게 만든 것에 대한 보복 심리도 찾을 수 있을 것이다. 근대 일본 남성들이 원했던 여성상이

당 현종과 양귀비의 애정 생활을 내용으로 하며 통속적인 흥미에 빠지지 않고 비극적 연애를 정면으로 그린 걸작.

3) 과거 31음절의 단시형 정형시인 와카(和歌), 단카(短歌)를 잘한 사람. 현재의 직업적 단카 시인.

4) 구로이와 루이코(黑岩涙香, 1862~1920). 메이지시대 가장 인기 있는 번안 작가였으며, 일간지 『요로즈초호(萬朝報)』를 주재하였다. 평생 100여 편이 넘는 다양한 해외 소설을 소개했으며, 그중에는 쥘 베른이나 에밀 가보리오, 안나 캐서린 그린과 같은 장르문학의 선조 격인 작품도 포함돼 있다.

오노노 고마치에게 투영돼 있었다.

　이를 이어받아 본 장에서는, 최근 고마치를 대신하여 헬레네가 '세계 3대 미녀'로 꼽히는 기회가 늘어난 배경을 고찰한다.[*3] 헬레네는 그리스 신화에 등장하는 절세의 미녀이다. 최고신 제우스의 딸로 태어나 다수의 구혼자 중 메넬라오스를 선택해 스파르타 왕비가 됐다. 하지만 트로이의 왕자 패리스에게 유혹당해 전쟁의 원인을 만들었다. 패리스는 트로이 전쟁에서 죽었고, 붙잡힌 헬레네는 방랑 끝에 스파르타로 돌아갔다. 본 장에서는 영화 등에서 영어명인 Helen이 이용되고 있는 경우에는 '헬렌'으로 호칭한다. 클레오파트라, 헬레네, 양귀비를 각각 미녀로 상찬하는 담론은 해외에서도 인정받을 수 있지만, 어디까지나 개별적인 인물일 뿐 이들 셋을 나란히 하는 발상은 아무래도 일본의 독자적인 것 같다. 고마치와 헬레네를 교체시킨 것도 일본에서만 일어난 현상이라는 이야기다. 이 교체극에서 현대 일본의 외모를 둘러싼 가치관을 독해해 보기로 한다.

1. 메이드 인 할리우드의 헬레네 등장

영화 〈트로이의 헬렌〉의 영향

　'세계 3대 미녀'는 최근 텔레비전 CM에서도 다루어진 일이 있다. 여러 사례가 있는 가운데 클레오파트라와 양귀비는 공통적으로 등장하는데, 세 번째는 오노노 고마치인 경우와 헬레네인 경우로 나뉜다. 인터넷 상의 다수의 기사를 개관해 보면, '세계 3대 미녀'에 고마치가 들어간다고 생각하는 일본인은 현재도 적지 않지만, 그것은 '잘못'이며 해외에서는 헬레네를 헤아리는 것이 '옳다'는 인식이 요즈음 퍼져 있는 모습이다. 세계의 '표준'에 일본인들이 고마치를 우겨넣은 모양 이라는 얘기가 정말인 양 유포되고 있다.

그러나 실제로는 일본인이 '마음대로' 고마치를 우겨넣었다기보다, 원래 일본인이 '마음대로' 선택한 세 사람을, 일본인이 '자주적으로' 고마치에서 헬레네로 바꿨다는 것이 실정이다. 그렇다면 '세계 3대 미녀'의 교체는 언제쯤, 왜 일어났을까?

헬레네라는 이름을 일본에 널리 알린 것 은 1956년에 개봉한 로버트 와이즈 감독의 워너 브라더스 영화 〈트로이의 헬렌(Helen of Troy)〉이었다. 헬렌 역의 로산나 포데스타 (Rossana Podestà, 1934~2013)는 영화 제작 단 계부터 일본 미디어에서 대대적이라고 해도 좋을 규모로 소개되었다. 그중에서도 『요미 우리신문(読売新聞)』 석간은 반복적으로 포 데스타의 기사를 다루고 있으며, 1955년 10 월 31일에는 「세계 최고의 미녀」라는 제목 아래 그녀의 사진을 게재하고 있다.([그림 1]) 메이지, 다이쇼시대(大正時代, 1912~1926)에 미인론을 지상에서 다수 전개했으며, 대중 에게 인기가 있을 법한 내용을 많이 싣는 경

[그림 1] 『요미우리신문』
1955년 10월 31일 석간

향의 『요미우리신문』은 쇼와시대에도 '미녀'를 소개하는 기사를 적극 적으로 게재했다.

오노노 고마치가 근대 일본에서 주목받은 배경에는 청일전쟁, 러일

전쟁이 있었는데, 새롭게 헬레네가 등장한 배경에도 전쟁이 있었다. 태평양전쟁에서의 패배는 구미, 특히 미국에 대한 열등감을 일본에 심어주었다. 할리우드가 제시하는 '세계 최고의 미녀'에 일본 미녀가 맞설 수 있을 리 없다고 생각한 일본인들이, '본래'는 헬레네를 넣어야 했다며 자발적으로 '수정'한 것이 '세계 3대 미녀'의 교체를 초래했다고 볼 수 있다.

금발의 푸른 눈 미녀에 대한 동경

문제는 고마치가 거론되지 않는 것에 의문이 제기되는 경우는 있어도, 금발의 푸른 눈 미녀를 고마치 대신 거론하는 것에 이의를 제기하는 사람은 없었으며, '세계 3대 미녀'로 선정되어야 하는 것은 '올바르게는' 헬레네라는 발상이 일본에서 정착되고 있다는 점이다. 세 사람 중 헬레네와 교체가 진행되는 것이 오노노 고마치라는 점에서, 청일전쟁, 러일전쟁 이후 '교만함'을 부끄러워하며 특히 미국에 대해 열등의식을 품은 태평양전쟁 이후 일본의 가치관이 반영돼 있다.

영화 〈트로이의 헬렌〉이 개봉하기 2년 전인 1954년에는 마릴린 먼로(Marilyn Monroe, 1926~1962)가 일본을 방문해 화제를 모았다. 포데스타의 영화를 통해 헬레네를 알기 이전부터 일본인들은 이미 금발에 푸른 눈을 가진 여성의 미에 매료돼 있었다. 더욱이 1959년 작품으로 일본에서는 이듬해 개봉한 디즈니 아니메 영화 〈잠자는 숲속의 미녀〉의 오로라 공주도 포데스타가 연기한 헬레네와 마찬가지로 물결치는 황금빛 긴 머리와 파란 눈동자를 가진 여주인공이었다.

포데스타는 〈세븐 골든 맨(Sette uomini d'oro, 1965)〉에서는 숏컷의 검은 머리를 하는 등 이후 작품들에서 이미지를 바꾸었다. 〈세븐 골든

맨 스트라이크 어게인(Ill grandecolpo de isette uomini d'oro, 1966)〉에 이르러서는 포데스타가 연기하는 조르자의 눈과 머리 색은 극중에서 여러 차례 변화를 보인다. 푸른 눈에 금발의 긴 머리는 1950년대 미국이 추구한 하나의 미의 전형이며, 일본인이 점령 후 서양화를 접했을 때 알게 된 가치관이 금발 벽안 여성을 정점으로 하는 미의식이었다.

포데스타는 먼로를 만들어 낸 시대의 할리우드가 뽑은 '세계 최고의 미녀'였고 포데스타가 연기한 헬레네는 서양 고전 세계 최고의 미녀였다. 일본에 찾아온 헬레네는 1950년대 할리우드식 미모의 소유자였고, 헬레네가 고마치를 밀어내는 현상은 '세계의 표준'에 대한 무지라기보다는 전후 미국의 가치관을 '표준'으로 삼는 발상과 그 '표준'에 대한 일본인의 동경과 열등감에서 비롯된 것이었다.

2. 프로포션이 요구되는 시대

전 수영 선수 포데스타

금발 벽안의 백인 여성을 아름답다고 느끼는 감성은 현대 일본에도 계승되어 있는 듯하다. 백인 모델이 일본 패션잡지나 카탈로그를 장식하는 사례는 현재도 적지 않다. 또한 2015년에 비만도를 나타내는 체격지수(BMI)가 18을 밑도는 모델의 활동을 금지하는 법안이 프랑스 국민의회에서 가결되어 지나치게 마른 모델의 기용은 제한되고 있지만, 그럼에도 아직 날씬한 체형이 선호되는 경향은 불식되지 않았다.

로산나 포데스타가 '세계 최고의 미녀'로서『요미우리신문』에 소개됐을 때는, 그녀의 프로포션이 얼마나 좋은지를 전달하는 전신사진이 실렸다. 참고로 포데스타는 전 수영 선수였다. 『아사히신문(朝日新聞)』
에도, 요염한 포즈를 취하는 포데스타의 전신상이 게재되어 있다.([그
림 2]) 포데스타는 얼굴뿐만 아니라, 그 프로포션에서도 평가받고 있었
던 것이다.

[그림 2] 『아사히신문』 1956년 2월 3일 석간

영화 〈트로이의 헬렌〉 개봉에 3년 앞선 1953년에는, 이토 기누코(伊
東絹子, 1932~2023)의 미스 유니버스 입상이 화제가 되어, 그녀의 프로
포션에서 따온 '팔등신 미인'이 유행어가 된 시기였다. 먼로의 일본
방문은 전술한 바와 같이 1954년의 일이다. 전쟁 전 미인대회는 사진
을 통해 열렸고, 그 사진도 대부분 기모노를 입은 여성의 상반신만
보여주는 경향이 있었다. 그랬다가 전후에는 후보자들이 스테이지에
실제로 올라서 심사가 행해지는 방식으로 바뀌었고, 전신의 프로포션
을 보게 되는 형태로 변화했다.[4] 포데스타가 연기한 헬레네는 1950년
대 팔등신 미인이 일본에서도 주목받던 시기에 찾아왔던 것이다.

양장 붐의 도래와 헬레네

〈트로이의 헬렌〉은 일본을 포함해 전 세계 50개국에서 동시 개봉되

었으며, 이와 함께 헬렌에 걸맞은 이브닝 드레스 디자인을 전 세계에서 모집한다는 〈내셔널 이브닝 드레스 디자인 콘테스트〉라는 대규모 연동 기획도 실시됐다. 이 콘테스트에는 27개국으로부터 예선 통과가 있었고 상위 5위까지는 일본인 응모 작품이 독점했다.*5 일본 국내 드레스 디자인 응모수가 917점에 이른 것을 보아도 영화에 대한 주목과 일본의 양재문화 확산을 가늠할 수 있다.

그리스 신화의 미녀 헬레네에게 이브닝 드레스를 입히는 시대착오적 발상은 흥미롭지만, 쇼와시대가 시작되는 1926년부터 '더 이상 전후가 아니다'라는 말을 듣게 되는 1956년까지의 사이에, 일본에서는 대규모 양재 붐이 일어났으며 콘테스트는 성황을 이루었다.*6 전후의 미국에 대한 동경과 전시 중부터 몸뻬바지 제작을 통해 활동성이 높은 옷을 자가 재봉으로 만든 습관이 침투해 있던 것이, 양장의 급격한 보급을 가져왔다는 논의가 있다.*7 양재 붐 속에서, 여성들 몸의 라인이 드러날 기회는 증가했으며 프로포션은 더욱 의식되게 되었다.

일본의 미인 호칭이 '고마치'에서 '미스'로 변해간 것도 쇼와 초기부터였다. 이노우에 쇼이치가 소개하듯이, 1930년에 군지 지로마사(群司次郎正)5)가 소설 『일본 아가씨(日本孃)』를 발표해, 나중의 미용부원, 현재의 뷰티 컨설턴트의 전신인 '미스 시세이도'가 1934년에 탄생했을 무렵부터 '미스'라는 말이 등장하기 시작했다.*8 아름다움을 겨루는 무대가 세계로 퍼졌는데, 이것이 '미스'라는 말의 정착을 뒷받침했다

---

5) 군지 지로마사(群司次郎正, 1905~1973). 일본의 소설가, 작사가. 대표작에 1931년 발표한 『사무라이 닛폰(侍ニッポン)』이 있으며, 이 작품은 다수 영화화, 리메이크되었다. 스스로 '소설 주제가'를 작사했다.

고 볼 수 있다. 1953년에 이토 기누코가 선출된 것도 '미스' 유니버스였
다. 서양인의 프로포션에 동경과 열등감을 품은 일본인이 새로 뽑은,
세계를 대표하는 미녀야말로 할리우드 여배우가 연기하는 헬레네였
던 것이다.

3. 시카고의 고마치

World-Wide Beauty Quest

미인대회는 메이지 후반에 이미 국제화되어 있었다. 청일, 러일전
쟁 후인 1907년 『시카고 트리뷴』지가 세계 미인 콘테스트를 기획하고,

그 일본 예선을 시사신보사
(時事新報社)가 개최했는데,
다음 해인 1908년 가쿠슈인
(学習院) 여학부의 3학년이
었던 스에히로 히로코(末弘
ヒロ子, 1893~1963)가 1위로
선출되었다([그림 3]).

경연대회를 주최한 『시카
고 트리뷴』지는 미국 내에서
도 이민자가 많은 도시 시카
고의 신문이다. 1900년에서
1910년 사이에 시카고의 이
민은 더욱 다양해지고 아시

[그림 3] *Chicago Tribune*, July 5, 1908, p.44. 스에히
로 히로코와 '미국 최고 미인' Marguerite Frey

아계도 많은 다민족 사회가 형성되어 있었다.*⁹ 1907년 6월 30일, 이 신문은 '미국 미인 경쟁'을 기획했다. 다양한 인종이 모여 세계의 축도가 된 미국에서 제일가는 미녀를 선정하는 것이 세계 제일의 미녀를 뽑는 일로 이어진다는 취지였다. 기획을 소개하는 지면에는 다양한 지역 출신 여성들의 이름이 꼽혔고, 일본인으로 추정되는 아쓰마 도시코(Atsuma Toshiko)의 사진도 게재돼 있었다. 그녀에 관한 자세한 내용은 알 수 없으나 "Court Chamberlain's Household"라고만 직함이 부기돼 있다. 아마도 Court는 일본 궁중을, Atsuma는 어떤 시종 가문의 스태프라고 이국적으로 암시하는 듯하다. 동년 7월 7일에 1위로 선출된 것은 덴버 시에 거주하는 금발머리의 19세 마거리트 프레이(Marguerite Frey) 양이었다.

그리고 프레이 양 선출로부터 약 4개월 후인 1907년 11월 3일, 신문은 'beauty quest'의 범위를 세계로 확대하고 유럽, 아시아, 아프리카의 500개 신문에 호소하여, 다양한 인종, 민족에 눈을 돌린 미인 콘테스트를 개최했다. 같은 해 11월 17일에는 "Japan Aroused by Beauty War with America(일본은 미국과의 미의 전쟁에 분기하고 있다)"라는 특집이 편성되어 대규모 일본 예선 실시가 보도되었다. 금발 미녀와 흑발 미녀가 있다면 일본 여성은 후자의 미를 갖추고 있다는 주장은 청일, 러일전쟁에서 승리한 일본의 도전장으로 포착된 모습이다. 그리고 이 일본 예선에서 선출된 것이 스에히로 히로코였다.

히로코는 후쿠오카(福岡)의 오구라시(小倉市)의 시장 스에히로 나오카타(末弘直方)의 딸로, 출신 지명을 붙여 '오구라 고마치(小倉小町)'라고도 불렸다고 한다. 히로코가 '활약'하던 무렵은 아직 '미스'보다 '고마치'가 미인의 대명사였다. '고마치'가 오노노 고마치뿐 아니라 일본의 미인 일반을 가리키는 단어였기 때문에, 일본의 대표로서 고마치가 '세계 3대 미녀'에 이름을 올리게 된 경위는 앞에서 설명한 바와 같다. 히로코의 미모가 미국에서 인정받은 것은 '고마치'의 미를 해외에서 인정받은 것이기도 했다.

구미화하는 작은 마을

미국으로 보내진 히로코의 사진은 1908년 5월 17일 및 7월 5일『시카고 트리뷴』지에 일본 최고의 미녀로 크게 게재됐다. 5월에는 일본 헤어스타일 모습으로 소개되고, 7월에는 [그림 3]에서 본 서양식 머리모양의 사진을 더하여 소개되었다. 7월 5일 기사의 제목은 「How World Famous Beauties Look In Different Costumes and Coiffures(세계의 저명한 미녀들은 복장이나 헤어스타일이 다르면 어떻게 보일까)」이며, 미국인들의 눈으로 볼 때 히로코는 리본을 두른 퐁파두르 머리[6]가 매력적이라는 평가를 받았다.

히로코는 쌍꺼풀 눈이 큰 소녀였다. '오구라 고마치'는 해외에서 평가받았지만, 그 복장이나 칭찬을 받은 용모는 오노노 고마치의 시대와는 다른 것이었다. 히로코에 대한 평가는 국보『겐지 이야기 에마키』에 묘사된 것과 같은 갸름한 얼굴에 찢어진 눈을 한 이른바 '헤이안 미인'이 세계에서 인정받은 것이 아니라, 흑발의 미를 찾아내려는 구미의 기준을 '따라잡은' 미모의 평가였다. 미인을 가리키는 용어가 '고마치'에서 '미스'로 변천한 것은 미인 콘테스트의 규모 확대와 더불어

---

6) 프랑스 루이 15세의 애첩이던 퐁파두르 부인(1721~1764)의 이름을 붙인 헤어스타일로, 기본적으로 볼륨 있는 앞머리를 올려서 이마보다 높은 위치에 유지하는 스타일이다.

구미형이 된 일본의 미의 기준을 나타내기에 보다 적합한 단어로 간주
되었기 때문이라고도 생각된다.

　구미인의 기준에 따른 외모를 추구하는 경향은 로쿠메이칸(鹿鳴館)
시대[7] 무렵까지는 일본에 깊이 뿌리내렸던 듯하다. 마쓰이 스마코(松
井須磨子, 1886~1919)는 여배우가 될 때 콧대가 낮은 것을 신경썼다고
하며 미용성형으로 파라핀 주사를 맞았다.[*10] 콧대를 높인 그녀가 연기
할 수 있었던 역할 중 하나가 "Lenez de Cléopátre : s'il eût été plus
court, toute la face de la terre aurait changé(클레오파트라의 코.
만약 그것이 조금 더 낮았더라면 지구의 표정은 일변했을 것이다)"라고 파스
칼의 『팡세』에 쓰인 클레오파트라였다.[*11]

　마쓰이 스마코가 제국극장에서 클레오파트라를 연기한 것은 1914
년 10월의 일이다. 그 7개월 전에 이탈리아 무성영화 〈안토니와 클레
오파트라(Marc' Antonio e Cleopatra, 1913)가 개봉하고, 아사쿠사 공원
에 있던 영화관 '전기관(電気館)[8]'에는 많은 사람들이 몰렸다. 헬레네
와 마찬가지로 클레오파트라의 이름이 일본에서 보급된 것도 영화를
통해서였다. 8년 뒤인 1922년에는 할리우드 영화 〈시저의 시대(The
Reign of the Caesar)〉도 전기관에서 상영되었고 주연 세다 바라(Theda
Bara, 1885~1955)가 연기한 요염한 여왕의 모습은 이국적 미녀로서의
클레오파트라상을 일본에 더욱 정착시켰다.

　메이지시대 지식인들이 19세기 말 구미의 문학과 미술을 접하면서

---

7)　1880년대에 로쿠메이칸(鹿鳴館)이라는 서양식 건물에서 서양식 야회(夜会) 등이 번성
　　했던 시절을 의미한다.
8)　1903년에 도쿄 아사쿠사에 설립된 일본 최초의 영화극장. 도쿄의 대중 오락의 대표지가
　　되었다.

그 이름을 알게 된 무렵부터, 클레오파트라는 오리엔탈리즘을 반영한 파멸을 초래하는 운명의 여인이었다. 오늘날 일본에서도 클레오파트라는 주로 검은 머리의 여성으로 표현되고 있다. 다만 18세기까지는 금발로 그려진 초상화도 많았다. 이에 비해 19세기 이후 '세계 3대 미녀'로 일본인이 뽑은 클레오파트라, 양귀비, 오노노 고마치는 모두 검은 머리의 여성이었다.

　일본인들은 '세계 3대 미녀' 중 한 명을 고마치에서 헬레네로 교체했다. 양귀비도 아시아 미녀지만 그녀를 헬레네로 대체하는 발상은 생기지 않았다. 역사상 오랫동안 계속 영향을 받아온 중국의 문화를 무시하기란 과연 어림없었을 것이다. 헬레네와 클레오파트라가 나란히 병기되면 서양 기준으로 뽑힌 미녀가 셋 중 둘이다. 클레오파트라가 검은 머리의 요염하고 이국적인 여성으로 여겨졌기 때문에 언뜻 보면 다양한 인종, 민족이 포함된 것 같다. 그러나 실제로 현대의 '세계 3대 미녀' 인선은 서구에 대한 동경과 열등감을 전쟁 전 이상으로 증폭시킨 것이다.

　서양인이 가져온 미의 기준에 맞도록 노력하는 일본인은 오늘날에도 적지 않은 것 같다. 쌍꺼풀 성형수술이나 눈을 크게 보이게 하는 화장이 선전되는 것은, 근대 이전과는 다른 미적 감각이 일본에서 널리 퍼져 있기 때문일 것이다. 고마치에서 헬레네로의 개변에 전혀 저항이 보이지 않는 것도 헤이안시대 이후 전통으로 확립되어 있던 미의 기준이 완전히 바뀌어 버렸기 때문이 아닐까? 스에히로 히로코의 외모나 마쓰이 스마코의 성형수술 사례를 보더라도 서구형 미를 높게 여기는 감각은 '세계 3대 미녀'로 고마치를 선택한 시기에 이미 내재화돼 있었다고 할 수 있다.

4. 금발의 헬레네 흑발의 클레오파트라

헬레네 정형의 계승

클레오파트라의 이미지도 고정화되어 있지만, 〈트로이의 헬렌〉에서 로산나 포데스타 이후 헬레네의 이미지 또한 물결치는 긴 금발의 미녀라고 하는 스테레오타입이 완성되었다. 근년의 주요 영화나 드라마와 헬레네 역할의 예를 들면, 다음과 같다.[*12]

① 영화 〈파우스트 악의 즐거움(Doctor Faustus)〉(1967, 미국)
   엘리자베스 테일러(Elizabeth Taylor, 1932~2011)

② 영화 〈트로이아의 여인들(The Trojan Women)〉(1971, 미국·영국·그리스)
   이레네 파파스(Irene Papas, 1926~2022)

③ TV드라마 〈트로이 더 워즈(Helen of Troy)〉(2003, 미국)
   시에나 길러리(Sienna Guillory, 1975~)

④ 영화 〈트로이(Troy)〉(2004, 미국)
   디아네 크루거(Diane Krüger, 1976~)

다만 이 중에서 ②의 영화 〈트로이아의 여인들〉에서 헬레네를 연기한 이레네 파파스만은 검은 머리에 검은 눈동자였다. 그리스 출신의 파파스는 예외적으로 그대로의 외모로 괜찮다고 간주된 것이라 추측된다. 현대의 일본에도 정착해 있는 헬레네상은, 서양 중에서도 특히 금발 미녀에게서 아름다움을 찾는 20세기 미국 영화계가 만들어서 답습해 온 하나의 정형이었다.

헬레네의 표상을 둘러싸고 플리니우스의 『박물지(博物誌)』 제35권

64호 등이 전하는 일화가 유명하다. 헬레네상의 제작 의뢰를 받은 기원전 5세기경 그리스 화가 제우크시스는, 궁극의 여성 모습을 그리는 데 있어서 다섯 미녀의 아름다운 부분을 조합하는 궁리를 했다.*13 제우크시스가 고심한 것처럼 보편적인 이상적 아름다움의 표현은 본래 어려운 일이었을 것이다. 그 어려움을 반영해서인지 19세기 이전에는 헬레네상의 작품 예는 그리 많지 않고, 있어도 금발에 벽안으로 국한되지 않았다. 그러나 20세기 할리우드는 헬레네에게 단일한 틀을 부여했다. 일반 정형화의 경향은 클레오파트라에 관해서도 마찬가지다. 일본은 영화가 보급시킨 알기 쉬운 미녀의 모습을 수용했으며, 고정화시킨 기호를 오늘날까지 계승하고 있다.

미의 다양화와 현대

보편적인 미를 그리기가 어려운 것으로 상징되듯 본래 미녀의 표상은 다종다양해도 좋을 것이다. 일본 신문에서 최초로 클레오파트라의 이름이 등장한 기사인 『요미우리신문』 1888년 7월 20일 조간에 게재된 「유행론 그 네 번째 미추 판단의 어려움」은 미의 기준의 다양성과 보편성을 설명하는 내용이었다.

인정이라면 사랑에 빠진 여자는 곰보 자국도 보조개로 보인다고 할 정도의 감각이라고 자신하는 것이니, 그것도 아주 무리는 아닐 것이다. 따라서 선연한 **클레오파트라**, 요염한 비너스를 아프리카 사람에게 보여주면 그들은 과연 그녀들을 미인이라고 생각할 수 있을는지 없을는지. (중략) **고마치**도 사람에 따라서는 추녀라 할 수 있고 **양귀비**도 사람에 따라서는 추녀라 여길지도 모른다. 또한 동시에 한가쿠(板額)[9]나 가사네(累)[10]를 사람에 따라서는 미인이라 여길 경우가 있는지 없는지 아직 잘 모르겠다. (중략) 하지만 동양인과 서양인의 취향에 만약 다른 점이 있다고 하면, 그들을 미인이라고 보는 부분을 우리가 추녀라고 보고, 우리가 미인으로 보는 부분을 그들이 추녀라고 볼지도 알 수 없는 일이다. 하지만 우리 <u>아마쓰 오토메(天津乙女)</u>[11]가 서양인이 보아도 역시 미인일 수 있으며 또 그 <u>웨너스</u>는 동양인이 보더라도 역시 미인이므로, 이 점에 있어서 특별히 취향이 다른 점도 없을 것 같다고 생각한다. 잘 모르겠다. 과연 그러할지 아닐지. (굵은 글씨·방선은 인용자에 의한다)

이 기사에는 비너스(당시에는 웨너스라 표기)와 아마쓰 오토메도 등장하는데 클레오파트라, 양귀비, 오노노 고마치의 이름이 병렬된 이른 사례다. 서양에서도 일본 미녀가 평가받을 수 있음이 해설되어 있으며, 청일, 러일전쟁 이후나 태평양전쟁 이후의 가치관보다 사고방식이 오히려 유연해 보이기도 한다. '세계 3대 미녀'의 확정이나 헬레네로의 교체는 일본의 미인관이 고정되면서 일어난 현상이었다.

클레오파트라는 전투 중에 자결했고, 양귀비는 반란으로 살해된 여성이었다. 이들이 인기를 끈 것은 남자와 나라를 파멸시킬 수 있는 매력의 소유자이면서도, 자신들은 비극적 최후를 맞았다는 점에 있지 않을까? 유난히 아름답고 위험했으면 좋겠다, 하지만 내 존재만큼은 위협받고 싶지 않다는 상반된 바람이 이들의 죽음에 의해 충족되

---

9) 한가쿠 고젠(板額御前, 생몰년 미상) 일본 고대사에서 유례가 드문 여성 무장으로 여걸의 대명사였다.

10) 17세기 중후반, 시모사(下総)의 하뉴무라(羽生村)에 있었다는 추녀로 남편에게 살해당하여 그 원망으로 일족이 저주를 받았다고 전한다.

11) 아마쓰 오토메(天津乙女, 1905~1980). 여성가극단 다카라즈카가극단(宝塚歌劇団)의 톱스타 단원 출신.

는 것이다. 그리고 그 바람은 주로 남성들의 시점에 서 있던 것으로 보인다.

헬레네 역시 트로이 전쟁의 계기를 마련한 점에서 운명의 여인이었다. 다만 왕자 패리스와 사별했어도 그녀는 살아남았다. 이미 미국에게 패전을 맛본 일본 입장에서 헬레네의 힘이 위협이 되는지 아닌지는 크게 문제가 되지 않았고, 강대국 미국이 세계 최고라고 인정하는 미녀를 받아들인 형태였다고 생각할 수 있다.

현재 해외에서는, 일본인 모델에게 구미 기준의 블루넷 미녀로서보다도, 검은 머리에 긴 눈이라는, 아시아계만의 어엿한 미를 갖추는 것이 기대되고 있는 느낌이다. 한편 일본에서는 어리고 귀여운 분위기를 선호하거나 구미의 모델을 기용하는 매체가 있는 예를 볼 수 있다. 아름다움의 다양성이 강조되는 경우가 늘고 있지만, 일본인들이 희구하는 미와 해외에서 요구하는 아시아의 미 사이에는 아직 괴리가 있는 것 같다.

금발 미녀에 대한 동경은 일본인 입장에서 말하자면 없는 것을 졸라대는 것이나 마찬가지다. 일본인들이 희구하는 미에 변화가 있다면 '세계 3대 미녀' 담론은 다시 인선이 바뀌거나 어쩌면 이야기 자체가 사라질 수도 있을 것이다. 마치 아주 오래 전부터 일반적으로 이야기된 것처럼 보이기 쉬운 '세계 3대 미녀'의 담론은, 어디까지나 19세기부터 20세기의 특정 시기에 태어난 것이다. 무비판적으로 계속 확산되는 것이 아니라 인선의 배후에 있는 사상을 의식하는 것이 미의 다양성을 인정하는 데 필요할 것이다.

끝으로

일본인이 여성의 외모에 관해 어떠한 미적 감각을 갖는지는, 다분히 영화나 연극의 영향을 받은 것이다. '세계 3대 미녀' 이미지의 원천은 일본이 동경과 열등감 양쪽을 모두 품은 문화권에서 유래했으며, 전근대에는 중국, 메이지유신 이후에는 구미, 태평양전쟁 후에는 오로지 미국이었다. 헬레네는 그리스 신화에 등장하는 여성이지만, 일본 입장에서는 할리우드 영화를 통해 1950년대에 '전승국 미국'에서 들어온 미녀였다. 3대 미녀 인선에 한때 고마치가 포함됐다가 나중에 사라지게 되는 지점에, 전쟁을 통해 일본이 한 번 품었다가 다시 잃게 된 자신감이 반영돼 있다.

감사의 말
본 연구는 도쿄대학 휴머니티즈 센터 LIXIL Ushioda East Asian Humanities Initiative 개인연구 「헤이안 여류 문학가들의 근대—"현모양처"와 "미인"과 문학(平安女流文学者たちの近代—"良妻賢母"と"美人"と文学)」 및 JSPS 가켄비(科研費) 17K02656 기반연구(C) 「전근대 문학자들의 근대—메이지·다이쇼·쇼와기의 전기와 초상의 계승과 변용(前近代文学者たちの近代—明治·大正·昭和期における伝記と肖像の継承と変容)」(연구 대표자 : 나가이 구미코)의 조성을 받은 것이다.

원저자 주

*1 永井久美子, 『「世界三大美人」言説の生成 — オリエンタルな美女たちへの願望』 第6号(東京大学ヒューマニティーズセンター ブックレット, 2020. 12.)(https://repository.dl.itc.u-tokyo.ac.jp/records/54946 #.YH_F7T9UtaR). 이 출판에 앞서, 「근대 "미인" 담론의 오노노 고마치(近代"美人"言説における小野小町)」(HMC 제2회 오픈 세미나, 2018년 10월 12일, 도쿄대학), "The World Beauties and Classical Japan ese Waka Poetry"(International Comparative Literature Association [ICLA] Congress Macau, July 30th, 2019) 두 건의 구두 발표를 실시하였다.

*2 1912년 9월부터 1913년 4월에 걸쳐 조보샤(朝報社)가 간행한『숙녀 귀감(淑女かゝみ)』(후에『부인 평론(婦人評論)』으로 개제)에 연재되어 1913년에 동일하게 조보샤로부터 단행본화되었다. 에도 후기 이후 수수께끼가 많은 고마치의 생애를 밝히려는 연구가 아키타(秋田)를 중심으로 진행되어 메이지시대에는 고마치 평전이 복수로 간행되었다. 구 아키타 번사(藩士)였던 고마쓰 히로키(小松弘毅)의『오노노 고마치 정녀 귀감(小野小町貞女鑑)』(1894)의 논조를 더욱 강조하는 정녀론을 전개한 것이 구로이와 루이코였다.

*3 본 장은 도쿄대학 현대일본연구센터에서 한 구두발표「'세계 3대 미인' 담론과 현대 일본의 루키즘("世界三大美人"言説と現代日本のルッキズム)」(2021년 3월 11일)의 내용을 바탕으로 한 것이다.

*4 '미스 일본' 최종 심사에서는 2021년 제53회 실시분부터 52년간 지속된 수영복 심사가 폐지되고 스포츠웨어 심사가 이루어지게 되었다. 용모, 자태만이 아니라 '교양', '마음가짐'의 중요성을 주장하는 이 콘텐스트에서 프로포션은 '단련'이 만들어내는 아름다움으로 새롭게 자리매김했지만, 온몸이 심사의 대상이 되는 점은 계속되고 있다.

*5 『毎日新聞』, 1956. 1. 30. 조간.

*6 井上雅人, 「洋裁文化の構造——戦後期日本のファッションと、その場・行為者・メディア」, 『京都精華大学紀要』 37(2010. 9) 참조.

*7 井上雅人, 『洋服と日本人 —国民服というモード』(廣済堂出版, 2001) 참조.

*8 井上章一, 『美人コンテスト百年史 — 芸妓の時代から美少女まで』(新潮社, 1992) 참조.

*9 デイ多佳子, 「""リトルブラウンマン(little brown man)"をめぐる一考察」, 『立命館言語文化研究』 26-4(2015. 3).

*10 長谷川時雨 著, 杉本苑子 編, 『新編 近代美人伝(上)』(岩波文庫, 1985), pp.305~306(초판 サイレン社, 1934).

*11 ラフマ版 413, ブランシュヴィック版 162. 시오카와 데쓰야(塩川徹也) 옮김, 파스칼『팡세(중)』(岩波文庫, 2015), pp.43~44, Blaise Pascal(Pensées, Paris: Godefroy, 1986), p.50.

*12 佐藤真理恵, 「ヘレネー、そは女神か悪女か」(京都芸術大学通信教育部芸術学コース Lo gai saber[유쾌한 지식], 2018. 11. 25. 투고) 참조. http://salsa.sakura.ne.jp/lo_gai_saber/2018/11/25/ヘレネー、そは女神か悪女か/.

*13 中野定雄 外 訳, 『プリニウスの博物誌』(雄山閣, 2012), pp.1420~1421.

제5장

'캐릭터'로서의 레이코(麗子)

- 화가 기시다 류세이(岸田劉生)의 〈레이코상〉 연작으로부터 -

마에카와 시오리(前川志織)

들어가며

레이코상의 현재

다이쇼시대부터 쇼와 초기에 걸쳐 활약한 화가 기시다 류세이(1899~1929)[1]는, 사랑하는 딸 레이코의 초상을 그린 것으로 알려져 있다([그림 1]). 이 여자아이의 초상을, 미술과 인연이 별로 없어도 한 번쯤은 본 적이 있어 친숙하다고 느끼는 사람이 많지 않을까? 이 작품은 1971년 중요문화재로 등록되어 최근에도 학교 교과서에 자주 등장한다. 더불어 약간 가로로 긴 얼굴의 단발머리 검은 머리칼에 홑꺼풀로 긴 눈이라는 조형이 우리에게 강렬한 인상을 주기 때문에 기억에 남는 듯하다.

---

1) 기시다 류세이(岸田劉生, 1899~1929). 서양화가로 예술 연구모임인 백마회(白馬会)에서 서양화를 배웠다. 나중에 잡지 『시라카바(白樺)』의 영향을 받았으며 1915년에 소도샤(草土社)를 세웠다. 북유럽풍의 중후하면서 치밀한 화풍은 당시 젊은이들에게 영향을 끼쳤다.

[그림 1] 기시다 류세이 〈레이코상〉 유채, 캔버스, 1921. 도쿄국립박물관 소장(Image: TNM Image Archives)

[그림 2] 시리아가리 고토부키 〈레이코짱〉 2019년 〈사후 90주년 기념 기시다 류세이전〉(나고야시미술관, 2020) 전시 풍경에서 필자가 촬영

2019년부터 2020년에 걸쳐 〈사후 90주년 기념 기시다 류세이전〉이 도쿄 스테이션 갤러리 등을 순회했다. 그 마스코트 캐릭터로서 등장한 것이 만화가 시리아가리 고토부키(しりあがり寿, 1958~)가 그려낸 〈레이코짱〉이다([그림 2]). 속필로 여겨지는 펜에 의한, 머리가 큰 단발머리에 가로로 길고 구부러진 눈매는, 우리 기억에 새겨진 레이코의 이미지를 교묘하게 포착하고 있다. 이 캐릭터는 고상한 인상을 지닌 미술을 친숙하고 쉽게 만들려는 동기로 고안된 것이라 보이는데, 어쨌든 레이코상에는 캐릭터로 만들고 싶게 하는 매력이 있어 보인다.

야마시타 유지(山下裕二)는 '옛날 학교 다닐 때 학년에 한 명은 〈레이코상〉이라는 별명을 가진 단발머리 여자아이가 있지 않았을까? 그만큼 막연한 〈레이코상〉 이미지가 유통되고 있다'며 일상생활에서의 레이코상 캐릭터화 계기를 지적했다.*1 최근에는 홑눈꺼풀의 소박한 얼굴 생김새를 세일즈 포인트로 삼는 연예인 유니버스(ゆにばーす)의 하라(はら)가 [그림 1]로 분장한 인스타그램

영상이 다소 화제가 되었다.[*2] 이처럼 레이코상에는 문득 비유해 보고 싶다, 흉내 내고 싶다고 생각하게 만드는—'캐릭터'로 판단하고 싶어지는—조형적인 매력이 있고, 현재를 사는 우리는 그 매력을 공유하고 있는 것 같다.

다이쇼시대의 레이코상

류세이가 딸을 캔버스 앞에 세워서 이 작품을 그리기 시작한 다이쇼시대에는 이 상이 어떻게 보였을까? 〈레이코상〉은 한 점만 그려진 것이 아니다. 류세이는 1914년에 태어난 지 얼마 되지 않은 딸의 소묘에서 시작해서, 1918년에는 처음으로 유채로 그렸다. 그 후 1919년부터 간토(関東)대지진[2)]으로 이재민이 된 1923년에 걸쳐 정확히 그녀가 5세에서 9세에 해당하는 불과 5년 사이에 유채, 수채, 수묵 등의 기법으로 방대한 수의 레이코상이 집중적으로 제작되었다. 그림 수는 적어지지만 대지진 이후에도 단속적으로 제작되었다. 그 무렵 그가 열심히 노력한 장정 도안 원화에서도 레이코상은 종종 등장한다([그림 3]). 흥미롭게도 어느 작품에서나 '약간 오른쪽을 향한 가로로 긴 얼굴, 검은 단발머리에 홑꺼풀의 가로로 긴 눈'이라는 외모를 다소 데포르메한 묘사가 거의 공통된다. 히지카타 데이이치(土方定一)는 이를 '류세이의 내부 심층심리가 파악한 류세이가 사랑하는 (레이코상의−필자주) 원형적인 형태'라고 칭했다.[*3]

---

2) 1923년 9월 1일 11시 58분에 도쿄와 요코하마 등 간토(関東) 지역을 강타한 대지진. 매그니튜드 7.9, 진원지는 사가미만(相模湾) 북서쪽 부근 해저였으며, 피해는 도쿄와 요코하마를 중심으로 간토 전역에 걸쳐 사망자 십만 명 이상, 전괴나 소실, 유실 가옥 58만 호를 기록했다.

[그림 3] 기시다 류세이 『인간적 생활(人間的生活)』(무샤노코지 사네아쓰[武者小路実篤], 叢文閣, 1920) 표지 그림, 기시다 류세이 『류세이도 안화집』(聚英閣, 1921)

[그림 4] 제국미술원 제3회 미술전람회 출품 그림엽서(원화 : 기시다 류세이 〈동녀상〉 1921)(국제일본문화연구센터 소장)

게다가 공통적인 용모 묘사를 갖는 레이코상은 잡지나 신문, 그림엽서([그림 4]) 같은 인쇄 매체에도 자주 복제돼 유포됐다. 정평이 난 것은 잡지 『중앙미술(中央美術)』 7권 11호(1921)에 게재된 만화가 이케베 히토시(池部鈞, 1886~1969)가 그린 [그림 4]의 전람회 출품화를 본뜬 레이코상([그림 5])이다. 여기에서도 머리가 크고 단발머리에 옆으로 긴 눈의 여자아이가 절묘하게 포착되고 있다.

[그림 5] 이케베 히토시 〈명화 앞〉(『중앙미술』 7권 11호, 1921)

이처럼 〈레이코상〉이 탄생한 다이쇼시대에도 그 이미지는 화가의

손에 의해서, 혹은 인쇄라는 복제 기술에 의해서, 나아가 다른 작가에
의해서 여러 매체에 반복되어 유통되었다. 당시의 수용자도 그 매력적
인 인물 조형을 공유하며, 문득 비유해 보고 싶다거나 흉내 내고 싶다
고 생각하지 않았을까? 이 소론에서는 '캐릭터'로 판단하고 싶어지는
레이코상의 조형적 매력에 관하여, 대중문화 속에 그것을 자리매김시
키면서 당시 그것이 누구를 향해 어떻게 유통되고 수용되었는가 하는
물음을 통해 생각해 보고 싶다.

1. '초상'으로서의 레이코

인물상의 두 가지 틀

초상이란 사람의 모습(=상)을 닮게 만든(=초) 것을 말한다.*⁴ 그 모
델은 가공의 인물이 아니라 실재하는 특정 인물이며, 그 모습을 이
세상에 간직하려는 목적에서 만들어진다. 류세이는 1913년부터 18년
경에 걸쳐 '기시다의 목 사냥'이라 불릴 정도로 초상화를 많이 그렸다.
모델이 된 것은 기무라 쇼하치(木村莊八, 1893~1958)³⁾ 등 류세이가 조직
한 미술 단체인 소도샤(草土社)⁴⁾의 동료들, 상류 계급으로 가쿠슈인

---

3) 기무라 쇼하치(木村莊八, 1893~1958). 서양화가로 기시다 류세이와 교류하였으며 후에
    소도샤(草土社), 슌요카이(春陽会)의 동인으로 활동하며 유화와 문필에도 재주가 많아
    서양미술서적을 번역하거나 수필을 발표하기도 했다.
4) 기시다 류세이를 중심으로 결성된 미술단체로 1915년 창립전람회 성격의 서양화전을
    개최하였다. 1922년에 사라졌는데, 당시 인도주의의 영향을 받고 조형적으로는 북유럽
    르네상스 풍의 세밀묘사법을 시도하였다.

[그림 6] 기시다 류세이 〈후루야 군의 초상(풀을 든 남자의 초상)〉 유채, 캔버스, 1916년. 도쿄국립근대미술관 소장(Photo : MOMAT/DNPartcom)

출신의 무샤노코지 사네아쓰(武者小路実篤, 1885~1976)[5] 등 시라카바파(白樺派)[6] 동인들이나 그 주변에 속하는 가까운 친구, 지인 남성들이었다([그림 6]).

1918년경부터 본격화된 레이코상의 제작은 이 '목 사냥'의 연장선상에 자리매김한다. 레이코상 제작 중간에 기록된 1921년 12월 18일 일기 삽화에는 그가 그림 모델인 딸과 마주보고 캔버스에 그 모습을 스케치하는 모습이 기록되어 있다. 이 삽화에 그려져 [그림 4]와 비슷한 화풍의 레이코상은 이듬해 5월 개최한 기시다 류세이 개인 전람회(도쿄 고이시카와[小石川]의 노지마 히로마사[野島熙正] 저택)에 〈레이코 양장 좌상〉이라는 제목으로 전시됐다. 이러한 점에서 이 그림의 모델은 레이코 본인이며 초상으로 그려졌다고 봐도 무방할 것 같다.

서구에서 들어온 유채 기법에 기초한 서양화는 서구 아카데미즘에

5) 무샤노코지 사네아쓰(武者小路実篤, 1885~1976). 소설가, 시인, 극작가, 화가. 화족 출신으로 톨스토이에 열중하여 『시라카바(白樺)』 창간에 참가하였다. 인도주의 문학을 창조하고 새로운 마을을 건설하여 실천 운동을 벌였다.

6) 1910년 창간되어 1923년에 종간한 문예잡지가 『시라카바(白樺)』인데, 당시 이 잡지의 중심 인물이었던 무샤노코지 사네아쓰(武者小路実篤), 시가 나오야(志賀直哉), 기노시타 리겐(木下利玄), 야나기 무네요시(柳宗悦) 등과 그 주변의 뜻을 같이 한 인도주의적 분위기의 사람들을 지칭하는 말.

뿌리를 둔 재현성을 추구하는 인물
표현을 기본으로 하였는데, 이를 대
중에게 선보이는 장으로서 큰 역할
을 담당한 것이 관전(官展) ─1907
년부터 문부성미술전람회, 1919년
부터 제국미술원전람회(이후 '문전',
'제전'이라 약칭) ─이다. 그는 아방
가르드로서 관전에 대항하는 태도
를 보였지만, 레이코상([그림 4])을
딱 한 번 제3회 제전에 출품했다.

이 제3회 제전에는 몇몇 남성 초
상화도 출품되었다. 예를 들어 서양
화가 이시바시 가즈노리(石橋和訓,

[그림 7] 이시바시 가즈노리 〈마쓰다이라 백
작 초상〉 1921년, 수록 : 문부성편 『제국미
술원 미술전람회 도록, 제3회 서양화 및 조
각의 부』(審美書院, 1921)

1876~1929)[7]에 의한 〈마쓰다이라 백작 초상(松平伯爵肖像)〉(모델은 마쓰
다이라 나오아키(松平直亮, 1865~1940)[8]([그림 7])이 있다. 중후한 의자에
걸터앉은 반신상 모델은 양장 양복을 입고 신사인 듯 갖춰 입은 옷차
림, 수염을 기르고 의연한 자세로 의지 있는 표정이다. 거기에는 마쓰
다이라 백작 개인의 모습이 그려짐과 동시에 상류계급에 속하는 사회
적 지위가 높은 명사들의 모습이 충첩되어 있다.

다키 고지(多木浩二)[9]는 근대에 부르주아를 중심으로 유포된 초상

---

7) 이시바시 가즈노리(石橋和訓, 1876~1928). 처음에는 일본화를 배웠다가 1903년 영국
   으로 건너가 로열 아카데미를 졸업하고 로열 포트레이트 소사이어티 회원이 된다. 초상
   화를 이름을 알렸으며 1918년에 귀국하여 제전 심사위원 등으로 활동한다.
8) 마쓰다이라 나오아키(松平直亮, 1865~1940). 백작 작위를 받은 인물로 귀족원 회원.

사진이 수행한 기능을 고찰하면서, 버나드 베렌슨의 저작을 인용하여 초상에서의 '포트레이트(초상화)'와 '에피지(초상)'라는 두 가지 틀에 주목했다.*5 포트레이트란 사회적 지위와 더불어 내적 인간 개인을 묘사하는 것인 반면, 에피지란 주제의 사회적 양상을 목표로 하여 병사라면 병사다움, 실무가나 전문가라면 자존심, 사교계 부인의 당세 유행을 따르는 모습 등 유형적 인물을 묘사한다고 한다. 다만 이 두 가지는 말하자면 인물상의 틀이며, 인물상은 두 가지 틀 사이의 다양한 정도로 파악할 수 있다고 말하고 있다.*6

유형적 인물상으로서의 수용

이 두 가지 형태를 바탕으로 관전의 남성상 수용 방식을 살펴보자. 이 무렵 관전의 입장객 수는 제12회 문전(1918)에서 약 26만 명을 헤아렸다.*7 그것은 이케베 히토시의 [그림 5]를 더한 전람회평(『중앙미술』 7권 11호, 1921)에서 '새까만 산처럼 모여든' 구경꾼은 '활동(사진-인용자 주)이라도 볼 생각으로 오는 것이다'라고 야유받을 만큼 대중 입장에서는 오락색이 있는 행사였다. 전람회장에 전시된 남성상은 실재하는 모델과 면식이 없는 불특정 다수에 의해 그림 속 인물과 모델을 연결하는 실마리가 없는 상태로 바라보게 된다. 그때 이들 남성상은 포트레이트로서보다 정치가나 작위를 가진 사람들처럼 명사다움을 드러내는 에피지, 즉 유형적 인물상으로서 향수되었을 가능성이 있다.

---

9) 다키 고지(多木浩二, 1928~2011). 사상가이자 비평가. 고베 출신으로 전공은 예술학, 철학, 구제제삼고등학교, 도쿄대학문학부 미학미술사학과를 졸업했다. 사진, 회화, 건축, 도시, 기호, 신체, 패션 등 다양한 예술 영역을 횡단적으로 논하며 문화와 사회의 고찰하고 세계, 역사의 관계를 독창적 예술비평을 전개했다.

한편 잡지도 시각에 호소하
는 대중용 미디어로서 기세를
올리고 있었으며, 하쿠분칸(博
文館)의 종합잡지『태양』은 사
진과 권두화를 많이 사용하여
십만 부 넘는 부수를 자랑하
고 있었다.[*8]『태양』 27권 13
호(1921년 11월 1일)에는 제3회
제전의 취재기사가 [그림 4]의

[그림 8] 견미전권(遣米全権)을 보내다
(『태양』 27권 13호, 1921년 11월 1일)

레이코상을 포함한 도판과 함께 게재되었는데, 그 권두의 그림란에는
앞선 관전의 남성상과 비슷한 옷차림이나 몸짓, 표정을 가진 공작의
초상사진([그림 8] 왼쪽)이 실려 있다. 대중은 전람회 예술인 초상화와
잡지 권두화의 초상사진 양쪽의 '명사들 모습'을 같은 지평에 놓으면
서 바라보았다는 것을 상상할 수 있다. 이러한 명사상은 대중 입장에
서 모종의 이상상으로도 작용했을 것이다.[*9]

그런데 류세이의 남성 초상화군([그림 6])은 관전의 것과는 달리 얼
굴 생김새와 손 동작을 클로즈업한 구도에 따라 고개를 숙이고 섬세하
고 경건한 표정을 띤 모습이 세밀하게 그려져 있다. 그 풍모는 명사의
권위적 태도로 결부되지 않고 개성의 주장에 공명하며 미술을 애호했
던 시라카바파 주변의 섬세한 청년들의 모습을 강조하는 듯하다. 이
작품은 그의 몇몇 남성 초상화와 함께 소도샤 제3회전(1916년 11월, 아
카사카(赤坂) 다메이케(溜池)의 산카이도[三会堂])에 전시되었다. 제전과
마찬가지로 실재하는 모델과 안면이 없는 사람들이 그것들을 바라보
는 경우도 있었을 것이다. 이들 초상화의 모델이 된 시라카바파 동인

주변의 친구나 지인들은 이른바 '번민 청년'――메이지 30년대부터 다이쇼시대에 걸쳐 등장한 새로운 젊은이상으로, 문학이나 예술을 배우고 자기란 무엇인가라는 대답하기 어려운 문제에 구애받는 내향적 청년들을 가리킨다――과 겹치는 층이었다고 생각된다.*10 즉 류세이에 의한 일련의 남성상은 보는 사람 입장에서 문학과 미술을 애호하는 '번민 청년'이라는 유형적 인물군상으로 향수되었을 가능성이 있다.

이들 남성상의 연장선에 놓인 레이코상 연작은, 수많은 전람회뿐 아니라 대중적 미디어에도 유포되었다. 이러한 점에서 볼 때 레이코상 또한 포트레이트라는 의미에서의 초상이 아니라 유형적 인물상으로 향수되었다고 여겨진다.

2. '미인'으로서의 레이코

유형적 인물상으로서의 미인

제3회 제전의 〈레이코상〉([그림 4])은 어두운 색 화면 왼쪽 상단에 '레이코 8세 양장한 모습'이라는 글자가 어렴풋이 확인되지만, 〈동녀상〉이라는 제목으로 전시되었다. 이는 '동녀', 즉 '여자아이'라는 속성을 수용자에게 보여주려는 의도가 화가에게 있었기 때문으로 보인다.

그 이듬해 1922년 제작된 어두운 색 화면 우측 상단에 '레이코 스미요시(住吉) 참배 때의 입상'이라고 기록된 레이코상도 〈동녀상〉이라는 제목으로 5월 개최된 개인전람회에 전시됐다. 이 작품은 [그림 4]와 마찬가지로 데포르메된 공통적인 용모를 지녔는데, 그 구도는 붉은색 홀치기염색 기모노가 두드러지는 입상이었다. 오카 이사부로(岡畏三

郎)가 '사각으로 한정된 천 위에 포즈를 취하게 하는 것 자체가 이미 인물화로서 이상하지만, 움직임을 멈추고 정지한 듯한 이 입상은 반은 인형같은 불가사의함이 있다'고 말한 것처럼,*11 4분의 3 정면의 반신상이라고 하는 그때까지 가장 기본이던 초상화의 구도에서 벗어나, 마치 오브제처럼 모델이 포착되었다.

〈레이코 스미요시 참배 입상〉 이후의 레이코상은 〈동녀 머리장식도〉라는 제목으로 동일하게 1922년 5월 개인 전람회에 전시된 작품([그림 9]) 등에서 보듯, '동녀'라는 제목이 많아져 상투적인 용모 묘사를 확인할 수 있는 한편, 우키요에의 미인화나 근세 초기 풍속화의 미인도 구도를 참조한 자유자재의 어레인지가 두드러진다.

[그림 9] 기시다 류세이 〈두 명의 레이코(동녀 머리장식도)〉 유채, 캔버스, 1922, 센오쿠하쿠코칸(泉屋博古館) 도쿄(東京) 소장

이른바 미인화는 근세 초기 풍속화가 서서히 당대 여성 자체로 주제가 좁혀지면서 성립되었으며 주로 에도시대 우키요에에서 융성을 이루었다. 근대에 들어서면 1915년의 문전, 일본화부의 한 방이 마이코(舞妓)10)나 일본식 복장을 갖춘 미인([그림 10]) 작품으로 가득 차게 되고 '미인화실'로 평판을 얻었다는

10) 교토의 기온(祇園) 같은 데의 연회 자리에서 춤을 추는 등 기량을 보이는 어린 예기.

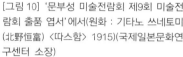

[그림 10] '문부성 미술전람회 제9회 미술전 람회 출품 엽서'에서(원화 : 기타노 쓰네토미 (北野恒富) 〈따스함〉 1915)(국제일본문화연 구센터 소장)

[그림 11] '제국미술원 제3회 미술전람회 출품 엽 서'에서(원화 : 시라타키 이쿠노스케[白瀧幾之助] 〈만돌린〉 1921)(국제일본문화연구센터 소장)

것으로 상징되듯이, 대중적 인기를 끌었던 장르였다.*12 관전의 일본 화 부문에서는 에도 풍속을 자주 참조한 미인화([그림 10])가, 서양화 부문에서는 나부나 소녀상*13([그림 11])을 포함한 여성상이 많이 출품 되었다. 이들 여성상은 마이코나 예기들, 중상류 계급 여자아이의 속 성을 그 옷차림이나 소품에서 어렴풋이 확인할 수 있는 한편, 제목이 나 묘사에서는 인물을 특정하기 어렵고 익명성을 띠는 점에서 당대 여성스러움을 드러내는 유형적 인물상으로 여겨진다.

[그림 11]의 소녀상과 마찬가지로 모던한 양장 차림의 레이코상([그 림 4])은 시인이자 미술평론가인 가와지 류코(川路柳虹)[11]에 의한 작품

평(『중앙미술』 7권 11호, 1921)에서, '가련'하게 '들꽃을 든 동녀는 천사 같은 모습으로 웃고 있다'고 평가되었다. 이 평에서는 레이코상이, 모델과 안면이 없는 불특정 다수에 의해, 관전의 다른 여성상과 마찬가지로 유형적 인물상의 일종인 미인상으로 수용되었음을 엿볼 수 있다.

대중적 도상으로서의 미인

그런데 이러한 미술에 있어서 미인상은 메이지시대 중엽부터 후반에 걸친 미인 사진 그림 엽서나 문예잡지의 소설 삽화, 광고 포스터와 같은 대중적 도상에서의 미인상 유행이 맞물려 관전에서의 인기로 이어졌다고 생각된다.[14] 게다가 앞 절에서의 남성상과 마찬가지로 미술과 대중적 도상의 미인상 또한 왕래하는 관계에 있었음이 엿보인다. 예를 들어 관전 출품작 중 일부는 [그림 4]의 레이코상에서 보듯이 삼색판으로 복제한 그림엽서로서 회장에서 판매되었다. 그림엽서는 최신 인쇄, 사진 기법을 담아 통신수단, 수집 대상, 보도 기능 등의 역할을 겸하는 손쉬운 인쇄 미디어로서 한 시대를 풍미하고 있었다. 「유행의 그림엽서—문전에서 새해로(流行の絵端書－文展から新年へ)」(『요미우리신문』 1913년 11월 23일)에 따르면, 관전 출품작 그림 엽서로 인기가 높았던 장르 중 하나가 미인화였다고 한다.

다만 사람들이 그림엽서에 복제된 미인을 단순히 미술 대용품으로 즐긴 것은 아니다. 『부인 화보(婦人画報)』 다이쇼 5년 3월호(도쿄사[東

---

11) 가와지 류코(川路柳虹, 1888~1959). 시인이자 미술평론가. 도쿄미술학교를 졸업. 1907년 일본에서 최초로 구어자유시 「쓰레기 더미(塵溜)」로 시의 용어 혁명, 자연주의 혁명을 이루었다.

京社], 1916)에 「살아있는 사진을 찍는 법(生きた写真の写し方)」(미쓰코시 포목점[三越呉服店] 사진부 주임 시바타 쓰네요시[柴田常吉])이라는 기사가 있다.[*15] 이 기사는 자기 모습을 촬영하러 온 여성 고객에 관하여 '게다가 평상시 미술이나 그림엽서 등에 주의를 기울이시는 분들은 그 모습이 매우 좋았기 때문에, 그런 식으로 찍어 달라고 주문하시고 스스로 자세를 취하시니 도리어 부자연스럽지도 않고 꽤 좋은 모습이 가능합니다'라고 말한다. 그녀들이 미술의 미인상을 따라했다는 것을 알 수 있다.

　　한편, 이 『부인 화보』에는 1906년부터 1924년까지 「영양 귀감(令嬢鑑)」이라는 고등여학교 출신 명사들의 영양들 사진란이 간헐적으로 게재되었다. 이를 통람해 보면 앞의 기사를 방불케 하듯, 권두의 그림으로 실린 일본 화가들에 의한 미인화나 서양화가에 의한 여성상을 모방한 듯한 여성들의 초상 사진이 발견된다([그림 12]). 「영양 귀감」에서 보는 듯한 초상 사진은 남성이나 그 부모 입장에서는 장래의 아내감을 찾는 카탈로그 같은 기능도 했다고 한다.[*16] 『부인 화보』의 예에서는 미술과 대중적 도상의 미인은 남녀 모두의 입장에서 이상상으로

[그림 12] 「영양 귀감」(『부인 화보』 45년 6월권, 1912년, 수록 :『부인 화보』 DVD-ROM판 린센서점 [臨川書店], 2004)

서, 동일한 지평에 나란히 놓여 왕래하면서 수용되었음을 알 수 있다. 그림엽서로 만들어져 '가련한' 여자아이로 평가받았던 [그림 4]의 레이코상도 이상상으로 공유됐을지 모른다.

유형적 미인상과의 어긋남

전람회 도록『미소녀의 미술사(美少女の美術史)』는, 미인(관)이란 추상적이고 애매한 개념임을 전제로 한 다음,*17 이들 미술과 대중적 도상의 미인상은 실재와는 동떨어진 이념적인 존재로서 '아름다운' 모습으로 그려짐으로써 많은 사람들에게 이상상으로서 공유되었다고 지적한다.*18

다시 한 번 관전 미인상을 보자. [그림 10]의 미인화에서는 요염한 여성이 무언가에 정신을 빼앗겼는지 관객과 초점이 맞지 않는 느슨한 표정으로 그려진다. 하얀 피부가 들여다보이는 새빨간 주반(襦袢)12) 의상이 두드러지며, 고개를 갸웃하고 몸을 비트는 몸놀림에 의해 신체의 곡선미를 강조한다. 이러한 묘사는 앞 절의 명사상과는 대조적이다. 만돌린 연주라는 설정의 [그림 11]에서도 몸을 트는 신체 구도나 연주에 열중한 나머지 관객을 돌아보지 않는 시선이 인상적이다. 와카쿠와 미도리에 따르면 곡선적인 신체묘사나 의상이 돋보이는 구도, 오감의 쾌락과 관련된 장면 설정에 따른 관람자와 초점이 맞지 않는 모델의 시선은, 여성을 '아름답게' 그리기 위한 유형적 묘사로 우키요에의 여성상 등을 통해 길러졌다고 한다.*19 게다가 이러한 유형적인 미인의 묘사는 그림 속 모델이 갖는, 실존하는 개인으로서의 개별성을

---

12) 일본 전통 복장의 속옷으로 홑옷의 짧은 옷.

벗겨내고 모델로 하여금 보여지는 오브제로 만든다고 지적한다.

　류세이는 「개인 전람회에 즈음하여」(『시라카바(白樺)』 13년 5호, 1922)라는 글에서 [그림 1]과 같은 〈레이코상〉 제작에서, 레오나르도 다빈치의 〈모나리자〉(16세기) 등에서 착상을 얻으면서 그 '복잡한 교향의 쓴맛'이 있는 '미'를 그리려고 했다고 말한다. 여기에서 그가 그림 속 레이코를 이념적인 아름다운 존재로 그리려 했다는 사실을 읽어낼 수 있다. 다만 [그림 9]의 레이코상 의상이 돋보이는 구도나 관람자를 돌아보지 않는 시선은, 유형적인 미인상과 겹치면서도 이상하게 부풀어 오른 머리, 약간 가로로 긴 얼굴, 묘하게 가늘고 긴 눈과 함께 일종의 요염한 표정이 어딘가 섬뜩한 인상이다. [그림 1]의 고요한 미소도 새삼스럽게 보면 조금 기분 나쁘게 느껴진다. [그림 1]이나 [그림 9]만큼은 아니지만, 제전 출품작([그림 4])에서 가로로 긴 얼굴에 길게 째진 눈이 발하는 표정도 묘하게 서늘한 인상이다. 그 작품평에서도 「(전략) 〈동녀상〉에도 어딘지 모르게 불순한 분자가 보는 이인 나에게 느껴지는 것이다」(사사키 요시오[佐々貴義雄], 『미즈에(みづゑ)』 201호, 1921년 11월)라고 평가되었다.[20] 여기에서 평자는 레이코상이 관전에서 주류인 온건한 여성상처럼 아름다운 여성스러움을 드러내려고 하는 유형적 미인상과는 어긋남을 초래했다는 것을 고백하는 듯하다.

3. '캐릭터'로서의 레이코

지명되는 레이코

　그런데 제3회 제전의 [그림 4]의 작품평은 신문에도 실렸다. 하나는

「명물이 된 레이코씨의 초상(名物になつた麗子さんの肖像)」(『아사히신문』
1921년 10월 10일)이라는 부제의 기사에서, '(전략)씨의 출품작은 〈동녀
상〉이라는 제목으로 사랑하는 딸 레이코가 여덟 살 때의 귀여운 양장
차림을 그린 것으로 씨가 레이코를 그리는 것은 일종의 명물로 보여지
지만, 이번 출품은 그중에서도 자신 있는 것 같다'라고 되어 있다. 또
하나는 '제전의 제23실에, 그 레이코 양이, 특별히 돋보이지도 않게
〈동녀상〉이라는 제목으로 걸려 있는 것을 보니, 기쁜 것도 같고 쓸쓸
한 것도 같은 미소가 지어진다'고 되어 있다(『요미우리신문』 1921년 10월
15일). 어느 기자도 동녀상이라는 제목의 그림을, 특정되지 않은 익명
의 여자아이로 본 것이 아니라, '레이코', '그 레이코 양'이라고 친근하
게 이름을 부르고 있다. 더구나 그들은 류세이의 연작에 그려지는 여
자아이들이 모두 화가의 딸 레이코라는 것을 오래전부터 알고 있었던
모양이다.

한편 「명화와 함께 나고 자라는
모델 기시다 류세이 화백의 영양(名
画と共に 生ひ立つモデル 岸田劉生画伯
の令嬢)」이라는 신문기사(『요미우리
신문』 1923년 6월 3일)에서는 '그림은
(중략) 류세이 화백의 〈동녀〉이고 모
델은 말할 것도 없이 레이코 씨입니
다'라는 캡션을 붙여 〈동녀도〉(1923)
의 작품 도판과 레이코의 초상사진
이 나란히 소개됐다([그림 13]). 사진
속 레이코는 가로로 긴 얼굴이라기

[그림 13] 『요미우리신문』 1923년 6월 3일

보다는 세로로 긴 얼굴 같다. 이 사진에 뉴스성이 있었다고 치면 그동안 그녀의 초상 사진은 그다지 유포되지 않았을 것으로 상상된다. 이러한 점에서 기사를 쓰는 기자, 그리고 그것을 읽는 독자들은 실제 모델의 용모를 모른 채 그 공통된 용모를 가진 도상의 여자아이야말로 '그 레이코 양'이라고 인식했던 것으로 생각된다.

'캐릭터'로서의 레이코

이토 고(伊藤剛)는 만화라는 허구 세계의, 특정한 이야기를 전제로 하지 않는, 다소 생활감이 결여된 신체적 도상을 '캐릭터'의 프로토타입—'캬라'라고 부르며, 다음과 같이 정의한다.[21]

> 대부분의 경우 비교적 간단한 선화를 기본으로 한 도상으로 그려지며, 고유명사로 지명됨으로써(혹은 그것을 기대하게 만듦으로써), '인격·과 같은 것'으로서의 존재감을 느끼게 하는 것

즉 실재하는 신체와 관계없이 간략화하여 그려진 도상이, 고유명사로 지명됨으로써 모종의 존재감을 가진 캐릭터가 생성된다는 것이다. 이 캐릭터의 생성 과정을 지금까지 본 레이코상에 비추면 간략화된 공통의 얼굴 생김새를 가진 여자아이의 도상은, 레이코 본인과 닮았느냐 아니냐의 문제에서 벗어나, 당사자의 신체와 분리된 후 '레이코'로 지명되어 그 존재감이 향수되었다고 생각할 수 있다. 즉 레이코상은 캐릭터로 수용되었을 가능성이 있다.

또 이토에 따르면, 그 신체적 도상은 고유명사가 붙여질 뿐 아니라 반복적으로 등장함으로써 비로소 캐릭터로서의 동일성을 띤다고 한다.[22]

지금까지 확인한 바와 같이, 데포르메된 공통의 용모를 가진 레이코상은 반복적으로 유채나 수채로 그려졌다. 장정 도안과 같은 인쇄물, 류세이의 손을 떠나 복제된 잡지나 신문, 그림엽서의 레이코상 사진 도판, 나아가 다른 화가가 그린 레이코상에서도 공통적인 용모 묘사를 확인할 수 있었다. 또한 앞서 기술한 류세이의 작품 해설이나 신문 기사의 작품평과 같은 도상이 아닌 텍스트도, 도상과 고유명사가 결부되는 데 작용했을 것으로 보인다. 즉 회화만이 아니라 신문, 잡지, 그림엽서와 같은 인쇄 미디어까지 끌어들이면서 그 도상이 반복적으로 등장함으로써 레이코상은 캐릭터로 생성되고 수용되었다고 생각할 수 있다.

변형되는 레이코

더욱이 이토 등에 따르면, 캐릭터로서의 동일성이 담보된 도상은 특정 텍스트로부터 유리되어 복수의 미디어를 횡단하며 자유자재로 변형될 가능성을 갖는다고 한다.*23

일련의 레이코상은 전시 목록이나 그의 제작 상황을 기록한 일기를 비추어 보더라도, 그 시작과 끝을 미리 정해두지 않고 연작의 배열을 결정적으로 순서매긴 요소는 찾아볼 수 없다. 또 각각의 도상은 레이코의 변화를 극명하게 포착하지만, 거기에서 '레이코의 성장 이야기'라는 특정한 서사성을 읽어내기는 어렵다. 따라서 일련의 레이코상은 특정한 '이야기'에 얽매인 것은 아니었다고 보인다.

레이코상이 복수의 미디어를 횡단한 것은 이미 확인했지만, 류세이는 미디어 간의 미술과 비미술이라는 위계 의식을 그다지 갖고 있지 않았던 것으로 보인다. 예를 들면 장정 도안을 제작할 때 발견한, 고개

를 살짝 숙이고 미소를 띤 입상이라는 착상을 다른 수채화에 도입하고, 그것을 다시 『현자 나탄(賢者ナアタン)』(레싱 지음/간토 다카노리[菅藤高德] 옮김, 1921)의 표지 그림이라는 다른 장정 도안에도 도입했다. 류세이는 같은 착상에 따른 유사한 도안을 장정 그림에서 수채로, 또 다른 장정 그림으로 미디어를 바꾸어 인용했다고 생각할 수 있다. 개개의 작품의 충실함이나, 집요하도록 반복되는 레이코상의 제작으로부터, 그것들을 단순한 습작이나 복제품으로서 치부하기에는 무리가 있다. 여기에는 회화나 인쇄 미디어의 어느 레이코상이나 수평적으로 취급하는 태도가 보인다.

또한 앞 절에서도 확인한 바와 같이, 각각의 레이코상에는 자유롭게 어레인지가 시도되었다. [그림 3]의 고개를 숙이고 미소를 띤 입상, [그림 1]의 사과를 내미는 고요하고 요염한 표정, [그림 4]의 모던한 양장의 사랑스러운 모습, [그림 9]의 우키요에 풍의 몸짓으로 레이코가 둘로 분열되는 특이한 용태와 같이, 각각의 작품들은 정해진 용모를 유지하면서도 개별적인 매력을 띠고 있다. 그 자유로운 변환과 어레인지는 캐릭터로서의 존재감을 더욱 증폭시키고 있는 듯하다.

끝으로

일련의 레이코상은 레이코 본인과 유사하냐 아니냐의 문제에서 벗어나 여자아이라는 속성에 초점을 맞춘다는 점에서 '초상'이라고는 하기 어렵고, 여자아이의 아름다움을 그리려는 유형적 미인상에서 일탈한 점에서 '미인화'라고도 하기 어려우며, 오히려 고유명사로 지명되고 또 공통의 간략화된 용모 묘사로 반복적으로 그려진 점에서 '캐릭터'로서 평면상에 조형되었다고 생각된다. 지금까지 본 레이코상을 다시 제작 순서대로 나열하면 일련의 레이코상은 그려지면서 점차 캐릭터화한 것처럼 보인다.

그런데 레이코상이 캐릭터화한 계기가 된 '약간 오른쪽을 향한 가로로 긴 얼굴, 검은 단발머리에 홑눈꺼풀이 가로로 긴 눈'이라고 하는 용모의 데포르메란, 대상의 특징을 대담하게 생략, 과장해서 그린다는 의미에서 희화적(만화적)이라고 칭해지는 묘사였다. 그것은 종종 우스움을 유도하면서, '이래야 한다'는 일반적인 관점을 교란시키는 의미를 갖는다.[24] 일련의 레이코상은, 다양한 레이코를 우리에게 보여주면서 '여자아이는 아름다워야 한다'는 일반적인 관점 — 지금까지 보았듯이 다이쇼시대에 이미지로서의 유형적 미인상도 거기에 작용했다 — 에 어긋남을 발생시키고, 그러한 견해를 교란하는 것이기도 했을 것이다. 우리는 그 교란 앞에서도 일종의 '리얼리티'를 느끼는 것 같다.

이토는 앞에서 인용한 '캐릭터'의 프로토타입을 논할 때 그 전제로서, 우리가 '캐릭터'에게 느끼는 리얼리티는 그려진 것이 거기에 있다고 느끼게 만드는, 도상 그 자체의 존재감으로서의 '현전성(現前性)', 즉 3절에서 확인한 '캐릭터'로서의 존재감과 현실의 인간으로서 실제로 있을 것 같은 느낌을 주는 '그럴듯함'이라는 두 가지로 나눌 수 있다고 지적한다.[25] 이러한 의미에서 시각 이미지가 범람하는 복제 문화의 선구 시대에 이중적 의미에서 그림의 리얼리티 — 도상으로서의 존재감을 띠는 레이코와 현실의 인간으로 있을 법한 레이코 — 가 레이코상에 드러나 있는 것은 아닐까?

원저자 주

*1 山下裕二, 「日本美術のアバンギャルド十選」4(『日本経済新聞』, 2007. 3. 27).

*2 「univershara Instagram」(2017. 3. 15.) https://www.instagram.com/p/BRn7Sq wjtge/ ?hl=ja(2021년 3월 31일 열람).

*3 土方定一, 「鵠沼、鎌倉時代の岸田劉生」(『近代日本の画家論』Ⅱ, 『土方定一著作集』7, 平凡社, 1976), pp.118~119.

*4 木下直之, 「肖像のある風景」(『博士の肖像 ― 人はなぜ肖像を残すのか』, 東京大学コレクション8, 東京大学総合研究博物館, 1998), p.43.

*5 多木浩二, 「ブルジョワジーの肖像 ― ある時代の神話」(『眼の隠喩 視線の現象学』, 筑摩書房, 2008), pp.202~203. バーナード・ベレンソン(『美学と歴史』, 島本融 訳 みすず書房, 1975), pp.230~231.

*6 전게 주 5, 다기(多木) 저서, p.203.

*7 日展史編纂委員会編, 『日展史』5(文展編, 社団法人日展, 1981), p.570.

*8 永嶺重敏, 「近代日本の雑誌と読者」(印刷博物館 編, 『ミリオンセラー誕生へ! ― 明治・大正の雑誌メディア』, 東京書籍, 2008), p.17.

*9 神野由紀, 『百貨店で〈趣味〉を買う ― 大衆消費文化の近代』(吉川弘文館, 2015), p.40.

*10 関川夏央, 『白樺たちの大正』(文藝春秋, 2005), p.394.

*11 岡畏三郎, 「解説」(『岸田劉生』, 「現代日本美術全集」8, 集英社, 1972), p.119.

*12 특히 [그림 10]의 요염함을 강조한 작품은 한 시대를 풍미하며 많은 추종자를 낳은 한편, 그 비속한 인상이 비판을 불러일으켜 이후 제12회 문전에서는 지나치게 비속하지 않은 작품이 주류를 이루었다고 한다. 鶴田汀, 「文展と美人画」(『美人画の誕生』特別展, 山種美術館, 1997), pp.164~167.

*13 [그림 11]과 같은 사춘기 직전이나 그에 접어들 무렵의 어린 느낌이 남은 외광파(外光派)풍의 소녀상은, 요즘 관전 서양화 부문에서 종종 볼 수 있었다고 한다. 村上敬, 「江戸の室内風俗画から明治の外光派少女風俗画へ」(「美少女の美術史」展実行委員会編, 『美少女の美術史 ― 浮世絵からポップカルチャー、現代美術にみる"少女"のかたち』, 青幻舎, 2014), pp.242~245.

*14 濱中真治, 「美人画の誕生、そして幻影」(『美人画の誕生』特別展, 山種美術館, 1997), pp.11~15.

*15 관전 미인화와 여성잡지 문화의 관계에 대해서는 다음을 참조. 山本由梨, 「婦人雑誌にみる文展美人画の女性受容者 ― 鑑賞・美容・制作」(『美人画の諸相 ― 浮世絵・団体・メディア関連研究成果報告書』, 篠原聰, 2016), pp.51~60.

*16 山川菊栄, 「景品つき特価品としての女」(『婦人公論』1928年 1月号, 『山川菊栄集』第5卷 収録, 岩波書店, 1982), p.3.

*17 근대 일본의 '미인'이 이야기되는 방식, 현실의 여성에게 기대하게 된 '미인이어야 한다'는 규범을 둘러싼 담론과 그 변천에 관해서는 다음을 참조. 井上章一, 『美人論』 (リブロポート, 1991).

*18 川西由里·工藤健志·村上敬, 「『『美少女の美術史』展企画者座談会 ― 美少女なんて、いるわけないじゃない。」(「『美少女の美術史』展実行委員会 編, 『『美少女の美術史 ― 浮世絵からポップカルチャー、現代美術にみる"少女"のかたち』, 青幻舎, 2014), pp.8~24.

*19 若桑みどり, 『岩波近代日本の美術二 隠された視線』(岩波書店, 1997), pp.20~32.

*20 이 '불순한 분자'라고 류세이가 사용한 말 '비근미(卑近美)'와의 관계는 다음을 참조. 中間(前川)志織, 「都市新中間層にとっての『でろり』 ― 一九二二年岸田劉生個人展覧会における麗子像の展示を中心に」(『美学』 58-3, 2007), p.88, p.91.

*21 伊藤剛, 『テヅカ·イズ·デッド ― ひらかれたマンガ表現論へ』(NTT出版, 2005), p.95. 오쓰카 에이지(大塚英志)는 이토가 말하는 '캬라' 개념에 중첩된 의미에서 '캐릭터' 생성의 조건을 정리하였다(예를 들면 최근에는 오쓰카 에이지 작, 히라린(ひらり) 만화 『만화로 이해하는 만화의 역사(まんがでわかるまんがの歴史)』, KADOKAWA, 2017, pp.6~97). 졸론은 오쓰카의 중요한 논점인 캐릭터의 신체성과 내면성이라는 문제나 이야기 세계 생성에 초점을 둔 논의가 아니고, 또한 캐릭터 개념을 세분화할 필요가 없기 때문에 이토의 정의를 바탕으로 진행하였다. 또한 '캐릭터' 개념을 원용한 미술사 영역의 시도로서 다음을 참조. 副田一穂, 「偽史としてのフィギュア×スケープ」(「マックス·エルンスト ― フィギュア×スケープ展 実行委員会 編, 『マックス·エルンスト ― フィギュア×スケープ』, 2012), pp.14~21.

*22 전게 주 21, 이토(伊藤) 저서, pp.116~117.

*23 전게 주 21, 이토(伊藤) 저서, p.117. 小田切博, 『キャラクターとは何か』(ちくま新書, 2010), p.125.

*24 희화에서 느껴지는 듯한 '우스움'이란, 사람이 가지는 '모든 것은 이러해야 한다'는 도식 속에 존재하는 어떤 패턴을 교란하고, 그 어긋남을 갑작스러움과 유쾌함으로 즐기는 데에 있다는 견해가 있다. J. Morreall, Taking Laughter Seriously, State University of New York, Albany, 1983, pp.38~59 (J·モリオール 『ユーモア社会をもとめて ― 笑いの人間学』, 森下伸也 訳, 新曜社, 1995, pp.68~110. 岸文和, 『絵画行為論 ― 浮世絵のプラグマティクス』, 醍醐書房, 2008, p.254, pp.258~262 참조.

*25 전게 주 21, 이토(伊藤) 저서, p.85. 다만 이토는 '현전성'이라는 의미에서의 리얼리티가 은폐됨으로써 '그럴듯함'이라는 의미에서의 리얼리티가, 만화의 근대적 리얼리즘으로서 추구된다고 논을 전개한다. 또한 사사키 미노루(佐々木果)도 18세기 영국의 캐리커처 기법을 예로 들어, 2종의 리얼리티와 그 분기점에 관하여 언급하고 있다. 캐리커처가 참조한 관상학은 원래 인간의 내적 성격을 외면적인 얼굴의 특징으로 파악하여 '현실의 인간'을 분석 대상으로 하였으나, 얼굴을 도해로 나타냄으로써 어

떻게 그리면 어떠한 성격으로 보이는가 하는, '그려진 것'으로서의 '얼굴 그림'이라는
묘화학 문제로 전환했다고 한다(『まんが史の基礎問題 ― ホガース、テプフェールか
ら手塚治虫へ』, オフィスヘリア, 2012, pp.53~54).

제3부

전승세계와 캐릭터

제6장

〈신 고질라〉 세계관

- 캐릭터화된 '사나운 신'과 신화의 세계 -

사사키 다카히로(佐々木高弘)

들어가며

2016년에 개봉한 영화 〈신 고질라〉에서 그 거대하고 알 수 없는 생물은 사나운 신으로 그려졌다. '사나운 신'이란 대체 무엇일까?

일본의 역사를 되돌아보며 이 사나운 신을 찾으면 『고지키(古事記)』[1] 에서는 국토 양도 신화, 진무천황(神武天皇)[2] 동정(東征) 신화, 야마토 타케루 설화에서 볼 수 있고, 『일본서기(日本書紀)』[3]에서는 역시 야마

---

1) 현존하는 일본 최고의 역사서로 712년에 성립된 세 권짜리로 성립했다. 덴무천황(天武天皇)이 히에다노 아레(稗田阿礼)에게 암송을 하게 하고 나중에 겐메이천황(元明天皇)의 명령으로 오노 야스마로(太安万侶)가 찬록했다고 한다. 천황 지배에 의한 국가 건설의 의도로 구성되었다.

2) 제1대 천황으로 전설상의 인물로도 일컬어진다. 『일본서기』에 따르면 니니기노미코토(瓊瓊杵尊)의 3대손으로 45살 때 동정하여 야마토(大和)를 평정하고 가시하라노궁(橿原宮)에서 즉위하여 천황의 원년으로 삼았다고 한다.

3) 720년에 편찬된 일본 최초의 편년체 사서로 육국사(六國史) 중 첫 번째에 해당한다. 일본의 건국 신화를 담고 있는 신대(神代)에서 시작하여, 697년 지통천황(持統天皇)이

토타케루 설화에, 또 『히타치국 풍토기(常陸国風土記)』, 『하리마국 풍토기(播磨国風土記)』, 『비젠국 풍토기(肥前国風土記)』[4]에도 등장한다. 헤이안시대에 편찬된 율령 법전 『엔기시키(延喜式)』[5]의 노리토(祝詞)[6]에서는, 「유월 그믐 대불제(六月晦大祓)」, 「재앙신 이동(遷却崇神)」, 「이즈모 국조신 하사(出雲国造神賀詞)」[7]에 기록되어 있다. 우선 고대로 시간을 거슬러 올라가 보자.

1. 고대의 사나운 신

(1) 국토 양도 신화

우선 『고지키』[*1]의 국토 양도 신화를 보자. 국토 양도 신화란, 천계(다카마가하라[高天原])의 천신이, 국신에게 지상계(아시하라노나카쓰쿠니[葦原中国])[8]·미즈호노쿠니[水穂国][9])를 양도받는 신화이다. 그 직전에

사망한 해까지의 역사를 연대순으로 기록한 통사(通史).

4) 이상의 세 풍토기는 현존하는 다섯 『풍토기』 중 하나로 미문이 곳곳에 배치되어 문학적 가치가 높다. 지역, 특산물, 지명 설화, 전설, 노래 등 나라시대의 역사와 생활을 아는 데에 중요한 자료이다.

5) 요로(養老) 율령의 시행세칙을 집대성한 법전이다. 다이고천황(醍醐天皇)의 명에 따라 905년에 편찬에 착수했고 927년 50권으로 완성되었다. 시행은 967년에 이루어졌고 완전한 형태로 잔존하는 유일한 고대 법률 서적이다.

6) 신을 제사할 때 신에게 고하는 말. 나라시대 이전에 성립했다고 하며 한자를 음차한 만요가나(万葉仮名)를 써서 독특한 문체와 용어로 구성되어 있다.

7) 새로 착임하는 이즈모 국조(出雲国造)가 천황에 대해 진상하여 장수와 복을 기원하는 말.

8) 옛날 일본을 아름답게 칭한 명칭으로 갈대가 군생하는 지상의 세계를 가리키는 말에서 유래.

천신인 아마테라스(アマテラス)[10]는 이렇게 말했다. '이 아시하라노나카쓰쿠니는 내 자식이 다스릴 나라이다. 그런데 이 미즈호노쿠니에는 기세가 세고 사나운 국신(치하야부루 아라부루 구니쓰가미[道速振荒振国神])이 많다. 어느 신을 보내어 복속시키겠는가'라며, 여기에서는 사나운 신은 국신으로 되어 있다. 그것은 천황가보다 먼저 지상계를 지배했던 오호쿠니누시(オホクニヌシ)[11]를 중심으로 한 세력을 말한다.

그렇다면 『일본서기』[*2]는 어떻게 말하고 있을까? '그 땅에는 반딧불이 빛나듯 또 파리처럼 시끄러운 사신(邪神)들이 있고, 또 식물인 풀이나 나무도 모조리 영혼을 지니며, 말을 해서 사람을 위협하게 하는 형국이다'. 그래서 다카미무스히(タカミムスヒ)[12]는 '나는 아시하라노나카쓰쿠니의 부정한 귀신(사귀[邪鬼])들을 평정하려고 생각하는데 누구를 파견하면 좋겠는가'라고 묻는다. 여기에 사나운 신이라는 표현은 없다. 사나운 신에 해당하는 것이 사신, 혹은 사귀인 셈이다.

(2) 진무천황 동정 신화

『고지키』를 보자. 다카치호(高千穂)의 궁에 있던 진무는 형 이쓰세(イツセ)와 동정을 시작한다. 규슈(九州)에서 세토우치(瀬戸内)를 지나

---

9) 역시 일본을 아름답게 칭한 명칭.
10) 일본 신화에서 다카마가하라(高天原)의 주신으로 일컬어지는 태양 여신. 황실의 조상신으로 이세신궁(伊勢神宮)에 모셔져 있다.
11) 스사노오의 6세손으로 이자나미신(伊邪那美神)의 죽음으로 미완인 채 방치되었던 일본 국토를 천신의 명령으로 완성한 신의 하나. 천손강림 때 국토를 양도하고 물러났다. 복의 줄거나 인연을 만나게 하는 신으로 신앙되는 경우도 있다.
12) 신화에 등장하는 신으로 천지가 처음 생겨났을 때 나타난 신 중 하나로, 두드러진 창조적 활동은 보이지 않는다.

몇 년에 걸쳐 오사카만(大阪湾)에 이르지만 선주민들의 저항을 받아 형 이쓰세를 잃는다. 진무는, 우리는 해의 후손이므로 햇볕을 마주보고 싸우는 것이 아니라 등에 해를 지고 싸워야 한다며 우회하여 남하하여 구마노(熊野)에 상륙한다. 그러나 신의 화신인 곰이 출현한다. 여기서 그들을 '구마노의 사나운 신(황신[荒神])'이라고 표현하고 있다.

덧붙여서 『일본서기』에서는 사나운 신은 나오지 않지만, '신이 독기를 뱉는다'는 표현이 그에 상당한다. 이 문맥에서 말하자면, 이 사나운 신은 명백히 원주민의 저항을 의미한다.

이후 진무는 야타가라스(八咫烏)[13]에게 이끌려 요시노(吉野) 방면으로 북상한다. 오시사카(忍坂, 나라현[奈良県] 사쿠라이시[桜井市])에 도착하자, 커다란 바위 구멍에 꼬리가 난 땅거미 야소타케루(ヤソタケル)가 여든이나 버티고 있었다. 그래서 진무는 그들을 연회를 열어 대접하는 척하다 참살한 것이다. 이와 같이 사나운 신 등을 평정하고, 저항하는 사람들을 물리치며 우네비노카시하라노미야(畝火の白檮原宮, 현재의 나라현[奈良県] 가시하라시[橿原市] 야마토 삼산[大和三山] 중 하나인 우네비산[畝傍山]과 그 주변)에 자리를 잡고 천하를 다스렸다. 참고로 『일본서기』는 이 연회에서 속여서 물리친 오사카 땅거미를 에비스(夷)라 부른다. 그리고 이 선주민의 상징인 땅거미(土蜘蛛)가 훗날 요괴로 캐릭터화된다.

---

13) 신화에 등장하는 새로 진무천황(神武天皇)이 동정(東征)을 할 때 구마노(熊野)에서 요시노(吉野)를 통해 야마토(大和) 길로 들어설 때 길을 잃었는데, 이 새가 길 안내를 했다고 한다.

(3) 야마토타케루 신화

다시 『고지키』를 보자. 게이코천황(景行天皇)[14]의 자손들이 소개되는 가운데 야마토타케루는 다음과 같이 기록된다. '오우스노미코토(小碓命)는, 동서의 사나운 신(아라가미[荒神]), 그리고 따르지 않는 사람들을 평정했다'고. 이 오우스노미코토가 나중에 야마토타케루를 자칭하게 된다.

게이코천황은 서쪽의 구마소타케루를 살해하라고 명령한 뒤 이어서 '동쪽에 열 하고도 두개의 길의 사나운 신(십이도의 사나운 신[十二道之荒夫琉神])들과, 따르지 않으려는 사람들을 평정하라'고 명한다. 그후 이세(伊勢)에서 오와리(尾張) 지역에 이른 야마토타케루는 오와리의 국조인 미야즈히메와 인연을 맺고 동쪽 지역으로 나아갔으며 길에서 만난 산과 바다의 사나운 신(산하의 사나운 신[山河荒神])과 따르지 않는 사람들을 평정해갔다.

그리고 우라가(浦賀)의 수로를 건너 보소반도(房総半島)에 도달한 후, 한층 더 안쪽으로 파고 들어가, 마주칠 때마다 사나운(荒夫琉) 에비스(蝦夷)들을 종속시키며, 또 산과 바다의 사나운 신들을 평정했다. 여기에서도 거친 신이란 천황가가 영토를 확장하는 과정에서 동서에서 저항하던 선주민들로 해석할 수 있을 것이다.

(4) 풍토기

『풍토기』에서는 사람들의 교통을 방해하는 신으로 묘사되는 경우

---

14) 제12대 천황. 구마소(熊襲)를 정벌하였고 황자인 야마토타케루를 파견하여 구마소와 에조(蝦夷) 등을 평정시켰다

가 많다. 『하리마국 풍토기』에는 다음과 같은 전승이 있다. '이쿠노(生野)라 이름이 지어진 이유는, 옛날 이곳에 사나운 신(荒神)이 있어서 오가는 사람의 절반을 죽였다. 그래서 시니노(死野)라고 이름이 붙었다. 나중에 오진천황(応神天皇)[15]이 "이는 나쁜 이름이다"라고 말씀했기 때문에, 새롭게 고쳐서 이쿠노라고 했다'.*3

혹은 『비젠국 풍토기』 사가군(佐嘉郡)에 다음과 같은 전승이 있다. '고을 서쪽에 강이 있다. 이름을 사가가와(佐嘉川)라고 한다. 이 강 위에 사나운 신(荒神)이 있다. 오가는 사람의 절반은 살리고 절반은 죽였다. 그때 땅거미 중에서 오야마다메(大山田女)와 사야마다메(狭山田女)라는 여인들이 "시모다(下田) 마을의 흙을 퍼와서 인형과 말 모양을 만들어 이 신을 제사한다면 반드시 누그러질 것입니다"라고 하였다. 그 말에 따라 이 신을 제사했더니 신은 이 제사를 받아들여 마침내 마음을 누그러뜨렸다. 이 두 명의 똑똑한 여성, 영리한 여자(사카시메)라는 것에서 사가의 고을이라고 한다'.*4

이처럼 고대 신화에 등장하는 사나운 신은 천황가가 일본 열도를 지배하기 전 선주민의 신이었음을 알 수 있다. 그것은 천손강림이 있기 전 지상의 신들과도 지배 영역을 확대하는 과정에서 저항했던 각지 선주민들의 신들이라고 할 수 있을 것이다.

(5) 노리토(祝詞)

『엔기시키』의 노리토에서 사나운 신이 등장하는 것은 '유월 그믐

---

15) 오진천황(応神天皇, 생몰년 미상). 주아이천황(仲哀天皇)의 네 번째 황자이며 어머니는 진구황후(神功皇后). 재위는 400년을 전후한 때였는데 야마토 정권의 최전성기였으며, 거대한 능묘는 천황의 권력을 드러낸다.

대불제(六月晦大祓)’, ‘재앙신 이동(遷却崇神)’, ‘이즈모 국조신 하사(出雲
国造神賀詞)’이다.*5 모두 천계인 다카마가하라에 있는 천신들에 의해
추방되어 평정되는 지상계(도요아시하라미즈호국[豊葦原水穂国])의 신으
로 묘사되고 있다. 이들 사나운 신의 성격은 『고지키』의 국토 양도
신화와 거의 같다. 다만 여기에서 흥미로운 것은 ‘유월 그믐 대불제’는
도읍에 쌓여있는 죄를 지하 세계인 네노쿠니(根の国) 소코노쿠니(底の
国)로 떨쳐내리는 것을 목적으로 한 제례인데, 그 앞 단에서 이 신이
말씀하신다는 점에 있다. 더욱이 ‘재앙신 이동’은 궁중에 있는 재앙신
을 전망 좋은 산이나 맑은 강으로 이동시키는 제례인데, 역시 여기서
도 그 앞 단에서 이야기된다. 이즈모 국조 축사(賀詞)는 이즈모 국조가
궁중에서 천황을 떠받드는 노리토인데, 여기서도 그 앞 단에서 이 신
이 언급된다. 즉 이러한 제례는 사나운 신을 천신(천황의 조상신)이 평
정한 것을 확인한 다음, 사람들의 죄를 떨쳐내고 재앙신을 다른 장소
로 옮기며 이즈모 국조가 천황가를 기리는 것이다. 즉 이 사나운 신은
사람들의 죄, 재앙, 저항자의 복속과 깊이 관련되어 있다.

2. 사나운 신들에 대한 대처 방법

사나운 신은 우리에게 어떠한 영향을 미치는가? 노리토에 따르면
우리가 죄를 저질러 버리는 원인이 아무래도 이 사나운 신의 나쁜 힘에
있는 것 같다. 또 세상에 재앙을 일으키고 저항자를 낳는 원인이 되기
도 한다. 그것이 권력자 입장에서 본, 선주민의 신들이 저지르는 소행
일 것이다.

이 사나운 신들의 대처 방법이 있다. 앞서 소개한 노리토도 그 한 예이다. 특히 '유월 그믐 대제례'는 우리가 저지르는 온갖 죄를 네노쿠니 소코노쿠니로 흘려보내고 깨끗이 지워버리는 제사인데, 이 죄라는 것은 역병에 감염되거나 벼락을 맞는 일도 포함되어 있다.

『속일본기(続日本紀)』*6에는 몬무천황(文武天皇)이 치세하던 707년에 전국에서 역병이 유행했기 때문에 대불제를 행했다고 기록되어 있다. 또한 고닌천황(光仁天皇) 치세기인 776년에도 재해와 이변이 있었기 때문에 대불제를 했다. 나아가 헤이안시대 중기의 『일본 삼대 실록(日本三代実録)』*7에는 세이와천황(清和天皇) 때인 859년에 천둥이 심하게 쳐서 라쇼몬(羅城門)에서 제사를 지냈다고 되어 있다. 아마 대불제일 것이다. 또한 863년에도 역병이 유행하였기 때문에 어소, 겐레이몬(建礼門), 스자쿠몬(朱雀門)에서 대불제를 행했다.

또 하나는 악귀가 침입하는 것을 막기 위해 거리에서 하는 제사로서의 미치아에노마쓰리(道饗祭)[16]이다. 준나천황(淳和天皇)의 명으로 833년에 오노노 다카무라(小野篁)[17] 등이 편찬한 요로령(養老令)[18] 해석집인 『료노기게(令義解)』[19]에는 이 제사가 도읍의 네 귀퉁이 길 위에서

---

16) 고대에 6월과 12월 두 차례에 걸쳐 조정이 교토의 네 구석 길 위에 야치마타히코, 야치마타히메, 구나도라는 세 신을 모시고, 요괴 등의 침입을 막았던 제사 행사.
17) 오노노 다카무라(小野篁, 802~852). 공경 귀족으로 한학과 와카에 능했던 인물. 정쟁에서 필화로 유배를 다녀오고, 귀경하여 『료노기게』의 편찬에 종사하였으며 그 서문도 썼다. 한시가 탁월했다.
18) 일본 고대 법전으로 영이 10권, 율이 10권이다. 영은 그 자체로서 다 남아 있지는 않지만 9세기에 성립된 주석서 『료노기게』 등으로 거의 전문을 알 수 있다. 율은 일부가 남아 있을 따름이다.
19) 요로령의 주석서로 10권 30편인데 두 편은 전하지 않는다. 천황의 명령에 의해 한두 명이 편찬한 것으로 보이며 833년에 완성되었다. 이듬해 법에 준하여 시행되었으며,

행해져 귀신들이 도읍으로 침입하지 않도록 맞이하여 '향알(饗遏)'하는, 즉 대접을 함으로써 침입을 단념하게 하는 제례라고 되어 있다.[*8]

그럼 이 사나운 신은 어디에서 오는가? 다이고천황의 명에 따라 후지와라노 도키히라(藤原時平)[20] 등이 편집하여 927년 성립한 법전 『엔기시키』에 다음과 같이 기록되어 있다. '길이 몇 개나 교차하는 갈림길이 성스러운 바위 무더기로 막혀 있다. 야치마타히코(八衢比古), 야치마타히메(八衢比売), 구나도(久那斗)의 신들을 제사하는 것은 네노쿠니 소코노쿠니에서 난폭하게 찾아오는 것에 추종하는 것이 아니라, 천황을 비롯하여 우리를 수호해 주기를 원하기 때문입니다'라고. 그리고 이들 신들에게 바쳐지는 수많은 제물(직물이 여러 종류, 대량의 신주, 벼이삭, 조수류의 모피, 수많은 종류의 물고기, 해초 등)이 기록되어 있다.[*9]

아무래도 사나운 신은 네노쿠니 소코노쿠니에서 오는 모양이다. 이곳에서는 진수성찬뿐만 아니라 술과 호화로운 물건들도 공물로 바쳐진다. 여기에서 주목해야 할 것이 바로 대처하는 장소이다. 그곳은 도로가 몇 개나 교차하는 길목이다. 더욱 흥미로운 것은 그곳에서 사나운 신을 막아주는 야치마타히코, 야치마타히메, 구나도라는 신들의 성격이다. 아무래도 이쪽에서 막아주는 신들도 제사하지 않으면 사나워진다고 인식되었던 것 같다. 즉 일본인들은 신과 귀신을 표리일체의 존재라고 생각했던 것이다. 그래서 고질라도 사나운 신으로

법해석 기준을 공적으로 정한 것에 의미가 있다.

20) 후지와라노 도키히라(藤原時平, 871~909). 좌대신까지 오른 공경 귀족으로 901년 우대신인 스가와라노 미치자네(菅原道真)를 좌천시키고 조정의 실권을 장악했다. 이후 율령제 유지에 힘썼으며 『일본 삼대 실록(日本三代実録)』, 『엔기격식(延喜格式)』을 찬수했다.

불린 것이다.

3. 사나운 신은 바다에서 온다

그런데 이 사나운 신들의 거처로 보이는 네노쿠니 소코노쿠니는
어디에 있었던 것일까? 마찬가지로 『엔기시키』의 '온묘료(陰陽寮)'의
'나(儺)', 즉 귀신을 쫓는 제례의 항목에 더러운 악귀나 역귀가 사는
장소로서 '동쪽은 무쓰(陸奧), 서쪽은 먼 지카(値嘉), 남쪽은 도사(土佐),
북쪽은 사도(佐渡)'[*10]가 표시되어 있다. 즉 동쪽은 무쓰 지역의, 서쪽
은 지금의 고토(五島) 열도의, 남쪽은 도사의, 북쪽은 사도의 각각 뒤
쪽, 즉 일본 열도 사방의 바다 저편에 네노쿠니 소코노쿠니가 상정되
어 있었던 것이다.

고질라가 바다 건너에서 온다는 인식은 이 고대 율령국가의 세계관
을 계승하고 있다. 그리고 바다 밑바닥에서 출몰하는 사나운 신은,
인간이 만든 길을 따라 천황이 자리한 수도를 목표로 한다. 이 역시
고대 율령국가의 국토인식에 있었다. 따라서 길들이 교차하는 곳에서
치아에마쓰리(道饗祭)[21)]를 행한 것이다.

『료노기게』나 『엔기시키』가 편찬된 것은 헤이안시대이다. 따라서
상정되는 사나운 신의 목적지는 헤이안(平安), 즉 교토가 된다.

이 도읍에서 모든 가도가 집결하는 곳은 도읍 남쪽에 위치한 라쇼몬

---

21) 미치아에마쓰리라고도 했는데, 길에서 세 신을 제사한 축제로 6월과 12월에 교토의 사
    방 대로의 가장 끝에서 귀매들의 침입을 막기 위해 한 행사.

이었다. 따라서 라쇼몬은 그들이 먼저 목표로 삼는 장소이기도 했고, 율령국가가 이들이 정지하기를 간절히 바란 곳이기도 했다. 이 라쇼몬에 제례가 행해진 기록이나 귀신이나 요괴가 출몰한 전승이 집중되는 것이 그 증거이다.

이 관문을 돌파한 선별된 요괴들은, 다음으로 정치의 중심지인 궁궐의 남문, 스자쿠몬을 목표로 한다. 그리고 다음으로 천황의 어소인 궁의 남문, 겐레이몬을 목표로 한다. 역시 이러한 장소들에는 앞서 소개한 것처럼 대불제 제례 기록이나 요괴의 전승이 집중되어 있다.*11

헤이안시대가 되면 이 사나운 신들이 특정 인물과 함께 캐릭터화된다. 도읍을 습격한 사나운 신들 중에서 가장 두려움의 대상이었던 것은, 909년에 후지와라 도키히라를 병사시키고, 930년 세이료덴(清涼殿)22)에 벼락을 내려 귀족들을 죽음에 이르게 하고, 마침내 다이고천황의 생명을 앗아간 덴만 대자재 천신(天満大自在天神, 스가와라 미치자네[菅原道真]23))일 것이다. 이 일련의 사건 때에도 겐레이몬이나 스자쿠몬에서 제례가 행해졌다.*12 그리고 그 후 이 사나운 신은 도읍의 기타노(北野)에 제사되었고, 현재도 기타노텐만궁(北野天満宮)에 진좌(鎮坐)하고 있다.

그 이상으로 두려움의 대상이었던 것은 스토쿠인(崇徳院)24)이었을

---

22) 헤이안의 궁궐 건물의 하나로 천황이 일상적으로 거주하는 곳.

23) 스가와라 미치자네(菅原道真, 845~903). 학자이자 우대신까지 오른 귀족. 학자 가문 출신으로 시문에 뛰어났고 이전 천황들에게 신임받았으며, 894년 견당사 정지를 건의하기도 했다. 그러나 도키히라와의 알력에서 밀려 좌천을 가게 되고(지금의 후쿠오카 다자이후) 결국 그곳에서 죽는다. 학문의 신으로 숭상된다.

24) 스토쿠인(崇徳院, 1119~1164). 제75대 천황으로 재위 기간은 1123~1142년. 아버지 도바상황(鳥羽上皇)에게 양위를 강요받고 퇴위한 다음 스스로 상황이 되었다. 후사가 뜻

까? 호겐의 난(保元の乱, 1156)에서 패배해 사누키(讚岐)로 유배된 스토쿠인은 살면서 덴구(天狗)²⁵⁾가 되고 천황가를 평민으로, 그리고 평민을 왕으로 삼겠다고 맹세하면서 분에 못이겨 죽는다. 그리고 그 후 실제로 헤이케(平家)나 겐지(源氏)의 세상이 되면서 도쿠가와(德川)시대까지 정권은 돌아오지 않았다. 그러나 메이지시대에 되어서 정권이 천황가로 되돌아왔을 때 스토쿠인은 교토에서 제사된다. 지금의 시라미네 신궁(白峯神宮)이다. 역시 이 경우에도 옛 궁궐 북쪽에 진좌하였다.

즉 일본의 선조들은 정쟁에서 패배한 자들을 일단 먼 곳으로 유배보내고 자연재해나 정변이 생기면 그 원인을 그들의 원한으로 파악하며, 이를 사나운 신으로 귀환시켜 분노를 가라앉히기 위해 제사하는 절차를 고대에 성립시켰던 것이다.

이 절차를 고료신앙(御靈信仰)이라고 부른다. 그리고 1년에 한 번 고료에(御靈會)를 함으로써 그들을 향알하여 접대했다. 그 목적은 그들에게 새로운 사나운 신을 막도록 하기 위해서이다. 그 고료에 중에서 현재도 남아 있는 것이 일본 3대 축제의 하나인 기온마쓰리(祇園祭)이다.

기온마쓰리는 우두천왕(牛頭天王)을 접대하는 축제이다. 이 우두천왕은 스사노오(スサノオ)라고도 본다. 여기에도 유래된 이야기가 있다.

대로 되지 않자 호겐의 난(保元の乱)을 일으켰으나 사누키(讚岐)로 유배를 가서 유배지에서 타계한다. 그의 원한이 원령을 만들어 세상 사람들을 두렵게 만들었다는 기록이 있다.

25) 깊은 산속에 산다는 요괴. 야마부시(山伏)의 모습으로 얼굴이 붉고 코가 높으며 등에 날개가 달렸고 손에는 부채, 큰 칼, 금강 지팡이를 들고 있다. 신통력이 있어서 자유롭게 비행한다고 하며 산속에서 일어나는 다양하고 이상한 현상들에 대해서는 덴구의 소행이라고 일컬어진다.

이 신은 『빈고국(備後国) 풍토기』의 일문(逸文)이나 『기온 우두천왕 유래(祇園牛頭天王御縁起)』에 따르면, 북쪽에서 남쪽 바다로 아내를 데리러 갈 때 우리가 있는 지상계를 통과한다. 그러던 중 해가 저물었기 때문에 숙소를 구했는데, 어느 집에서는 이 신을 거절했지만 소민 쇼라이(蘇民将来)의 집에서는 친절하게 대접했다. 남쪽 바다에서 귀환한 이 신은 거절했던 집안 일족을 멸망시키고, 소민 쇼라이의 집을 보호하였으며, 북쪽 나라로 돌아갔다고 한다.

이 사나운 신도 현재의 야사카신사(八坂神社, 옛날 기온샤[祇園社])에 제사되고 있다. 그리고 지금도 교토 사람들은 7월 1일부터 한 달간 이 신을 접대하고 스스로를 소민 쇼라이의 후손이라고 자처하는 것이다.

4. 캐릭터화하는 사나운 신들

이처럼 헤이안시대에 이르면 이들 사나운 신들이 특정되고 캐릭터화되기 시작한다. 그것이 중세의 오토기조시(御伽草子)[26]에 이르면 더욱 픽션성도 높아진다. 예를 들어 『다무라노소시(田村の草子)』에 그려진 악로왕(悪路王), 오타케마로(大嶽丸), 『슈텐동자(酒呑童子)』의 슈텐동자, 『다마모노마에 소시(玉藻前草子)』의 다마모노마에 등이 그렇다. 악로왕과 오타메마로, 슈텐동자는 도깨비 성을 쌓고 많은 부하들을

---

26) 무로마치시대부터 에도시대 초기에 걸쳐 만들어진 350편의 일본 설화 이야기집. 일본 중세의 대표적인 문학 장르의 하나로 꼽힌다.

거느리며 도읍 공주들을 납치한다. 다마모노마에는 인도나 중국의 왕권을 흔들고 일본 궁중으로 침입한다. 그 정체는 800살이 넘는 꼬리가 두 개 달린(나중에 아홉 개가 된다) 여우였다.

이처럼 사나운 신의 모습과 형태, 그 행실은 시대를 거치면서 각기 변용되는데, 그들의 거처와 침입 경로는 고대 노리토의 세계를 계승한다.*13 슈텐동자는 이야기 속에서 자신의 출생을 에치고국(越後国)이라고 고백한다. 니가타현(新潟県)의 전승에 따르면, 그 장소는 구가미야마(国上山)산 주변이다. 구가미야마 산록에는 고대 교통로가 항로로 바뀌면서 사도국으로 통하는 항구가 있다. 즉 사도국과 에치고국의 경계에 해당하는 곳이다.

또 다른 탄생지로 이부키야마(伊吹山)산을 꼽는 이야기도 있는데, 이곳은 오미국(近江国)과 미노국(美濃国) 국경에 위치하며, 고대의 도산도(東山道)²⁷⁾가 그 산기슭을 통과하고 있다. 그리고 고대의 세 관문 중 하나인 후와노세키(不破関)가 있다. 이러한 국경에서 교통로가 있는 곳은 교차로에 해당한다. 고대에는 이런 곳에서 대불제나 미치야에마쓰리가 거행되었다.

특히 사도국 내륙에는 네노쿠니 소코노쿠니가 상정되어 있다. 구가미야마에는 하라에도신사(祓戸神社)가 있으며, 이부키야마 산의 신은 이부키도누시이다. 이들은 모두 대불제의 흔적이다.

오타케마루는 오미국과 이세국의 국경에 있는 스즈카산(鈴鹿山)에 성을 쌓았다. 이곳에도 고대의 도카이도(東海道)²⁸⁾가 지나며 고대의 삼

---

27) 고대의 칠도(七道) 중 하나. 지금의 간사이 지방으로부터 중부, 간토 지방의 산지를 따라 도호쿠 지방으로 이어지는 지역을 말한다.

관문 중 하나인 스즈카세키(鈴鹿関)가 있었다. 스즈카산 가타야마신사 (片山神社)의 제신도 대불제의 신이다. 오타메마로가 그 후 성을 쌓은 곳이 이와테산(岩手山)이다. 고대의 교통로는 여기까지 도달해 있었 다. 아마 무쓰국의 네노쿠니 소코노쿠니는 이 근처 바다 밑으로 상정 되었을 것이다.

다마모마에가 거처로 삼고 있던 곳은 시모쓰케국(下野国)과 무쓰국 의 국경에 위치한 나스노(那須野)이다. 고대의 교통로가 통과하고, 시 라카와세키(白河関)도 근처에 있었다([그림 1]).

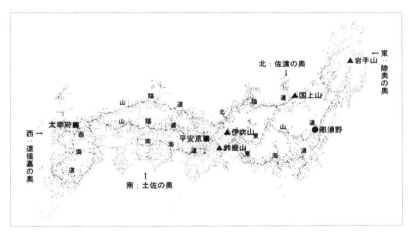

[그림 1] 고대의 교통로 네트워크로 상정되는 사방의 '네노쿠니 소코노쿠니', 사나운 신들의 출몰 지(후지오카 겐지로[藤岡謙二郎] 편 『고대 일본의 교통로Ⅳ(古代日本の交通路Ⅳ)』, 大明堂, 1979 의 별엽도[別葉図, 그 1,2]에 가필)

이처럼 사나운 신들은 개성적으로 캐릭터화되는데, 그들이 궁중을

---

28) 고대 칠도의 하나로 이 지역을 통해서 가는 길에 대한 호칭이고, 나중에 무사시(武蔵)가 추가되었다고 한다.

목표로 향하는 루트나 거처의 특질은 공통적이다. 일본 열도 동서남북
바다 밑바닥에 설정된 네노쿠니 소코노쿠니에서 부상한 이들 사나운
신들은 고대 교통로를 타고 궁중으로 다가온다. 〈신 고질라〉는 물론
그들과는 다른 현대적인 캐릭터를 갖고 있다. 그렇다면 그 침입 루트
는 어떠할까.

5. 〈신 고질라〉의 침입 경로

〈신 고질라〉에서 그려진 고질라의 침입 루트를 살펴보자.

남쪽 바다에서 온 고질라는 도쿄만 요코하마(橫浜) 앞바다에서 출
몰하여 다마가와(多摩川)강 하구에서 노미가와(呑川)강을 타고 가마타

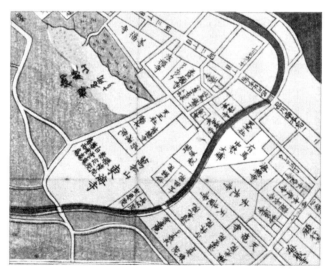

[그림 2] 『에도 기리에즈(江戸切絵図)』(1850년)에 그려진 기타시나가와(北品
川)의 고텐야마(御殿山)와 덴노샤(天王社)

(蒲田)로 상륙하며 기타시나가와(北品川)에서 일단 정지한다. 왜 기타시나가와였을까. 그것은 일찍이 기타시나가와 부근에, 에도성의 서민 마을로 통하는 남쪽 입구인 시나가와야도(品川宿)가 있었기 때문이다. 에도시대 고지도를 보면 시나가와야도 숙소 북쪽의 고텐야마(御殿山) 산에 덴노샤(天王社)가 보인다([그림 2]). 덴노샤의 천왕은 우두천왕이다. 현재는 시나가와신사(品川神社)가 되어 우두천왕(스사노오)이 모셔져 있다.

앞서 살펴본바와 같이 사나운 신을 정지시키려면 과거 사나운 신을 제사할 필요가 있다. 따라서 이 시나가와신사는, 〈신 고질라=사나운 신〉을 정지시키는 기능을 가지는 시설이었던 것이다. 영상에서도 이 신사에 사람들이 대피하는 장면이 담겼다.

실은 이 고텐야마 산에 막부 말기에 외국 공사관이 세워졌다. 즉 실제로 해외의 사나운 세력을 일단 정지시키는 장소이기도 했던 것이다. 존황양이(尊皇攘夷)[29]를 주창하는 조슈번(長州藩) 번사들이 이 공사관을 불태웠다.

그 후 고질라는 도라노몬(虎ノ門)을 태운다. 도라노몬은 에도성의 남문. 헤이안쿄로 치면 스자쿠몬에 해당한다. 정치 중심지 가스미가세키(霞ヶ関), 나가타초(永田町)를 파괴한 고질라는 이제 현재의 황궁 앞 도쿄역에서 정지한다.

현대 일본에서 도쿄역은 과거의 라쇼몬에 해당하는 가장 큰 교차로의 하나라고 해도 좋을 것이다. 여기에서 고질라는 정지한다. 그리고 거대미확인생물체 통합대책본부가 실시한 작전이 바로 '야시오리(ヤ

29) 황실을 존경하고 오랑캐 외적을 물리쳐 떨친다는 뜻.

シオリ) 작전'이었다.

'야시오리'란 스사노오가 야마타노오로치(八岐大蛇)[30]에게 마시게 한 특수한 술이다. 즉 오래된 사나운 신이, 새로운 사나운 신을 정지시키기 위해 마시게 한 신주(神酒)가 될 것이다. 이 작전의 하나가 도쿄역 주변에 빽빽한 고층 빌딩을 미사일 등으로 붕괴시켜 고질라를 정지시킨다는 것이었는데, 이것은 바로 미치야에마쓰리에서 성스러운 바위 덩어리들로 막혀 있는 교차로의 신들과 같다.

더욱이 무인 폭탄 신칸센, 재래선의 각 노선 차량들이 고질라에 몸을 부딪치는 장면은, 이 도쿄역이 전국에서 가도가 이어지기도 하고 끊어지기도 하는 교차로임을 상징적으로 보여준다.

그리고 마지막으로 야시오리라고 명명된 혈액응고제를 고질라에 투입하는 것이다. 도쿄역에 쓰러진 고질라의 입으로 특수차량이 무기를 길게 뻗는 영상은 마치 후쿠시마 제1원자력발전 건물로 육박하는 방수차를 방불케 한다는 견해도 있었다.

영화는 고질라를 도쿄역에 정지시킨 채 끝난다. 그 후에는 어떻게 되었을까? 이 야시오리 작전을 추진한 대책본부 부본부장 야구치(矢口)는 말한다. "인류는 이제 고질라와 공존할 수밖에 없다"라고.

그렇다면 아마도 고질라는 저대로 마치 제사된 상태로 도쿄역에 놓이게 되는 것일까? 그렇다면 고질라는 정말로 사나운 신이 됐다고 해도 좋을 터이다.

---

30) 일본 신화에 등장하는 머리와 꼬리가 여덟 개씩 있다는 거대한 뱀. 술을 좋아하고 매일 한 명씩 아가씨를 잡아먹었는데, 스사노오노미코토가 이를 퇴치하고 구시나다히메를 구했으며 그 꼬리를 잘라 검을 얻었다고 전한다.

초대 고질라(1954)를 제2차 대전에서 억울하게 죽은 사람들(영령)로 파악한 해석도 있었던[*14] 것 같은데, 그렇다면 그야말로 고료(御霊)가 수도로 귀환한 것이라고 할 수도 있을 것이다. 또 비키니 환초에서 미국이 실시한 수소폭탄 실험이 이 사나운 신의 등장 원인이라는 설도 있다.[*15] 전쟁이나 수소폭탄 실험은 바로 우리 인류가 저지른 죄라고 해도 좋을 것이다. 그 죄를 대불제로 네노쿠니 소코노쿠니로 흘려보냈다고 생각하고 있었는데, 다시금 그 죄를 안아올려서 등장한 것이 고질라였던 것이다.

또 왜 고질라가 도시(수도)를 지향하는 것인가 하는 논의[*16]도 있는 것 같은데, 그것은 이 고대 율령국가 세계관의 답습으로 보면 이해할 수 있을 것이다. 왜냐하면 그들은 궁중을 노리고 있기 때문이다.

내가 이 영화에서 가장 흥미롭다고 생각하는 것은 다음과 같은 부분이다. 그것은 사나운 신에 대처하는 것이 군인도 종교인도 아니고 관료들이라는 점이다. 그리고 그것은 고대에도 마찬가지였다. 그들이 희생되는 점 역시도. 『엔기시키』를 편찬한 것은 후지와라 도키히라이다. 그는 스가와라노 미치자네의 원령에 의해 사망한 것으로 알려졌다. 편찬에 관여한 기노 하세오(紀長谷雄)도 『하세오조시(長谷雄草紙)』에 따르면 스자쿠몬에서 귀신과 조우했다. 『료노기게』를 편찬한 오노노 다카무라는 지하세계(네노쿠니 소코노쿠니)와 지상계를 왕래했다고 전해진다.

즉 일본을 덮치는 재앙의 시나리오는 관료들이 만들어내서 계승하고 있었던 것이다. 〈신 고질라〉는 그것을 그린 영화였던 것이다. 그와 동시에 그 시나리오가 허구라는 것도.

원저자 주

*1 『고지키』에 관해서는 아래 문헌을 참조하였다. 倉野憲司 校註, 『古事記』(岩波書店, 1963). 三浦佑之, 『口語訳 古事記[完全版]』(文藝春秋, 2002).

*2 『일본서기』에 대해서는, 이하의 문헌을 참조했다. 井上光貞 監訳, 『日本書紀 上』(中央公論社, 1987).

*3 中村啓信 監修·訳注, 『風土記 上』(角川書店, 2015), p.460.

*4 中村啓信 監修·訳注, 『風土記 下』(角川書店, 2015), pp.100~101.

*5 노리토에 대해서는 이하의 문헌을 참조했다. 青木紀元, 『祝詞全評釈 ─ 延喜式祝詞·中臣寿詞』(右文書院, 2002).

*6 『속일본기(続日本紀)』에 대해서는 이하의 문헌을 참조했다. 宇治谷孟 訳, 『続日本紀』 上·下(講談社, 1992, 1995).

*7 『일본 삼대실록(日本三代実録)』에 관해서는 이하의 문헌을 참조했다. 武田祐吉·佐藤謙三 訳, 『読み下し日本三代実録(上巻)』(戎光祥出版, 2009).

*8 『新訂増補 国史大系 令義解』(吉川弘文館, 1983), p.77.

*9 『延喜式 上』(集英社, 2000), p.485.

*10 『延喜式 中』(集英社, 2007), p.377.

*11 佐々木高弘, 『生命としての景観 ─ 彼はなぜここで妖怪を見たのか』(せりか書房, 2019).

*12 『新訂増補国史大系第十一巻 日本紀略』(吉川弘文館, 1929), p.30.

*13 상세하게는 佐々木高弘, 『妖怪巡礼』(古今書院, 2020)를 참조.

*14 小野俊太郎, 『ゴジラの精神史』(彩流社, 2014), p.156.

*15 小林豊昌, 『ゴジラの論理』(中経出版, 1992).

*16 橋爪紳也, 「ゴジラはなぜ都市をめざすのか」, 『ユリイカ』 691(青土社, 2016), pp.73~77.

하늘에서 짐승이 떨어졌다

- 뇌수(雷獸) 고찰 -

기바 다카토시(木場貴俊)

들어가는 말

천둥(雷)[1], 지금은 방전현상으로 이해되고 있지만, 옛날에는 '뇌신(雷神)'이나 '뇌공(雷公)'이 떨어지는 것으로 알고 있었다. 그리고 일본에서 뇌신이라고 하면 다와라야 소타쓰(俵屋宗達)[2]의 『풍신뇌신도 병풍(風神雷神図屏風)』에 그려진 모습이 익숙할 것이다(소타쓰 이후 린파[琳派] 화가들에게 모사되고 있다)([그림 1]). 여러 개의 태고(太鼓)를 지닌 귀형(鬼形)의 모습은 중국 후한시대의 학자 왕충(王充)의 『논형(論衡)』

---

1) '뇌(雷)'는 일본어로 가미나리(かみなり=신의 울음), 이카즈치(천둥, 우레)라 하여, 한국어의, 천둥, 우레에 해당된다. 그러나 동시에 구름과 구름 사이 혹은 구름과 땅 사이의 방전에 의해 빛과 소리를 내는 자연현상, 즉 한국어 벼락의 의미로도 쓰인다. 본서에서도 대부분은 천둥, 우레의 의미로 사용되지만, 경우에 따라서는 두 가지를 모두 의미하는 벼락의 뜻으로 사용하기 때문에 경우에 따라서는 '벼락'으로도 번역한다.

2) 다와라야 소타쓰(俵屋宗達, 생몰년 미상). 에도시대 초기의 화가. 통칭은 노노무라 소타쓰(野々村宗達).

「뇌허편(雷虛篇)」*1에 있는, 왼손으로 '연고(連鼓)'를 끌어당겨 오른손으로는 치는 '역사(力士)'와 같은 '뇌공' 그림에서 유래할 것이다. 또한 『산해경(山海經)』 제3 「해내동경(海內東經)」에는 '용의 몸에 사람 머리를 하고 그 배를 두드리는' '뇌신'*2이 기록되어 있는 등 그 모습은 다양하다.

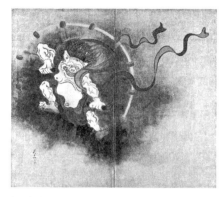

[그림 1] 오가타 고린(尾形光琳) 『풍신뇌신도병풍(風神雷神図屛風)』의 뇌신(雷神)(https://ja.wikipedia.org/wiki)

한편 구체적인 모습을 지닌 '천둥'이 가끔 지상에 떨어지는 경우도 있었다. 일본의 『니혼료이키(日本靈異記)』 상권 「천둥을 잡은 이야기(雷を捉える縁)」를 보면, 천둥을 잡아서 천황에게 바친 지이사코베노스가루(小子部栖軽)의 무덤에 세운 비문 기둥에 다리가 끼인 천둥이 붙잡혀 있다.*3 구체적인 모습은 기록되고 있지 않지만, 다리가 있는 것으로 보아, 이 천둥은 생물과 같은 모습을 했을 것으로 추측된다. 그리고 중국에서 낙하한 천둥(뇌공)의 모습은 '닭(鶏)'(『五雑組』)이나 '돼지(彘)'(『国史補』), '곰, 멧돼지(熊猪)'(『伝奇』) 아니면 '원숭이(獼猴)' 머리(『捜神記』), '돼지목(猪首)'(『酉陽雑俎』), 검은 '돼지목(猪首)'의 '귀신(鬼)'(『録異記』) 등, 전체 혹은 일부가 금수와 비슷하다.*4

이러한 다양한 모습을 지닌 천둥(뇌신, 뇌공)을 전제로 본 장에서 언급하고 싶은 것은 '뇌수(雷獣)'라는 짐승이다. 뇌수에 대해서는, 편의상 '천둥과 함께 낙하하는 짐승, 혹은 천둥으로 간주되는 짐승'이라고 정의해 두겠다. 이 뇌수는 18세기(에도시대 중기) 이후 세상에 널리 알려지게 되었다. 그 계기는 그림이나 서적 등의 미디어와 관련이 크다.

그런 의미에서 뇌수는 미디어가 낳은 캐릭터라고 할 수 있다. 뇌수가 어떻게 나타나고 전개되었는지를 다양한 각도에서 생각해 보고자 한다.

1. 에도시대 천둥에 대한 이해

음양의 작용으로서의 천둥

원래 에도시대 천둥은 어떻게 이해되고 있었을까?

데라지마 료안(寺島良安)의 『화한삼재도회(和漢三才図会)』(1712년 서문) 권3 천상류(天象類)의 '천둥(雷)'[*5]은, 뇌신, 뇌공, 뇌사(雷師) 등의 별명이 있으며, 삽화에는 빛줄기와 함께 귀(鬼=力士), 연고(連鼓)가 그려져 있다('번개[電]'와는 구별되며, 이쪽은 전광[電光]이라고만 묘사하고 있다).

료안은 '천문서(天文書=천문학)'의 설명이 상세하다고 하며, 천둥은 양기(陽気)를 띠고 있고 불(火)에 속한다고 생각했다. 천둥은 낙하하면 땅을 쿵하고 울리며 달려서 승천(昇天)의 편의를 도모하므로 근처의 수목이나 기둥을 타고 훑으며 올라가거나 검은 구름이 뒤덮이면 그것을 타고 올라간다. 그것이 떨어진 곳에는 반드시 '탈모(脱毛)'나 '할퀸 자국(爪傷)'이 생기기 때문에, '전체적으로 화(火)이면서 짐승에 속'하는 것이 틀림이 없다고 한다. 그러나 뜨거운 불이기 때문에 형태가 있다고 해도 천둥의 '본래 형태'를 본 자는 고금에 없으며 새끼 고양이 같을 것이라고 추측한다. 그렇기 때문에 사람들이 붙잡았다고 하는 천둥은 낙뢰 시에 금수가 벽력(霹靂)의 기세에 휘말려 함께 떨어진 것이라고 한다. 즉, 료안은 천둥을 짐승과 같은 형태를 하고 있지만, 볼 수는 없다고 생각하고 있었다.

다카미 소큐(鷹見爽鳩, 1690~1735)의 『병촉혹문진(秉燭或問珍)』(1710년 간행) 권1 「뇌지설(雷之説)」*6에는 송(宋)시대의 학자 특히 정자(程子)[3]의 설을 인용하여, '천둥은 음양이 서로 부딪혀서 삐걱거리는 것을 말한다. 원래 뇌전(雷電)은 모두 양(陽)이다. 그러나 음기가 뭉쳐서 양을 감싸기 때문에 음과 양이 서로 삐걱거리며 소리를 낸다'라고 하고 있다. 그리고 '천둥은 하늘에 있을 때는 기운만 있다. 그것이 땅에 떨어지면 형태를 이루는 일도 있다'고 하며, 그것은 금수나 도끼의 모양이 된다고 한다. 또한 풍뇌(風雷)는 『역경(易経)』에서는 코끼리를 건(乾)으로 보고, 건은 술해(戌亥)의 방위를 가리키기 때문에 풍백을 개, 뇌공을 돼지(豕)의 형상으로 보고 있다고 한다.

난학의 지식을 도입한 히로세 슈하쿠(広瀬周伯, ?~1818)의 『삼재규관(三才窺管)』(1808) 중권 「뇌전(雷電)」*7에서는, '단지 이것은 화기(火気)이다'라는 『논형』의 주장에 대해, '화기라면 당연히 상승의 성질이 있어서 하강할 리가 없다'고 비판한다. 그 증거로 낙뇌 시 탈모나 할퀸 자국, 유석(遺石) 등이 있음을 들고 있다.

괴이 논단서(怪異論断書)에서 본 천둥

시점을 달리하여 괴이의 논단서에서는 천둥을 어떻게 이해하고 있었을까? 야마오카 겐린(山岡元隣, 1631~1672)·겐조(元恕, 미상)의 『고금

---

3) 중국 송나라의 정명도(程明道, 1032~1085)와 정이천(程伊川, 1033~1107) 두 형제를 말하며 이(二)정자라고도 한다.

백이야기 평판(古今百物語評判)』(1686) 권1「우레소리를 동반한 천둥도끼 천둥벼루 이야기(神鳴付雷斧雷墨の事)」[8]에서는,　진북계(陳北渓=陳淳, 1159~1223)의 『성리자의(性理字義)』를 참조하여 '천둥은 음양이 서로 부대끼는 소리'라고 설명하고, '음양은 서로 상극이기' 때문에 '양기가 음기를 이길 때는 그 남는 것이 어떤 것은 공중으로 내려오고 또 어떤 것은 땅으로 내려와서 반드시 악을 쌓은 집에 떨어져', 악인에게 재앙을 준다고 한다. 그렇기 때문에 '떨어진 곳을 보면 마치 귀형(鬼形)의 할퀸 자국과 비슷한 것이 있어서 짐승이 따라 내려오는 것처럼 교토의 아이들이 떠들어대지만 그렇지 않다'라고 하고 있다.

괴이(怪異) 즉 천변지이(天変地異)의 논단서인, 니시카와 조켄(西川如見, 1648~1724)의『화한변상괴이변단 천문정요(和漢変象怪異弁断 天文精要)』(1715) 천이편(天異篇) 권3「뇌전(雷電)」[9]에 의하면, '번개(電)는 빛을 말한다. 떨어져서 흔적이 있는 것을 우레소리(霆)라고 한다. 울려서 찢어질 듯한 것을 벽력(霹靂)이라 한다. 천둥(雷)은 총칭으로 모두 통용된다'라고 하며 천둥과 벼락을 구분한다. 그리고 천둥은 송의 유학자 특히 장횡거(張横渠, 1020~1077)의『정몽(正蒙)』의 설(음기가 응집하여 양내[陽内]에 있는 것은 나가지 못하면 분격하여 천둥과 벼락 즉 뇌정[雷霆]이 된다)이 '대략 가장 명확'하며, '재이(災異)가 아니라 늘상 있는 일이다'라고 한다. 천둥의 형태에 대해서는 옛사람들이 금수 등 살아있는 생물로 여기고 있지만, 그것은 도리에 맞지 않고 낙뢰를 보고 금수의 형상을 이야기하는 사람에 대해서는 '천둥의 형체가 아니다. 화염의 형상이다'라고 단언한다.

이상 에도시대에는 천둥의 설명으로서 편차는 있지만, 송시대 유학자에 의한 음양(화기)의 작용으로 일어난다는 이해가 널리 받아들여졌음을 알 수 있다. 또한 낙뢰 시의 탈모나 할퀸 자국에 대해서는 언급하면서도 천둥=금수라는 설에 대해서는 대부분 유보 입장을 보이고 있다.(『화한삼재도회(和漢三才図会)』처럼 세속에서는 천둥=짐승으로 파악하는 경향도 있다.) 이는 〈들어가는 말〉에서 든 한적(漢籍)이 천둥을 금수의 모습으로 표현하는 것과는 대조적이다.

아울러 짐승과 같은 불 천둥에 대해서는 간조부교(勘定奉行)[4]와 에도미나미마치(江戸南町) 부교(奉行)[5]를 지낸 네기시 야스모리(根岸鎮衛, 1737~1815)의 『이낭(耳囊)』에 다음과 같은 이야기가 있다. 1813년 8월 초하루, 아사쿠사(浅草) 사이후쿠지(西福寺) 근처에서 공사를 하고 있던 소방수들에게 낙뢰가 있었다. 그들은 '천둥을 때려 죽여야 한다'고 하며 각목이나 쇠갈고리가 달린 소방용구를 들고 와서 솟구치는 구름에 '불덩어리 짐승 같은 것'이 있다고 쫓아다니며 때렸다. 그러자, '천둥은 갑자기 일이 재미없어졌다고 생각하고' 도망을 쳐서 사이후쿠지 구내에 있는 나무 위로 올라갔다고 한다.[*10]

2. 뇌수(雷獣)의 출현

그리고 18세기가 되면 '뇌수'가 기록되기 시작한다.[*11]

'뇌수'라는 말 그 자체는, 『산해경』 제14 대황동경(大荒東経)에 '뇌수지골(雷獣之骨)'이라는 말로 나오는데, 모습과 관련된 구체적 설명은

---

4) 민치(民治)·재정·소송을 다루는 에도시대 관직.
5) 영내 행정, 사법을 담당하는 에도시대 관직.

없다.*12 이렇게 되면 '뇌수'를 어떻게 설명해도 상관없게 된다.

겐로쿠시대(元禄時代, 1688~1704)에 출현했다는 것이 가장 오래된 것으로 알려져 있는데, 그것을 기록한 문헌은 19세기 것으로 한정되어 있기 때문에 유보할 필요가 있다(『현동방언(玄同放言)』권1,『왜훈간 중편(倭訓栞中編)』권4). 그러면 18세기 이후의 뇌수를 살펴보기로 하자.

뇌수와 서적

18세기 이후 뇌수 기사를 둘러싸고는 서적의 유통이 큰 역할을 한다. 에도시대는 출판문화가 크게 발전한 시대*13로, 뇌수 역시 그 은혜를 받고 있다. 이에 몇 가지 서적을 들어보겠다.

①『진뇌기(震雷記)＝뇌진기(雷震記)』(1767)*14

에도시대 사영(私營) 의학교육기관 세이주칸(躋壽館)에서 강사를 역임한 고토 고토안(後藤梧桐庵＝리슌[黎春], 1696~1771)이 편찬한 천둥에 관한 해설서이다. 주로 낙뢰 시의 요법이나 뇌조(雷鳥)·뇌수(雷獸) 등에 대해 설명하고 있다. '뇌정(雷霆) 때 구름을 타고 함께 떨어지는 생류(生類), 중국, 일본에 여러 종류가 있다'고 하며, 1765년 사가미노쿠니(相模国)[6] 오야마(大山)에 떨어진 뇌수를 그림과 함께 소개하고 있다.([그림 2]) 그 외에

[그림 2] 『진뇌기』의 뇌수도(국립국회도서관 소장)

---

6) 현재의 가나가와현(神奈川県).

도 도사(土佐)나 시나노(信濃), 한적 등의 사례를 거론하고 있기 때문에 후세에 뇌수를 설명하는 문헌에서 종종 참조로 인용되고 있다.

②『한전차필(閑田次筆)』(1806)[*15]

『근세 기인전(近世畸人伝)』(1890)의 저자로 알려져 있는 가인(歌人)이자 국학자(国学者)인 반 고케이(伴蒿蹊, 1733~1806)의 수필. 구리노모토 교쿠세쓰(栗本玉屑, 1752~1856)의『아즈마가이 동쪽 조개(阿都満珂比東貝)』(1800)에 실린 너구리같은 뇌수의 포획기사를 언급하면서, 당시 어떤 사람을 경유해서 얻은 특이한 모습의 뇌수도를 소개하고 있다. 그 그림에는 '1801년 5월 10일 아키노쿠니(安芸国)[7] 고코노카이치(九日市) 마을의 소금 솥에 떨어져 죽은 뇌수의 그림, 크기 곡척(曲尺)으로 1척 5촌'이라는 메모가 있으며, 고케이 자신도 진위 여부는 알 수 없다고 하고 있다. 이 뇌수도는 날짜에 다소 차이를 보이고 있지만 현재 다수의 모사가 확인되고 있다.[*16] 고케이도 그중 한 장을 보고 베낀 것일 것이다. 그 그림이『한전차필』에도 수록, 간행된 것으로, 보다 광범위하게 전파되게 되었다. 후술하는 교쿠테이 바킨(曲亭馬琴, 1767~1848)의『운묘간우야월(雲妙間雨夜月)』은 그것을 수용한 일례를 보여준다.

[그림 4] 1796년 비코노쿠니 구마모토에 떨어진 뇌수도(국립역사민속박물관 소장)

---

7) 현재의 히로시마(広島)현.

이 특이한 뇌수도에 대해서는 1796년 6월 15일에 비코노쿠니(肥後国) 구마모토령(熊本領) 다케하라(竹原)에 떨어진 이형의 그림([그림 3])과 형상이 비슷하며, 또한 '소금(소금솥)'에 떨어졌다는 공통점이 보인다. 시기를 존중한다면 아키노쿠니보다 구마모토의 사례가 더 선행하지만 세상에 유포가 된 것은 아키노쿠니의 뇌수이다.

③ 지지류(地誌類)

각지의 지리나 역사, 풍속, 산물 등을 기록한 지지류에도 뇌수의 기사는 산견된다.

시나노를 예로 들어보면, 우선 요시자와 다카아키(吉沢好謙, 1710~1777)의 『시나노지명고(信濃地名考)』(1767년 성립, 1773년 간행) 하권 「다테시나야마(立科山)」[*17]에 '이수(異獸)' 즉 뇌수가 도사나 오미(近江)의 사례와 함께 소개되고 있다. 이 정보는 교토의 간자와 도코(神沢杜口, 1710~1795)의 『오키나구사(翁草)』(1776년 서문)('다테시나야마 이수[更科山異獸]'[*18]라고 표기)나 에도시대 교쿠테이 바킨의 『현동방언(玄同放言)』[*19] 등을 인용하고 있다. 또한 이데 미치사다(井出道貞, 1756~1839)의 『시나노 기승록(信濃奇勝録)』(1834년 성립, 간행은 메이지 이후) 권3 「다테시나야마(立科山)」에서 소개되는 뇌수는 '천년 묵은 두더지(千年鼹)'라고 되어 있는데, 그 그림은 『진뇌기』의 뇌수도를 바탕으로 하는 것이다.[*20]

그 외에도 에치고(越後)를 사례로 마루야마 겐준(丸山元純, 1687~1758) 선(撰), 하타아와기마루(秦檍丸, 1760~1808) 보정(補訂) 『에치고 명기(越後名寄)』(1756년 서문) 권1 「천상(天象)」에 증보되어 기록된 안에이(安永, 1772~1781) 연간에 무라마쓰 성하(村松城下)에 낙하한 뇌수기사[*21]

가『현동방언』등에 인용되고 있다.

새로운 뇌수 기사를 쓸 때, 대부분의 기록자는 주로 ①~③을 참고로 사용했다. 이러한 문헌의 이용이 뇌수를 둘러싼 상황을 다양하게 전개시켰다고 할 수 있다.

그리고 뇌수 기사에서 주의해야 할 것은, 한적에 실린 금수(禽獸)인 천둥(뇌공)에 대해서 거의 반드시라고 할 만큼 많이 언급한다는 점이다. 일본 서적만이 아니라 권위를 지닌 한적에 의해 뒷받침이 된다면, 뇌수 기사의 정보를 풍부하게 할 수 있고, 동아시아로 확대할 수 있게 하는 것이다.

뇌수 기사의 유포

『진뇌기』나『한전차필』에는 문자 정보만이 아니라 뇌수의 그림(삽화)이 첨부되어 있고, 이는 중요한 의의를 지닌다. 그림을 통해 보다 시각적으로 뇌수를 인지할 수 있기 때문이다. 이러한 글과 그림에 의해 구성된 뇌수 기사는 모사되고 더 나아가 각지의 뇌수 정보를 새로 끌어모으기도 한다.

도미나가 신요(富永莘陽, 1816~1879)에 의한 오와리노쿠니(尾張国) 가스가이군(春日井郡) 다바타무라(田幡村)(현 나고야시[名古屋市] 기타구[北区] 다바타·가나기초[金城町] 주변)의 지지『다바타지(田幡志)』(1856년 서문)에는 뇌수를 잡은 '늙은 농부 규우에몬(農久右衛門)'이 소개되어 있다.[*22] 규우에몬 사건에 이어지는 형태로 '뇌수에 관한 이야기가 여러 서적에 많이 나오고 그 모양도 다양하다'라고, 바킨의『현동방언』(『뇌진기(雷震記)』,『시나노 지명고(信濃地名考)』,『에치고 명기(越後名寄)』,『한전차필』은 이 서적에서 인용)이나『근래 세진록(近来世珍録)』,「어떤 책」

의 사례를 들고 있으며, 마지막으로 1818년에 농부 세이조(清蔵)가 잡아서 볼거리가 된 뇌수를 그림을 넣어 소개하고 있다. 주목하고 싶은 것은, 『현동방언』에는 없는 『한전차필』의 뇌수도가 모사되고 있을 뿐만 아니라, '어떤 서적'의 그림이 오와리번(藩)의 무사인 고리키 엔코안(高力猿猴庵, 1756~1831)이 편찬한 『엔코안 합찬(猿猴庵合纂)』제4집에 실린 1786년 가을에 나고야 히가시카케쇼(東掛所) 앞에서 일어난 뇌수를 구경하는 그림*23과 유사하다는 것이다. '어떤 서적'이 『엔코안 합찬』이라고 단정할 수는 없지만, 지지를 편찬하면서 뇌수를 거론할 때 그 고장의 기록을 보강하기 위해 선행 문헌이나 그림을 복수 반영하고 또 근처의 정보까지 추가한다는 점은 중요하다.

　또한 규우에몬이 뇌수를 잡은 것은 '이 남자가 젊었을 때의 일'이었다. 『다바타지(田幡志)』의 기사는, 어떤 지역에서 일어난 과거 사건에 대한 기억이 『현동방언』 등과 같은 문헌과 관련하여 환기됨으로써 지역의 역사로 기록된 흐름도 알 수 있게 한다. 즉, 본래는 일과성이었던 정보가, 서적이 유포됨에 따라 체계화된 지식에 의해 환기되고 지역의 역사로 재편된 것이다. 그러한 역사에 대한 정보는 더 널리 유포될 가능성이 있다. 이러한 뇌수 기사에서는 일과성 정보와 체계화된 지식의 순환을 볼 수 있다.

구경거리

　뇌수 기사에서는 족제비, 너구리, 고양이 등의 짐승과 비교하는 방법으로 뇌수의 특징을 묘사하고 있다. 기존에 알려져 있는 짐승과는 다르다는 점이 진기한 '뇌수'라는 증거로 기능했다. 그 희소성, 그리고 천둥과 함께 떨어졌다고 하는 화제성에 의해 포획된 뇌수는 자주 구경거리가 되었다. 그것은 예를 들어 흥행이 아니더라도 야마오카 마쓰아케(山岡浚明, 1726~1780) 편『유취명물고(類聚名物考)』(18세기 후기 성립) 권339 「이수(異獸)」에 있는 것처럼, 고후(甲府) 덴모쿠잔(天目山)에서 포획된 '뇌수'가 1771년 3월 초하루 에도 사메가하시(鮫ヶ橋) 기타마치(北町)의 이즈미야 기치고로의 집에서 철망으로 된 망에 담겨 구경거리가 되었다는*24

[그림 4] 야마오카 마쓰아케『유취명물고』게재 「이수」(국립공문서관 소장)

등([그림 4])과 같이, 여러 가지 형태로 공개가 되었다.

이러한 구경거리로서의 뇌수는 서책에 기록된 2차원 정보와는 다른, 3차원 정보로서 사람들 앞에 제시된 것이었다. 그러나 2차원과 3차원은 서로 분리할 수 있는 것은 아니다. 원래『진뇌기』를 교정한 세이주칸 총리 오타 조겐(太田澄元, 1721~1795)의 서문에 의하면, 본서에서 그림으로 보여준 사가미(相模)의 뇌수는 포획 후 에도 료코쿠바시(両国橋)에서 구경거리가 된 것으로, 조겐 자신도 구경했고 그 모습을 그린 것을 아이들에게 주었다고도 하고 있다.

구경거리로서의 뇌수에 대해서는 소설『천연기우(天縁奇遇)』(1812) 하권에도 사누키(讃岐) 지도지(志度寺)의 구경거리 설명에서, '고금에 신기한 것들을 모아 보여 주는 것, 어떤 것은 머리가 둘 달린 아이, 뱀을 부리는 여자, 인어, 뇌수와 같은 것들'이라고 하고 있다. *25 또한, 야마다 게이오(山田桂翁, 미상)의『보력현래집(宝暦現来集)』(1831년 성립)

에 있는 1821년의 낙타 구경 흥행*[26]은 일견 뇌수와는 관련이 없어 보
인다. 그러나 '괴수는 모두 싫어한다. 따라서 이 그림을 붙여 두면 벼
락(雷)이 치지 않는다. 만인(蛮人=서양인, 역자 주기)들은 집집마다 붙여
서 벼락을 물리친다'라고 하며, 뇌수는 낙타에 약하기 때문에 이국에
서는 그림을 붙여서 벼락을 물리친다고 소개하고 있다. 뇌수 즉, 낙타
를 두려워한다고 한다. 어린아이가 낙타를 평소 보았으면 홍역, 마마
가 가볍게 지나가며, 낙타가 있는 곳은 벼락이 떨어지지 않는다. 네덜
란드 사람들은 그것을 공경한다'라는 기록도 있다. 벼락을 물리치는
민속과 해외 문물의 구경 흥행이 교차한 예라 할 수 있다.

천둥 사냥(雷狩)

뇌수에 대해서는 '천둥 사냥'이라는 풍속도 동일본에 있었던 것으로
확인된다. 이 풍속은 『화한삼재도회(和漢三才図会)』에서 이미 소개하
였다. 권66에서 거론되는 아와노쿠니(安房国)의 「후타야마의 천둥 사
냥(二山雷狩)」이다. 간단한 설명이므로 전문을 소개한다.

> 매년 정월 마을 사람들이 모여 천둥 사냥을 한다. 족제비 같은 것을
> 잡아서 대개 이를 죽인다. 그러면 그 해 여름에는 벼락이 적고 만약
> 사냥을 하지 않으면 곧 벼락이 많아진다고 한다. 신기하다. (원문은
> 한문)

료안은 이 '천둥 사냥'을 '신기'하다고 하므로, 제1절에서 본 천둥의
설명과 부합한다.

아와노쿠니 후타야마의 천둥 사냥에 대해서는 다니카와 고토스가
(谷川士清, 1709~1776)의 『톱밥 이야기(鋸屑譚)』(1748년 기고)*[27], 오데 도

카(大胁東華, 미상)의 『제해속담(斉諧俗談)』(1758)*28 등에서 소개하고 있다. 그 외에도 무라세 고테이(村瀬栲亭, 1744~1819)의 『예원일섭(秇苑日涉)』(1807, 시모우사노쿠니 소마[下総国相馬])*29나 도카엔 미치마로(桃花園三千麿, 미상) 작, 다케하라 슌세이사이(竹原春泉斎, 미상) 그림 『에혼 백 가지 이야기(絵本百物語)』의 「가미나리(かミなり)」(1841, 시모즈케구니 쓰쿠바[下野国筑波])*30에는 막연한 '산골마을' 등의 표현을, 오구리 햐쿠만(小栗百万, 1725~1778)의 『도료코 수필(屠龍工随筆)』(1778)*31이나 다치바나 모리베(1781~1849)의 『대문잡기(待問雑記)』,*32 그리고 히라타 아쓰타네(平田篤胤, 1776~1843)의 『고사전(古史伝)』 권5에서는 '뇌수렵(雷獣猟)'*33 등의 표현을 확인할 수 있다.

또한 가가쿠니(加賀国)에서는 천둥이라 불리는 벌레를 퇴치했다는 이야기가 있다. 그리고 『진뇌기(震雷記)』에는 다음과 같은 이야기가 있다.

> 가가노쿠니 이시카와군(石川郡)의 하쿠산곤겐(白山権現) 일명 묘리곤겐(妙理権現), 이 산 속에 천둥이라는 벌레가 있다. 크기는 대략 개구리 정도이며 봄에 많이 나오는 해는 벼락이 많기 때문에 마을 사람들이 볼 때마다 그것을 잡아 죽였다. 또한 이 곤겐의 산에 새가 있는데, 그것이 천둥이라는 벌레를 매우 좋아해서 잡아먹기 때문에 이 새를 뇌조(雷鳥)라고 하는 관습이 있다.

뇌수를 먹다

히라토번(平戸藩)의 번주인 마쓰바라 세이잔(松浦静山, 1760~1841)의 수필 『갑자야화(甲子夜話)』(1821년 기고) 권2*34에 의하면, 데와쿠니(出羽国) 아키타(秋田)에서는 겨울에 낙뢰 시에는 '반드시 짐승이 함께 떨어'지며, 그것은 고양이 모습을 하고 있었고, 어느 날 다부진 아키타 영주의 무사가 떨어진 뇌수를 '잡아서 삶아 먹었'다고 한다. 세이잔은 '그렇다면 뇌수는 독이 없는 것으로 보인다'고 감상을 기술하고 있다.

아키타에서 뇌수를 먹었다는 이야기는 앞서 이야기한 아쓰타네의 『고사전』에서도 '젊은 사람들이 우르르 모여서 빨리 먹어치웠'다고 소개하고 있다(맛은 '오소리라는 것'과 같았다고 한다).

『진뇌기』에도 도사(土佐)의 봄과 여름에 산속에서 '뇌수를 잡아먹'었고(맛은 별상어 같음), 그것은 시나노의 깊은 산속에서도 마찬가지였다는 이야기가 나온다. 『시나노 지명고(信濃地名考)』에도 도사에서, '해변에 소나기가 오려고 하더니 바위 위에 작은 짐승'이 보여 철포로 쏘아 '천둥국[8]'을 끓였다는 기록이 나온다.

뇌수(천둥)를 먹은 사례는 중국에서도 보이며, 『진뇌기』 등에서도 인용되는 당시대 이조(李肇, 미상)의 『국사보(国史補)』(〈들어가는 말〉 참조)에는, 뇌주(雷州)에서는 봄, 여름에 천둥이 많고 가을, 겨울에는 '뇌공'이 땅속으로 숨어들기 때문에 사람들이 잡아먹는다고 하며, '뇌공'의 모양은 돼지(彘, 猪, 豚)와 비슷하다고 기록하고 있다.*35

학문적 관심 ①본초학(本草学)

뇌수라는 희유의 짐승은 연구의 대상이 되었고, 결과적으로『진뇌기』등의 책이 나오게 되었다. 이에 몇 가지 학문적 관심에서 뇌수를

---

8) 천둥국(雷汁)란 두부의 물기를 짜서 으깨어 참기름에 볶은 후 무, 당근, 파 등의 야채를 넣어 끓인 국을 말하며, 두부를 볶을 때 자글자글 소리가 나는 데서 천둥국이라는 이름 이 붙었다.

어떻게 이해하고 있었는지를 생각해 보겠다.

우선 본초학이다. 본초학은 원래는 약학에 해당하는 중국 유래의 것이지만, 18세기 이후 동식물학, 광물학, 민속학 등의 종합학문적인 성격을 띠게 된다. '뇌수(雷獸)'라는 표현은 (그 지역에 서식하는) 생물류로 파악되었음을 의미한다.

막부의 의관을 역임한 구리모토 단슈(栗本丹洲, 1756~1834)에 의한 자필 「뇌수도(雷獸図)」가 현존하고 있다.[*36]([그림 5]) 이 그림은 1754년 2월 4일에 '조사'한 것으로, '노로 겐조(野呂元丈, 1694~1761) 노인이 가지고 있는 것을 베꼈다'고 한다(단슈는 1756년생). 노로 겐조는 막부의 어용 약재 채집자로 각지에서 약재 채집 조사를 한 본초학자이다.

이리 같은 이 뇌수는 1737년 7월 17일에 부슈(武州) 사키타마군(崎玉郡) 이와쓰키령(岩槻領) 가케무라(掛村)(현 사이타마현[現埼玉県] 사이타마시 이와쓰키구)에서 뇌우가 칠 때 포획되었다. 『닛토 본초도찬(日東本草図纂)』(1780) 권10에는 우에다 히로미쓰(上田寛満, 미상)에 의한 『진뇌기

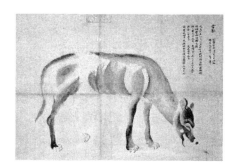

[그림 5] 구리모토 단슈의 「뇌수도」
(국립국회도서관 소장)

[그림 6] 『닛토 본초도찬』의 뇌수도
(국립공문서관 소장)

(震雷記)』의 뇌수도 모사 옆에, 모습은 다르지만 1737년의 뇌수도가 실려 있다.*37([그림 6]) 『진뇌기』에도 1737년의 뇌수에 대한 언급이 있기 때문에 그림을 보충하려 한 것인지도 모른다.

또한 18세기 후기를 대표하는 본초학자 오노 란잔(小野蘭山, 1729~1810)은 에도에서 한 강의록 『본초강목 계몽(本草綱目啓蒙)』 권48 「목구(木狗)」(흑구[黑狗]와 같은 작은 동물로 대나무를 오른다)에서 그것을 '에도에서 뇌수라고 부르는 경우가 있다'고 기록했다.*38 강의용 메모로 알려진 란잔의 자필 『본초강목 초고(本草綱目草稿)』 4책 「목구」의 난외에는 '1799년 에도에서 뇌수라는 것을 잡았다'고 기록되어 있으며,*39 『본초강목 계몽』의 기재도 여기에서 유래된 것이라고 생각된다. 이 사건은 『이낭』 권6 「시중에 나온 기괴한 짐승 이야기(市中へ出し奇獣の事)」에서도 소개되어, '항간'에 떠도는 '뇌수의 유래'와 '이수' 항목에서 언급되고 있다.*40

학문적 관심 ②국학(国学)―히라타 아쓰타네의 『고사전』

위에서 기술한 바와 같이 아키타 출신의 국학자 히라타 아쓰타네 역시 뇌수에 대해 언급하고 있다.

『고사전』 권5에 의하면 아쓰타네는 뇌수가 떨어진 사건을 두 번 체험했다고 한다. 우선 1789년 5월 무렵 소나기와 함께 떨어진 낙뇌 후, 사촌 동생 집 마당에 있는 석가산에서 개미를 먹고 있는 짐승이 발견되어 큰 소동이 벌어졌고, 젊은이들이 그것을 때려죽인 후 먹어버렸다고 한다. 아쓰타네는 사후에 들었기 때문에 이때는 뇌수를 직접 보지는 못 했다.

그 후, 어떤 사람의 땅에 '내려와 있'는 뇌수를 투망으로 사로잡은 것을 드디어 아쓰타네는 보게 되었다. 이 뇌수는 대나무 우리에 가두어 두었지만, 소나기가 오자 대나무 우리를 부수고 구름을 타고 날아가 버렸다고 한다.

이러한 경험을 근거로 아쓰타네는 뇌수를 '천둥 신의 부하'라고 생각하고, '평소에도 유명(幽冥)과 가까이 있는 것'이라고 하는 유명론에 위치 짓고 있다.

학문적 관심 ③유학─고가 도안의 「뇌수설」

쇼헤이코(昌平黌)[9]의 유학자 고가 도안(古賀侗庵)은 괴이에 관심을 갖고 한문체 괴담집 『긴세카이(今斉諧)』(1810년 성립)를 편집했다. 그 권1에 요네자와(米沢)와 아키타의 뇌수에 관한 이야기를 듣고 한문으로 기록해 놓았다.[*41]

같은 해 도안은 「뇌수설(雷獸説)」을 저술한다(『도안초집(侗庵初集)』 권4).[*42] 그 책에서는 천둥을 '뇌공(雷公)'(주[主])과 뇌수(종[從])로 나누고 뇌수를 뇌공에 '빙의'한 존재로 보고 있다. 그리고 낙뇌에 의한 비난은 뇌수가 아니라 주인 뇌공에게로 향하는 것을 들어, 도안은 뇌수를 호가호위하는 여우라고 생각한다. 그러한 뇌수와 같은 인간은 천하, 국가, 가문에 많이 있다고 하며 경계하고 있다. 즉 「뇌수설」은 괴수기사에서 도출한 도덕론인 것이다.

그리고 수필집 『유자(劉子)』(1830년 무렵 성립) 권18 「삼괴물고(三怪物考)」[*43]에서는 위에서 언급한 「뇌수설」에 「천구설(天狗説)」과 「수호설

---

9) 1790년에 설립된 에도막부 직할 교육기관이자 시설로, 정식 명칭은 학문소(学問所)이며 쇼헤이자카학문소(昌平坂学問所)라고도 한다.

(水虎説)」의 논설을 병행하여 재편한 것인데, 논설에 들어가기 전에 한적의 사례를 복수 인용하고 있다(〈들어가는 말〉에서 언급한 『수신기(搜神記)』, 『녹이기(録異記)』, 『오잡조(五雑俎)』 등). 그러나 한적에 실린 금수의 모습을 지닌 '천둥'이나 '뇌공'에 대해 '그것이 뇌수임은 명명백백하여 의심할 여지가 없다. 서토(西土)의 사람들은 즐겨 공리(空理)를 이야기하지만, 물리(物理)를 탐구하지 못한다. 때문에 바로 천둥이라고 여길 뿐이다(원문 한문)', 즉 '서토'의 사람들은 사물의 도리를 모르기 때문에 뇌수를 천둥(뇌공)으로 오해하는 것이라고 해석하는 것이다. '서토'란 중국을 일컬으며 우쭐거리는 사람을 비판하기 위해 1820년부터 사용되기 시작한 표현이다.*44

도안에게 있어 뇌수란 도덕이나 중국을 비판하기 위한 자료였던 것이다.

3. 통속 캐릭터로서의 뇌수

이름의 유래로서의 뇌수

19세기에 들어서면, 뇌수는 중요한 역할을 지닌 캐릭터로서 문예작품에 등장하게 된다. 그 최대의 역할은 뇌수를 퇴치한 주인공의 이름, 즉 뇌수를 퇴치함으로써 '뇌(雷)'라는 글자가 들어간 이름을 얻게 된다는 것이다. 그 선구적인 작품이 시키테이 산바(式亭三馬, 1866~1867) 작, 우타가와 도요쿠니(歌川豊国, 1769~1825)의 기뵤시(黄表紙)[10]『이카

10) 에도시대 노란색 표지에, 그림을 주로 한 대화나 간단한 설명으로 묘사하는 해학(諧謔) 소설.

[그림 7] 『이카즈치 다로 강악 이야기』(국제일본문화연구센터 소장)

즈치 다로 강악 이야기(雷太郎強悪物語)』(1806년 간행)이다.*45 이것은
'천둥'을 퇴치한 '이카즈치 다로'라는 남자가 무리 다로(無理太郎)와 함
께 나쁜 짓을 하는 이야기로, 견문으로 묘사되는 '천둥'의 모습은 짐승
그 자체이다([그림 7]).

　그리고 『지라이야 호걸 이야기(児雷也豪傑譚)』(1839년 간행)에도 그
와 같은 취향은 반영되어 있다.*46 미토가키 에가오(美図垣笑顔) 작, 우
타가와 구니사다(歌川国貞, 1786~1865) 그림의 초편에서 부귀 다로(富貴
太郎)는 도적들이 벼락을 맞아 기절해 있는 동안 출현한 뇌수를 쇠몽둥
이로 때려서 도적과 함께 새끼줄로 포박한다. 그 공으로 부귀 다로는
'라이 다로(雷太郎)'라 불리기 시작하였고, 자신도 그 이름을 사용하게
된다. 이 '라이 다로'가 바로 훗날의 지라이야(児雷也)11)이다.

---

11) 지라이야(自来也)라고도 하며, 에도 시대 후기 독본에 등장하는 가상의 도적, 닌자이다.

시키테이 바킨

뇌수에 관심을 가진 작가에 시키테이 산바가 있다. 그는 두 작품에서 뇌수를 등장시키고 있다.

『운묘간우야월(雲妙間雨夜月)』(歌川豊広画, 1808년 간행)*47에서는 모두에 『진뇌기』와 『한전차필』의 뇌수도, 그리고 뇌조도(雷鳥圖)를 게재하여 해설을 하고 있다. 그리고 제10장 「가가미야마의 아사쿠모리(鏡山の朝雲布)」에서는 나루카미법사(鳴神法師)가 뇌수를 만나는 장면을 그리고 있다(견문을 한 삽화가 있음).

『춘설궁장월(椿説弓張月)』(가쓰시카 호쿠사이[葛飾北斎] 그림)의 전편(1807년 간행) 권1에서 진제이 하치로 다메토모(鎮西八郎為朝)는, 분고쿠니(豊後国) 유우야마(木綿山)에서, '만약 뇌공이 떨어지는 일이 있다

[그림 8] 『춘설궁장월』 전편, 뇌공을 쏘는 다메이에(국립국회도서관 소장)

가부키 등에서 번안되어 두꺼비 요술을 사용하는 닌자로 인식되어, 현재 만화, 게임 등의 창작에 있어서도 큰 영향을 끼치고 있다.

면, 쏘아서 잡아야지'라고 하며, 낙뇌 시에 화살을 쏘면 맞는 느낌은
있지만 모습은 보이지 않는다고 하고 있고, 한편 스도 규로 시게스에
(須藤九郎重季)는 벼락을 맞아 죽어 버린다.*48 여기에서는 '뇌공'으로
되어 있지만, 삽화에서는 짐승이다([그림 8]). 그리고 잔편(残篇, 1811년
간행) 권4에는, '유우야마에서 사냥을 하며 지내다가 뇌수를 쏘아 맞춘
적이 있다'라는 기록이 있다.*49

바킨의 고증

뇌수에 대한 바킨의 관심은 그 후로도 계속 이어졌다. 수필『현동방
언』(1818년 간행) 권1 상의 제4 천상(天象)「뇌어 뇌계 뇌조(雷魚雷鷄雷鳥)
및 〈이형뇌수도(並異形雷獸図)〉」에서는, '뇌조, 뇌수에 대해서는 앞서
졸저 소설에 부기하였지만, 누락된 부분이 많아 다시 고증한다'라고
하며, 다양한 화한(和漢) 서적을 참조하고 있다.

기사 중 특히 주목할 만한 것은 겐로쿠(元禄, 1688~1704) 연간 6월
중순에 에치고쿠니(越後国) 이오느군(魚沼郡) 이세헤이지무라(伊勢平治
村)에 떨어진, 다리가 여섯 개 달린 뇌수도이다([그림 9]). 이것은 오지
야(小千谷)의 홋쿄 다마노우미(法橋玉湖, 미상)라는 화공이 어렸을 때
모사한 것으로 그것을 바킨에게 가르쳐 준 것은 스즈키 보쿠시(鈴木牧
之, 1770~1842)였다.『호쿠에쓰 셋푸(北越雪譜)』의 작자로 알려져 있는
보쿠시는 이오느군 시오자와(塩沢) 출신으로, 바킨은 그를 '부지런한
사람(老実人)'이라고 표현하고 있다.

실은 다리가 여섯 개 달린 이 뇌수도를 둘러싸고, 바킨과 보쿠시
사이에 서간이 오갔다. 1818년 2월 30일 보쿠시 앞 서간*50에서는, 바
킨이 수중에 있던 교본(稿本)을 보고, 그 그림이 정말로 겐로쿠 연간에

[그림 9] 『현동방언』의 다리가 여섯 개 달린 뇌수도(국문학연구자료관 소장)

일어난 일을 그린 것인지를 묻고 있다. 서간에 첨부된 교본 발췌를 보면, '12월 중순' 등의 이동(異同)이 보인다.

그리고 5월 17일의 보쿠시 앞 서간*51에 의하면, 다마노우미 자필 원화가 보쿠시에게 보내진 것 같지만, 때는 이미 늦어서 목판을 짠 후였다. 그리고 바킨은 '눈이 내리는 12월이 6월로 되어 있는 것은 큰 차이라 할 수 있다. 그러나 이는 12월이든 6월이든 허구라는 사실을 전제하는 것이므로, 6월이라고 해서 확실하다고 할 수는 없다'라고 하며, 그것은 거짓말이라고 단언하고 있다. 더 나아가 다마노우미의 원화에 대해서는 필치에 '감심(甘心)'하면서도 호랴쿠(宝曆, 1751~1764) 연간에 필사한 것으로, 겐로쿠시대에서 상당히 시간이 경과하고 있기 때문에 증거는 되지 못한다고 한다. 그리고 『현동방언』에 실은 그림은, '뇌수의 그림을 가지고 있는 사람'에게 빌려서 목을 그렸고, 뒤의 네 다리는 보쿠시의 모사도를 바탕으로 자신의 아들이 그렸다고 한

다. 바킨은 '매우 재미있는 모양으로 완성되었다'고 감상을 기술하고 있다.*52

문헌을 섭렵하여 그 지식을 작품에 살린 후에도 계속해서 고증을 하는 바킨의 일면을 뇌수 묘사에서 엿볼 수 있다.

이야기의 개변

마지막으로 우키요에(浮世絵)[12]에 주목해 보자. 가에이(嘉永, 1848~1854) 연간에 그려진 우타가와 구니테루(歌川国輝, 미상)의『화한영웅전 긴타로(和漢英雄伝 金太郎)』에서는 긴타로가 뇌수를 큰 도끼로 제압한다.*53([그림 10]) 구사조시(草双紙)[13] 류에서는 긴타로가 귀형(鬼形)의 천둥을 응징하는 장면이 자주 나온다고 한다.*54 이것도 그 흐름을 따르는 작품이라고 할 수 있지만, 천둥이 아니라 뇌수로 변경되어 있는 점이 흥미롭다.

그리고 우타가와 구니요시(歌川国芳, 1798~1861)의『고시베노 스가루 도요우라노사토에서 천둥을 잡다(小子部栖軽豊浦里捕雷)』(1833

[그림 10] 『화한영웅전, 긴타로』(하코네마치 향토자료관[箱根町立郷土資料館] 소장)

---

12) 에도시대에 성행한 유녀나 연극을 다룬 풍속화.
13) 에도시대의 삽화가 든 통속 소설책의 총칭.

년 작)*⁵⁵의 '천둥'도 역시 짐승이다. 원전인 『니혼료이키(日本靈異記)』
의 천둥(〈들어가는 말〉 참조)은 구체적인 모습은 불명이지만, 18세기 이
후의 뇌수 이미지(퇴치되는 짐승의 이미지)의 침투를 반영하는 것으로
생각된다.

맺음말

　에도시대 중기에 갑자기 나타난 뇌수는 눈 깜짝할 사이에 널리 알려
졌다. 거기에는 서적이나 구경거리 흥행, 회화 등의 미디어가 관여하
는 바가 컸다.

　또한 현상으로서의 천둥이나 귀(鬼=역사[力士]) 모습의 뇌신(뇌공)과
는 달리 사람에게 포획되고 퇴치되고, 그리고 먹히는 짐승으로서의
모습이 애교스럽게 수용되었던 것은 아닐까 한다. 그렇기 때문에 유학
이나 국학과 같은 학문적 대상만이 아니라 문예나 우키요에서 중요
한 역할을 담당하는 등, 오락 분야에서도 주목을 받게 되었다. 뇌수는
당시 시류에 편승할 수 있었던 것이다.

　이러한 뇌수는 근대 이후에 어떻게 되었을까? 우선 뇌수에 관한
지식은 『고사류원(古事類苑)』이나 모즈메 다카미(物集高見, 1847~1928)
의 『광문고(廣文庫)』 등에 정리, 수록된다. 민속학 분야에서는 야나기
타 구니오(柳田國男, 1875~1962)의 「산신 땅개(山の神のチンコロ)」(『鄕土
硏究』 2-4, 1914)나 나카야마 다로(中山太郎, 1924~2023)의 「뇌신연구(雷
神硏究)」(『鄕土趣味』 3-3, 1921)에서 뇌수가 에도시대의 문헌과 함께 소
개되고 있다.

한편 근대동물학의 진전과 함께 뇌수의 '정체'가 특정되게 된다.[*56] 그중 가장 유력한 후보는 사향고양이과의 흰코사향고양이이지만, 재래종인지 외래종인지는 아직 확실하지 않다.[*57] 다만, 1833년 나가사키(長崎)에 기항한 네덜란드 배에 실려 온 사향고양이 그림이 남아 있듯이, 그 이전에도 도래하여 자연 번식하고 있었을 가능성도 있다.

그리고 전후의 사례로서 오카다 요(岡田要, 1891~1973) 감수 『동물사전(動物の事典)』의 「뇌수」(다카시마 하루오[高島春雄] 집필)[*58]에서는 '종종 나무 위에 있던 담비가 놀라서 뛰어내리거나 한 것을 정체를 확인하지 못하고 뇌수라고 했음에 틀림없다'라고 하고 있다. 더 흥미로운 것은 '전후 일본 여기저기에 야생화한 흰코사향고양이의 가죽이 모피업자들에 의해 팔리게 되었는데, 도호쿠(東北) 지방 일부에서는 업자들이 그 모피를 뇌수라고 불렀으며, 이는 실제로 존재하는 뇌수이다'라고 기록되어 있다는 것이다.

에도시대의 뇌수는 족제비나 담비, 또는 흰코사향고양이 등 불특정 다수의 짐승류에 천둥의 이미지가 합쳐져서 형성된 것이라고 나는 생각한다. 그리고 뇌수는 허실의 경계를 미디어에 의해 쉽게 극복하고 당시 크게 활약한 캐릭터였음을 강조하며 글을 마친다.

원저자 주

*1   『新釈漢文大系六八 論衡』 上(明治書院, 1976).

*2   明代の版本(国立国会図書館デジタルコレクション[特1-207, 2021년 3월 30일 열람]).

*3   『新日本古典文学大系三〇 日本霊異記』(岩波書店, 1996).

*4   에도시대의 한적 수용 측면을 생각해서 후술하는 『현동방언(玄同放言)』, 『유자(劉子)』에 실린 것을 언급하였다.

*5 『和漢三才図会』(東京美術, 1970).

*6 『江戸時代庶民文庫』79(大空社出版, 2019).

*7 京都大学貴重資料デジタルアーカイブ(和 / さ / 024, 2021년 3월 30일 열람).

*8 『叢書江戸文庫二七 続百物語怪談集成』(国書刊行会, 1993).

*9 早稲田大学図書館古典籍データベース(ヲ01 03382, 2021년 3월 30일 열람).

*10 『耳嚢』下(岩波書店, 1991).

*11 뇌수에 대해서는 요시오카 이쿠오(吉岡郁夫)가 「뇌수고(雷獣考)」(『比較民俗研究』 21, 쓰쿠바리포지트리, 2007)에서 상세히 정리하고 있다.

*12 전게 주 2의 책에는 '뇌수(雷獣) 즉 뇌신(雷神)이다'라는 주석이 있다.

*13 横田冬彦, 『日本近世書物文化史の研究』(岩波書店, 2018). 혹은 헤이본샤(平凡社) 의 시리즈 『책의 문화사(本の文化史)』를 참조할 것.

*14 国立国会図書館デジタルコレクション(2021년 3월 30일 열람).

*15 『日本随筆大成』第一期一八(吉川弘文館, 1976).

*16 湯本豪一, 『日本幻獣図説』(河出書房新社, 2005) 등을 참조할 것.

*17 『新編信濃史料叢書』一(信濃史料刊行会, 1970).

*18 『日本随筆大成』第三期二四(吉川弘文館, 1978).

*19 『日本随筆大成』第一期五(吉川弘文館, 1975).

*20 『新編信濃史料叢書』一三(信濃史料刊行会, 1976).

*21 国文学研究資料館所蔵(新日本古典籍総合データベース、九六-八七五-一[2021년 3월 30일 열람]).

*22 愛知県図書館貴重和本デジタルライブラリー(Wラ / A二五一·一 / ナ, 2021년 3월 30 일 열람).

*23 財団法人東洋文庫画像データベース(3-I-b-12, 2021년 3월 30일 열람). 또한 「구경 거리 흥행 연표(見世物興行年表)」http://blog.livedoor.jp/misemono/archives/5 2008218.html를 참조할 것(2021년 3월 30일 열람).

*24 国立公文書館デジタルアーカイブ(209-0-04, 2021년 3월 30일 열람).

*25 国文学研究資料館所蔵(新日本古典籍総合データベース、ナ4-756[2021년 3월 30일 열람]).

*26 『続日本随筆大成』別巻七(吉川弘文館, 1982).

*27 『日本随筆大成』第一期六(吉川弘文館, 1975).

*28 『日本随筆大成』第一期一九(吉川弘文館, 1976).

*29 『日本随筆全集』一(国民図書, 1927).

*30 『怪談百物語』(古典文庫, 1999).

*31 『続日本随筆大成』九(吉川弘文館, 1980).

*32　『続日本随筆大成』 五(吉川弘文館, 1980).

*33　『新修平田篤胤全集』 一(名著出版, 2001).

*34　『甲子夜話』 一(平凡社, 1977).

*35　『진뇌기』에서는 '사람과 비슷'하다고 되어 있지만 오기이다. 『현동방언』에서는 '돼지
　　와 같다(如彘)'고 원문을 인용하고 있다.

*36　国立国会図書館デジタルコレクション(本別7-569, 2023년 11월 30일 열람).

*37　国立公文書館デジタルアーカイブ(196-0090, 2021년 3월 30일 열람).

*38　国立国会図書館デジタルコレクション(特1-108, 2021년 3월 30일 열람).

*39　国立国会図書館デジタルコレクション(WA1-10-6, 2021년 3월 30일 열람).

*40　『耳嚢』中(岩波書店, 1991).

*41　高橋明彦, 「翻刻·古賀侗庵『今斉諧』(乾)」, 『金沢美術工芸大学紀要』 44, 2000.

*42　国立国会図書館所蔵(200-252). 또한 뇌수를 이용한 도안의 도덕론에 대해서는 기
　　바 다카토시(木場貴俊)의 「고가 도안(古賀侗庵)」(『怪異をつくる』, 文学通信, 2020)
　　을 참조할 것.

*43　『続日本儒林叢書』 第四冊解説部第二及随筆部第三(東洋図書刊行会, 1933).

*44　前田勉, 「古賀侗庵の世界認識」, 『近世日本の儒学と兵学』(ぺりかん社, 1996).

*45　国際日本文化研究センター風俗図会データベース(KG/241/Sh, 2021년 3월 30일 열람).

*46　『児雷也豪傑譚』 上(国書刊行会, 2015).

*47　国文学研究資料館所蔵(新日本古典籍総合データベース、ナ9-9-1 [2021년 3월 30
　　일 열람]).

*48　『日本古典文学大系六○ 椿説弓張月』 上(岩波書店, 1958).

*49　『日本古典文学大系六一 椿説弓張月』 下(岩波書店, 1962).

*50　柴田光彦·神田正行編, 『馬琴書翰集成』 一(八木書店, 2002).

*51　전게 주 50.

*52　1819년 8월 28일 고이즈미 소켄(小泉蒼軒) 앞 바킨의 서간(전게 주 58)에는 '다리가
　　여섯 개 달린 뇌수의 그림 등, 보쿠시는 아들을 위해 기록했지만, 그림과 설명 모두
　　오류가 많아 세 번 읽으면 세 번 모두 다르다. 물론 위의 뇌수는 허구라는 사실을
　　알고 기록한 것이므로 아무래도 상관이 없다'라고 기술되어 있다.

*53　箱根町立郷土資料館蔵(文化遺産オンライン[2021년 3월 30일 열람]).

*54　鳥居フミ子, 『金太郎の誕生』(勉誠出版, 2002).

*55　立命館大学ARC浮世絵ポータルデータベース(2021년 3월 30일 열람).

*56　전게 주 11의 요시오카(吉岡)의 논문 표3을 참조할 것.

*57　梶島孝雄, 『資料日本動物史』(八坂書房, 2002).

*58　東京堂出版, 1956.

제8장

너구리와 전쟁

- 일본 아니메 문화에 있어 전승세계의 전개 -

사노 아키코(佐野明子)

들어가는 말

너구리는 일본 사람들에게 친근한 야생동물이다. 삼림을 주요 서식지로 하고 있으며 도쿄 등 도회에도 서식하고 있는 것으로 알려져 있다. 현재는 유럽에서도 서식하고 있지만, 자연 분포로서는 동아시아에 한정되어 있으며[*1], 일본에서는 고대부터 『니혼쇼키(日本書紀)』 등에 그 존재가 기록되어 있고[*2], 구승으로도 전해지고 있다. 옛날이야기 『가치카치산(かちかち山)』, 『분부쿠 차솥(文福茶釜)』이나 「쇼조지 너구리 이야기(証城寺の狸囃子)」, 〈탄탄 너구리(たんたんたぬき……)〉의 노래[*3], 도자기 시가라키야키(信楽焼)[1]의 너구리 장식물, 스튜디오지브리의 영화 〈폼포코 너구리 대작전〉(다카하타 이사오[高畑勲], 1994) 등에

---

1) 시가현(滋賀県) 고가시(甲賀市) 시가라키(信楽) 일대에서 만들어지는 도기(陶器)의 총칭. 너구리 장식품이 유명함.

서 이미지로서의 너구리를 접한 사람들은 적지 않을 것이다.

고대부터 쇼와시대(昭和時代, 1926~1989) 초기에 이르는 너구리 이미지의 변천에 대해서는, 나카무라 데이리(中村禎里, 1932~2014)의 뛰어난 연구에서 고대 이후 일본의 설화나 회화, 조형물을 대상으로 꼼꼼하게 검증이 되고 있다.[4] 본 장에서는 나카무라의 연구를 발전적으로 계승하여, 일본 아니메 문화에 등장하는 너구리의 캐릭터에 주목하여 그 변천을 분석한다. 특히 '15년 전쟁'[5]이라는 시대배경 및 아니메의 미디어 특성이 관련되어 너구리의 민간전승의 '세계'에 어떤 '취향'이 더해지고,[6] 고대로부터 형성되어 온 너구리의 이미지가 어떻게 복합적으로 합성되어, 〈도라에몽(ドラえもん)〉, 〈유정천 가족(有頂天家族)〉, 〈귀멸의 칼날(鬼滅の刃)〉 등 근년에 이르는 아니메 문화의 창조를 뒷받침해 왔는지를 검토한다.

1. 고대에서 쇼와시대 초기까지의 너구리 이미지

고대, 중세의 '흉악(凶惡)' 이미지

우선 고대에서 쇼와 초기에 이르는 너구리 이미지의 변천에 대해서 나카무라 데이리의『너구리와 그 세계(狸とその世界)』를 바탕으로 개관을 하겠다. 고대 일본에서 '너구리'라는 한자가 중국에서 전해졌을 때는, 산에 사는 고양이과 동물(너구리, 들고양이, 담비, 족제비 등)이 너구리에 상당하는 것으로 간주되었으며, '너구리'라는 훈독이 일본 서부 지역 지식인들 사이에서 널리 알려졌다. 그 후 현재의 표준 일본어 너구리가 '리(狸)'의 중핵을 차지하게 된다. 고대 후기부터 중세에 걸쳐

불교가 일본에 유입되어 본지수역설(本地垂迹説=신불동체설[神仏同体説])이 침투하자, 동물들 중 뱀, 원숭이, 여우는 신의 사자가 되지만, 너구리는 '요괴'(요괴화된 산신)가 되어 흉악성을 띠게 된다. 『가치카치산』과 같은 '흉악'의 이미지가 먼저 형성되게 된 것이다. 또한 삼림에 서식하는 너구리는 오니(鬼≒도깨비[역자 부기]), 천구(天狗)와 함께 '소리(音)'를 내는 괴이한 것으로 간주되었다. 근세 초기에는 너구리는 선종(禅宗) 등 하층 종교자나 산민(山民=산이나 그 근처에 사는 비농업인)의 면영을 지니게 되었으며, '남성화'도 진척되어 간다.

근세의 '골계(滑稽)' 이미지

그리고 근세 중기를 경계로 너구리는 '골계', '우둔'의 이미지로 크게 변화한다. 목판인쇄가 발전하고 에도를 비롯한 도시 사람들은 기뵤시나 우키요에 속 희화적 너구리를 향수한다. 19세기의 우타가와 구니요시의 너구리 그림 시리즈는 그 정점이라 할 수 있다. 그곳에서는 너구리의 큰 음낭이 자유자재로 변화하여 물고기를 잡는 망, 너구리를 태우는 배, 화로 위를 덮는 이불([그림 1]), 스모 경기장이나 화장띠(化粧廻し)[2], 가

[그림 1] 「추워하는 너구리(さむがり狸)」(국제일본문화연구센터 소장)

---

2) 스모에서 선수가 경기장에 들어갈 때 사용하는 띠.

[그림 3] 시가라키야키의 너구리(게이오
너구리 연구소 『첫 「시가라키 너구리」』
(はじめての「信楽タヌキ」)』 게이오 너구
리 연구소, 2020)

[그림 2] 「배 두드리는 너구리(狸はら鼓)」(국제일
본문화연구센터 소장)

게의 간판 등이 되어 사람들의 웃음을 유발한다. 또한 배가 불룩 튀어
나온 너구리도 근세 중기에는 많이 그려졌다. 19세기에 들어서면 너구
리가 배를 두드리는 「복고도(腹鼓図)」가 인기를 끌게 되었으며, 장난감
그림 등을 통해 사람들의 일상생활에 침투해 간다([그림 2]). 너구리의
둥근 복부와 관련해서는 너구리와 선종의 관계에서 선의 깨달음의 경
지를 상징하는 원형과 구형이 그려진 선화(禅画)나 포대, 달마의 둥근
체형도 중요하다. 시가라키야키의 너구리 장식물은 20세기 초에 출현
하여 1920년대부터 시가라키의 명물이 되는데, 창시자 후지와라 데쓰
조(藤原銕造, 미상)에 의한 도자기가마 '너구리암(狸庵)' 제작 작품에는
포대와 달마의 상이 적지 않다. 시가라키야키의 너구리는 둥근 배와
큰 음낭에 술병과 통장(술을 살 때 이것들을 가지고 가는 습관이 겐로쿠시

대에 성립) 및 도롱이(두 개의 서로 다른 세계 사이의 이동을 상징)가 더해진
것으로 되어 있다([그림 3]).

이상 고대부터 쇼와 초기에 이르는 너구리 이미지의 변천을 정리하
였다. 다음 절부터는 현재 우리들에게 친근한 '동영상' 미디어에서 전
승세계의 너구리 이미지가 어떻게 계승되고 변천되어 가는지를 나카
무라의 연구 성과를 바탕으로 분석해 간다.

2. 동영상 미디어와 너구리

극영화와 너구리

19세기 말에는 동영상(영화) 미디어가 일본에 도래하여, '오락의 왕'
으로 여겨질 만큼 인구에 회자되었는데, 그곳에도 너구리가 종종 등
장하였다. 극영화로는 〈너구리 어전(狸御殿)〉(기무라 게이고[木村惠吾],
1939)을 효시로 하는 너구리 어전 시리즈가 있다.[*7] 너구리 어전 시리
즈는 등장인물이 거의 대부분 너구리인 뮤지컬영화이며, 미야기 지카
코(宮城千賀子, 1922~1996)나 교 마치코(京マチ子, 1924~2019)와 같은,
다카라즈카(宝塚)나 오사카 쇼치쿠(大阪松竹)의 소녀가극단에서 커리
어를 쌓은 배우가 초기 작품에서 주역을 맡았다. 또한 복고(腹鼓)를
퉁퉁 두드리면 무엇이든 원하는 대로 변신할 수 있다는 설정은 조르주
멜리에스(Georges Méliès, 1861~1938)의 트릭 영화의 계보 상에 있다고
한다.[*8] 즉 너구리 어전 시리즈는 너구리의 민간전승이 영화, 소녀가
극단이라는 신흥 미디어와 만나 성립되었다고 볼 수 있다. 또한 같은
시기에 민간전승에서 강담을 거쳐 파생된 영화 〈아와 너구리 전쟁(阿

波狸合戦)〉(壽々喜多呂九平, 1939), 〈속 아와 너구리 전쟁〉(森一生, 1940)
등도 있다.*9

아니메의 캐릭터와 전쟁

아니메에서도 너구리의 캐릭터가 활약을 했다. 근년 일본의 아니메
는 인간의 심리묘사나 캐릭터 디자인이 우수하며, 그러한 등장인물에
의한 복잡한 스토리 전개에 정평이 나 있다. 그러나 일본 아니메에서
인간 등장인물이 주류가 된 것은 15년 전쟁기에 어린이의 동원이 요청
된 것(예를 들면 해군성은 1941년에 「해군특별연소병(海軍特別年少兵)」을 모
집하여, 14세 이상 16세 미만의 소년이 동원되었다)*10이 중요한 전기가 되
었다. 예를 들면 1936년에 시작된 〈마보(マ一坊)〉 시리즈나 해군성 위
탁 작품 〈모모타로의 바다독수리(桃太郎の海鷲)〉(瀬尾光世, 1943), 〈후쿠
짱의 잠수함(フクちゃんの潜水艦)〉(関屋五十二·横山隆一, 1944), 〈모모타
로 바다의 신병(桃太郎 海の神兵)〉(瀬尾光世, 1945) 등, 어린이(특히 소년)
가 주체적으로 전쟁이나 전시 국책에 협력하는 모습을 그린 아니메가
증가했다.

그러나 그 이전에는 동물도 인간에 비견되는 중요한 캐릭터로서
빈출했고, 주역을 맡았다. 그 배경에는 일본 아니메는 영화관보다 학
교나 공공시설에서 '교육영화'로서 상영되었기 때문에 어린이 관객이
많았던 것,*11 10분 정도의 단편 작품이 주류였던 것(즉 장시간의 이야기
를 견인하기 위한 복잡한 심리, 내면을 지닌 등장인물이 필수요건은 아니었던
것), 1930년대의 아니메(만화영화) 인기를 견인한 미국산 아니메 중에
미키마우스와 같은 동물 캐릭터가 많았던 것 등이 있다.*12

1930년대의 일본 아니메에는 여러 가지 동물이 등장했는데, 그중에

서도 너구리나 원숭이, 토끼 등이 주요 캐릭터로 선택되었다. 1930년대 전반부터 후반에 걸쳐 일본 아니메에 등장하는 동물 캐릭터의 변천은 [표 1]에 정리하였다.

[표 1] 일본 아니메에 등장하는 동물 캐릭터

	1930~1934년(편수)	1935~1939년(편수)
1위	너구리(15)	토끼(10)
2위	원숭이(11)	원숭이(9)
3위	토끼(6)	너구리(7)
4위	개(4)	개(5)

3. 일본 아니메의 원숭이(1930년대 전반)

골계스러운 주역 너구리

[표 1]에서 알 수 있듯이 너구리는 1930년대 전반에 가장 많이 등장하여 거의 주역으로 활약하였지만, 30년대 후반에는 토끼와 원숭이 다음인 제3위로 순위가 떨어졌다.[13] 이러한 너구리의 인기 저하는 작품 내에서 연출하는 너구리의 역할의 변화로도 나타난다. 1930년대 전반에는 너구리는 주역을 연출하는 일이 많았고, 사랑스럽게 그려졌다.

예를 들면 〈다누키치의 이야기(タヌ吉のお話)〉(村田安司, 1931)를 보자. 할아버지가 비눗방울을 불자, 비눗방울이 차츰차츰 너구리로 변한다([그림 4]). 마지막으로 나온 것이 배가 작은 다누키치. 배가 큰 너구리들은 〈쇼조지의 너구리 장단(証城寺の狸囃子)〉 노래를 부르고 춤을

추고 배를 두드리며 놀고 있다. 그러나 다누키치는 배가 작아서 배북을 잘 칠 수가 없다. 다누키치는 자전거에 공기를 넣는 도구를 우연히 손에 넣어([그림 5]), 고무관을 배꼽에 대고 공기를 넣어 배를 둥글게 부풀린다. 그러자 다누키치의 몸이 둥둥 떠오르기 시작하여 하늘로 올라가 달님 옆까지 날아간다([그림 6]). 달님은 빨리 집으로 돌아가라고 하지만, 다누키치는 멋진 배를 전 세계에 보여주려고 의기양양하게 날아다닌다. 다누키치는 새를 만나, 배북을 치는 모습을 보여 주다가 배가 파열되어 버려 땅으로 떨어진다. 할아버지는 밀짚 빨대로 다누키치를 빨아들이고, '절대로 남을 부러워하여 쓸데없는 짓을 하면 안 된다'고 교훈을 주며 작품은 끝이 난다.

[그림 4] 비눗방울이 너구리로 변하다(『문부성 교육영화자료 시보(文部省敎育영화時報)』 제5호, 1931)

[그림 5] 다누키치가 공기주입기를 손에 넣다(『문부성 교육영화자료 시보』 제6호, 1931)

[그림 6] 다누키치가 달님한테까지 날아가다(『문부성 교육영화자료 시보』 제6호, 1931)

너구리와 아니메의 친화성

이와 같이, 당시까지 형성되어 있던 '골계', '우둔', '둥근 복부', '배북'이라는 밝고 재미있는 너구리의 이미지가 작품에 채택되었다. 그중에서도 '둥근 복부'가 비눗방울과 연계되어 표상 면에서는 비눗방울이 너구리로 변화하는 변신, 이야기 면에서는 너구리가 하늘로 날아가는 판타지, 음성 면에서는 '배북'을 살려 아니메이기 때문에 가능한 이야기 세계를 실현했다고 할 수 있다. 작품의 마지막은 교훈으로 마무리되지만, 그것은 당시 일본 아니메가 교육기관에서 상영되는 기회가 많았던 것에서 비롯된다. 교육영화로서의 이야기 전개에서는 너구리의 '우둔'한 이미지는 깨우쳐서 가르쳐야 할 대상이 되기 쉬워, 교훈을 드러내는 데 적합했다고 보인다.

무라타 야스지(村田安司, 1896~1966)는 당시 너구리를 등장시킨 창작자로, 〈우리들의 야구(おい等の野球)〉(1930)나 〈원숭이의 대어(お猿の大漁)〉(1933)에서도 너구리들은 둥근 신체를 공처럼 튀기면서 경묘한 코미디를 연출했다. 무라타 이외의 작품에서도 예를 들면, 〈동화 늙은 너구리의 싸움(動絵狐狸達引)〉(大石郁雄, 1933)이나 〈차솥 선창(茶釜音頭)〉(政岡憲三, 1934)에서도 너구리들이 화려한 변신 겨루기를 전개하여 적에게 승리하는 이야기 속에 무라타 작품과 같은 밝고 떠들썩한 너구리의 이미지가 효과적으로 활용되고 있다.

이와 같은 너구리 아니메가 탄생한 배경으로는, 종종 미키마우스가 희극왕 찰리 채플린(Charles Chaplin, 1889~1977)에 비유되듯이,[*14] 당시 미국산 아니메에 슬랩스틱 코미디의 요소가 다분히 포함되어 있다는 사실을 들 수 있다.[*15] 또한 영화감독 세르게이 M. 에이젠스테인(Sergejs Eizenšteins, 1898~1948)이 초기 디즈니 단편의 '원형질성'의 흡

인력(어떤 형태로도 바뀔 수 있는 불안정한 형상의 만능성이 사람의 마음을 해방하고 사람을 끌어당겨 매료시키는 것)을 칭찬했듯이[16], 변신 표현도 중시되고 있었다. 고마쓰 가즈히코(小松和彦, 1947~)가 '아니메와 같은 즐거운 요소를 듬뿍 담을 필요가 있는 작품에서 요괴는 너구리 말고는 없다'[17]고 지적하듯이, 1930년대 전반의 일본 아니메에서 골계스럽고 변신을 하는 너구리의 이미지가 제작자들에게 환영을 받은 것이다.

너구리의 배북과 아니메의 음성

이와 같은 너구리의 표상성에 더해, 너구리가 '배북'을 치거나 혹은 '소리'를 내는 요괴라는 이미지가 있다는 사실도 중요하다.[18] 1930년대 전반은 영화가 무성에서 토키로 이행하는 시기에 해당하는데, 무성영화시대라고는 해도 일본의 영화관은 소리나 음악이 흘러 넘쳐 활동변사가 배우의 대사나 내레이션을 담당했고, 악단이 백 뮤직이나 효과음을 연주했다. 너구리 아니메는 학교나 공공시설이라는 본격적인 음향설비가 없는 장소에서 순회 상영된 작품도 많지만, 그곳에서는 교원이 구두로 해설을 하거나 반주용 레코드를 틀거나 했다. 예를 들어 다이마이(大毎)·도니치(東日) 필름 라이브러리의 학교 순회 영상 연맹은 가맹학교에 『학교영화자료(学校映画資料)』를 배포했는데, 그곳에는 필름 상영 시에 교원이 해설할 때의 주의사항이나 자막의 문장, 〈교육영화 반주용 레코드〉의 어느 곡을 언제 트느냐 하는 지시가 기록되어 있다.[19] 또한 교육관계자들 사이에서 아니메의 해설이나 반주는 어떤 것이 어울리는가 하는 논쟁이 전개되어, 해설은 필요 없지만 반주는 전편에 걸쳐 필요하다는 의견이 지지를 받게 되었다.[20] 이렇게 상영장소가 영화관이든 학교든 당시 아니메는 '소리'가 있다는 것이 전제가 되고 있었기 때문에, 너구리가 배북을 치는 떠들썩한 이미지를 가지고 있었던 것도 역시 1930년대 전반에 주요 캐릭터로서 환영을 받은 요인이 되었다고 볼 수 있다.

이러한 밝은 너구리 아니메가 만들어진 배경에는 1933년에 사상대책협의위원회의 설치가 결정되고 위로부터의 '비상시국' 캠페인이 추진되기는 했지만, 이러한 파쇼화가 1930년대 중반 무렵 민중에게 그대로 받아들여지지는 않았다고 하는 사회정세를 들 수 있다.[21] 도시부는 불황에서 벗어나기 시작한 평화로운 분위기를 띠었고, 많은 일본 사람들에게 전쟁은 아직 '강 건너 불'이었다. 한편, 중국 대륙에서는 일본군의 침략에 저항하기 위해 항일민족통일전선이 목표가 되었고, 1937년에는 중일전쟁이 발발한다. 일본의 정보 전략도 전환되어, 영화 미디어에 대해 관청측이 적극적인 통제의 자세를 취하는 정세 속에서,[22] 너구리의 이미지나 역할도 변화해 갔다. 그 양상을 다음 절에서 확인하겠다.

4. 일본 아니메의 너구리(1930년대 후반부터 종전까지)

흉악한 조역 너구리

1930년대 후반 무렵부터 너구리는 악역이나 조역으로 등장하는 케이스가 증가한다. 예를 들면 〈신설 가치카치산(新説カチカチ山)〉(市川崑, 1936)에는 모모타로(桃太郎)나 긴타로(金太郎), 단게 사젠(丹下左膳)과 같은 정의의 캐릭터가 등장하는데, 너구리는 그들의 '적'이 되어 커다란 덩치를 한 디즈니적 악역 캐릭터로 그려진다. 또한 너구리가 활약하는 옛날이야기 『분부쿠 차솥(文福茶釜)』을 번안하는 작품은, 30년대 전반에는 세편 제작되었지만, 30년대 후반에는 존재하지 않는다. 〈데쿠스케 이야기(テク助物語)(히노마루 하타노스케 산적 퇴치[日の丸旗之助 山賊退治])〉(瀨尾光世, 1938)에서는 신나게 배북을 두드리는 너구리가 조역으로 등장하지만, 1940년대에 들어서서 〈산의 총동원(お山の総動員)〉(山本早苗, 1942)이라는 프로파간다 작품에서는 너구리는 중국풍 옷을 입고 전쟁을 개시한다고 하는 일본의 침략행위를 정당화하기 위한 역할이 주어진다. 또한 너구리는 양악을 연주하여 연합군도 상기시키고 있으며, 일본군의 '적' 전반을 일컫는 캐릭터가 되었다. 이러한 '적'으로서의 너구리에는 나카무라가 지적한 고래의 '흉악'한 너구리 이미지가 계승되고 있다. 프로파간다 아니메에서 그려지는 적은 대개 절대 '악'으로서 그려지기 때문에, 너구리가 고대, 중세의 전승세계에서 담당하고 있던 '흉악'하고 '천한' 이미지가 15년 전쟁기 종반에 소환되었다고 볼 수 있을 것이다.

남성 이미지와 전쟁

너구리에 '남성' 이미지가 형성되었던 점도 주목하고 싶다. 오쓰카 에이지(大塚英志, 1958~)가 지적하듯이, 일본 아니메의 동물 캐릭터에 '미키의 서식(書式)'이라는 신체가 둥근 조형이나 흑백의 배색 디자인에서 미국 아니메와 유사한 캐릭터가 1930년대 전반부터 증가했다.[23] 다만, 그러한 캐릭터는 기본적으로 '남성'을 전제로 하고 있으며, 미니 마우스와 같은 여성 동물 캐릭터는 당시 일본 아니메에서는 거의 정착하지 못했다. 위에서 언급한 1930년의 〈우리들의 야구(おい等の野球)〉는 너구리들이 신나게 야구를 즐기는 코미디이지만, '우리들'[3)]이라는

남성을 일컫는 대명사가 타이틀로 사용되고 있는 사실에도 너구리=남성으로 간주되는 당시의 상황이 드러나고 있다. 전장의 남성 병사를 그릴 때도 너구리의 남성 이미지가 적합함은 말할 필요도 없다.*24

지금까지 살펴보았듯이, 전승세계의 너구리에게 부여된 '골계', '흉악'의 더블 이미지는 일본의 전국(戰國) 전개나 총동원체제의 강화와 함께 일본 아니메에서 명료하게 구분되어 사용되었다. 1930년대 전반의 토키 이행기에 슬랩스틱 코미디 아니메가 유행했을 때, 둔갑을 한 너구리는 변신을 고조화하기 위한 이야기상의 정당성이 있고, 또한 밝고 익살스럽게 둥근 배를 두드리는 신나는 이미지가 주역에 어울림으로써 귀한 대접을 받았다. 그러나 아니메에 프로파간다 요소를 추구하게 되자, 너구리는 인간에게 해를 끼치는 '흉악'한 '적'을 표상하게 되었다.

5. 일본 아니메의 너구리(전후)

전전부터 계승된 선과 정의의 이미지

전후 얼마 지나지 않아 너구리는 다시 주역 캐릭터로서 일본 아니메에 등장했지만, 그것은 1930년대 전반의 골계스럽고 우둔한 이미지와는 다른 이미지였다. 〈가치카치산의 소방대(カチカチ山の消防隊)〉(小幡俊治, 1947)에서는 너구리는 소방대원으로서 화재를 진압하고 숲의 동료들로부터 감사의 인사를 받으며 해피 엔드를 맞이한다. 여기에서는

---

3) '우리들=오이라(おい等)'는 남성들이 사용하는 일인칭 대명사.

옛날이야기 『가치카치산(かちかち山)』의 너구리의 '흉악'한 이미지를 반전시키기라도 하듯이, '선'과 '정의'의 이미지가 가탁되었다.*25 '선'과 '정의'는 인간사회의 기본적 가치로서 정치철학에서 논의되는 개념이지만,*26 현재의 일반적인 이야기 영화나 아니메의 주인공 대부분이 갖추고 있는 요소이기도 하다.

전쟁기간 동안의 일본 아니메에서는 〈근검 저축 시오바라 다스케(勤儉貯蓄 塩原多助)〉(木村白山, 1925)와 같은 교훈물이나 〈모모타로의 바다독수리(桃太郎の海鷲)〉와 같은 프로파간다 아니메처럼 '인간' 주인공에게 '선'과 '정의'의 이미지가 부여되고 있었다. 모모타로는 전시 하 프로파간다 아니메에서 가장 많이 활약한 주인공이었으나, 미국 점령기에는 모습을 감추었고,*27 대신 모모타로와 같은 인간 주인공이 갖추고 있던 '선'과 '정의'가 전후 〈가치카치산의 소방대〉에서처럼 인간에 가까운 모습으로 의인화된 너구리에게 부여된 것이다. 그것은 점령기 가치전도라는 사회정세에 따른 것이며, 또한 아니메 전반에 있어 전전의 슬랩스틱 코미디에서 이야기영화로 지배적 모드가 이행해 가는 흐름에 대응하는 것이기도 했다.*28

유아, 어린이 대상 아니메의 선과 골계의 이미지

근년, 어린이 관객을 메인 타깃으로 하는 작품의 너구리에는 선과 정의의 이미지가 전경화되고, 흉학한 이미지는 거의 보이지 않는다. 예를 들면 〈도라에몬〉의 주인공 도라에몬은 노비타(のび太)의 보호자역 및 친구라는 선한 캐릭터로서 전승세계의 골계 이미지와 함께 그려진다(도라에몬은 원래 '고양이형 로봇'으로 탄생했지만, 작품 내에서 종종 너구리로 오인을 받아, '나는 너구리가 아니다!'라고 화를 내고 있다). 2013년

9월 13일 방송된 TV아니메 〈한밤중의 거대 도라 너구리(真夜中の巨大 ドラたぬき)〉에서는 도라에몬이 거대 너구리로 변신하여 마을을 파괴하려고 하는데, 그러한 흉악성은 일과성(一過性)에 머물고 있다. TV아니메 〈안녕 안녕 논탄(げんき げんき ノンタン)〉(2002~2015)에서는 너구리가 조역으로 등장하지만, 고양이 주인공 논탄과 사이좋은 친구로 그려지며 흉악성은 나타나지 않는다. 유아 대상 작품에서 '악'은 대개 어린이들의 장난 정도에 머물며, 흉악성이 거의 존재하지 않는 경향이 있는 것과 관련이 있을 것이다.

〈귀멸의 칼날〉의 선과 정의, 그리고 전승세계의 합성

한편 너구리의 흉악한 이미지는 초등학생, 중학생에서 성년에 이르기까지 폭넓은 관객층을 상정하는 작품에 종종 보인다. 예를 들면, 사회현상이 된 〈귀멸의 칼날(鬼滅の刃)〉에서는 원작 만화 및 극장판 〈귀멸의 칼날 무한열차편(鬼滅の刃 無限列車編)〉(外崎春雄, 2020)에서 주인공 가마도 단지로(竈門炭治郎)가 하시비라 이노스케(嘴平伊之助)의 꿈속에서 너구리가 되는 경우가 있다([그림 7]). 〈귀멸의 칼날〉은 〈모모타로〉와 같은 오니(鬼) 퇴치 이야기를 베이스로 하고 있지만,[*29] 단

[그림 7] 너구리로 변하는 단지로(폰지로)(고토게 고요하루[吾峠呼世晴] 『귀멸의 칼날』 제7권, 슈에이샤, 2017)

지로는 자신의 가족을 죽인 미운 오니를 '미운 요괴가 아니다. 오니는 헛된 생물이다. 슬픈 생물이다'라고 옹호할 정도로 선의가 가득한 주인공이다. 단지로가 너구리로 변화하는 것은 너구리의 '선'과 '정의'의 이미지가 단지로의 캐릭터 설정과 합치함은 물론이지만, 〈귀멸의 칼날〉의 무대가 근세 이전의 너구리 전승세계에 가깝다는 사실에도 주목을 하고 싶다. 〈귀멸의 칼날〉의 무대 설정은 다이쇼시대 산간 지역이지만,*30 사람을 먹는 오니가 활동하는 야간(夜間)이 주요 무대가 되어 있으며 칠흑 같은 어둠 속에서 언제 요괴가 나올지 모른다는 상황은 근세 이전의 전승세계의 산속과도 상통한다.

그곳에서 단지로는 전술한 바와 같이, 한 번 너구리로 변하지만 다시 한 번 몸이 크게 변화할 때는 '오니'가 된다(원작 만화 클라이막스).*31 다만, 오니인 단지로는 인간과 거의 다름없는 모습을 갖는 오니의 시조 기부쓰지 무잔(鬼舞辻無慘)과는 달리, '수(獸=짐승)'에 가까운 모습을 하고 있음에 주의하고 싶다. 단지로가 오니화할 때는 우선 말을 잃음으로써 인간성의 상실이 나타나는데, 가장 흉악하게 오니화할 때의 단지로는 네 발 달린 '수귀(獸鬼)'의 모습을 한다([그림 8]). 이 단지로의 수귀

[그림 8] 수귀화(獸鬼化)하는 단지로(고토게 고요하루 『귀멸의 칼날』 제23권, 슈에이샤, 2020)

모습은 단지로가 인간과 크게 다른 존재가 되었음을 강조하고, 클라이막스의 역전극을 더 돋보이게 한다. 한편, 고마쓰 가즈히코가 지적하

듯이, 인간적인 두 다리 보행을 하는 오니의 이미지는 근세에 정착된
것이며, 고대부터 중세에 걸쳐 너구리나 땅거미, 여우 등과 같은 생물
도 오니의 성격을 갖는 경우가 있었다.*32 즉 수귀가 된 단지로는 전승
세계의 괴이(怪異)로서 흉악한 너구리를 포함하는 생물의 이미지도 아
울러 가지고 있다고 간주하는 것이다.

선과 골계의 주역, 흉악한 조역

이제 너구리가 주요 캐릭터인 작품을 검토해 보겠다. 아니메 영화
〈폼포코 너구리 대작전〉에는 '선'과 '정의'의 마음을 지닌 주인공 쇼키
치(正吉) 외에 전승세계의 '흉악', '골계', '우둔'의 이미지를 지닌 너구
리, 스기우라 시게키(杉浦茂, 1908~2000)의 만화의 너구리, 너구리 신
앙이 성행하는 시코쿠(四国)의 대표적인 둔갑너구리(야시마[屋島]의 대
머리너구리, 아와(阿波)의 긴초너구리[金長狸], 마쓰야마[松山]의 이누가
미교부[隠神刑部])*33 등 여러 가지 캐릭터가 등장하고 있다. 삼림을 채
벌하는 인간에게 너구리가 맞서는 가운데, 너구리의 신체 변신이 『백
귀야행 에마키(百鬼夜行絵巻)』를 방불케 하는 '요괴대작전' 등을 피로
하며, 우타가와 구니요시의 우키요에처럼 너구리의 대음낭이 자유자
재로 변형하는 모습도 그려진다. 또한 노쿄겐(能狂言)4)의 '이야기'나
조루리(浄瑠璃)5)·가부키(歌舞伎)6)의 '이야기' 수법도 사용되고 있다고
한다.*34 이러한 사실에서 〈폼포코 너구리 대작전〉는 일찍이 미국적인

---

4) 일본의 가면극 노가쿠(能楽)의 막간에 상연하는 희극.
5) 일본의 가면 음악극의 대사를 영창(咏唱)하는 음곡에서 발생한, 음곡에 맞추어서 낭창(朗唱)하는 옛 이야기.
6) 일본 고전연극의 하나로, 노래와 춤과 연기가 함께 어우러지는 공연예술.

너구리 아니메를 '일본화'하는 시도로 간주되었을지도 모른다. 다만, 근본적인 제작 방법(다면촬영 등)이나 장치가 초래하는 서구 근대적인 인간중심주의 이데올로기에 관해서는 지금까지의 작품군과 무관하지는 않다.[35] 또한 신고(秦剛, 1967~)가 지적하듯이, 너구리들이 내거는 '화학부흥(化学復興)'은 '중국에서 퍼진 요괴변화의 원류와 동아시아의 아니메에 보이는 전통적 테마를 함께 계승한 것'[36]으로 볼 수도 있음을 알아두길 바란다.

TV아니메 〈유정천 가족〉(2013)에는 너구리와 천구가 인간으로 변해, 인간사회에서 살아가는 모습이 그려지고 있다. '멍청이 피가 그렇게 하게 만드는 것'이라는 너구리의 대사가 빈출하듯이, 너구리에게 전승세계의 골계 이미지가 계승되어 공상적인 슬랩스틱 코미디가 전개되는 한편, '형제 죽이기'를 실행하는 흉악한 너구리도 적으로 등장하며, 아버지의 죽음을 둘러싼 가족의 갈등이나 서스펜스를 교착시키고 있다. 즉, 〈폼포코 너구리 대작전〉도 〈유정천 가족〉도 너구리에게 '선'과 '정의'가 담보되는 것은 주인공과 그 주변뿐이며, '흉악'한 조역을 배치함으로써 이야기에 기복을 만들거나 복수의 플롯을 교착시키면서 캐릭터의 섬세한 심리를 그리고 있다.

또한 TV아니메 〈BNA 비 엔 에이〉(2020)는 '수인(獣人)'이 사는 '아니마시티'가 무대가 되고 있는데, 주인공은 여고생 너구리 수인이며, 그녀는 최종적으로 세계를 구제하는 열쇠가 되는 선성(善性)을 지닌다. 그녀의 밝고 쾌활한 성격, 그리고 인간이나 다른 생물로 변신하는 모습은 전승 세계의 너구리의 변화하는 골계스런 이미지나 1930년대 전반의 너구리 아니메의 특징과 상통한다. 만화 『우리 스승님은 꼬리가 없다(うちの師匠はしっぽがない)』(2019~)에서도 주인공 여성 너구리가

둔갑한 인간의 모습과 너구리의 모습을 왔다갔다 하면서 라쿠고가(落語家)가 되기 위해 분투하는 울고 웃게 만드는 드라마가 전개되는데, 역시 너구리의 밝은 이미지가 살아 있다. 즉, 이러한 근년의 작품에서 너구리의 주역 측 캐릭터에는 전승세계의 변화하는 너구리의 골계스런 이미지나 1930년대 전반의 너구리 아니메의 슬랩스틱 코미디 요소가 부여되어 작품의 효과적인 연출에 기여하는 경향을 볼 수 있다.

인간의 모습과 마음, 전승세계의 합성

그리고 이와 같은 폭넓은 연령층을 대상으로 하는 작품에서는 너구리는 인간에 가까운 모습으로 의인화(내지는 의수화[擬獸化])[*37]되거나 인간으로 둔갑한다는 설정하에 인간과 같은 모습으로 표상되고 있는 점에 유의하기 바란다. 그것은 전술한 〈다누키치 이야기〉와 같은, 1930년대 너구리 아니메의 동물에 가까운 모습과는 크게 다르다. 그 배경에는 일본 아니메의 관객층의 변용, 즉 1920년대부터 60년대 무렵까지의 주요 관객층은 어린이였지만, 고도경제성장기에 어린이만이 아니라 청년층 이상으로도 확대되어 간 사실이 있다. 고도경제성장기에는 젊은 층을 대상으로 하는 시장이 확대되고 청년을 대상으로 하는 「극화(劇画)」를 원작으로 하는 TV아니메(〈내일의 조[あしたのジョー]〉[1970~1971])가 증가하는 등, 복수의 요인이 일본 아니메 관객층의 확대를 불러왔다. 그러한 흐름 속에서, 〈정글대제(ジャングル大帝)〉의 레오와 같은 동물에 가까운 모습의 동물 캐릭터는 감소하고, 유아나 소년 대상 작품으로 계승된다. 한편, 인간에 가까운 모습의 동물 캐릭터는 복잡한 드라마 전개나 심리묘사가 요청되는 폭넓은 연령층을 대상으로 한 작품에 정착하였다고 생각할 수 있다(예를 들면 TV아니

메 〈BEASTARS〉[2019년]에서는 동물 캐릭터의 신체는 인간 그 자체이며 초식동물이 무엇인가에게 잡아먹히게 되는 사건을 축으로 육식동물과 초식동물의 공생을 그리는 '동물 청춘 군상극[動物青春群像劇]'이 전개된다).

　이와 같은 일본 아니메 문화의 계보 상에 〈귀멸의 칼날〉, 〈폼포코 너구리 대작전〉, 〈유정천 가족〉 등이 있으며, 너구리들의 모습은 인간에 가깝게 현대적으로 디자인되면서도 전승세계의 이미지가 각 캐릭터의 이야기상 역할과 연동하도록 적절하게 부여되고 있다. 현대 일본의 아니메 문화에서도 역시 너구리의 전승세계는 오늘날의 '취향'이 더해져서 지금까지 변용되고 계승되어 온 이미지와 함께, 문화창조를 강력하게 뒷받침하고 있는 양상을 보이고 있다.

원저자 주

*1　高槻成紀, 『タヌキ学入門 — かちかち山から3・11まで身近な野生動物の意外な素顔』 (誠文堂新光社, 2016).

*2　日野巌, 『動物妖怪譚(下)』(中央公論新社, 2006).

*3　井上章一, 「「たんたんたぬき……」を、さかのぼる」, 『妄想かもしれない日本の歴史』 (角川学芸出版, 2011).

*4　中村禎里, 『狸とその世界』(朝日新聞社, 1990). 또한 이노우에 쇼이치(井上章一)는 본서를 '대단한 명저'로 평가하고 있다.

*5　'15년 전쟁'이란 1931년 만주사변에서 1945년 종전에 이르는 일본의 침략 전쟁을 일컫는다. 제2차세계대전이나 태평양전쟁이라는 호칭으로는 구미와의 전쟁이 초점화되기 때문에 아시아에 대한 침략 행위와의 연속성을 파악하고자 하는 시점에 선 전쟁 인식으로서 '15년 전쟁'이라는 호칭을 사용한다.

*6　근세 가부키에서는 예능 속에서 그때까지 전해져 온 이야기를 '세계'라고 정하여 그것을 기본 설정으로 하면서, 새로운 고안(=취향)을 더해 극작을 했다(日文研大衆文化研究プロジェクト編, 『日本大衆文化史』[KADOKAWA, 2020], pp.99~101). 오쓰카 에이지(大塚英志)는 이 가부키의 극작법을 바탕으로 소비자가 생산자로서 참여하는

2차 창작을 사정에 넣은 현대문화의 생성 시스템으로서 '세계와 취향 모델'을 제시했다(大塚英志, 『物語消費論 ― ビックリマンの神話学』[新曜社, 1989]). 본 장에서는 대중에게 공유되는 너구리의 민간전승을 '세계'로 보고, 1930년대 이후의 아니메라는 미디어에서 너구리 '세계'의 제 요소가 어떻게 채용되고 조합되어 새로운 '취향'이 더해져서 작품이 생성되는지를 검토해 간다.

*7 너구리 어전 시리즈는 「화투놀이 너구리 여행(花くらべ狸道中)」(田中徳三, 1961)을 마지막으로 한 동안 끊겼지만, 2005년에 스즈키 세이준(鈴木清順)이 「오페레타 너구리 어전(オペレッタ狸御殿)」으로 부활시켰다.

*8 四方田犬彦, 「狸御殿はよみがえる」, 『日本映画と戦後の神話』(岩波書店, 2007).

*9 香川雅信, 「狸と妖怪」, 『ジブリの教科書8 総天然色漫画映画 平成狸合戦ぽんぽこ』(文藝春秋, 2015).

*10 西崎信夫著・小川万海子編, 『『雪風』に乗った少年 ― 十五歳で出征した「海軍特別年少兵」』(藤原書店, 2019).

*11 佐野明子, 「日本アニメーションのもうひとつの源流 ― 一九二〇~四〇年代前半における教育アニメーション」(『動員のメディア ミックス ―〈創作する大衆〉の戦時下・戦後』思文閣出版, 2017).

*12 1933년 무렵의 토키 이행기에 영화관에서는 주로 미국의 단편 아니메 몇 편으로 이루어지는 '만화대회'를 극영화와 동시 상영하는 프로그램이 유행했다. 미국산 아니메 중에서도 인기를 끈 미키마우스와 베티 부프(Betty Boop)는 카페의 이름이나 잡지의 표지가 될 만큼 일반적인 존재가 되었다(佐野明子, 「漫画映画の時代 ― トーキー移行期から大戦期における日本アニメーション」[『映画学的想像力 ― シネマ・スタディーズの冒険』, 人文書院, 2006]).

*13 너구리가 등장하는 1930년대의 아니메에는 다음과 같은 것이 있다. 〈우리들의 스키(おい等のスキー)〉(村田安司, 1930), 〈우리들의 야구(おい等の野球)〉(村田安司, 1930), 〈다누키치의 이야기(タヌ吉のお話)〉(村田安司, 1931), 〈늑대는 늑대다(狼は狼だ)〉(村田安司, 1931), 〈엿장수 너구리(あめやたぬき)〉(作者不詳, 1931), 〈분부쿠 차솥(文福茶釜)〉(大石郁雄, 1931), 〈분부쿠 차솥〉(大石郁雄, 1932), 〈형제 고구마(兄弟こぐま)〉(山本早苗, 1932), 〈종이연극 장난꾸러기 너구리(紙芝居いたづら狸)〉(村田安司, 1933), 〈동화 늙은 너구리의 싸움(動絵狐狸達引)〉(大石郁雄, 1933), 〈원숭이의 대어(お猿の大漁)〉(村田安司, 1933), 〈차솥 선창(茶釜音頭)〉(政岡憲三, 1934), 〈가치가치산(カチカチ山)〉(바다・산 편)〉(大石郁雄, 1934), 〈폰스케의 봄(ポン助の春)〉(大石郁雄, 1934), 〈폰포코 무용전(ポンポコ武勇伝)〉(中野孝夫他, 1934), 〈반 단에몬・요괴 퇴치의 권(塙団右衛門・化物退治の巻)〉(片岡芳太郎, 1935), 〈신설 가치카치산(新説カチカチ山)〉(市川崑, 1936), 〈연 소동(凧さわぎ)〉(西倉喜代治, 1936), 〈경단의 행방(だんごの行方)〉(大藤信郎, 1937), 〈데크스케 이야기(テク助物語), 노마루 하타노스케 산적 퇴치[日の丸旗之助 山賊退治])〉(瀬尾光世, 1938), 〈하늘의 용감한

독수리(空の荒鷲)〉(大藤信郎, 1938), 〈가치카치산(カチカチ山)〉(政岡憲三, 1939).

*14 安藤貞雄, 「読者投稿 アナウンス抹殺論―文化映画の問題―」(『映画評論』1940年 4月号).

*15 클래식 희극 연구자인 이이오 준코(いいをじゅんこ)에 의하면 〈게으른 할아버지(のろまな爺)〉(大藤信郎, 1924)에는 버스타 키튼(Buster Keaton)의 희극 영화의 특징이 곳곳에 보인다(이이오 준코와의 대화, 2020년 12월 3일).

*16 Leyda, Jay ed., Eisenstein on Disney. Trans. Alan Y. Upchurch(London: Methuen, 1988).

*17 小松和彦, 「多摩丘陵の狸たちは敗れたが……」, 『ジブリの教科書8 総天然色漫画映画 平成狸合戦ぽんぽこ』(文藝春秋, 2015).

*18 야나기타 구니오는, 너구리는 '귀를 속이는 힘'에 능하다고 보고, 너구리가 기차 소리 흉내를 내는 이야기를 소개하고 있다(柳田國男, 「狸とデモノロジー」[『定本柳田國男集』第22巻, 筑摩書房, 2979]).

*19 예를 들어 『학교영화자료』 제1호(1935)에는 〈이나바국의 토끼(いなばの国の兎さん)〉(瀬尾光世, 1935)에 대해, '처음 보는 분은 교과서와 좀 달라진 점과 타이틀의 오자(중략)에 주의할 것'이라는 '해설 자료'나, 레코드의 곡목(〈인형님(お人形さん)〉, 〈대초원의 꽃(大草原の花)〉 등)과 그것들을 트는 신을 지정하는 '반주자료'가 기록되어 있다.

*20 関野嘉雄, 「映画教育論のために―その九―」(『映画教育』1935年 2月号).

*21 粟屋憲太郎, 『十五年戦争期の政治と社会』(大月書店, 1995).

*22 加藤厚子, 『総動員体制と映画』(新曜社, 2003).

*23 大塚英志, 『ミッキーの書式―戦後まんがの戦時下起源』(角川学芸出版, 2013).

*24 또한 〈모모타로 바다의 신병(桃太郎 海の神兵)〉(瀬尾光世, 1945)에서는 일본의 어린이들이 동물로 그려지고 있으며, 너구리 여자아이가 등장한다. 너구리 여자아이는 '나도 (비행기를) 탈 수 있어?'라고 해군병사에게 물어봄으로써 모두의 웃음거리가 된다. 이로써 병사가 될 가능성이 낮은 여자아이에게 골계, 우둔의 이미지가 계승되고 있었다고 볼 수 있을 것이다. 또한 전술한 이노우에(井上) 주3이나 나카무라(中村) 주4의 논고를 비롯하여, 너구리 연구에서는 종종 음낭이나 고환이 주목되어 왔다(宮田登, 「狸の金たま」, 『女の霊力と家の神 日本の民俗宗教』[人文書院, 1983]). 한편 15년 전쟁기의 일본 아니메에 너구리의 음낭, 고환은 그려지지 않고 있다. 그것은 일본 아니메의 너구리 캐릭터에는 미국 아니메의 동물 캐릭터가 참조된 것이나 교육기관 대상 작품이 많은 것과 관계가 있다고 생각된다. 또한 마찬가지로 쇼와시대 초기에 생긴 시가라키야키의 너구리 장식물은 두텁고 큰 음낭이 특징으로 알려져 있지만, 나카무라에 의하면 그것은 우타가와 구니요시의 얇고 평평한 대음낭에서 파생한 것이다.

*25 미국점령기의 아니메에서는 너구리 외에도 여성 캐릭터에 전후 일본의 희망이 가탁되는 경향을 〈마법의 펜(魔法のペン)〉(熊川正雄, 1946)이나 〈눈 오는 날 밤의 꿈(雪の夜の夢)〉(大藤信郎, 1947) 등에서 볼 수 있다.

*26 大瀧雅之·宇野重規·加藤晋編, 『社会科学における善と正義 ― ロールズ『正義論』を超えて』(東京大学出版会, 2015).

*27 예를 들면 진주만 공격을 그린 중편 〈모모타로의 바다독수리〉(1943)나 일본 첫 장편 아니메 〈모모타로 바다의 신병〉(1945)은 모모타로가 주역이 되고 있다. 상세한 사항에 대해서는 이하를 참고하기 바란다. 佐野明子, 「侵略する『桃太郎』と『東アジア』」(『動態としての「日本」大衆文化史 ― キャラクターと世界』, 国際日本文化研究センター, 2019).

*28 일반적인 이야기영화(고전적 할리우드 영화)에서는 '명확한 문제를 해결하거나 특정 목표에 도달하고자 노력하며 심리적으로 확실하게 한정된 개인'이 등장한다 (Bordwell, David, "Classical Hollywood Cinema: Narrational Principles and Procedures," In Rosen, Philip, ed., *Narrative, Apparatus, Ideology: A Film Theory Reader*[New York: Columbia University Press, 1986]). 아니메가 이야기화, 장편화되어 가는 이 시기, 동물 캐릭터에서 '심리적으로 확실히 한정된 개인'이라는 요소가 부여되어 가는 과정이, 〈가치카치산의 소방대〉의 캐릭터에도 보인다.

*29 小松和彦, 「『鬼は善でも悪でもない』…妖怪研究の第一人者が語る『鬼滅の刃』の奥深さ」, 「WEB Voice」https://shuchi.php.co.jp/voice/detail/8340(2021년 3월 14일 참조).

*30 水島久光, 「無限の発見 ― 社会·心性史として読む『鬼滅の刃』」, 大正イマジュリィ学会第十八回全国大会における口頭発表, 2020年 3月 14日.

*31 요괴로서의 너구리는 오니와의 유사성이 있으며 산속의 어둠 속에서 활동하고 때로는 산골 사람이나 승려와 같은 이계(異界)의 인간을 시사하기도 했다(전게 주 4).

*32 小松和彦, 『鬼と日本人』(KADOKAWA, 2018).

*33 전게 주 9.

*34 加藤敦子, 「物語·風流·浄瑠璃―芸能から読む『平成狸合戦ぽんぽこ』」(『高畑勲を読む ― 文学とアニメーションの過去·現在·未来』, 三弥井書店, 2020).

*35 ジャン゠ルイ·コモリ(鈴木圭介訳)「技術とイデオロギー ― カメラ、遠近法、ディープ·フォーカス」(『「新」映画理論集成②知覚／表象／読解』フィルムアート社, 1999).

*36 秦剛, 「遠いアジアのこの街で ― 高畑勲『平成狸合戦ぽんぽこ』の射程」(『ジブリの教科書8 総天然色漫画映画 平成狸合戦ぽんぽこ』, 文藝春秋, 2015).

*37 캐릭터의 의수화에 대해서는 신고의 논문에 상세하다. 秦剛, 「『海の神兵』における表象のユートピア―虚構のリアリティならびに〈擬獣化〉の起源」(『戦争と日本アニメ ―『桃太郎 海の神兵』とは何だったのか?』, 青弓社, 2022).

제가이보(是害坊)의 근세 수용

- 전생하는 천구 설화 -

구루시마 하지메(久留島元)

천마습래(天魔襲来)

966년 봄, 중국의 대천구(大天狗)[1], 제가이보는 불법(佛法)을 방해하기 위해 일본에 날아왔다. 아타고야마(愛宕山)산의 천구 니치라보(日羅坊)에게 안내를 부탁하고 노법사로 모습을 바꾸어 히에이잔(比叡山)산으로 들어가려했지만, 요케이율사(余慶律師)로부터 철화륜(鉄火輪) 공격을 받고 진젠곤(尋禅権, 943~990) 승정(僧正)을 지키는 부동의 두 동자에게 쫓겨나서 접근조차 할 수 없었다. 지키고 있던 니치라보도 예상이 빗나가자 어이가 없어 했다.

---

1) 천구(天狗)는 중국 불교에서 유래한 것으로 '하늘을 날아다니며 불법(佛法)을 방해하는 신통력이 있다는 괴물'을 말하며, 이는 한국에서도 통용되고 있다. 다만, 이와 같은 천구는 일본에 수용되며 생김새나 성격 면에서 변용되어 '코가 길고 크며, 불그스름한 얼굴을 하고 도사와 같은 복장을 하고 있으며, 게다를 신고, 부채를 들고 자유롭게 하늘을 날아다니면서 나쁜 짓을 꾸미고 다니는 요괴'를 의미하며, '덴구'로 불리게 되었다. 그러나 이 글에서는 이와 같이 변용되기 전의 중국 유래의 천구 혹은 변용되는 과정에 있는 천구의 의미로 사용되기에 '천구'라 번역한다.

니치라보와 오랜 지기 사이인 히라야마 몬제보(平山聞是坊)라는 천구에게도 고사를 인용하여 가르침을 받지만, 오히려 분발한 제가이보는 히에이잔을 세 번 도전하여 많은 천동(天童)을 데리고 온 료겐(良源, 912~985) 승정을 만난다. 천동들은 제가이보를 새끼줄로 잡아서 몹시 혼을 내주었고, 제가이보는 두 번 다시 일본에 접근하지 않겠다고 맹세를 했다.

이는 가마쿠라시대에 성립한 에마키『제가이보화(是害房絵)』상권에 해당하는 내용이다. 같은 내용의 설화는『곤자쿠이야기집(今昔物語集)』권20이나『진언전(真言伝)』5에 있으며, 불적(仏敵)으로서의 천구 설화의 전형이다. 다만,『곤자쿠이야기집』에서는 중국의 천구는 '지라요주(智羅永寿)'라고 되어 있다. '제가이보(是害坊[房])'라는 이름은 가마쿠라시대에 나타났으며, 동시대의『칠천구화(七天狗絵)』(『天狗草子』)에 '제가이보'라고 하여 같은 이야기가 수록되어 있다.

하권에서는 니치라보가, '우리 조정은 신국(神国)이라'라고 하며, 제가이보에게 일본 불법의 역사나 영지(霊地)의 유래를 들려준다. 깊이 반성한 제가이보가 '다친 몸을 치유하고 돌아가고 싶다'고 빌자, 니치라보는 '아리마(有馬)의 물은 매우 영험하지만 마물(魔物)에게는 오히려 독이 된다. 가모샤(賀茂社)에서 흘러나오는 손을 씻은 물을 끓여서 탕치를 하면 번뇌의 때가 사라지고 죄도 없어진다'라고 가르쳐 주고, 가모가와(賀茂川) 강가로 데리고 간다. 가모가와의 탕치로 상처를 치유한 제가이보는 이별의 연회에서 노래를 주고받고는 본국으로 돌아간다.

현존 사본(写本) 중 가장 오래된 만슈인본(曼殊院本)의 간기(刊記)에 의하면,「우지다이나곤 이야기(宇治大納言物語)」를 바탕으로 1803년에 성립된 에마키를 1329년, 1354년에 필사한 것이라 한다. 광언기어(狂

言綺語)의 이야기이지만, '불법 효험의 덕'을 적어 '불법귀의의 마음'을 어린이에게 알리기 위해 썼다고 한다. 이 '불법귀의'의 마음에 대해서는 에마키 말미에 니치라보와 제가이보가 주고받은 내용이 나와 있다.

> 니치라보: 번뇌의 때를 가모샤의 손씻는 깨끗한 몸을 헹구어 청정한 몸이 되었구나
> 제가이보: 낡은 당토의 배와 같은 늙은 천구가 아키쓰시마(秋津島)에 와서 쓰라린 일을 겪누나

한시문의 나라에서 온 천구가 할 수 없이 일본 불법을 예찬하고 마성의 몸이 개심을 한 것을 축하하고 있는 것이다. 이러한 '마불일여(魔仏一如)'의 생각은 에마키에 등장하는 료겐(良源, 912~985)에 들어맞는다. 료겐은 에마키 안에서 십일면관음(十一面観音)의 화신이면서 불법을 지키기 위해 대천구가 되었다고 그려지고 있다. 실은 이 에마키가 제작된 시대는 두 번의 몽골침입(1274년의 분에이의 난[文永の役]과 1281년 고안의 난[弘安の役])을 경험하고, 이국의 적을 물리치기 위해 료겐의 조상(造像)이 이루어졌다. 즉 이국의식이나 '마불일여'와 같은 세상과 료겐 신앙을 반영하여 만들어진 에마키인 것이다.[*1]

그런데 제가이보는 그 후 시대의 문맥을 넘어 향유되었다. 무로마치시대에 성립한 『선계(善界)』는 의사인 다케다 사다모리(竹田定盛, 1421~1508)의 작품으로 만슈인본 계통의 본문을 바탕으로 하고 있다. 나중에 요쿄쿠(謡曲)의 영향을 받은 에마키도 나와 상호 영향을 주고받았다.[*2]

현재 『제가이보화』의 전본(伝本)은 20수편이 남아 있으며, 새로운 것으로는 막부시대 말의 사본도 있다. 중요문화재로 지정된 만슈인본

은 전문 화가가 아니라 그림을 잘 그리는 아마추어의 작품으로 생각될
정도로 대담하고 유머러스한 필치가 특징인데, 만슈인본 다음으로 오
래된 센오쿠하쿠코칸본(泉屋博古館本, 스미토모[住友] 컬렉션)은 난보쿠
초시대(南北朝時代, 1336~1392)에 성립한 것으로, 일본화의 정통성을
방불케 한다. 근년의 복구 작업으로 섬세한 묘선(描線)이나 색채가 확
실히 밝혀지게 되었다.*3

또한 간기에 덴쇼(天正, 1573~1592) 연간으로 기록되어 있는 뉴욕
스펜서 컬렉션본이나 같은 계통의 이쓰오미술관본(逸翁美術館本)의 천
구 묘사는 『쓰키미네다라 건립수행연기 에마키(槻峯寺建立修行緣起絵
卷)』에 등장하는 천구와 공통점을 보인다. 도사파(土佐派)2)나 가노파
(狩野派)3)의 전문화공들도 손을 대는 인기 화제였음을 알 수 있다.

고기록에서도 그 인기는 확실하여 『건내기(建内記)』1441년 4월 28
일 조나 『간몬일기(看聞日記)』1443년 4월 23일 조에 서명이 보이며,
『도키쓰네경기(言経卿記)』1593년 8월 16일 조에서는 '제가이보화'를
아들 아차마루(阿茶丸)에게 보여주기 위해 빌렸다는 기사가 있다.

요괴 전생(転生)

개심을 하여 본국으로 돌아갔을 제가이보는 인기 때문에 그 후에도
일본의 많은 작품에 등장했다. 간분(寛文, 1661~1673) 연간의 간행으로
추정되는 고조루리(古浄瑠璃) 「아타고의 본지(あたごの本地)」에서는 쇼

---

2) 일본 헤이안시대의 장식적 기법인 야마토에(やまと絵) 화풍을 전개한 대표적 화파로,
   세밀한 묘사와 다채로운 색감을 특징으로 한다.
3) 오다노부나가(織田信長), 도요토미 히데요시(豊臣秀吉)를 섬기면서 성의 벽화를 그린
   가노 에이토쿠(狩野永徳)의 화풍을 이어받은 일파.

토쿠태자(聖德太子, 574~622)의 스승으로 초대받은 백제의 무인 니치라(日羅) 장군이 아타고야마 산에서 '대당(大唐)의 제가이보'와 싸운다.

　니치라는『제가이보화』에서는 아타고야마의 천구의 이름이었지만, 쇼토쿠태자전에서는 백제의 고승이라 하여 태자와 서로 알고 지냈고 광명을 발했다는 일화가 남아 있다. 앞에서 언급한『쓰키미네다라 건립수행연기 에마키』에서는 니치라가 천구가 유행(遊行)하는 산을 진압하고 셋쓰쓰키미네데라(摂津槻峯寺) 절을 연다. 한편「아타고의 본지」에서는 니치라 장군은 빛을 발하여 천구의 불을 끄고, 그로 인해 사후에 아타고곤겐(愛宕権現)으로 현현(顕現)하여 화재를 막는 신이 되었다고 한다.[4]

　일본의 천구들이 제가이보에게 조력을 한다는 이야기도 있다. 우메즈 지로(梅津次郎, 1906~1988)에 의하면 현재 분실된 교토 호온지(報恩寺) 구소장본『제가이보화(是害房絵)』에는 제가이보와 아타고의 다로보(太郎坊)가 '구라마(鞍馬)의 승정방(僧正房)을 꾀어 히코야마(彦山)의 훈센호, 시라미네(白峯)의 소센호, 오야마(大山)의 호키호 기타 많은 천구를 움직여 제가이보를 대장으로 세우고 히에이잔으로 몰려가서 여러 가지 마법을 시도하는' 장면이 있었다고 한다.[5]

　그러나 히에이잔을 수호하기 위해 부동명왕이나 산왕, 하치만(八幡) 등 제신들이 모였기 때문에 천구군(天狗軍)은 패배한다.

　이와 비슷한 장면을 그린 것이 아이치교육대학(愛知教育大学) 챔버린(chamberlin) 스기우라문고(杉浦文庫)에 소장된『화한천구회화(和漢天狗会話)』로, 그 제3도(第三図)에서는 팔천구(八天狗)에 둘러싸여 환영을 받는 선계보(善界坊)가 그려지고 있다. 어느 쪽도 노(能)의「선계(善界)」를 바탕으로 하며, 노〈구라마 천구(鞍馬天狗)〉등에 등장하는 저명

[그림 1] 『화한천구회화』(아이치교육대학 도서관 소장)

한 천구를 더하여 제작된 것이다.*6([그림 1])

한편, 이토 신고(伊藤慎吾)가 소개하는 사가현(佐賀県) 우레시노시(嬉野市) 도센잔(唐泉山) 핫텐신사(八天神社)에서는 '대당 천구의 수령 젠카이보(善界坊)'가 일본을 침략하려고 했을 때, 일본의 산들을 지키는 팔천구가 날아와서 신비로운 비법을 써서 젠카이보를 물리쳤다는 이야기가 남아 있다. 핫텐신사는 근세에는 핫텐구사(八天狗社)라고 하여 천구를 『니혼쇼키(日本書紀)』, 『고지키(古事記)』의 신화와 연결지어 제사의 유래로 삼았다고 한다.*7

혼다 야스지(本田安次)의 조사에 의하면, 도호쿠지방(東北地方)에 전해지는 수행자 가구라(山伏神楽)4)에도 제가이보가 등장한다.*8 〈구라마(鞍馬)5)〉라는 곡에서는 우선 무대에 우시와카마루(牛若丸)5)가 등장하

---

4) 가구라(神楽)는 신에게 제사를 지낼 때 연주하는 무악.
5) 미나모토 요시쓰네(源 義経, 1159~1189)의 아명. 요시쓰네는 헤이안시대 일본의 무장. 가마쿠라 막부 초대 장군 미나모토 요리토모(源頼朝)의 배다른 형제.

여 이름을 대고 구라마야마(鞍馬山)산에 도착하여 천구를 불러내면, 대당의 천구 '젠카이보'가 등장하여 병법 겨루기가 시작된다. 천구의 봉술(棒術)에 대해 우시와카마루는 검을 뽑아 연무(演舞)를 피로한다.

수행자 가구라는 하야치네(早池峰), 구로모리(黒森), 다이헤이(太平)와 같은 산에서 수행을 하는 수행자들이 11월부터 정월에 걸쳐 마을을 돌아다니며 기도를 하고, 그날 밤 묵는 숙소에 천막을 치고 연주하는 것이다. 막부 말에서 근대 사이의 대본이 많지만, 오래된 것으로는 호레키(宝暦, 1751~1764) 연간의 것도 남아 있다. 〈구라마〉는 〈우시와카 병법 겨루기(牛若兵法比べ)〉라고도 하며 많은 대본에 기록된 인기 곡목으로 보인다.

날뛰는 천구

이렇게 각지의 유래나 가구라에 기록될 만큼 제가이보의 이름은 노를 통해 보급되면서 정착되어 갔다. 물론 노만은 아니다. 나미키 쇼자(並木正三, 1730~1773)의 가부키 교겐(狂言) 〈기리 다로 천구 사카모리(霧太郎天狗酒醼)〉의 주인공, 요괴를 부리는 기리 다로는 일본에 건너온 제가이보의 자손으로 미나모토노 요시쓰네(源義経)에게 병법을 전수한 귀일법안(鬼一法眼)[6]이기도 하고, 가마쿠라막부의 권력 다툼 전쟁에 편승하여 모반을 꾀한다. 귀일법안의 정체를 구라마의 천구로 보는 조루리(浄瑠璃) 〈귀일법안 삼략권(鬼一法眼三略巻)〉을 바탕으로 하는 기상천외한 스토리이다.

1761년 오사카(大坂) 가토좌(角座) 초연에서는 나카야마 신쿠로(中山

---

6) 문무달인의 전설 속의 인물.

新九郎, 1702~1775)가 천구로 분하
여 객석 위를 자유자재로 날아다
녀 화제를 불러 모았다고 한다. 가
부키에서 처음 선 보인 '공중연기'
였다. 2007년 3월 부활 상연에서
는 3대째 나카무라 하시노스케(中
村橋之助, 현 8대째 시칸[芝翫])가 훌
륭한 공중연기를 피로했다.

　마지막으로 현대의 제가이보로
서 구로다 이오(黒田硫黄, 1971~)의
『대일본천구당회사(大日本天狗党
絵詞)』에 등장하는 'Z씨'를 들어보
겠다. 이 만화는 현대 사회에서 조
용히 생활하고 있는 천구들이 인

[그림 2] Z씨(구로다 이오 『신장판 대일본천
구당회사』 2, 고단샤[講談社], 2008) ⓒ구로
다 이오/고단샤

간 소녀 시노부의 존재를 계기로 일본을 천구의 나라로 바꾸려고 내란
을 일으키는 장대한 이야기이다. 시노부를 납치한 천구의 '스승'은 일
찍이 외국에서 건너온 전설의 대천구 '젠카이보'인데, 오키노토리시마
(沖ノ鳥島)에 잠들어 있는 것을 알고 결기를 호소한다. 작품 속에서 대
천구는 'Z씨'라 불리며, 그 풍모는 나폴레옹을 연상시키는 거대한 '외
국인'이다.

　다른 천구들은 조용히 아르바이트를 하거나 쓰레기를 뒤지며 생활
하지만, 나이가 1700살도 넘는 Z씨는 거대 괴수와 같은 박력으로 순식
간에 도쿄를 제압해 버린다. 작자는 대학시절부터 노에 열성을 기울이
고 있었고, 노에서 힌트를 얻었다고 밝히고 있다. 또한 작가 모리미

도미히코(森見登美彦, 1979~)는 본 작품에 영향을 받아서 자작『유정천
가족』등에 천구를 등장시키기로 결심했다고 고백하고 있다.[9] 제가이
보의 전생(轉生)은 현대에도 계속 이어지고 있다.

　원래 천구라는 어휘는 한적이나 불전을 통해 일본에 이입되어 독자
적으로 전개된 것이다. 불교설화나 산악신앙과의 관계가 중시되기 쉽
지만, 문예면의 전개도 간과할 수 없다. 당에서 날아온 제가이보처럼
미디어를 넘어 천구는 일본에 정착한 것이다.

원저자 주

[1]　久留島元,「『是害房絵』の基本的構成」(『文化学年報』60, 2011).

[2]　石川透,「『是害坊絵』と『善界』」(『室町物語と古注釈』, 三弥井書店, 2022).

[3]　『泉屋博古 日本絵画』(泉屋博古館, 2010).

[4]　久留島元,「古浄瑠璃「あたごの本地」を読む」(『京都精華大学紀要』54, 2021).

[5]　梅津次郎,「是害房絵巻の変遷」(『絵巻物叢考』, 中央公論美術出版, 1968).

[6]　久留島元,「『是害房絵』の近世 ― 愛知教育大学チェンバレン・杉浦文庫蔵,『和漢天
狗会話』について」(『説話文学研究』49, 2014).

[7]　伊藤慎吾,「アンチヒーローとしての天狗」(『お伽草子超入門』, 勉誠出版, 2020).

[8]　本田安次,『本田安次著作集 日本の伝統芸能 第五巻神楽V』(錦正社, 1994). 文化庁
編,『無形文化財記録芸能編1 民俗芸能〈神楽〉』(第一法規出版, 1970).

[9]　森見登美彦×黒田硫黄,「やっぱり天狗はかっこいい」(『文芸別冊 総特集森見登美彦
作家は机上で冒険する!』, 河出書房新社, 2019).

제4부

그림과 예능과 캐릭터

제9장

고바야시 기요치카(小林淸親)의
『백찬백소(百撰百笑)』에 나타난 청국인상

아오키 젠(靑木然)

들어가는 말

본 장에서는 근대 민중문화에서 특정 에스닉 그룹이 캐릭터화되는 것의 의미를 묻고자 한다. 일본에서는 문명화의 진전을 척도로 조선인이나 중국인을 경시하는 담론이 확산되었지만, 그 계기에 근대 일본에 있어 첫 본격적인 대외전쟁이었던 청일전쟁이 있다. 청일전쟁 때 총후에서 우키요에나 강담 등 여러 가지 작품에서 전쟁물이 제작되었고, 그곳에서 중국인(이하 당시의 국호에 따라 '청국인'이라 한다)들은 적개심 앙양을 위해 모멸적으로 그려졌다.

본 장에서는 그중에서도 고바야기 기요치카가 그린 청일전쟁의 회화(戱画) 시리즈 『일본만세 백찬백소(日本万歳 百撰百笑)』(이하 『백찬백소』)에 주목한다. 본 시리즈는 '백전백승(百戰百勝)'을 '백찬백소'로 하였듯이, 청일전쟁을 재미있게 그려내는 것을 취지로 삼았다. 고바야시 기요치카는 메이지를 대표하는 화공으로 알려져 있지만, 희화, 풍

자화에서도 당시 유수의 인기를
자랑하고 있었다. 본 시리즈에는
동시대의 풍자표현이 응축되어
있어 청국인의 캐릭터화를 고찰
하는데 아주 좋은 소재라 할 수
있다.

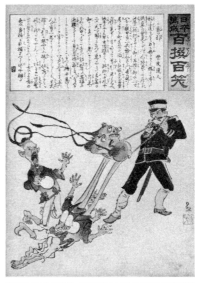

　[그림 1]은 그중 하나인「목싸
움(首つ引)」[1])이다. 일본병사와 청
국병사가 둥근 끈을 두 사람의 목
에 걸고 서로 잡아당기는 놀이의
일종인 목싸움을 하는 그림으로,
일본병사가 작은 체구에 어울리
지 않는 강력한 힘을 발휘함으로

[그림 1]「목싸움」(고바야시 기요치카『백찬백
소』, 1895)(국립국회도서관 소장)

써 얕보고 있던 청국병사가 당황하는 장면을 그리고 있다.

　한편 [그림 2]는 오가타 겟코(尾形月耕, 1859~1920)에 의한 황해해전
(黃海海戰)의 모습을 그린 니시키에(錦絵)[2])이다. 실사한 그림은 아니지
만, 당시의 리얼리티에 근거하여 전투신에 육박하고자 한 그림이며,
이러한 타입의 니시키에도 많이 인쇄되었다. [그림 1]과 [그림 2]를
비교하면, 같은 변발의 청국인이라도, 사지나 얼굴을 그리는 방법이
상당히 다른 것은 명백하며, [그림 1]의 청국인에게는 풍자화 특유의
각색이 가미되어 있다. 이 각색의 의미를 살펴보지 않으면 청국인이

---

1) 목싸움이란 두 사람의 목에 둥근 끈을 걸고 서로 잡아당기는 놀이.
2) 풍속화를 색도 인쇄한 목판화.

[그림 2] 오가타 겟코 『청일전쟁 일본대승리해전지도(淸日戰爭 日本大勝利海戰之図)』(도쿄경제
대학도서관 소장)

어떻게 캐릭터화되었는 지를 이해할 수 없을 것이다.

이에 본 장의 제1절에서는 우선 화공 고바야시 기요치카가 어떤 화업(画業)을 이루었는지를 확인하고, 『백찬백소』의 표현방법이 어떻게 준비되었는지를 생각해 본다. 기요치카는 당시 일본에서 풍자화를 견인하는 존재였기 때문에 근대 일본 풍자화의 행보를 살펴보는 작업이기도 하다.

그리고 제2절에서는 니시키에서 청국인이 어떻게 그려져 왔는지를 살펴봄으로써 『백찬백소』로 이어지는 청국인의 캐릭터화의 패턴을 확인해 본다.

그런 후에 제3절에서 『백찬백소』의 청국인이나 전쟁의 전형적인 묘사 방법이 나타난 작품의 예를 확인하면서 그 의미를 고찰한다.

1. 고바야시 기요치카와 풍자화

출생과 성장 과정

고바야시 기요치카는 1847년 8월 1일*1, 아버지 고바야시 모헤에(小林茂兵衛)와 어머니 지카코(知加子)의 아홉 번째 아들로 태어났다. 아버지는 오쿠라 저택(御蔵屋敷)3) 총책임자였고, 어머니도 오쿠라의 운반을 담당하는 집안의 장녀였다. 1862년에는 아버지가 죽어 가계를 상속받았다.*2 오쿠라 저택은 아사쿠사(浅草)에 있던 막부의 저장용 쌀을 보관하는 창고로 기요치카의 집안도 그곳에 있었다. 구라마에(蔵前)라는 지명으로 아직도 그 흔적이 남아 있다.

1865년 9월 쇼군(将軍)을 수행하여 오사카, 교토에 갔으며, 1868년 정월에는 도바·후시미(鳥羽·伏見)의 전쟁을 직접 목도하였다. 또한 쇼군을 따라 에도로 돌아온 후. 5월에는 우에노전쟁(上野戦争)4)도 시찰하였다.*3 용수(用水) 통 뒤에 숨어서 보다가, 철포탄이 날아와서 용수통이 쓰러지는 바람에 깜짝 놀란 모습은 훗날 소묘『기요치카 성장(清親生立)』에 직접 그렸다.*4

그 후 오쿠라 저택은 신정부에 의해 접수되고 일가는 도쿠가와가(徳川家)를 따라 시즈오카(静岡)로 이주했다. 이 시즈오카 시절에는 지기로 검술가인 사카키바라 겐키치(榊原鍵吉, 1830~1894)와 재회하여 도카이도(東海道)에서 검술흥행도 했다고 한다. 1874년 무렵 도쿄로 돌아와

---

3) 에도시대에, 영주(領主)가 에도, 오사카에 설치한 창고 딸린 저택. 여기에 영내(領內)의 쌀을 비롯한 생산물 등을 저장하였다가 그것을 화폐로 바꿨다.
4) 1868년 7월 4일, 에도 우에노(현 도쿄도 다이토구)에서 구 막부군과 신정부군 사이에서 일어난 전투이다.

시바겐스케초(芝源助町)에 살았다. 겐스케초에는 목판인쇄 직인이 많았고 원래 그림을 좋아하기도 해서 인쇄를 도와주거나 밑그림 채색을 도왔다고 한다. 그때 기요치카의 그림의 출판에 많이 관여하게 된 구사소시 도매상 다이코쿠야(大黑屋)의 마쓰키 헤이키치(松木平吉, 1871~1931)도 만나게 된다. 왜 연고가 없는 겐스케초에 살면서 판화 일을 하게 되었는지 확실하지 않다고, 딸이자 작가인 고바야시 가쓰(小林哥津, 1894~1974)는 말하고 있다.*5

이와 같이 20대까지의 기요치카는 막부 말 유신의 동란에 휘둘리는 인생을 살았다. 대개 에도토박이는 사쓰마(薩摩)나 조슈(長州)를 중심으로 한 신정부가 에도로 밀려들어온 데 대해 반발심이 있었다고 하지만, 기요치카는 그러한 감정이 특히 강했던 것 같다. 한편 전쟁을 본 경험은 병비(兵備)의 차이는 있지만 훗날 전쟁화를 그릴 때 상상력에 도움이 되었을 것으로 생각된다.

워그먼과 교사이(暁斎)

1876년 광선화(光線画)를 간행하기까지 기요치카의 수업시대는 불명한 점이 많다. 다만, 이 시기에 찰스 워그먼(Charles Wirgman, 1832~1891)과 가와나베 교사이(河鍋暁斎, 1831~1889)를 만난 것이 기요치카의 풍자화 화업에 큰 영향을 준 것은 확실하다.

런던에서 태어난 워그먼은 파리에서 그림을 배운 후, 『일러스트레이티드 런던 뉴스』(이하 『ILN』으로 약칭) 특파원 기자로서 애로우호사건 취재를 위해 1857년에 청으로 갔다가 1861년에 일본으로 왔다. 그 직후, 미토(水戸)의 낭사(浪士)에 의한 영국 임시 공사관이었던 도젠시 습격 사건 현장에 있었고 그 상황을 『ILN』에 보고했다. 그 후에도 사

쓰영전쟁(薩英戰爭, 1863)이나 바칸전쟁(馬関戰争, 1864) 등을 『ILN』에 보고했다. 이러한 일을 하는 한편, 일본의 거류지에 있는 외국인들을 대상으로 1862년에 『재팬 펀치(ジャパン·パンチ)』를 창간했다. 이는 영국의 주간지 『PUNCH』를 모방한 풍자화지였다.*6

   기요치카가 워그먼과 어떻게 만났는지는 확실하지 않지만, 당시는 아직 매우 귀했던 사진에 흥미를 가지고 사진사 시모오카 렌조(下岡蓮杖)를 찾아갔고 렌조의 중계로 워그먼을 만나러 갔다는 설이 유력하다.*7 워그먼에게서는 유화를 배운 것 같지만, '사소한 일'로 워그먼에게 채여 관계가 끝났다고 한다.*8

   이와 같이 워그먼과의 직접적인 관계는 단명으로 끝났다. 그러나 훗날 기요치카가 『마루마루친분(団団珍聞)』에 그린 「사상의 적하(思想の積荷)」라는 각 계층의 국회개설에 대한 기대감을 비교한 그림은 워그먼이 『재팬 펀치』에 그린 「코앞에 닥친 조약개정(差し迫った条約改正)」이라는 각국의 교섭 대표의 생각을 비교한 그림과 구도가 흡사하며, 기요치카가 『재팬 펀치』를 보았음을 시사한다고 시미즈 가오루(清水勲)는 지적하고 있다.*9

   서양화가 다카하시 유이치(高橋由一, 1828~1894)는 워그먼에게 유화를 가르쳐 달라고 해도 좀처럼 실기지도를 받을 수 없어서 열쇠구멍으로 훔쳐보며 습득한 일화가 알려져 있지만,*10 기요치카 역시 직접 가르침을 받기를 단념하고 워그먼의 작품을 봄으로써 목판화 속에서 서양화적인 표현을 추구하거나 풍자의 기법을 배운 것으로 생각된다.

   다음으로 교사이와의 관계를 개관하겠다. 교사이는 시모우사(下総)의 고가(古河)에서 태어났다. 7세 때 구니요시에 입문하였고 가노파(狩野派)의 마에무라 도와(前村洞和, ?~1841), 가노 도하쿠(狩野洞白, 1772~

1821)에게 가르침을 받아 독자적인 화풍을 구축하였다. 1870년에는 산조 사네토미(三条実美, 1837~1891)가 외국인에게 구두를 신기는 그림의 필화(筆禍)로 투옥되었다. 기요치카는 교사이와 전술한 사카키바라 겐키치를 통해 만났다고 하며, 두 사람의 관계는 평생 계속되었다. 교사이는 열여섯 살 연상이지만 매우 자유분방한 기질 탓에, 사카이 다다야스(酒井忠康, 1941~)는 '기요치카가 배웠다기보다는 형제 같은 사이였다고 생각한다'고 이야기하고 있다.*[11]

워그먼의『재팬 펀치』도 애독한 것 같으며 게사쿠(戯作)[5] 작자인 가나가키 로분(仮名垣魯文, 1829~1894)과 함께 동지를 모방한『그림신문일본지(絵新聞日本地)』를 창간하였으나, 1874년 6월, 7월 겨우 2회로 폐간되었다. 시국을 상징하는 우화적인 한 장면의 소묘에 기지 넘치는 코멘트를 다는 스타일은『재팬 펀치』그 자체라 할 수 있지만, 시미즈가 지적하듯이, 인물화의 다용이라는 특징은 답습되지 않았다.*[12] 인물화에는 단순화된 이목구비, 큰 입, 긴 다리처럼 도바에(鳥羽絵)[6]와 비슷한 요소가 보이며 그것들은 훗날 기요치카의 풍자화에도 공통되는 특징이다.

『마루마루친분(団団珍聞)』과 비고

기요치카는 1876년부터 후에 광선화(光線画)라 불리는 서양화의 원근법과 음영묘사를 도입한 풍경화의 니시키에를 세상에 내놓아 인기

---

5) 에도시대 후기의 통속 오락 소설. 요미혼(読本), 기뵤시(黄表紙), 샤레본(洒落本), 인정본(人情本) 등.
6) 에도시대, 일상생활을 화재(畫材)로 해서 그린 만화풍의 묵화(墨畵).

를 불러 모았다. 다만, 그 판원은 1880년 전후에 당초 기요치카를 지원한 다이코쿠야의 마쓰키 헤이키치에게서 구소쿠야(具足屋)의 후쿠다 구마지로(福田熊次郎, ?~1898)에게로 넘어갔다. 또한 1881년 무렵부터 기요치카의 화업의 중심은 서서히 풍자화로 옮겨간다. 딸 가쓰는 불경기이기도 하고 판원 장사의 흐름이 바뀐 것이 아닌가 추정하고 있다.*13

1881년, 기요치카는 게사쿠 작가 오테이 긴쇼(鶯亭金升, 1868~1954)의 권유로『마루마루친분』의 삽화에 착수하게 된다. 그 해에는『기요치카 펀치(淸親ポンチ)』라는 풍자화 시리즈도 나왔다.

다음해인 1882년에는 자유민권운동이 격화되면서 후쿠시마사건(福島事件)7)이 일어나자 주모자 여섯 명의 그림을 강담「덴포 육화선(天保六花撰)」에 빗대어 전복(転覆＝덴푸쿠)을 풍자한『천복(天福＝덴푸쿠) 육가선(天福六家撰)』으로 그린 시리즈를 출판, 그중 두 장이 발매금지가 되었다. 그 그림을 의뢰한 것은 에도마치 부교의 관리에게 정치활동가로 전직한 하라 다네아키(原胤昭, 1853~1942)였다. 이 해에 조선에서 일어난 임오군란에 대해서도, 후술하는 바와 같이 다양한 매체에 그림을 그리고 있다.*14

『마루마루친분』은 정식으로는『오도케화 마루마루친분(於東京絵団団珍聞)』이라 하며, 1877년 노무라 후미오(野村文夫, 1836~1891)에 의해 창간되었다.*15 노무라는 히로시마 번의 의사 집안에 태어나 막부시대 말에 몰래 영국에 유학을 하며 영국의 신문 사정을 실제로 견문하였다. 폐번(廃藩) 후에는 신정부에 출사(出仕)하였지만, 시사에 생각하는

---

7) 자유민권운동의 일환으로 1882년, 현령(県令) 미시마 미치쓰네(三島通庸)가 아이즈산포도로(会津三方道路) 공사사업에 반대하는 자유당원, 농민을 탄압한 사건.

바가 있어 하야하여 『마루마루친분』을 창간하기에 이르렀다.

당시는 자유민권운동이 고조되는 한편 1875년에 발령된 신문지조례와 참방률(讒謗律)[8]에 의해 언론은 엄격하게 규제되고 있었다. 그렇기 때문에 신문지상에서는 한어나 광시(狂詩)[9]를 사용하여 관리를 메기에, 예기를 고양이에 비유하면서 교묘하게 정치를 풍자하는 투서붐이 일어났다. 『마루마루친분』은 그와 같은 흐름에서 독자 투고에 주력하는 잡지로 출발했다.

메이지시대 전기의 신문은 지식인을 대상으로 정론(政論)을 다루는 대신문(大新聞)과 상공업자나 취미애호자를 대상으로 잡보(雜報)나 소설을 다루는 소신문(小新聞)으로 나뉘어 있었는데, 『마루마루친분』은 어린이도 읽을 수 있는 평이함을 내세우면서도 정치를 다루고 있어 대신문과 소신문 양쪽의 독자를 대상으로 한 점에 독자성이 있었다. 창간 당시부터 증쇄를 거듭하는 인기를 모아 창간 다음해부터 1881년까지는 매년 누계 20만부 이상을 발행함으로써 일간신문에 필적하는 부수를 자랑하였다. 그리고 광시나 풍자화 투자에 주축을 둠으로써, 서서히 사내에 게사쿠 작가를 두게 되었다. 기요치카에게 권유를 한 오테이 긴쇼도 단골 투고자에서 정식 사원으로 채용된 케이스였다.

창간 시 『마루마루친분』의 정치적 자세는 반관(反官), 반사족(反士族)이며, 자유민권운동 중에서도 개진당 계열의 입장을 취해 소위 사족민권과는 거리를 두는 형태로 정치를 풍자했다. 그런데 1883~1884

---

8) 메이지정부에 의해 공포된 언론통제령으로, 이 법에 의해 자유민권운동에 따른 정부 비판을 규제하기 위해 사람을 비방하는 문서류를 단속하였다.

9) 격(格)을 맞추지 않고 속어나 비어 따위를 써서 익살스럽게 쓴 상스러운 시.

년 격화시기를 거쳐 민권운동이 퇴조하는 한편 게사쿠 작자 계열의 투서가들이 존재감을 드러내면서 지면상 정치색이 사라지자 발행부수는 크게 줄어들었다.

1885년 동지는 그와 같은 사태에 대해 광화(狂画)[10]를 통해 풍자성의 회복을 꾀하고자 하였다. 그래서 초빙된 것이 조루즈 비고(Georges Ferdinand Bigot, 1860~1927)였다. 파리에서 태어나 화가 어머니 밑에서 자란 비고는 어려서부터 화재(画才)를 발휘하여 12세에 파리 에콜 데 보자르(Beaux-Arts de Paris=국립고등미술학교)에 들어갔다가 16세에 중퇴를 하고, 신문, 잡지의 삽화를 그리게 된다. 석판기술이 도입되어 저널리즘에서 만화의 존재감이 고조되던 시대였다. 그 무렵의 비고는 1878년의 파리만국박람회에서 일본 미술을 보거나 일본에서 교사를 만난 적이 있는 레가메(Félix Régamey, 1844~1907)를 만나며 자포니즘에 접근했다. 그리하여 1882년에 일본 미술을 배우기 위해 일본으로 건너와 니시키에 기술을 배우는 한편, 프랑스에서 익힌 만화 표현으로 일본의 풍속을 그려갔다.[*16]

기요치카는 이 비고의 가르침을 받으며 서구화주의에 대한 비판이나 조약개정 교섭으로 들끓는 여론 속에서 정치가의 인물화를 구사한 새로운 풍자화를 낳게 되는 것이다.

---

10) 해학을 위주로 한 장난스런 그림.

2. 니시키에 속 청국인상

메이지 초기의 청국인상

근세시대에도 도쿠가와막부(德川幕府)는 나가사키(長崎)에서 청과 교역을 하는 관계에 있었지만, 요코하마(橫浜)의 개항에 의해 청국인들은 에도 사람들에게 더 한층 가까운 존재가 되었다

개항지인 요코하마나 외국인 풍속을 주제로 한 '요코하마화(橫浜絵)'에서는 청국인의 인물화나 청국인이 일하는 상관(商館)의 풍경화가 그려졌다. 거기에서는 '난징인(南京人)'이라는 명칭이 많이 사용되었다. 이는 명조(明朝)의 수도가 난징(南京)이고 근세 중국 유래의 것에 난징이라는 수식어를 붙여 부르던 습관의 답습일 것이다. 청일전쟁 무렵까지 화교를 난징인이라 부르는 예는 많이 보인다.

[그림 3]은 요코하마화의 하나로 〈외국인물도화(外國人物図画)〉 시리즈의 「난징(南京)」이다. 의자에 앉은 청국인 남성이 서 있는 드레스 차림의 서구 여성과 대화를 하는 모습이 그려져 있으며, 남성은 변발 모습이기는 하지만 특별히 경멸하는 연출은 보이지 않는다.

전술한 가나가키 로분과 가와나베 교사이의 『그림신문일본지』에도 타이완(台湾) 문제를 다룬 그림 속에 변발을 한 청국인이 그려져 있

[그림 3] 우타가와 요시토라(歌川芳虎) 『외국인물도화 난징(外國人図画南京)』(1860) (국립국회도서관 소장)

다. 요코하마화의 청국인상과 달리 도바에 같은 사지(四肢)나 얼굴의
변형화가 시도되고 있으며, 『백찬백소』와 일맥상통하는 모습을 하고
있지만, 청국인만 특별히 경멸하는 각색이 이루어진 것은 아니다.[17]

한편 국가를 동물에 비유하는 표현은 1866년 『재팬 펀치』에 게재된
워그먼의 그림에 이미 나오고 있다. 같은 해 체결된 일이수호통상조
약(日伊修好通商条約)을 표현한 것으로 여겨지는 그림으로 무사의 얼굴
을 한 뱀이 토끼를 유혹하고 있는데, 이는 성경의 '뱀의 유혹'을 본뜬
그림이다.[18] 또한 1868년 동지에는 '러시아(魯西亜)'라고 표시된 북극
곰이 '에조(蝦夷)'라고 표시된 벌꿀을 먹으려고 하는 그림도 있다.[19]
이러한 표현이 훗날 청국인을 돼지에 비유하는 밑바탕이 되었다고 할
수 있다.

돼지 이미지의 등장

그러면 청국인을 돼지에 비유하는 표현이 나타나기 시작한 것은
언제부터일까? 다키자와 다미오(滝澤民夫)는 『마루마루친분』의 청국
인 표현을 조사하였는데, 그에 의하면 동지 상에서 처음으로 청국인을
돼지에 비유한 것은 1878년 1월 26일 자에 게재된 삽화라고 한다.[20]
그것이 [그림 4]이다. 류큐(琉球)를 둘러싼 청일 관계를 풍자한 그림으
로 '광서(光緒)'라고 쓴 류큐 복장의 류큐인이 문서를 손에 든 양장을
한 일본인에게 새끼줄에 목이 묶여 끌려가면서도 돼지의 꼬리를 붙잡
고 있다. 글에서 일본인은 다음과 같이 이야기하고 있다.

자, 돈이든 뭐든 줄 테니 네 마음대로 해. 만약에 몰래 밖에 숨겨둔
여자를 지나의 누군가에게 발각되었다면 바깥 살림을 정리하고 집으로

[그림 4] 무제, 『마루마루친분』 45호(団団社, 1878.1.16). 혼포서적(本邦書籍)의 복제판에서 전재.
이하 동서해 대해서는 전재원 동일.

　　불러들여 가족으로 삼는 것이 좋겠지.

　　이에 대해 류큐인은 일본인은 성급하고 변덕스러워서 어쩐지 싫다,
지금까지 신세를 진 돼지꼬리를 잡고 있고 싶고, 돼지도 '코찔찔이(무
사의 멸칭으로 여기에서는 일본인을 비꼰 표현)'에게는 화가 난다고 하며,
돈이 생기면 내 것이라고 하고 있다.

　　이렇게 류큐인이 종래의 청과의 관계를 계속 유지하고 싶다는 표현
으로, 돼지꼬리를 붙잡고 있다는 묘사가 사용되고 있다. 다만, 이 그림
에서 일본은 욕심 많고 강권적인 면이 강조되고 있고, 류큐나 청도
그에 굴복하지 않는다는 점에서 돼지가 청국인을 경멸하기 위한 암유

로 사용되었다고 단정할 수는 없다.

　또한 청국인을 돼지나 돼지우리에 비유하게 된 것은 영국인이 변발을 '피그테일(pigtail)'이라고 부른데 기원이 있다고 하지만, 영어의 '피그테일'이라는 말 자체에 경멸의 의미는 없고, 현재도 '변발'이나 '땋은 머리'를 일컫는 일반명사로 사용되고 있다.

임오군란 시 풍자화의 동물 비유

　1882년 조선에서 병사에 의한 군량미 부정 규탄을 발단으로 하는 반란 즉 임오군란이 발발하였다. 일본공사관이 습격당하고 청일 양군이 파병되어 긴장이 고조되는 상황이, 일본에서도 크게 보도되어 군란

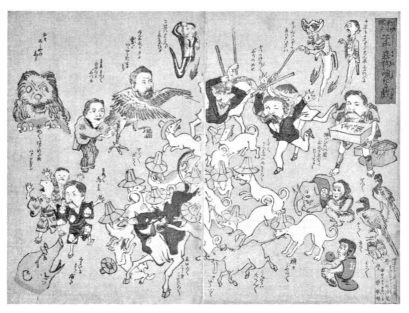

[그림 5] 고바야시 기요치카 『동물관에서 새끼돼지가 사나운 개에게 물리는 놀이』(1882)(도쿄경제대학도서관 소장)

이나 일본군 출병의 모습을 그린 니시키에도 다수 인쇄되었다.

그런 가운데 주목하고자 하는 것은 기요치카에 의한 『동물관에서 새끼돼지가 사나운 개에게 물리는 놀이(動物館ニテ子牛暴狗に嚙たる戲)』이다([그림 5]). 이 그림은 기요치카에게 후쿠시마 사건의 그림을 그리게 한 하라 다네아키의 판원으로 되어 있고, 인물화와 동물 비유를 구사하여 사건을 표현하고 있다.

정한론으로 하야한 사이고 다카모리(西鄉隆盛, 1828~1877)들은 유령의 모습을 하고 있다. 대장성(大蔵省) 대신 마쓰카타 마사요시(松方正義, 1835~1924)는 소나무 무늬의 옷, 출병한 육군을 지휘하는 다카시마 도모노스케(高島鞆之助, 1844~1916)는 매의 모습과 같은 식으로 이름의 풍자나 인물화 두 가지로 표현되는 인물도 있다. 한편 관리는 메기로, 민권론자는 매앰매앰 우는 매미와 꿩꿩하고 우는 꿩으로, 조선병사는 삿갓을 쓴 개로, 하나부사 요시타카(花房義質, 1842~1917) 공사는 코에

[그림 6] 「동물간친회」(『마루마루친분』 269호, 団団社, 1882.6.24.)

술을 단 소로 풍자되고 있다. 또한 완전히 동물로 표현된 존재도 있고, 러시아는 사자, 청국은 돼지로 표현되고 있다. 이와 같은 본 작품에서는 캐릭터화 방법 자체가 다기에 걸쳐 있으며 그중에서 청을 돼지로 비유하는 표현이 사용되고 있음에 주의하고 싶다.

한편 『마루마루친분』 게재 「동물간친회(動物懇親会)」([그림 6])는 나라를 동물로 비유하는 방법만 사용하고 있다. 일본은 잠자리, 조선은 닭, 미국은 독수리, 청국은 돼지이다. 일본의 잠자리는 아키쓰시마(秋津島), 조선의 닭은 계림(鶏林), 미국은 국장(国章)의 독수리로 예부터의 이칭(異稱)이나 국장과 관련된 동물에 비유하고 있고, 청국만 변발을 꼬집어서 돼지라고 하고 있다.

이와 같이 임오군란 단계에서 나라를 동물로 비유하는 표현은 풍자화 속에서 정착되었다고 할 수 있다.

3. 『백찬백소』

『백찬백소』의 성격

『백찬백소』는 1894년부터 1895년에 걸쳐 발행된 시리즈물로, 기요치카의 초기 작품을 취급한 다이코쿠야의 마쓰키 헤이키치가 판원이 되고 있다. 와세다대학 도서관 소장판은 권두에 목차가 있고, 한 장마다 발행일이 기재가 되어 있는 것이 아니기 때문에 나중에 합철판(合綴版)도 발행된 것으로 여겨진다. 본 장에서는 개별적으로 발행된 것을 나중에 묶은 국립국회도서관 소장판을 참조로 한다.

『일본만세 백찬백소』의 타이틀과 표제어, 설명문이 붙은 박스, 그 내용과 관련된 그림으로 구성되는 니시키에로, 형태상으로는 메이지 시대 전기에 나온 니시키에신문의 스타일을 답습하고 있다. 설명문은 모두 곳피 도진(骨皮道人)이, 그림은 기요치카가 담당했다. 곳피 도진은 게사쿠 작가 니시모리 다케키(西森武城, 1862~1913)의 별칭으로, 청일전쟁을 다룬 속요와 게사쿠를 다수 남긴 인물이다.

이하 『백찬백소』에 있어 묘사의 특징을 세 가지로 나누어 검토해 보고자 한다.

변발과 돼지의 청국인상

첫 번째는 변발의 강조와 돼지의 비유로 청국인을 특징짓고 있다는 점이다. [그림 7]에서는 청국이 변발을 한 돼지, 일본이 피스톨을 들고 돼지를 공격하는 잠자리로 그려지고 있다. 설명문에는 돼지의 대사로, '사실을 밝히자면 제가 그 닭을 한 번 맛을 보고 배를 살찌우고자 한 것이 천부당 만부당 잘못된 일이었습니다'라고, 조선을 닭에 비유하고 있어 임오군란 시의 [그림 6]과 같은 구도를 취하고 있다. 또한 영불러(英仏露)가 벌이 되어 돼지를 공격하고 있으며, 삼

[그림 7] 「당혹스러운 돼지(豚の当惑)」
(고바야시 기요치카 『백찬백소』, 1895)
(국립국회도서관 소장)

국간섭을 '우는 얼굴을 쏘는 벌'의 행동에 비유하여 고통을 받는 청을 표현하고 있다고 할 수 있다.

이치무라 마리(市村茉梨)도 지적하고 있듯이, 『백찬백소』에는 『마루마루친분』 등에서 익힌 기요치카 독자적인 풍자 표현이 실현되었다고 할 수 있다.*21

어린이들의 놀이와 구경거리의 비유

두 번째는 모두에서 거론한 「목싸움」, 그 외에 눈사람이나 인형 등 아이들의 놀이를 모티브로 한 그림이 많다는 것이다.

[그림 8]은 에도시대의 완구인 즈본본11)을 모티브로 한 것이다. 머릿병풍 앞에서 사자탈이나 호랑이 모습을 한 종이완구에 부채질을 해서 날리며 노는 완구인데, 여기에서는 위해위(威海衛)가 그려진 머릿병풍, 군함과 청국인의 모습을 한 종이완구로 되어 있다. 설명문에는 군인이 되어서 '네가 육군대장이라면 나는

[그림 8] 「청토벌놀이(討淸翫弄物遊び)」 (고바야시 기요치카 『백전백소』, 1895)(국립국회도서관 소장)

해군대장이다', '쨍쨍, 까까머리'라고 하며 놀고 있는 모습을 그리고 있다. 한편, 여자는 병풍 뒤에서 웃는 얼굴로 들여다보고 있고, 설명문에서는 '어머나 재미있어라, 여러분도 와서 보세요, 지나(支那)'라고 하고 있다. 군인이 될 수는 없지만, 전쟁을 긍정적으로 바라보는, 당시

---

11) 호랑이나 사자춤의 모습을 한 종이로 만든 완구.

의 이상적인 여성의 모습을 시사하고 있다고 할 수 있다.

전시 중에는 조선반도의 반란에 일본군이 왜 출병하는가, 그때까지만 해도 나쁜 인상을 주지 않았던 청국을 왜 공격하는가, 소박한 의문을 품고 있는 아이들도 있는 한편, 전쟁놀이도 유례없이 유행했다.[22] 그중에는 청국인에게 '돼지꼬리 놈이다'하며 돌멩이를 던지는 어린이도 있었다고 한다.[23] 이러한 상황에서 청국인을 공격하거나 바보로 취급하는 놀이의 그림이 유포된 것은, 청국인 경시의 증거가 될 것이다. 그러나 기요치카는 그런 적개심 앙양으로 내달리는 사회상황 그 자체를 주제로 했다고 할 수 있다. 그 점에 대해서는 유의를 했으면 한다.

도쿄의 야스쿠니신사(靖国神社)에서는 전지에서 압수한 청국군의 물품을 전시하여 인기를 불러 모았는데, 그것을 주제로 한 그림도 있다. 압수품은 '분포품(分捕品)'이라고 했는데, [그림 9]는 그것을 「분조(分鳥)」라는 그림으로 보여주고 있다. 흥행을 할 때 사용되는 구경거리처럼 분포품을 조합하여 새로 만들고, 설명에서도 '자, 자, 여러분 보세요' 하며 흥행꾼이 상세히 해설을 하고 있다. 이 역시 분포품을 구경거리처럼 전시하는 상황 그 자체를 주제로 한 것이라 할 수 있다.

[그림 9] 「분조」((고바야시 기요치카 『백전백소』, 1895)(국립국회도서관 소장)

지옥화의 비유

『백찬백소』에는 지옥화를 본 딴 그림도 있다. 청국인 사망자가 많아 삼도의 강(三途の川)이 혼잡해진 상황을 그린 「삼도강의 대혼잡(三途川の大混雜)」과 [그림 10]의 「지옥의 대번창(地獄の大繁昌)」이다.

염라대왕과 도깨비 아래 수 많은 청국인들이 모여든 모습을 그리고 있다. 청국인들은 시체의 옷차림인 수건을 쓴 변발 모습으로 그려져 있다. 염라의 옆에는 생목도 두 개 있다. 설명에서는 청국인 사망자가 수천, 수만 명 몰려들어 '지옥 개벽 이래'라고 놀란 도깨비가, 왜 '쨍쨍까까머리'만 이렇게 죽는 것이냐고 염라에게 묻자, 염라는 '그래서 나라 이름을 사국(死国)이라고 하는 것'이라고 대답하고 있다. 이렇게 사후 세계에 착목한 유모어는 반전까지는 아니더라도 전의 고양이나 적

[그림 10] 「지옥의 대번창」(고바야시 기요치카 『백전백소』, 1895)(국립국회도서관 소장)

[그림 11] 「퇴장의 눈물이 이별」(고바야시 기요치카 『백전백소』, 1895)(국립국회도서관 소장)

개심 고무와는 일선을 긋는 다른 자세를 보여준다고 할 수 있다.

[그림 11] 「퇴장의 눈물의 이별(退將の泣別れ)」은 청국 측의 반전 감정을 보다 직설적으로 그리고 있다. 남편을 전지로 떠나보내는 아내는 울면서, 설명문에서 다음과 같이 말하고 있다.

> 뭐, 나는 손자병법을 터득했어, 아니 제갈공명의 군법을 다 이해했어라고 하며 상대가 없을 때는 큰소리를 치고 있지만, 나는 오랜 세월 함께 산 마누라야. 남편이 강한지 약한지는 잘 알고 있고, 특히 그 누구하고 붙어도 당할 수 없는 일본 병사인 걸. 남편도 분명 전사할 것이라고 생각하니 나는 너무 슬퍼서 견딜 수가 없어.

이에 대해 남편은, 얼굴만 내밀었다가 바로 도망칠 테니까 걱정 말라고 대답하고 있다. 여기에는 고전 시대의 영광에 안주하고 있던 청은 실은 나약한 겁쟁이라는, 청일전쟁기에 보인 전형적인 청국관이 보이는데,[24] 그것을 청국병사의 반전 감정에 가탁하고 있는 점에 독자성이 있다고 할 수 있다.

맺음말

기요치카는 워그먼이나 비고의 영향도 받고 또한 자신이 참가하기 전의『마루마루친분』의 표현을 답습하면서 임오군란 무렵부터 나라를 동물에 비유하는 표현을 자신의 풍자화에 정착시켜, 청일전쟁을 표현하는데 그 방법을 구사하였다.

동물을 의인화하는 표현은 일본에서도 예부터 보이는 방법이었지만, 그것은 인간 모양을 표현하는데 사용된 것이었다. 주권국가라는 생각이 통속적 레벨에서는 아직 충분히 침투하지 않은 당시 일본에서 나라가 하나의 의사를 지니고 있는 것처럼, 국제정세에 대응해 가는 모습을 동물에 비유한 것은 캐릭터화의 새로운 진전이었다고 할 수 있다. 그때 청국은 변발을 연상하는 이미지로 돼지에 비유되었다.

또한 약하고 겁쟁이인 청국인상을 연출하는 데는, 변발 모습을 한 청국인을 도바에 풍의 터치로 변형하여 해학적으로 그리는 방법도 사용되었다. [그림 1]에서는 서양인 풍의 늠름한 모습을 한 일본인과 확연히 구분되는 모습으로 그려졌다.

이러한 청국, 청국인 묘사에는 확실히 방법상으로는 풍자화의 표현이 답습되고 있지만, 정치가를 비판하는 정신은 환골탈태하였고 그러한 방법은 약한 자를 야유하기 위해 사용되었다고 할 수 있다.

다만, 『백찬백소』에는 전쟁을 아이들의 놀이에 비유하는 등, 총후의 오락작품에 철저한 자세를 보이는 한편, 나약하고 겁 많은 청국인의 모습을 그리는 맥락에서 죽은 자들이 모여드는 지옥화나 남편을 전장으로 떠나보내는 아내의 비극 등 전장의 처참한 측면이 유머러스하게 그려지는 면도 있었다. 이에 보신전쟁(戊辰戰争)을 실제로 본 기요치카 고유의 전쟁에 대한 리얼한 이해가 어디까지나 민중의 요구에 부응하는 그림을 계속해서 그려야만 했던 화공으로서의 직업적 화업 속에 혼재되어 있는 양상을 볼 수 있다고 생각된다.

원저자 주

*1 이하 연대는 서력으로 표기하지만 1872년 12월 3일까지는 편의상 구력 날짜를 기준으로 서력으로 환산했다.

*2 黒崎信, 「小林清親君の伝記」(『清親画伝』, 松木平吉, 1927).

*3 전게 주 2.

*4 전게 주 2. 『清親画伝』, p.36.

*5 시즈오카 이주 이후의 경위에 대해서는, 전게 주 2. 「小林清親君の伝記」. 小林哥津 『「清親」考』(素面の会, 1957, pp.37~38). 酒井忠康 『開化の浮世絵師清親』(平凡社 ライブラリー, 2008. 초출은 せりか書房, 1978, pp.33~52). 加藤陽介, 「小林清親の 画業」(練馬区立美術館・静岡市美術館編, 『小林清親』, 青幻舎, 2015).

*6 워그먼의 경력에 대해서는, 酒井忠康 「ワーグマン小伝」(清水勲編, 『ワーグマン日本 素描集』, 岩波文庫, 1987) 참조.

*7 전게 주 5. 고바야시(小林) 저서, pp.37~38, 41~43.

*8 전게 주 2. 「小林清親君の伝記」.

*9 「ワーグマン年譜」, 전게 주 6. 『ワーグマン日本素描集』.

*10 전게 주 6. 「ワーグマン小伝」.

*11 전게 주 5. 사카이(酒井) 저서, pp.56~60.

*12 清水勲, 「ワーグマンがもたらしたもの」, 전게 주 6. 『ワーグマン日本素描集』.

*13 전게 주 5. 고바야시 저서, p.70.

*14 1881~1882년의 화업, 하라 다네아키와의 관계에 대해서는 전게 주 5의 고바야시 저서, pp.44~45, 67~68, 73~78. 전게 주 2.

*15 이하 『마루마루친분』에 대해서는 山口順子, 「解説」(『団団珍聞』, 複製版, 本邦書籍, 1981).

*16 清水勲, クリスチャン・ポラック, 「ビゴー小伝」(清水勲編, 『ビゴー日本素描集』, 岩 波文庫, 1986).

*17 「大椀ぐらひ」(『絵新聞日本地』 1, 1874年 6月) 및 「牡丹の植替」(『絵新聞日本地』 2, 1874年 7月).

*18 『The Japan Punch』(1866年 7月).

*19 『The Japan Punch』(1866年 7月).

*20 滝澤民夫, 「日清戦争後の=豚尾漢=的中国人観の形成」(『歴史地理教育』 562, 1997 年 4月).

*21 市村茉梨, 「日清戦争期における小林清親の諷刺画研究」(『鹿島美術研究』, 年報第三 四号別冊, 2017).

*22 松本三之介, 『強国をめざして』(日本の百年3, 筑摩書房, 1978) 개정판 참조. 초판은

1963년, pp.147~149, 175~178).

*23 佐谷眞木人,『日清戰爭』(講談社現代新書, 2009), pp.178~180.

*24 金山泰志,『明治期日本における民衆の中国観』(芙蓉書房出版, 2014)에서는 고전 세계의 중국에 대한 긍정관과 동시대의 중국에 대한 부정관이 공존하고 있었다고 지적하고 있다.

제10장

시대극과 히어로 캐릭터의 예능사

야마구치 노리히로(山口記弘)

들어가는 말

2020년에는 〈귀멸의 칼날(鬼滅の刃)〉이 사회현상을 불러일으키며, 타이완을 비롯하여 세계적으로 화제가 되었다. 1971년 변신 붐을 일으킨 〈가면 라이더(鬼仮面ライダー)〉는 2021년 50주년을 맞이하여 아직도 신 캐릭터가 나오면서 어린이들의 인기를 불러 모으고 있다. 그 외에 〈슈퍼 전대(スーパー戦隊)〉나 〈울트라맨(ウルトラマン)〉 등 다양한 히어로 캐릭터가 지금까지 수없이 태어났고 일본에서의 히어로 캐릭터의 창조는 만화, 특촬(特撮=특수촬영), 아니메, 게임 등 비주얼 세계를 중심으로 지금도 이어지고 있다.

이들 히어로 캐릭터에 공통되는 요소는 '적과 싸워서 사람들을 지킨다'는 것이다. 수행(修行)을 하여 몸에 익히거나 뭔가를 만나서 받은 특수 능력이나 무기를 구사하여 '악인', '오니', '괴인(怪人)', '괴수', '요괴' 등 강한 적과 싸워서 약한 사람들을 지킨다. 주위 사람들의 갈채나 평가가 캐릭터를 히어로로 만든다. 적은 어디까지나 악으로서 그들의

입장에 공감할 수 없게 그려지고, 자신이 속하는 커뮤니티의 사람들을
싸워서 지키는 '권선징악'이다. 그러한 전제하에 적의 사정도 고려하
며 고민하는 히어로, 적이라고 생각하고 싸웠지만 실은 아군인 히어
로, 한 마리 늑대 같은 히어로 등 다양한 바리에이션의 히어로로도 등장
한다. 이들 큰 틀에서의 '권선징악'적 히어로상은 세계 공통의 것으로,
전 세계에서 히어로 캐릭터가 창조되고 있다.

　　일본은 캐릭터의 대국이다. 지금까지 수많은 히어로 캐릭터들이 창
조되어 왔다. 본 장에서는 대중예능인 시대극 히어로 캐릭터의 역사를
시대소설이나 지금까지의 일본 예능, 실제의 인간 퍼포먼스로 구성되
는 선행 창작극 안에서 살펴봄과 동시에, 그것들에 보이는 히어로 연
출 양식의 특징을 도출해 본다.

1. TV 특촬 히어로 캐릭터의 원점, 시대극

히어로의 몸짓[1]

　　TV특촬에서는 〈가면라이더〉, 〈슈퍼전대〉, 〈울트라맨〉이 단속적(斷
續的)이기는 하지만, 모습을 바꾸며 40년 이상 '괴인', '우주인', '괴수'
들과 싸우며 그 적들을 퇴치를 해 왔다. 특히 도에이(東映)에서 태어난
인간형 우주인도 있기 때문에 변신하는 등신대 히어로 〈가면라이더〉
와 〈슈퍼전대〉는 지금까지 도에이가 배양해 온 시대극 히어로의 연출

---

1)　'쇼사(所作)'는 가부키에서 배우의 행위, 소행, 태도, 몸짓의 연기를 이르는 말로 이하에
　　서는 '몸짓'으로 번역.

양식을 적용한 히어로들이다.

아이들을 중심으로 한 팬들을 매료하는 히어로는 '멋진 모습'이 필요하다. 얼굴이나 스타일, 스토리상의 '멋진 모습'은 물론이지만, 그것을 사람들이 느끼게 하기 위해서는 행동거지, 인상에 남는 몸짓, 대사도 중요하다. 드라마를 보는 사람들은 그 동작이나 대사를 '멋지다'고 생각하고 그 흉내를 내며 히어로가 되어 동화함으로써 팬이 된다.

〈가면라이더〉는 〈가면라이더 2호(仮面ライダー2号)〉부터 '변신'이라는 구호와 함께 살진사(殺陣師)[2]를 붙여 액션 지도를 받은 '멋진' 움직임, 포즈, '미에(見得)'[3]가 화제가 되어 크게 히트를 했다. 2호는 변신 전에 '가면라이더'라고 이름을 댄다. 그 후 복귀한 〈가면라이더 1호〉부터 변신 포즈 시 '라이더 변신'이라고 자신의 이름을 넣은 '이름대기'가 시작된다. 그리고 〈가면라이더 V3〉에도 '변신V3'라고 변신 시의 '이름대기'는 이어진다. 다음에 나오는 〈가면라이더 X〉는 처음에는 '셋업'이라는 추임새를 외치고 변신 후에 'X라이더'라고 이름을 댄다. 그리고 시리즈 후반에 '대변신'이라는 추임새로 바뀐다. 그 뒤의 라이더 시리즈에서는 '변신'이라는 추임새가 사용되고 변신 직후에 자신의 '이름을 대는' 경우가 많다.

〈비밀전대 고렌저(秘密戦隊ゴレンジャー)〉에서는 '아카렌저' 등과 같이 차례로 자신의 '이름을 대'면서 포즈를 취하고, 마지막으로 '5인 모여 고렌저!'라고 외치고 각자 정해진 장소에서 포즈를 취하며 미에

---

2) 살진(殺陣)이란 영화·연극 따위에서 칼 싸움 등의 난투 장면을 말하며, 살진사란 배우에게 살인이나 난투 장면의 동작을 가르치는 사람.
3) 이야기의 중요한 장면이나 등장인물의 감정의 고조를 표현하기 위해 잠깐 멈추고 포즈를 취하는 연기.

를 연출한다. 일본 전국의 어린이들은 히어로의 '이름을 대고', 포즈를 취하는 흉내를 냈다. '전대'는 '라이더'와 달리, 여동생도 참가할 수 있으며, 여자아이들 팬도 생겼다. 흉내 내기 쉬운 '이름대기와 미에', 지금도 이어지는 도에이 특촬에는 빼놓을 수 없는 요소이다. 또한 '이름대기' 전후에 〈가면 라이더 스토롱거(仮面ライダーストロンガー)〉에 보이는 '천(天)이 부르고 땅이 부르는…' 등, 5·7조나 운율을 맞추어 이름을 대는 대사인 '쓰라네'도 다용되며, 특히 전대물(戰隊物)에서는 히어로가 '쓰라네'를 다른 인물에게 넘기는 '대사분담(渡りセリフ)' 등 시대극에 익숙한 연출도 많이 채택이 되고 있다. 특촬 히어로가 '쓰라네', '대사분담', '미에'를 연출하고 있을 때, 적이나 주변 사람들은 멈춰 서서 가만히 들으며 히어로에 주목한다. 난투 장면에 등장하는 '쓰라네'의 경우도 그 순간은 동작을 멈추고 가만히 이야기에 귀를 기울인다. 특촬 히어로물의 단골손님이다.

  스토리에서도 다른 인물이나 좋은 사람인 척 하고 있던 자의 정체가 발각되어 스스로 이름을 대고 본성을 드러내는 '정체 밝히기', 반대로 악당으로 여겨지던 인물이 사실은 복잡한 사정을 지닌 좋은 사람이었다고 하는 '복귀', 중상을 입고 죽기 직전에 본심을 밝히는 '부상' 등 시대극의 단골 수법은 영웅적인 면모를 극적으로 표현하기 위해 가면 라이더를 비롯하여 수많은 특촬 작품에서 사용되고 있다.

  〈라이더〉와 〈전대〉 두 시리즈 모두 처음 시작할 때는 히라야마 도루(平山亨)가 기획했다. 히라야마는 신입사원으로 교토촬영소(京都攝影所)에 조감독으로 배속된 이래 시대극 영화전성기 9년간 여러 거장 감독 아래에서 130여 편의 오락 시대극에 참여했으며, 그 극작의 기본을 철저히 몸에 익혀, 사토미 고타로(里見浩太郎, 1936~) 주연 〈제니가

타 헤이지로 포획록(銭形平次捕物控)〉외 3편의 영화를 감독한 후, TV기
획자로서 도쿄로 옮겨왔다. 그리고 어린이 특촬에서 활로를 발견하고
〈악마군(悪魔くん)〉에서 〈갓파의 산페이 요괴 대작전(河童の三平妖怪大
作戦)〉, 〈자이언트 로보(ジャイアントロボ)〉, 〈가면의 닌자 아카카게(仮
面の忍者赤影)〉로 이어지며, 〈라이더〉, 〈전대〉를 비롯하여 〈인조인간
키카이더(人造人間キカイダー)〉, 〈초인 바롬1(超人バロム・1)〉외 일본을
대표하는 히어로 특촬을 기획함으로써, 이시노모리 쇼타로(石ノ森章太
郎, 1938~1998)를 비롯하여 만화가들과 TV발 수많은 히어로를 창출했
다. 그의 스승은 일본 영화의 아버지 마키노 쇼조(牧野省三, 1878~1929)
의 아들이자 도에이 교토(東映京都)를 대표하는 올 스타 영화감독 마쓰
다 사다쓰구(松田定次, 1906~2003)로, 그의 작품의 기반에는 마키노 이
래로 이어지는 교토 시대극의 극작 전통이 살아 숨 쉬고 있다.

　거슬러 올라가자면 1958년, TV특촬 히어로 제1호 가와우치 고한(川
內康範, 1920~2008) 원작, 센코샤(宣弘社)의 〈월광 가면(月光仮面)〉때부
터 등장 시에 '정의의 우리 편, 월광 가면'이라고 '이름대기'를 하고,
쌍권총으로 멋진 포즈의 '미에'를 연출한다. 또한 그 안에서 사용된
'복귀'와 '부상'은 눈물을 자아낸다. 감독인 후나토코 사다오(船床定男,
1932~1972)의 스승은 시대극의 거장 이토 다이스케(伊藤大輔, 1898~
1981), 가토 다이(加藤泰, 1916~1985)이다. 후나토코는 나중에 TV시대
극 〈은밀 검사(隠密剣士)〉로 닌자 붐을 일으켰다.

시대극 영화의 탄생

　2009년 영화에서 처음으로 중요문화재로 지정된 〈단풍놀이(紅葉
狩)〉는 1899년, 9대 이치카와 단주로(市川團十郎, 1838~1903), 5대 오노

에 기쿠고로(尾上菊五郎, 1844~1903)가 연출하는 가부키를 시바타 쓰네
키치(柴田常吉, 1870~1929)가 고니시(小西) 본점(현재의 코니카미놀타) 소
유인 프랑스의 고몽(Gaumont) 카메라로 촬영한 것으로, 현존하는 최
고의 일본 영화라 할 수 있다.

시대극 영화는 초기에는 '구극(旧劇)'이라 불리는 가부키, 강담(講談)
을 제재로 하여 '온나가타(女形)'⁴⁾을 사용하는 등 가부키의 영향을 강
하게 받았다. 그 중심은 1908년, 훗날 일본 최초의 시대극 영화라 불리
는 〈혼노지 전투(本能寺合戦)〉를 일본 영화의 아버지 마키노 쇼조 감독
을 기용하여 제작한 요코타상회(横田商会)와 도쿄의 요시자와상점(吉
沢商店), M 파티상회(パテー商会), 후쿠호도(福宝堂)가 합병하여 탄생한
일본활동사진(日本活動写真=닛카쓰[日活]), 그리고 도쿄의 천연색활동
사진(東京の天然色活動写真=덴카쓰[天活])이다.

1917년에 도쿄에서 시작된 가에리야마 노리마사(帰山教正, 1893~
1964)들의 영화혁신운동에 의해 여배우 제1호로 하나야기 하루미(花柳
はるみ, 1896~1962)가 기용되었다. 20년에는 쇼치쿠키네마(松竹キネマ)
가 탄생하여, 신극의 오사나이 가오루(小山内薫, 1881~1928)를 초대하
여 처음부터 여배우를 사용하여 영화제작에 착수하였다. 이 영향은
교토에도 미쳐 구극으로부터의 탈피, 탈가부키가 지향되었고, 시대극
이라는 새로운 용어가 사용되게 되었다. 〈혼노지 전투〉 감독 후 오노
에 마쓰노스케(尾上松之助, 1875~1926) 주연으로 수많은 영화를 감독,
인술물(忍術物)⁵⁾로 큰 붐을 일으킨 마키노는 닛카쓰에서 독립, 탈구극

---

4) 에도시대 가부키에서 여자 연기를 하는 남자 배우.
5) 인술(忍術)이란 첩보활동이나 절도에 관한 기술 혹은 대응법의 총칭.

(脫旧劇)을 목표로 새로운 영화를 모색하기 시작한다. 1924년 작가 나오키 산주고(直木三十五, 1891~1934)의 소개로 신국극(新国劇) 제작에 착수하여 새로운 검극(劍劇)을 낳은 사와다 쇼지로를 초대하여 호평을 받은 그의 배역 '구니사다 주지(国定忠治)'를 감독하였고, 다음해에는 신국극작(新国劇作)의 신희곡 「쓰키가타 한베이타(月形半平太)」를 기누가사 데이노스케(衣笠貞之助, 1896~1982) 감독으로 영화화하였다. 그리고 그 해에 마키노는 독립한 반도 쓰마사부로(阪東妻三郎, 1901~1953)가 자신의 신프로덕션으로 제작 주연한 후타가와 분타로(二川文太郎, 1899~1966) 감독 오리지널 검극(劍戟)[6] 영화 〈오로치(雄呂血)〉를 지원하였고, 그로 인해 구극을 넘어서는 새로운 난투 장면 살진(殺陣)을 연출하여 명목상으로도 새로운 시대극이 탄생하게 되었다.

난투장면이 가부키의 패턴을 벗어나 스피디하고 리얼한 살진이 되고 온나가타가 여배우로 바뀌었으며 보다 자연스런 대사를 하게 된 시대극. 그것은 히어로 연출 양식도 무대상의 과장을 탈피하여 그 원형인 무대극이나 가부키 연출을 바탕으로 보다 자연스러운 형태로 표현되게 되었다.

[표 1] 시대극의 대표적 히어로 캐릭터

	히어로 캐릭터 명	장르	발표 연도	타이틀	작자·감독
1	가라키 마사에몬 (唐木政右衛門)	인형조루리 (人形浄瑠璃)	1783	이가고에 도추 스고로쿠(伊賀越道中双六)/가부키	지카마쓰 한지(近松半二) 외

---

[6] 검극(劍戟)이란 칼을 사용하여 싸우는 것을 말하며, 검극(劍劇)이란 검극(劍戟)을 주요 내용으로 하는 영화나 연극을 말한다.

히어로 캐릭터 명		장르	발표 연도	타이틀	작자·감독
1	아라키 마타에몬 (荒木又右衛門)	강담	1911	이가의 수월 (伊賀の水月)	초대(初代) 긴조 사이텐잔 (金上斎典山)
		희곡	1935	아라키 마타에몬	하세가와 신 (長谷川伸)
		영화/도호(東宝)	1952	결투 가기야의 네거리 (決闘鍵屋の辻)	모리 가즈오 (森一生)
2	우에스기 겐신 (上杉謙信) · 다케다 신겐 (武田信玄) · 가쓰요리 (勝頼)	인형조루리	1721	신슈 가와나카지마 전투 (信州川中島合戦)	지카마쓰 몬자에몬 (近松門左衛門)
		인형조루리	1766	혼초 24효행 (本朝二四孝行)	지카마쓰 한지 외
		강담	1894	다케다와 우에스기, 가와나카지마 전투 (武田上杉川中島合戦)	쇼린 하쿠치 (松林伯知)
		소설	1960	하늘과 땅 (天と地と)	가이온지 조고로 (海音寺潮五郎)
		TV/NHK	1969	하늘과 땅	스기야마 기호 (杉山義法)
		영화/도에이(東映)	1990	하늘과 땅	가도카와 하루키 (角川春樹)
3	우시와카마루 (牛若丸) · 미나모토노 요시쓰네 (源義経)	노(能)		야시마(八島)	제아미(世阿彌)?
		노		구라마 천구(鞍馬天狗)	미야마스(宮増)
		인형조루리	1731	귀일법안 산랴쿠노마키 (鬼一法眼三略巻)	분코도(文耕堂), 하세가와 센시 (長谷川千四)
		인형조루리	1747	요시쓰네 센본자쿠라 (義経千本桜)[가부키]	다케다 이즈모 (竹田出雲) 2세 외
		강담본	1914	우시와카와 벤케이(弁慶)	다쓰카와문고 (立川文庫)
		소설	1951	미나모토 요시쓰네	무라카미 겐조 (村上元三)
		영화/도호	2000	고조레이전기 (五条霊戦記)	이시이 소고 (石井聰亙)
		TV/NHK	2005	요시쓰네	가네코 나리토 (金子成人)

히어로 캐릭터 명		장르	발표 연도	타이틀	작자·감독
4	무사시보 벤케이 (武蔵坊弁慶)	노		아타카(安宅)	간제 고지로 노부미쓰 (観世小次郎信光)
		노		하시벤케이(橋弁慶)	미상
		가부키	1702	칠월칠석 12단(星合十二段)	초대 이치카와 단주로(市川団十郎)
		가부키	1840	간진초(勧進帳) (마쓰바메모노[松羽目物])[7]	나미키 고헤이 (並木五瓶) 3세
		소설	1951	벤케이	도미타 쓰네오 (富田常雄)
		영화/도호	1952	호랑이 꼬리를 밟은 남자들(虎の尾を踏む男達)	구로사와 아키라 (黒沢明)
		TV/NHK	1966	미나모토노 요시쓰네	무라카미 겐조
5	오보시 유라노스케 (大星由良之助) 오이시 구라노스케 (大石内蔵助)	인형조루리	1748	가나데혼 주신구라 (仮名手本忠臣蔵)[가부키]	다케다 이즈모 (竹田出雲) 2세
		강담	1874	의사전(義士伝)	이치류사이 데이잔 (一龍斎貞山) 3대
		로쿄쿠(浪曲)	1903	의사전	도추켄 구모에몬 (桃中軒雲右衛門)
		소설	1927	아카호 낭사 (赤穂浪士)	오사라기 지로 (大仏次郎)
		영화/도호	1956	아카호 낭사 천의 권(天の巻)· 지의 권(地の巻)	마쓰다 사다쓰구 (松田定次)
		TV/NHK	1964	아카호 낭사	무라카미 겐조
6	오오카 에치젠노카미 (大岡越前守)	강담	1850	오오카 정담(大岡政談) 덴이치보(天一坊)	초대 간다 하쿠잔 (神田伯山)
		가부키	1875	오기뵤시 오오카 정담(扇音々大岡政談)	가와타케 모쿠아미 (河竹黙阿弥)
		영화/쇼치쿠(松竹)	1960	천하 죄송(天下御免)	와타나베 구니오 (渡辺国男)
		TV	1970	내셔널극장 오오카 에치젠(ナショナル劇場大岡越前)	사사키 야스시 (佐々木康)

히어로 캐릭터 명		장르	발표 연도	타이틀	작자·감독
6	단게 사젠 (丹下左膳)	소설	1927	신판 오오카 정담 스즈카와 겐주로의 권 (新版大岡政談 鈴川源十郎)	하야시 후보 (林不忘)
		영화/닛카쓰	1933	단게 사젠 제1편	이토 다이스케 (伊藤大輔)
7	미와 고로자에몬 (三輪五郎左衛門)	가부키	1794	게이세이 하루노토리 (けいせい青陽鴇)	다쓰오카 만사쿠 (辰岡万作)
	오모리 히코시치 자에몬 (大森彦七左衛門), 잇신 다스케 (一心太助)	가부키	1855	나니타카시마리우타 실록(名高手毬謳実録)	사쿠라다 지스케 (桜田治助)
	오쿠보 히코자에몬 (大久保彦左衛門)	강담본	1918	오쿠보 히코자에몬	다쓰카와문고
		영화/도에이	1962	천하의 의견 담당 (天下の御意見番)	마쓰다 사다쓰구
8	소가 고로와 주로 (曾我五郎·十郎)	노		고소데 소가(小袖曾我)	불명
		가부키	1676	소가의 대면 (曾我の対面)	초대 이치카와 단주로
	하나카와도 스케로쿠(花川戸 助六)(소가고로 도키마사[曾我五 郎時政])	가부키	1713	화관 아이고자쿠라· 스케로쿠 유연 에도자쿠라(花館愛護桜· 助六由縁江戸桜)	이치카와 단주로 2대
		영화/도에이	1956	소가형제 후지의 야습 (曾我兄弟 富士の夜襲)	사사키 야스시
9	미나모토노 요리미쓰 (源頼光), 사천왕	노		오에야마(大江山)	미상
		가부키	1881	땅거미(土蜘蛛)	가와타케 모쿠아미
		강담본	1914	미나모토노 요리미쓰 귀적 퇴치(鬼賊退治)	다쓰카와 문고
		영화/다이에이	1960	오에야마 슈텐동자 (大江山酒天童子)	다나카 도쿠조 (田中徳三)
10	쓰키모토 무샤노스케 (月本武者之助)	가부키	1737		후지모토 도분 (藤本斗文)

7) 가부키의 일종으로, 무대정면에 노송을 사용하는 무대장치를 사용하는 가부키.

히어로 캐릭터 명		장르	발표 연도	타이틀	작자·감독
10	미야모토 무사시 (宮本武蔵)	강담		미야모토 무사시	초대 간다 하쿠잔
		소설	1935	미야모토 무사시	요시카와 에이지 (吉川英治)
		영화/도에이	1961	미야모토 무사시	우치다 도무 (内田吐夢)
		TV/NHK	2003	무사시(武蔵) MUSASHI	가마타 도시오 (鎌田敏夫)
11	시미즈노 지로초 (清水次郎長)	강담	1907	이름도 유명한 후지의 야마모토(名も高き富士の 山本)	간다 하쿠잔 3대
		로쿄쿠	1935	시미즈노 지로초전 (清水次郎長伝)	히로사와 도라조 (広沢虎造)
		소설	1952	지로초 삼국지 (次郎長三国史)	무라카미 겐조
		영화/도에이	1963	지로초 삼국지	마키노 마사히로 (マキノ雅弘)
12	사사키 다카쓰나 (佐々木高綱)	인형조루리	1769	오미 겐지 센진관 (近江源氏先陣館)/가부키	지카마쓰 한지 외
	사나다 유키무라 (真田幸村), 사루토비 사스케 (猿飛佐助), 기리가쿠레 사이조 (霧隠才蔵)	강담본	1913	지모 사나다 유키무라 (知謀 真田幸村)	다쓰카와문고
		강담본	1914	사나다 삼용사 인술의 명인(真田三勇士忍術之 名人) 사루토비 사스케(猿飛佐助)	다쓰카와문고
		강담본	1914	사나다 삼용사 인술 명인(真田三勇士忍術名人) 기리가쿠레 사이조 (霧隠才蔵)	다쓰카와문고
		소설	1961	가미카제의 문 (神風の門)	시바 료타로 (司馬遼太郎)
		영화/쇼치쿠	2016	사나다 십용사 (真田十勇士)	쓰쓰미 유키히코 (堤幸彦)
		TV/NHK	2016	사나다마루(真田丸)	미타니 고키 (三谷幸喜)

히어로 캐릭터 명		장르	발표 연도	타이틀	작자·감독
13	미토코몬 (水戸黄門)	가부키	1877	고몬키 아동 강석 (黄門記童幼講釈)	가와타케 모쿠아미
		강담본		미토코몬 만유기 스케 씨 가쿠씨(水戸黄門漫遊記 助さん格さん)	다마다 교쿠슈사이 (玉田 玉秀斎)
		강담본	1920	제국 만유 미토코몬 (諸国漫遊水戸黄門)	다쓰카와문고
		소설	1929	고몬회국기(黄門廻国記)	나오키 산주고
		영화/도에이	1959	미토코몬 천하의 부장군 (水戸黄門 天下の副将軍)	마쓰다 사다쓰구
		TV	1969	내셔널극장 미토코몬	우치데 고키치 (内出好吉)
14	도야마 긴시로 (遠山金四郎)	가부키	1893	도야마사쿠라 덴포일기 (遠山桜天保日記)	다케시바 기스이 (竹柴其水)
		소설	1950	문신 판관 (いれずみ判官)	진데 다쓰로 (陣出達朗)
		영화/도요코(東横)	1950	문신 판관 벚꽃 난무의 권 (桜花乱舞の巻)	와타나베 구니오
		강담본	1954	문신 부교 (いれずみ奉行)	대일본웅변회강담사 (大日本雄弁会講談社)
		TV	1970	도야마의 긴상 체포기 (遠山の金さん捕物帳)	고노 도시카즈 (河野寿一)
15	이시카와 고에몬 (石川五右衛門)	인형조루리	1712	게이세이요시오카조메 (傾城吉岡染)	지카마쓰 몬자에몬
		가부키	1778	사쿠라몬고산키리 (桜門五三桐)	초대 나미키 고헤이
		소설	1937	첩자(忍びの者)	무라야마 도모요시 (村山知義)
		영화/ 다이에이	1962	첩자	야마모토 사쓰오 (山本薩夫)

2. 시대극 히어로 캐릭터의 역사

TV가 보급되는 1960년대까지 영화는 대중오락의 중심이었다. 그중에서 시대극은 노, 가부키, 인형조루리, 강담, 방악(邦樂) 등 일본 전통예능의 흐름을 잇는 것으로, 이들 예능으로 만들어진 전통적 캐릭터를 계승했다. 그에 더해, 전전부터 시작되어 일세를 풍미한 라디오 드라마나 다이쇼시대부터 인기를 획득한 시대소설 중 히어로 캐릭터를 지금까지의 예능에서 배양해 온 전통적 수법에 기반하여 보다 리얼하게 표현하는 영화적 수법으로 비주얼화했다. 이제부터 시대극 영화 캐릭터들의 등장과 활약의 역사를 거슬러 올라가 그것들을 낳은 예능을 소개하겠다.

라디오(1925~)

1925년부터 라디오 방송이 시작됨과 동시에 라디오 드라마는 그 유력한 콘텐트로 발전, 종전 후 사람들의 삶을 지탱해 주는 오락으로서 공헌을 했고, 거기에서 여러 가지 히트작과 히어로 캐릭터가 탄생했다.

쇼치쿠키네마의 출발에 협력한 오사나이 가오루는 얼마 안 있어 영화계를 떠나 1924년 히지카타 요시(土方与志, 1898~1959)가 설립한 쓰키지소극장(築地小劇場)을 이끌어 NHK라디오 드라마를 탄생시켰다. 그 후 라디오 드라마로 일대 붐을 일으킨 것이 기쿠타 가즈오(菊田一夫, 1908~1973) 각본의 현대극 〈너의 이름은(君の名は)〉의 주인공들인 아토미야 하루키(後宮春樹)와 우지이에 마치코(氏家真知子)이다. 나중에 쇼치쿠에서 영화화되어 크게 히트를 했다.

라디오시대극 드라마에서는 오사나이 가오루가 사사한 기타무라 히사오(北村寿夫, 1895~1982) 원작 모험활극 〈신 제국가 이야기(新諸国物語)〉 시리즈가 전국 어린이들의 마음을 사로잡아 큰 붐을 일으켰다. 백조당(白鳥党)과 해골당의 싸움을 그리는 연속물로 라디오 히트에 힘입어 도에이에서 영화화되었는데, 그중에서도 〈피리부는 동자(笛吹童子)〉, 〈붉은 공장(紅孔雀)〉은 어린이들 사이에서 큰 붐을 일으켰다. 주인공 하기마루(萩丸), 기쿠마루(菊丸), 고시로(小四郎), 우키네마루(浮寝丸)도 인기가 있었지만, 서브 캐릭터였던 '바람동자승(風小僧)', '안개의 고지로(霧の小次郎)', '초승달 동자(三日月童子)' 등의 인기가 높아서 각자가 주역 히어로로서 스핀아웃(spinout)[8]이 되었다. 특히 '바람동자승'은 TV드라마 초창기의 대 히트작이 되었고, 훗날 TV시대극 발전에 큰 영향을 주었다.

그 후 TV의 대두에 의해 영화와 마찬가지로 대중의 라디오 이탈이 진행되면서, 〈신 제국가 이야기〉 시리즈도 차차 기세가 꺾여 그 히어로들도 잊혀져갔다. 그러나 음성만의 미디어인 라디오의 어린이 대상 연속물인 시대극으로 배양된 히어로 드라마 제작의 수법과 캐릭터는 연속 시대극 특촬 영화에서 연속 TV 특촬 히어로로 이어져갔다.

시대소설(1913~)

1913년 『미야코신문(都新聞)』 연재 나카자토 가이잔(中里介山, 1885~1944)의 『대보살고개(大菩薩峠)』가 효시가 되는 시대소설은 '따분한 하타모토 남자(旗本退屈男)', '미카와초의 한시치(三河町の半七)', '제니가

---

8) 업무 일부를 분리하여, 독립한 별개 회사로 경영하는 것.

타 헤이지(銭形平次)', '뭇쓰리우몬(むっつり右門)', '구로몬초의 덴시치 (黒門町の伝七)', '쾌걸 흑두건(快傑黒頭巾)', '무사 모모타로(桃太郎侍)' 등 인정 있고 씩씩하고 멋지고 악을 퇴치하는 정의의 편, 수많은 신 정통파 히어로를 낳았다. 또한 그것에서 '자토이치(座頭市)', '후지에다 바이안(藤枝梅安)' 등 수많은 매력적인 신 히어로나 영웅호걸만이 아니라 나쁜 짓도 하지만 보다 인간적이고 서민적인 의협심 가득한 아웃 히어로들도 탄생했다. 그들은 영화에 활용되어, 생생하게 살아 움직이는 인물로서 눈앞의 스크린에 등장함으로써 사람들에게 널리 지지를 받았다. '구라마 천구(鞍馬天狗)', '미야모토 무사시(宮本武蔵)', '도야마노 긴상(遠山の金さん)', '야규 주베(柳生十兵衛)' 등 연극이나 강담 등으로 친숙해진 히어로들도 시대소설에서 새로운 시점이나 이야기로 묘사됨으로써 사람들로부터 더 한층 인기를 모았고 영화화되어 히트를 하게 되었다.

그리고 시대소설에서 '대보살고개의 쓰쿠에 류노스케(机龍之助)', '네무리 교시로(眠狂四郎)', '고가라시 몬지로(木枯し紋次郎)'와 같은 니힐 캐릭터도 탄생했다. 『신판 오오카 정담 스즈카와 겐주로의 권(新版大岡政談鈴川源十郎の巻)』에 쓰인 조역의 니힐 캐릭터 '단게 사젠(丹下左膳)'은 인기를 모아 약한 자를 돕고 강한 자의 기세를 꺾는 서민파 히어로 캐릭터로 변화하였다. 또한 '신센구미(新選組)'[9]나 '핫토리 한조(服部半蔵)' 등은 적역(敵役)도 많지만, 주역이 되는 경우 대부분은 정통파 히어로 캐릭터로 그려졌다.

---

9) 에도시대 말기 에도막부의 징집에 의해 조직된 낭사(浪士) 부대. 특히 존양파(尊攘派)지사 탄압활동에 종사했다.

　　소설 속에서 그려지는 히어로 캐릭터는 영상화됨으로써 신체가 주
어지고, 거기에 배우, 감독, 살진사 외 스태프에 의해 영화적 신 히어
로로 연출이 된다. 예를 들면 '따분한 하타모토 남자'는 소설에서는
'검은 비단 옷차림'이라는 심플한 의상, '희고 넓은 이마'라고 묘사되
어 있지만, 영화에서는 눈길을 끄는 수많은 화려한 가부키 의상, 헤어
스타일도 가부키의 닛키 단조(仁木弾正)나 아케치 미쓰히데(明智光秀)
의 엔데(燕手), 즉 이마의 민 부분이 보이지 않는 가발을 사용하고 있
다. 단조, 미쓰히데, 따분한 남자 모두 이마의 초승달 모양의 상처가
트레이드마크이다. 자랑거리로 내세우는 '모로하류 정안 무너뜨리기
(諸羽流正眼崩し)'[10]는 따분한 남자의 배우 이치카와 우타에몬(市川右太
衛門)에 의해 카메라를 의식한 자세와 살진에 의해 고안되었다. 또한
'사람을 불러서 따분한 남자……라며 대는 이름은 사오토메 몬도노스
케(早乙女主水之介)'라는 '이름대기'의 '쓰라네'가 명물 연출이었다. '이
름대기', '쓰라네'는 시대극의 단골손님으로, 다른 작품에서는 오토모
류타로(大友柳太朗, 1912~1985)의 「흑두건」, '정의로운 사람 모두의 편,
쾌걸 흑두건. 진정한 이름은 야마가 시코(山鹿士行)의 외동아들 겐이치
로(弦一郎)', 가타오카 지에조(片岡千恵蔵, 1903~1983)의 「문신 판관(い
れずみ判官)」에서는 '어이, 원하는 대로 긴상(金さん)이라고 맨살에 그
린 금간판(金看板), 모두들 보여주마. 꽃도 요시노(吉野)의 센본자쿠라
(千本桜)와 비교하여 손색없는 도야마자쿠라다……' 등 연극적인 대사
가 큰 인기를 끌어 시리즈화되었다. 그리고 히어로가 '이름대기', '쓰
라네', '미에'에 열중할 때 주변을 둘러싼 사람들은 움직임을 멈추고

---

10) 정안(正眼)은 검도 자세의 하나로 칼끝이 상대방의 눈을 향한 자세를 말한다.

히어로에 집중하는 것도 시대극 연출의 상투수법으로, 전술한 바와
같이 특촬로 계승되었다.

또한 마찬가지로 앞서 언급한 '정체 밝히기', '복귀', '부상' 등 스토
리상의 수법도 수많은 작품에서 선악 모두 사용되었다. 시대극 영화에
서 다용되는 캐릭터의 히어로성을 눈에 띄게 하는 이들의 극적 연출
수법은 일본의 전통 예능, 가부키, 노 등과 같은 무대극에서 계승된
양식이다. 시대소설에서 태어난 히어로 캐릭터가 영상화될 때 이들
연출이 이루어지고 그 캐릭터의 특성이나 스토리는 훗날 TV의 시대극
으로 계승되어 갔다.

그리고 이들 히어로 연출수법은 전술한 특촬물 만이 아니라, 전후
의 시대극 금지시대에 나타난 히어로물 〈다라오 반나이(多羅尾伴內)〉
를 비롯하여 현대극에도 활용되었다.

희곡(1888~)

1888년에 시작된 장사(壯士) 연극을 원류로 하여 가와카미 오토지로
(川上音二郎, 1864~1911)의 서생 연극에 참가한 이이 요호(伊井蓉峰,
1871~1931)는 구극 가부키에 대항하여 새로운 현대극, 신파극을 기획
하였다. 그 후 가부키나 신파극을 비판하고 유럽류의 근대적 연극을
꾀하는 오사나이 가오루들에 의한 예술 지향의 신극 운동이 일어났다.
그중에 시마무라 호게쓰(島村抱月, 1871~1918)와 마쓰이 스마코(松井須
磨子, 1886~1919)의 예술좌(芸術座)에서 독립하여 신국극(新国劇)을 결
성한 사와다 쇼지로(沢田正二郎, 1892~1929)는 가부키 기원의 구극에
신극의 리얼리즘을 도입한 검극(剣劇)이라는 새로운 연극을 낳아 크게
히트하였다. 그리고 그 검극은 전술한 바와 같이 마키노 쇼조에 의해

시대극 영화로 이어져갔다.

신국극 등 연극의 각본이나 상연 대본인 희곡에서는 극작가들이 강담 등의 제재를 보다 친근한 모습으로 그려냈고 그곳에서 의협심이 있는 히어로가 탄생했다.

신국극의 대명사인 〈쓰키가타 한페이타(月形半平太)〉, 〈구니사다 주지(国定忠治)〉는 유키토모 리후(行友李風, 1877~1959)에 의해 집필되었고, 〈유랑물(股旅物=마타타비모노)〉로 일세를 풍미한 하세가와 신(長谷川伸, 1884~1963)은 「눈동자의 어머니(瞼の母)」의 반바노 주타로(番場忠太郎)', '구쓰카케 도키지로(沓掛時次郎)', '눈의 철새, 잉어이름 긴페이(雪の渡り鳥·鯉名の銀平)', '세키노 야탓페(関の弥太っぺ)', '잇폰가타나 출전 고마가타 모헤에(一本刀土俵入·駒形茂兵衛)' 등 약한 자를 돕고 강한 자의 기세를 꺾는 의리와 인정이 풍부하고 의협심이 있는 히어로 캐릭터를 다수 창작했다. 이들 희곡과 그곳에서 만들어진 캐릭터는 영화화되어 크게 히트했다. 이들 히어로극은 대중 연극 세계에서 지금도 사람들에게 사랑받고 있다.

또한 하세가와 신은 이케가미 쇼타로(池波正太郎, 1923~1990), 무라카미 겐조(村上元三, 1910~2006), 야마테 기이치로(山手樹一郎, 1899~1978), 야마오카 소하치(山岡荘八, 1907~1978), 히라이와 유미에(平岩弓枝, 1932~2023) 등의 시대극 작가를 키워 그가 만든 히어로와 함께 시대극 영화에 다대한 공헌을 했다.

사와다의 사후, 신국극은 다쓰미 류타로(辰巳柳太郎, 1905~1989), 시마다 쇼고(島田正吾, 1905~2004)에 의해 유지되었으며, 오토모 류타로(大友柳太朗, 1912~1985), 오가타 겐(緒形拳, 1937~2008) 등의 시대극 영화 스타를 배출, 오사카의 제2 신국극에서도 오코치 덴지로(大河内傳次

郎, 1898~1962), 하라 겐사쿠(原健策, 1905~2002)가 영화계에서 큰 활약을 한다. 그러나 1887년 창립70주년을 맞이하고 해산하였다.

로쿄쿠(浪曲, 메이지시대 초기~)과 강담(에도시대 후기~)

시대극 영화에서는 노, 가부키, 인형조루리, 강담 등의 공연 목록이나 캐릭터에서도 지금까지의 세계에 새로운 해석이 가해지고, 다양한 측면에서 현실적으로 파악함으로써 보다 친근하고 리얼하게 공감할 수 있는 캐릭터로 구성된다.

에도시대 후기에 강석(講釈)이라 불리는 화예(話芸)로서 확립되고, 메이지시대에 전성기를 맞이한 강담도 수많은 히어로 캐릭터를 낳았다. 그 인기 상연 목록은 가부키나 인형조루리가 됨과 동시에 역으로 가부키나 인형조루리의 인기 상연 목록이 강담으로 이야기되어지고 그 상호 이용이 서로의 절차탁마로 이어지면서, 상연 목록은 충실해져 갔다. 메이지시대에 활약한 2대 쇼린 하쿠엔(松林伯圓, 1834~1905)은 도둑을 주인공으로 하는 도적물(白浪物)을 특기로 하고 있으며, 「덴포 육화선(天保六花撰)」, 「네즈미고조(鼠小僧)」 등을 창작하여 도둑 하쿠엔으로 불리웠고, 덴이치보 하쿠잔(天一坊伯山)이라 불린 초대 간다 하쿠잔(神田伯山, ?~1873)과 함께 강담 전성기를 만들어냈다. 그들의 작품은 가와타케 모쿠아미에 의해 가부키화되어 더 한층 인기를 불러 모았다. 하쿠잔의 제자 쇼린 하쿠치(松林伯知, 1856~1932)는 신센구미를 세상에 널리 알리고 3대 긴조사이텐잔(錦城斎典山, 1864~1935)은 「의사전(義士伝)」(주신구라[忠臣蔵]), 「이가의 수월(伊賀の水月)」(아라키 마타에몬[荒木又右衛門]) 등을 특기로 하는 명인으로 불렸다.

메이지시대 중엽 무렵부터는 라쿠고, 강담 등 화예의 속기본이 간행되게 되고, 마침내 속기본이 읽을거리로서 편집된 강담본이 탄생한다. 강담본 출판사 중의 하나가 현재의 출판사 고단샤(講談社=강담사)이다.

메이지시대 말에 성립한 값싼 강담본 시리즈「다쓰카와문고(立川文庫)」가 다이쇼시대에 소년들 사이에서 크게 유행했고, 그중에서도「사루토비 사스케(猿飛佐助)」, 「기리카쿠레 사이조(霧隱才蔵)」, 「사나다 유키무라(真田幸村)」 등이 인기를 모았다. 그것은 같은 시기에 시작된 영화로서는 좋은 제재가 되었다. 닛카쓰의 마키노 쇼조에 의해 발굴된 지방 가부키 출신 오노에 마쓰노스케 주연의 인술영화는 주문을 외우면 휙 사라지고 큰 두꺼비로 변신하는 등, 처음 보는 영화 특촬이 어린이들의 인기를 모아 사회적 붐을 일으켰다. 그는「다쓰카와문고」나 가부키를 바탕으로 천 편을 넘는 시대극 영화에 출연, '간판 마쓰짱'의 애칭으로 친숙해졌고, 일본 최초의 영화스타로 불렸다.

강담은 군기물(軍記物)「다이코키(太閤記)」의 도요토미 히데요시(豊臣秀吉, 1537~1598), 「다이헤이키(太平記)」의 구스노키 마사시게(楠木正成, 1294~1336), 「가와나카지마 전투(川中島合戦)」의 우에스기 겐신(上杉謙信, 1530~1578)과 다케다 신겐(武田信玄, 1521~1573), 평정물(評定物=일가소동물)「아코 의사전(赤穂義士伝)」의 오이시 구라노스케(大石内蔵助, 1659~1703), 재판물「오오카 정담(大岡政談)」의 오오카 에치젠(大岡越前, 1677~1752), 미토코몬(水戸黄門=徳川光圀, 1628~1701), 「도야마 정담(遠山政談)」의 도야마 긴시로(遠山金四郎=遠山景元, 1793~1855), 무가물(武家物)의 미야모토 무사시(宮本武蔵, 1584~1645)과 쓰카하라 보쿠덴(塚原卜伝, 1489~1571), 협객물의 구니사다 주지(国定忠治, 1810~1851), 시미즈의 지로초(清水の次郎長, 1820~1893), 「덴포 수호전(天保水滸伝)」

의 세이리키 도미고로(勢力富五郎, 1813~1849)와 히라테 미키(平手造酒, ?~1844), 반주이인 조베에(幡随院長兵衛, 1622~1650), 도적물의 네즈미 고조(鼠小僧, 1797~1832)와 이시카와 고에몬(石川五右衛門, 1558~1594), 세태물(世話物) 「덴포 육가선(天保六花撰)」의 고치야마 소슌(河内山宗 俊, ?~1823) 등 각종 히어로를 배출했다. 그야말로 강담에서 이야기되 는 인물과 그 이야기를 원작으로 눈앞에 비주얼하게 만든 것이 대부분 의 시대극 영화였다고 할 수 있다. 또한 강담에서는 「게이안 태평기(慶 安太平記)」, 「아제쿠라 주시로(畔倉重四郎)」, 「무라이 조안(村井長庵)」, 「도쿠가와 덴이치보(徳川天一坊)」 등 악한이나 나쁜 짓을 거듭하는 이 야기가 수없이 탄생했다.

로쿄쿠(浪曲)는 조루리(浄瑠璃) 등을 기초로 한 샤미센(三味線) 반주 의 5·7음조의 이야기 예술로 메이지시대 초기에 시작하여 '나니와부 시(浪花節)'라고도 하며, 쇼와시대 초기에 전성기를 구가하였다. 메이 지, 다이쇼시대 초기의 「아코 의사전(赤穂義士伝)」을 특기로 내세운 도 추켄 구모에몬(桃中軒雲右衛門, 1873~1916), 쇼와시대 초기의 히로자와 도라조(広沢虎造, 1899~1964)의 「시미즈 지로초전 모리노이시마쓰 삼 십 석 배 여행(산짓코쿠[清水次郎長伝·森の石松三十石船道中])」의 '바보 는 죽어야 한다'라는 대사는 라디오 보급에 힘입어 크게 유행했고, 시대극 영화에도 채용되었다.

강담, 라쿠고, 로쿄쿠는 구승 문예로, 스승에게서 제자에게로 계승 되어 이야기의 줄거리와 화법이 기본형으로 고전을 이룬다. 연자(演 者)는 틀(型)을 어느 정도 의식하면서 자기 나름 고안을 하여 개성을 발휘한다. 현장에서 몇 번이나 이야기를 거듭하는 동안 대중에게 먹히 는 새로운 틀을 찾아내고 그것이 전통적 틀이 되는 경우도 있다.

쇼와시대에 들어서서 영화, 만재(漫才), 로쿄쿠 등의 붐이 일어 대
중문예로서의 강담의 인기는 잦아들었다. 로쿄쿠도 TV의 출현과 함
께 인기가 떨어지고 낭곡사(浪曲師)인 무라타 히데오(村田英雄, 1929~
2002), 미나미 하루오(三波春夫, 1923~2001)는 가수로 전향하여 스타가
되었다. 서적으로서의 강담본도 소설가에 의해 쓰여지면서 강담의 틀
을 깬, 보다 리얼한 시대소설로 인기가 옮겨갔다. 일본의 예능문화,
캐릭터 계승에 있어 대중을 대상으로 강담이 수행한 역할은 크다.

가부키(歌舞伎, 에도시대 초기~)·인형조루리(人形浄瑠璃, 에도시대 초기~)

인형조루리와 가부키는 에도시대에 탄생한 대중오락이다. 무대극
의 라이벌로서 경합하면서 절차탁마하여 조루리 작가로서 유명한 지
카마쓰 몬자에몬(近松門左衛門, 1653~1725), 다케다 이즈미(竹田出雲, ?~
1747), 지카마쓰 한지(近松半二, 1725~1783) 등이 쓴 인기 작품이 가부키
에 도입되어 큰 인기를 끈다. 훗날 가부키에서도 교겐(狂言)[11] 작가 쓰
루야 난보쿠(鶴屋南北, 1755~1829), 세가와 조코(瀬川如皐, 1739~1894),
가와카케 모쿠아미(河竹黙阿弥, 1816~1893) 등이 등장하여 쌍방의 인기
가 크게 확대되었다. 이렇게 해서 다양한 스토리와 캐릭터가 생겼고,
일본을 대표하는 예능으로서 지금도 대중의 인기를 모으고 있다. 강담,
라쿠고, 로쿄쿠 등의 화예나 시대극 등의 대중 예능만이 아니라, 우키
요에, 일본화, 게사쿠, 소설 등 일본문화에 큰 영향을 미쳤다. 특히
배우가 연기하는 가부키는 대중예능의 후배인 시대물, 당시의 현대극
에 해당하는 세태물, 그리고 무용이 주체인 몸짓물로 나뉜다.

---

11) 일본의 대표적인 전통 연극으로, 노가쿠(能楽) 공연의 막간에 상연되는 골계적 연희.

가부키 중 인형조루리 유래인 작품은 '진정 진품(丸本物)'이라 불린다. 시대물에서는 가부키 3대 명작이라고 하는 〈가나데혼 주신구라(仮名手本忠臣蔵)〉의 오보시 유라노스케(大星由良之助)와 간페이(勘平), 〈스가와라 전수 연습의 거울(菅原伝授手習鑑)〉의 마쓰오마루(松王丸), 〈요시쓰네 센본자쿠라(義経千本桜)〉의 사토 다다노부(佐藤忠信, 1153~1186)와 이가미노 곤타(いがみの権太) 외에 〈이치노타니 후타보 군기(一谷嫩軍記)〉의 구마가이 나오자네(熊谷直実, 1141~1207), 「에혼 다이코키(絵本太功記)〉의 다케치 미쓰히데(武智光秀), 〈이가고에 도추 스고로쿠(伊賀越道中双六)〉의 가라키 마사에몬(唐木政右衛門)과 포목점 주베(呉服屋十兵衛) 등 인기 교겐과 봉건사회에서 눈물을 자아내는 비극의 캐릭터가 다수 등장했다. 그러나 진정진품의 시대물 작품은 있는 그대로의 형태나 캐릭터가 아니라, 아케치 미쓰히데나 아라키 마타에몬 등 본래의 모습으로 돌아가서 시대극으로 영화화되었다. 마쓰오마루나 이가미노 곤타 등 가부키의 창작 캐릭터는 가부키나 분라쿠(文楽)[12] 무대 이외에는 잘 보이지 않아 현재는 아는 사람이 적어졌다.

진정진품 세태물에서는 그 시대에 일어난 동반자살에서 제재를 취해 지카마쓰 몬자에몬의 〈소네자키 동반자살(曾根崎心中)〉(오하쓰 도쿠베[お初徳兵衛]), 〈사랑의 파발꾼 야마토 왕래(恋飛脚大和往来)〉(우메카와 주베[梅川忠兵衛]), 〈동반자살 덴노아미지마(心中天網島)〉(고하루 지혜에[小春治兵衛]), 지마카쓰 한지의 〈신판 가제문(新版歌祭文)〉(오소메 히사마쓰[お染久松]) 등 연애 정사를 대표하는 순애물(純愛物)이 많이 만들

___
12) 조루리(浄瑠璃)에 맞추어 하는 설화(説話) 인형극. 18세기 말에 오사카(大阪)의 분라쿠좌(文楽座)라는 극장에서 시작한 꼭두각시 인형극에서 유래.

어져서 여성을 중심으로 인기를 모았다. 이것들은 시대극 영화의 좋은
제재가 되었다. 또한 젊은 사족 자제가 부모에게 의절을 당하고 가난
한 신세가 되는 '영락한 인물' 취향을 그린 〈유기리아와노나루토(夕霧
阿波鳴渡)〉(유곽물[廓文章])의 유기리 이자에몬(夕霧伊左衛門)도 인기를
모아 개편을 거듭했다.

　진정진품 중에서는 '마쓰오마루', '이가미노 곤타' 등은 '복귀', 또한
곤타는 '부상', '기쓰네 다다노부(狐忠信)', '구즈노하(葛の葉)' 등은 '정
체 밝히기'와 눈물을 자아내는 '대신 아이 죽이기', '부모 죽이기' 등의
취향이 다용되어 이야기와 캐릭터의 비극성이 강조되었다. 이들 스토
리의 연출은 인형조루리의 인기를 높여 주었고 가부키화됨으로써 보
다 세련되게 되어 근대 일본 대중문화의 기초가 되었다. 전후 시대극
영화에서는 봉건사회를 상징하는 '대신 아이 죽이기' 등 공감을 얻기
어려운 취향은 사라졌지만, '복귀', '부상' '정체 밝히기'는 극적 연출
수법으로서 계속 사용되고 있다.

　가부키로 상연하기 위해 만들어진 순가부키의 시대물 〈고토부키
소가 대면(寿曾我対面)〉의 소가 고로(曾我五郎), 〈시바라쿠(暫)〉의 가마
쿠라 곤고로(鎌倉権五郎), 〈스케로쿠 연고 에도자쿠라(助六由縁江戸桜)〉
의 스케로쿠(소가 고로)(助六[曾我五郎])는 거친 성격의 히어로로서 이치
카와 단주로에 의해 연출되어 에도 서민의 갈채를 받았다. '이름대기',
'쓰라네', '미에' 등과 같은 무대연출을 함으로써 지금도 사용되는 히어
로 연출 양식이 만들어졌다. 가마쿠라 곤고로나 스케로쿠는 지금도
가부키를 대표하는 거친 성격의 히어로이다. 또한 게사쿠 작자인 미즈
가키 에가오(美図垣笑顔, 1789~1846)에 의해 집필되고 가와타케 모쿠아
미가 각색한 〈지라이야 호걸담(児雷也豪傑譚)〉의 지라이야는 훗날 마

키노 쇼조에 의해 오노에 마쓰노스케 주연의 인술영화로 영화화되어
일대 붐을 불러일으켰다.

쓰루야 난보쿠나 세가와 조코, 가와타케 모쿠아미 등의 가부키 교
겐 작가에 의해 집필된 순가부키 세태물에서는 〈도카이도 요쓰야 괴
담(東海道四谷怪談)〉의 다미야 이에몬(田宮伊右衛門) 등 요괴 캐릭터의
괴담물, 〈네즈미고몬하루노신가타(鼠小紋東君新形)〉의 네즈미고조 지
로키치(鼠小僧次郎吉), 〈산닌 산키치 유곽 첫 경험(三人吉三廓初買)〉의
산닌 산키치(三人吉三), 〈아오토조시 하나노 니시키에(青砥稿花紅彩画)〉
의 도적 다섯 남자(白浪五人男) 등 도적들이 멋진 모습으로 등장하는
도적물이 인기를 끌었다. 또한 〈요와나사케 우키나노 요코쿠지(与話情
浮名横櫛)〉(오토미 요사부로[お富与三郎]) 등의 인협물(仁俠物)도 대중의
지지를 획득했다. 시대물과 마찬가지로 인연, 인과에 의해 이야기가
전개되지만, 시대물과 달리 도적, 협객, 살인, 악인 등 보다 친근한
인물들이 주역인 세태물은 훗날 시대극 영화에서 많이 채택되었다.

도적물의 관전 포인트인 '이름대기', '스라네', '미에'는 영화에서 가
부키의 난투장면이 자연스러운 살진으로 변한 것처럼 보다 자연스런
연기로 바뀌었다. 산닌산키치 중의 한 명인 오조키치조(お嬢吉三)의
'아련한 달빛에 하얀 화톳불도 안개 낀 봄 하늘……이것 참 봄부터
운이 좋구나', 도적 5인남의 벤텐 고조 기쿠노스케(弁天小僧菊之助)의
'모르면 알려 주지', 마찬가지로 닛폰 다에몬(日本駄右衛門)의 '물어보
니 이름을 대는 것도 송구스럽지만……', 고치야마 소슌의 '엉뚱하게
도 기타무라 다이젠(北村大膳)', '바아아아보오오노오옴', 인협물로는
기라레 요사부로(きられ与三郎)의 '쓸데없는 사랑의 정이 원수' 등, 가
부키에서 인구에 회자되는 '이름대기', '쓰라네'의 명대사도 영화조로

각색되어 사용되고 있다.

몸짓 무용극에서도 시대물 〈쌓이는 사랑 유키노세키노토(積恋雪関
扉)〉(오토모노 구로누시[大伴黒主]), 〈시노비요루 사랑은 요사스러운 것
(忍夜恋曲者)〉(다키야샤 아가씨[滝夜叉姫]), 노의 양식을 가부키에 채용한
마쓰바 메모노(松羽目物)의 〈간진초(勧進帳)〉(무사시보 벤케이[武蔵坊弁
慶]), 〈후나벤케이(船弁慶)〉(다이라노 도모요리[平知盛]), 〈땅거미(土蜘蛛)〉
(미나모토노 요리미쓰[源頼光]), 노의 제재 〈단풍놀이(紅葉狩)〉(사라시나
아가씨[更科姫]), 세태물 〈이로모요 춋토 가리마메(色彩間苅豆)〉(가사네
[累]) 등의 인기 교겐에 '정체 밝히기' 취향이나 '이름대기', '쓰라네'
연출이 사용되었다.

가부키 등 무대극에서는 적 역할 캐릭터가 나쁘면 나쁠수록, 강하
면 강할수록 히어로성을 부각시키는 역할을 했다. 시대물 〈이모세야
마 온나테이킨(妹背山婦女庭訓)〉의 소가노이루카(蘇我入鹿), 〈메이보쿠
센다이하기(伽羅先代萩)〉의 닛키 단조(仁木弾正), 〈천축 도쿠베에 이국
이야기(天竺徳兵衛韓噺)〉의 천축 도쿠베(天竺徳兵衛), 몸짓물 〈쌓이는
사랑 유키노세키노토〉의 오토모노 구로누시 등 요술을 사용하는 천하
의 대모반인들은 히어로를 능가하는 인기를 누리게 되었다. 관문지기
에서 정체를 밝히는 구로누시(黒主), 쥐에서 정체를 밝히는 단조 등
'정체 밝히기' 취향이 극적 효과를 가져왔다.

노(能, 무로마치시대~)

노는 예부터 스토리가 있는 연극을 일컫는 말이며, 무로마치시대에
야마토 사루가쿠(大和猿楽)의 간아미(観阿弥, 1333~1383)와 제아미(世阿
弥, 1363~1443)가 대성(大成)한 일본을 대표하는 전통예능이다. 무로마

치 막부의 비호를 받아, 센코쿠시대(戰国時代)에도 도요토미 히데요시를 비롯하여 제 다이묘(大名)에게 사랑을 받았고, 에도시대에는 막부의 공식 악극이 되어 사회적 지위를 확립하게 되었다.

시테(シテ)라 불리는 주인공에는 신이나 정령, 망령, 천구나 오니 등 초자연적 존재가 많고, 그들 작품은 무겐노(夢幻能)라 하며, '아타카(安宅)'의 벤케이(弁慶) 등 현실의 인간을 연출하는 작품은 겐자이노(現在能)라 한다.

겐자이노는 「아타카(安宅)」(무사시보 벤케이[武蔵坊弁慶]), 「가게기요(景清)」(아쿠시치 뵤에 가게기요(悪七兵衛景清), 「슌칸(俊寛)」, 「하치노키(鉢木)」(사노쓰네요[佐野常世]), 「후나벤케이」(다이라노 도모요리), 「구로즈카(黒塚)」(귀녀[鬼女]), 「땅거미」(미나모토노 요리미쓰), 「단풍놀이(紅葉狩)」(귀녀[鬼女]), 「요시노 시즈카(吉野静)」(시즈카고젠[静御前]), 「요로보시(弱法師)」(슌토쿠마루[俊徳丸]) 등 많은 작품들이 에도시대에 가부키화되었다. 무겐노「아쓰모리(敦盛)」(다이라노 아쓰모리[平敦盛]) 등은「구로가이진야(熊谷陣屋)」로서 아쓰모리가 살아 있는 시대의 세계로 바꾸어 가부키화되었다.

겐자이노는 지금까지 만들어진 이야기의 유명한 제재를 극화한 독자적 무대극이다. 그리고 일상생활을 바탕으로 하는 독자적 무대극이 교겐이다. 제아미의 무겐노보다 앞선 것도 있으며, 겐자이노에 채택된 캐릭터와 그 세계는 훗날 가부키나 강담, 영화로 이어져갔다. 마찬가지로 노로 만들어진 극히 형식적인 난투장면의 틀은 가부키에서 움직임이 자유로워지고, 보다 연극적인 화려한 틀이 되었다. 영화는 그 틀에서 해방되기는 했지만 여전히 그 기저에 틀은 남아 있다.

제아미는 무겐노에서, 처음에 주인공의 상대역에 해당하는 '와키'

가 등장하여 '이름을 대'고, 그 다음에 나오는 시테가 나중에 혼령으로
서 '정체를 밝히'며, 생각을 이야기하며 춤을 추는 형식을 취했다. 노
는 가면 가부키극으로, 그 연기는 준비 자세에 해당하는 '가마에', 걷
기의 '하코비', '몸짓', '춤'으로 성립된다. 그것들은 '틀'에 의해서 구성
되고, 양식화, 정형화되어 있다. 그중에서도 '몸짓'은 패러디에 해당하
는 '미타테(見立て)'를 바탕으로 지극히 단순화된 '틀'로 집약하여 연기
한다.

　노와 교겐이 미분화 상태에 있던 헤이안시대의 사루가쿠(猿楽)는 후
지와라노 아키히라(藤原明衡, 989~1066)의『신사루가쿠기(新猿楽記)』에
의하면, 흉내 내기나 제 예능, 춤, 골계 연극(滑稽芝居) 등이 중심이며,
제대로 된 스토리극의 형태는 사루가쿠노(猿楽能)의 간아미, 제아미
등에 의해 무로마치시대에 확립된 것으로 여겨진다. 노는 일본 무대극
의 기층을 이루며, 원 '틀'이다.

　또한 노멘(能面)은 오키나멘(翁面)에서 시작되었다. 노에서의 '오키
나(翁)'는 별격이며, 지금도 연초에 상연되는 축언곡(祝言曲)이다. '오키
나'는 오키나사루가쿠(翁猿楽)가 원류이며, 가마쿠라시대에는 성립이
확인되고 있고, 헤이안시대 승려인 호주시(法呪師)에 의해 절이나 신사
의 행사에 찾아온 오키나춤(翁舞)이 사루가쿠시(猿楽師)로 계승되어 오
키나사루카쿠가 된 것으로 여겨진다. 사루카쿠에서 '오키나'를 연기하
는 것은 그야말로 신사(神事)를 행하는 것이며, '오키나'는 '신(神)', 오키
나멘은 신이 내려와 머무는 히모로기(神籬)[13]이다. 노는 그야말로 신을

---

13) 고대 일본에서, 신령이 머무른다는 산이나 나무 둘레에 상록수를 심거나 울타리를 친
　　곳. 후에 널리 신사(神社)를 일컬음.

연기하는 것, 흉내 내는 것에서 시작된 예능이며, 노에서 사용되는 면(面)의 의의는 신으로 변신하기 위한 아이템이라는데 있었다.

노는 무대극으로서는 전 세계에 유래를 찾아볼 수 없는 독특한 연극이다. 가부키는 이 노에서 큰 영향을 받았다.

맺음말

지금까지 시대극 영화의 주역 캐릭터의 예능사를 살펴보았다.

노, 인형조루리, 가부키, 강담, 로쿄쿠, 시대소설, 라디오 등에서는 다양한 캐릭터가 탄생하여 다음 세대의 예능으로 계승되었다. 이들 제 예능을 거쳐 지금에 이르는 수많은 시대극 히어로 캐릭터가 탄생하였고 성장해 왔다.

사람이 주역을 연기하는 예능은 노, 가부키, 영화이다.

무로마치시대에 간아미, 제아미가 대성한 가면 가무극인 노에는 얼굴의 표정연기가 없고 무용적으로 통일된 '틀', 대략 250종의 몸짓 단위로 조합된다. 극단적으로 간략화된 형식의 가무극은 아시카가 장군(足利將軍)에게 사랑을 받았고, 도쿠가와시대에 무가의 공식 의식에 사용되는 악곡이 됨과 동시에 그것을 구성하는 몸짓이나 요쿄쿠는 '틀'로서 확립되어 갔다. 작극 면에서는 와키에 의한 '이름대기'에서 시작하여, 제아미가 완성시킨 무겐노에서 '정체 밝히기'의 형식이 사용되었다. 겐자이노에 도입된 캐릭터는 인형조루리나 가부키로 계승되었고, 무겐노의 시테 캐릭터는 혼령으로서가 아니라, 실제로 살아있던 시기의 세계로서 후세의 예능으로 계승되었다.

에도시대에는 서민문화가 발달하고 거기에서 탄생한 인형조루리, 가부키는 노의 캐릭터 세계를 계승하면서도 현실 세계에서 일어난 사건도 수용함으로써, 대중의 새로운 수요에 대응하는 수많은 화려한 이야기와 캐릭터를 낳았다. 특히 사람이 연기하는 무대극인 가부키는 다양한 취향을 강구함으로써, 연출을 개발하여 무대예술로 발전시켰다. 그곳에서는 캐릭터를 '멋지게' 눈에 띄게 하기 위해, 연기 대사면에서는 '이름대기', '쓰라네', '대사분담', '가케코토바(掛詞)'[14], 몸짓면에서는 '미에', '미다테' 등, 극작면에서는 무겐노에서 극적으로 개량된 '정체 밝히기'에 더해 '복귀', '부상' 등 다양한 취향이 개발되었다. 극단적으로 간략화된 노의 '틀'은 가부키에서 보다 더 인간적인 것, 화려한 것, 무대예술로서 극적인 '틀'로 변화하였고, 개발을 거듭한 '틀'은 정형화되어 갔다. 노의 기본인 발의 '하코비'는 가부키에서는 '육방(六方)' 등 다양한 발동작이 고안되면서 가부키의 '틀'로서 계승되어 갔다.

무대극, 노, 가부키에서 탄생한 다양한 캐릭터는 다른 제 예능이나 이야기에서 태어난 것과 합쳐져서 시대극 영화에 수용되었고, 시간이 경과함과 동시에 대중들이 추구하는 캐릭터와 그 세계는 살아 남았다. 극작이나 대사, 몸짓의 '틀'도 보다 리얼한 표현을 목표로 하는 극영화에서 보다 자연스럽고 관객이 눈치재지 못하는 형태로 현재의 히어로극으로 이어지고 있다.

---

14) 수사법의 하나, 한 말에 둘 이상의 뜻을 갖게 한 것. 중의법.

참고문헌

平山亨, 『仮面ライダー名人列伝~子供番組に奇蹟を生んだ男たち~』(風塵社, 1998).

平山亨, 『泣き虫プロデューサーの遺言状~TVヒーローと歩んだ50年~』(講談社, 2012).

田中純一郎, 『秘録 日本の活動写真』(ワイズ出版, 2004).

縄田一男・永田哲朗, 『図説 時代小説のヒーローたち』(河出書房新社, 2000).

別冊太陽, 『時代小説のヒーロー一〇〇』(平凡社, 1993).

神田松之丞, 『神田松之丞 講談入門』(河出書房新社, 2018).

利根川裕, 『歌舞伎ヒーローの誕生』(右文書院, 2007).

荒俣宏, 『歌舞伎キャラクター事典』(新書館, 1987).

服部幸雄他編, 『歌舞伎事典』(平凡社, 1983).

西野春雄他編, 『能・狂言事典』(平凡社, 1987).

제11장

가부키와 자니즈

- 형태를 바꾸어 계속해서 살아남는 문화전통 -

후카야 다이(深谷大)

들어가는 말

현대 일본의 엔터테인먼트의 신을 다채롭게 하는 인기 스타에 자니즈의 아이돌을 위치 짓는 것에 이론은 없을 것이다. 한편 가부키는 현재 전통예능으로서 국가의 중요무형문화재, 유네스코의 세계무형문화유산으로 지정되었지만, 그것이 탄생한 에도시대에는 오락이자 대중문화의 꽃이었다. 에도시대에는 배우라고 하면 가부키 배우를 가리키며 서민들의 아이돌이었다. 에도시대 사람들은 가부키 배우를 보기 위해, 또 가부키 배우를 만나기 위해 극장에 다녔다.

스타시스템을 바탕으로 흥행성을 중시하는 엔터테인먼트라는 점에서 가부키와 자니즈는 일치하고 있다. 스타제일주의이다. 가부키는 배역이라 불리는 등장인물의 신분, 성별, 연령 등에 따라 고정화된 캐릭터를 연기하는 연극이다. 희곡 제일로, 연출가의 해석에 따라 배우가 등장인물을 연기하는 근대극과는 성격을 달리한다. 가부키의 안목은 무대상의 배우를 어떻게 눈에 띄게 할까, 매력적으로 보이게 할까 라는 한 가지에 있다. 자니즈의 각 그룹에 팬클럽이 존재하듯이, 에도시대의 가부키는 '무리(連中)'나 '편들(贔屓)'이라고 하는 배우의 팬클럽에 의해 유지되고 있었다.

대중을 타깃으로 아이돌에 의한 다양한 캐릭터를 낳고 스타를 지지하는 강고한 팬클럽을 조직하는 흥행형태를 취한다는 점에서 가부키와 자니즈는 예능으로서 본질적으로 공통되는 부분이 많다고 할 수 있다.

본 장에서는 자니즈의 아티스트 중 〈다키자와 가부키(滝沢歌舞伎)〉, KinKi Kids와 아라시(嵐)를 예로 들어, 스테이지 연출을 중심으로 가부키와의 관계에 있어서 일본의 대중 예능의 저류에 있는 문화전통에 대해 고찰해 보고 싶다.

1. 〈다키자와 가부키〉 – 내부의 '성(城)'

〈다키자와 가부키〉와 연주 곡목

〈다키자와 가부키〉는 2006년에 현 자니즈 사무 부소장인 다키자와 히데아키(滝沢秀明)가 주연한 〈다키자와엔무성(滝沢演舞城)〉이 원조로, 4년 후인 2010년 〈다키자와 가부키〉로 명칭을 고쳤다. 그 후 다키자와가 예능계를 은퇴함에 따라 당시 메이저 데뷔 전의 자니즈Jr.이었던 9인조 그룹 Snow Man(2020년 1월 12일에 메이저 데뷔)이 좌장으로 임명되었다. 멤버 중에 아베 료헤이(阿部亮平)와 미야다테 료타(宮舘涼太)는 이치카와 에비조(市川海老蔵)의 자주공연 〈ABKAI2019〉에 출연했다.

이것이 〈다키자와 가부키〉 JERO이다. 공연 목록을 보자.

1. 고에몬(五右衛門) JERO
1. 벚꽃의 춤(桜の舞)
1. 총무(総踊り)

〈고에몬 JERO〉는 가부키 〈사쿠라몬 고산노키리(楼門五三桐)〉(1778년 4월, 오사카[大坂], 가도노시바이[角の芝居] 초연)를 어렌지한 작품이다. 〈벚꽃의 춤〉에서는 남자 주연(立役)과 온나가타의 무용, 피날레는 출연자 전원의 〈총무〉로 마무리가 된다. 남성만이 아니라 여성도 출연하고 일본 음악 이외에 양악도 사용된다.

〈다키자와 가부키〉의 원조인 〈다키자와엔무성〉도 〈소년 주신구라(少年忠臣蔵)〉, 〈요시쓰네(義経)〉 등 인형조루리와 기부키의 명작 〈가나데혼 주신구라(仮名手本忠臣蔵)〉, 〈요시쓰네 센본자쿠라(義経千本桜)〉 등을 모티프로 한 작품으로 주연인 다키자와의 공중연기(플라잉), 온나가타로의 변신, 1인다역, 난투장면 등의 연기를 회전무대나 본수(本水)[1], 본화(本火)[2]와 같은 가부키 무대로 연출함으로써 관객을 매혹했다.

제작자인 쇼치쿠주식회사연극본부(松竹株式会社演劇本部)의 고문이자 주식회사가부키좌(株式会社歌舞伎座) 대표이사인 아비코 다다시(安孫子正, 1948~)는 반세기 가까이에 걸쳐 가부키 흥행에 종사하고 있는 베테랑 중의 베테랑이다. 기획, 구성, 종합연출은 고 자니 기타가와

---

1) 가부키의 연출로, 강, 연못, 우물 등의 장면에 진짜 물을 사용하는 것.
2) 도깨비불이나 사람의 혼을 표현하기 위해 알코올을 사용하여 만든 불.

(ジャニー喜多川, 1931~2019)로, 그야말로 가부키와 현대예술의 대가들이 팀을 이룬 엔터테인먼트가 〈다키자와 엔무성〉, 현재의 〈다키자와 가부키〉이다.

〈다키자와 가부키〉에서는 남녀가 함께 무대에 서며 배우 자신이 노래를 부른다. 기본적으로 남성만이 출연하며 배우는 대사만 하고 노래는 부르지 않는 현행 가부키와는 완전히 다르다. 그러나 초창기 가부키는 남녀 모두가 출연하였으며, 겐로쿠기(元禄期, 1688~1704) 무렵까지는 가부키 배우는 노래를 불렀다.*1

〈다키자와엔무성〉-《다키자와가부키》의 원조

〈다키자와가부키〉의 원점인 〈다키자와엔무성〉은 신바시엔무성(新橋演舞場)이 초연이다. 자니 기타가와 자신이 초연에 대해, '성을 만들고 싶어. 다키자와의 성을'라고 하고 있듯이,*2 다키자와 엔무'성(城)'이라는 명칭에는 주연 배우 다키자와 히데아키에 대한 기획자 자니 기타가와의 깊은 애정이 반영되어 있다.

'성'은 오음(呉音)으로는 조(ジョウ), 한음(漢音)으로는 '세이(セイ)'로 읽는다. 일본식 훈독으로서는 '시로(しろ)', '키(き)'이다. 헤이안시대 후기의 역사서 『일본기략(日本紀略)』 794년 10월 8일조에, '이 산하는 금대하여 자연히 성을 이루고 있다. (중략) 따라서 야마시로국(山背国)이라는 이름을 야마시로국(山城国)이라고 고쳤다'*3라고 있듯이, 간무천황(桓武天皇)이 헤이안쿄(平安京)로 천도를 할 때, 산하(山河)가 금대(襟帯)하여 자연히 성의 형상을 이루므로, 야마시로국(山背国)을 야마시로국(山城国=현재의 교토부 남부)으로 개칭하여, '성(城)'에 '시로(しろ)'의 훈이 생겼다는 설이 유력하다.*4

'성(城)'의 방(旁)인 '성(成)'은 '굳힌다'는 의미이다. 편(偏)은 '흙(土)'이므로 '흙으로 굳힌 건축물'이 원래의 뜻이다. '성주(城主)'는 문자 그대로 성의 주인, 탑이다. '성'은 우뚝 솟은 것이며, 천하인(天下人)의 상징이다. 본성에는 가장 높은 망루인 천수각(天守閣)이 구축된다. '성'주는 천수각에서 성하마을(城下町)을 내려다본다. 또한 '천수(天守)에 오른다'는 말도 있다. '등성(登城)'은 성에 참상(參上)하는 것이다. '하성(下城)'은 성에서 물러나는 것이며, 적에게 성을 넘겨주는 것이다. 성은 어디까지나 올라가는 것이며, 꼭대기까지 올라가야 하는 것이다.[5]

'자신의 성을 갖는다'는 것은 다른 사람이 들어오지 못하는 자신만의 독자적인 내부 세계를 구축한다는 것이다. 다키자와 히데아키는 자니 기타가와가 자니즈 사무소의 장래를 맡긴 인물이다. 자니 기타가와가 말하는 '다키자와의 성'이란 '다른 사람이 대신할 수 없는' 인물로서 미래의 가부키 세계와 현대 예능을 융합한 새로운 엔터테인먼트의 정점, '성주'가 되고 싶다는 강렬한 메시지가 담겨 있다. 다키자와 엔무'성(城=조)'은 엔무'조(場)'를 단순히 다른 말로 바꾼 것이 아니다. 가부키를 비롯한 수많은 명무대를 낳은 연극의 전당 신바시 엔무조(新橋演舞場)의 스테이지에서 활약하는 다키자와를 '한 성(一城)'의 '성주(城主)'로 내세우고자 하는 마음이 작용한 것이다.

2. KinKi Kids—우뚝 솟은 '산'

KinKi Kids와 리프트

KinKi Kids는 자니즈 사무소의 첫 듀오, 즉 2인조이다. 멤버는 도모토 고이치(堂本光一, 1979)와 도모토 쓰요시(堂本剛, 1979)로, 같은 성이지만 혈연관계는 아니다. 사무소 첫 간사이(関西=긴키[近畿]) 출신 아이돌로, 고이치는 효고현(兵庫県) 아시야(芦屋市), 쓰요시는 나라현(奈良県) 나라시 출신이다.

자니즈 사무소의 첫 간사이 출신, 첫 2인조 유닛으로, 무엇이든 첫 번째인 KinKi Kids는 콘서트 연출에서도 첫 시도를 하고 있다. 지금 자니즈 사무소의 각 그룹이 사용하는 리프트라는 무대세트가 그것으로, 〈KinKi Kids Dome Tour 2004~2005 -Font De Anniversary-〉(장소: 도쿄돔[東京ドーム])에서 처음 피로되었다. 악곡 〈to Heart〉의 스테이지에 사용되었다.

리프트는 어떤 일정한 크기의 장치를 유압 실린더를 사용하여 올리고 내리는 장치이다. 즉 가부키무대의 세리아게(せり上げ), 세리사게(せり下げ)[3]의 현대판이다. 중량이나 승강의 높이에 따라 다양한 종류가 있다. 테르미크사제의 슈퍼 발리 타워는 최대 9미터, 아파트 3층 정도의 높이까지 상승한다. 그것을 객석에서 올려다보는 것이다. 거대한 리프트는 상상을 초월하는 박력을 보여준다. 그 리프트의 정상에서 노래를 하는 것이 KinKi Kids의 두 사람이다. 둘이 각각 다른 리프트에 탄다. 그야말로 2대 거두(巨頭)이다.

고고산(光剛山)

KinKi Kids의 리프트는 고고산이라 불린다. '광(光)'은 '고이치(光一)'의 '광(光)'이다. 고이치와 쓰요시(剛)의 두 사람이 타는 리프트라는

---

3) 세리(迫り)는 가부키 무대에서 무대 일부를 도려서 그 부분만 오르내리게 하는 장치.

무대 세트를 '산'에 비유한 것이다. '산'은 예로부터 신이 깃드는 곳이다. 『고센와카집(後撰和歌集)』권19, 간인노 오기미(閑院大君)의 와카(和歌)에, '가사토리노야마(笠取の山)라 즐거워하던 당신을 두고 눈물의 비에 젖으며 가네'와 같이, 산은 어디까지나 높고 움직이지 않으므로 올려다보는 것이고 의지가 되는 것이며 목표로 삼는 것이다.

　『겐지 이야기(源氏物語)』의 스에쓰무하나(末摘花)의 '그대와 함께 오우치야마(大內山)산을 나왔지만은 돌아간 곳 모르네 16일의 달처럼'이나 『헤이케 이야기(平家物語)』권2, 다이나곤(大納言)이 유배를 가는 장면에서 '서쪽의 스자쿠(朱雀)를 남쪽으로 가니, 오우치야마 산도 지금은 다르게 보이신다'의 오우치야마 산은 닌나지(仁和寺)가 있는 교토 북부의 산, 우다천황(宇多天皇, 867~931)의 이궁(離宮)이 있던 지역으로, 그곳에서 전성되어 궁궐, 황거(皇居)를 가리킨다. '산(山)'은 천황의 거처의 상징이다. 우다천황은 제59대 천황으로 제58대 고코천황(光孝天皇, 830~887)의 일곱 번째 황자이다. 관백(関白) 정치의 시작으로 알려진 후지와라노 모토쓰네(藤原基経, 836~891)를 신뢰하며 정치를 펼쳤다.

　KinKi Kids의 리프트 '光剛山'은 '고고산'이라고 읽는다. 그야말로 '신성한(神神しい[발음은 고고시])' 산이다. 예를 들면 『마쿠라노소시(枕草子)』에는 행행(行幸) 즉 천황이 외출에 즈음하여 가마를 타고 있는 모습이 '신성(神神)'하고 훌륭하며 매우 멋지다고 기록되어 있다. 가마는 원래 천황이 타는 수레이다. 신여(神輿)라고 쓰면 제례 등의 신(御神体)이 타는 것이다. '고고산'은 관객이나 팬들에게 있어 그야말로 신이나 천황인 KinKi Kids 두 사람을 태우는 '산'인 것이다.

나미키 쇼자에 의한 가부키의 무대 장치

가부키의 무대장치 발전에 간사이 지역 가부키가 수행한 역할은 크다. 호레키기(宝暦期, 1751~64)의 오사카극단(大坂劇壇)의 중심 존재였던 가부키 작가 나미키 쇼자(並木正三, 1730~1773)의 공적이다. 『게자이로쿠(戱財録)』(뉴가테이가뉴[入我亭我入] 저, 1801년 성립)은 다음과 같이 기록하고 있다.

> 원래 가부키 작자를 좋아하여 출근했을 때부터 원래 무대의 중심 역할을 했고, 객석 쪽 기둥을 치워 구경을 하는데 거슬리지 않게 하였다. 세리아게, 세리사게, 회전무대, 삼단 변화의 조명, 그 외 수 많은 도구를 고안하여, 흥행 초반에 요괴를 내보내 관객들의 눈을 사로잡기 시작했다. 작자들에게도 초대 간판을 내게 하는 것을 비롯하여 완성도가 떨어지는 연극을 돋보이게 하고 배우를 쓰는데 있어서도 단련을 시켜, 임기응변의 작품으로 관객들의 눈을 놀라게 한다. 그로써, 위세가 고금에 독보적이고, 주역 배우들도 편하게 불러서 그야말로 가부키의 작자, 귀감이라고 할 수 있는 인물. 쇼자 일대의 대박이 난 교겐, 그 외 분위기를 띄우는 방법을 강구하여 그 영명(英名) 온 일본에 미친 영향 사람들이 잘 아는 바이다.

세리아게나 세리사게의 장치, 회전 도구라고도 하는 회전무대는 나미키 쇼자 이전부터 존재하기는 했지만, 쇼자는 그것들을 개량하여 진화시켰다. 1753년 12월 초연 『게이세이 아마노 하고로모(けいせい天羽衣)』의 마지막 장면에서는 한 명 정도밖에 탈 수 없는 세리를 여러 사람이 탈 수 있는 것으로 발전시켰다. 또한 1758년 12월 초연 〈삼십국 요후네의 시작(三十国艦始)〉에서는 종래는 도구 아래에 수레바퀴와 같은 것을 붙여 돌리는 정도였던 회전무대를 둥근 원반을 나락(奈落=무대

아래)을 파고 심봉(心棒)을 대서 돌렸다고 한다.[*6] 쇼자의 발상을 바탕으로 더욱더 개량이 되어, 무대를 원형으로 자르고 그 아래에 바퀴를 달아 굴리는 시스템이 만들어져서 현재의 회전 무대가 성립된 것이다.

움직이는 산

전술한 〈KinKi Kids Dome Tour 2004~2005 – Font De Anniversary〉(장소: 도쿄돔)의 〈푸른 시대(青の時代)〉의 스테이지는 회전무대에서 두 개의 돌기물이 올라와 돌아가면서 상하운동을 하는 모습을 볼 수 있다. 세리와 회전 무대의 융합이다. 두 개의 돌기물에는, KinKi Kids의 도모토 고이치와 도모토 쓰요시가 타고 있다. 이 돌기물은 리프트가 아니기 때문에 '고고산'이라고 하지는 않지만, 일종의 산으로 형용하는 것을 허락한다면, 움직이는 산이라고 할 수 있을 것이다. KinKi Kids는 산을 무대로 출현시켰을 뿐만 아니라 산을 움직이기까지 했다.

'바람은 불지만 산은 움직이지 않는다'고 한다. '산이 움직인다'는 것은 상상도 하지 못한 일이 일어난다는 것이다. 통상적으로는 생각할 수 없는 일이 일어나는 것을 가리킨다. 산은 부동이므로 자연계에 군림하며 존재가치를 지닌다. 산은 본래 움직이지 않는 것, 쉽게 움직이지 않는 것이므로 분화나 지진 등에 의해 형상이 변화했을 때의 충격이나 놀라움은 짐작할 수가 없고, 사람들은 인지(人智)를 넘어서는 것의 존재를 실감하게 되는 것이라 생각한다. 산이 신이 깃드는 곳이라고 여겨지는 이치이다.

나미키 쇼자의 세리와 회전무대는 '관객의 눈을 놀라게' 했다. 그 가부키의 무대 기구를 어렌지한 KinKi Kids의 스테이지는 상하로 움직이고 회전한다. 스테이지가 움직이는 것은 놀라게 하는 데에만 목적이 있는 것은 아니다. 도쿄돔을 메우는 수만 명의 관객 전원의 눈높이에 맞추고자 하는 팬서비스의 발로이다. 스테이지가 상하로 움직이고 360도로 회전함으로써, 모든 객석에서 보이게 연출을 한 것이다. 스테이지가 움직임으로써 스테이지 상의 두 신을 모든 좌석에서 올려다볼 수 있게 한 것이다.

가부키의 공중연기와 플라잉

KinKi Kids의 도모토 고이치라고 하면 〈SHOCK〉에 대해 언급해야 한다. 2000년부터 2020년까지 20년 이상 이어진 시리즈이다. 그 공적을 인정받아 2020년 제45회 기쿠타 가즈오(菊田一夫) 연극상 대상을 사상 최연소인 41세에 수상하였다. 자니즈사무소 소속 탤런트로서 '첫' 수상이다.

〈SHOCK〉 시리즈 제1탄 〈MILLENNIUM SHOCK〉는 제국극장(帝国劇場) '첫' 자니즈사무소 공연으로, 도모토 고이치는 21세인 최연소 좌장으로서 주목을 받았다. 이는 또한 첫 콘서트로, 도모토 고이치는 제극극장 '첫' 플라잉을 연출해 냈다.

플라잉은 가부키의 공중연기이다. 와이어 액션, 즉 줄타기의 일종이다. 가부키에 곡예가 도입되고 있음은 선각(先覺)들이 지적하는 바이다.[*7] 1684년 3월 간행된 배우 평판기 『야로산자타쿠(野良三座詫)』의 다마자와 기치사부로(玉澤吉三郎, 미상)의 평에 '곡예 동작을 좋아한다. 몸을 거꾸로 하고 아름다운 얼굴이 자못 붉어지며 공중의 줄을 밟고 걸터앉아 홱 돌고 숨을 크게 쉬며, 매우 힘들어 보인다'라고 기록되어 있다. 거미춤에 뿌리가 있는 곡예라고 생각된다. [그림 1]은 1701년 7월 에도 모리타좌(森田座) 상연 〈삼세 도조지(三世道成寺)〉의 삽화 교

[그림 1] 「줄타기곡예」 『삼세 도조지』(와세다대학 연극박물관 소장, イ11-768). 하야시 쿄헤이(林京平) 편 『와세다대학 소장자료 영인 총서 국서편(早稲田大学蔵資料影印叢書国書編) 제2권 에이리교겐본집(絵入狂言本集)』(早稲田大学出版部, 1989年), p.61에서.

겐본의 삽화이다. 뱀의 몸이 된 후 시테가 구름을 타는 공중연기를 펼치고 있는 장면이다.

　전술한 나미키 쇼자에 의해 호레키 연간에 더 개량이 되었다. 현행 가부키에서도 〈요시쓰네 센본자쿠라(義経千本桜)〉 등에서 공중연기는 많이 사용되고 있다. 『가부키 연대기(歌舞妓年代記)』는 다음과 같이 기록하고 있다.

　　도조지(道成寺)의 두 스님, 산하치(三八)와 한고로(半五郎). 잘라서 만든 차양막 위에 네모난 산을 그린 것이 걸려 있다. 바람 장치로 천을 당기니 두 스님들 이것을 보고 산에서 산으로 구름이 걸려 있으니 신기하다 한다. 와카노(和歌野)가 우산을 쓰고 그 위를 건너간다. 나중에

　　종 아래에서 뱀의 몸이 나오는 곡예. 구경꾼들의 눈이 휘둥그레진다.

　　1758년 3월 에도 나카무라좌(中村座)에서 아라시 와카노(嵐和歌野, 1692~1728)가 곡예를 연출하고 있다. 산에서 산으로 구름 위를 걸어 다니며 또 뱀의 몸으로 변신하는 연기에 관객이 경탄하고 있다. 산에서 산으로 구름 위를 이동하는 줄타기 곡예이다.

　　〈MILLENNIUM SHOCK〉는 전38회 공연으로 7만 명 이상의 관객을 동원했다. 종합연출은 자니 기타가와이다. 세계적 마술사 프란츠 하라리(Franz Harary, 1962~)가 연출협력을 한 것으로도 주목을 받았다. 매직이나 서커스는 환상을 만들어낸다. 콘서트의 스테이지에 현대판 공중연기인 플라잉을 비롯한 와이어 액션을 도입함으로써 환상적 비일상 세계로 관객을 이끄는 효과를 노린 것이다.

　　가부키가 거미춤 등의 곡예를 도입했듯이, 자니즈의 스테이지에도 매직이나 서커스의 수법을 활용한 것이다.

3. 아라시(嵐)―움직이는 무대

하나미치(花道)[4]의 응용

　　아라시(嵐)는 5인조 아이돌 그룹이다. 멤버는 리더 오노 사토시(大野智, 1980~)를 비롯하여 사쿠라이 쇼(櫻井翔, 1982~), 아이바 마사키(相葉雅紀, 1982~), 니노미야 가즈나리(二宮和也, 1983~), 마쓰모토 준(松本潤,

---

4) 가부키에서 관람석을 건너질러 만든 배우들이 지나다니는 통로.

1983~)이다. 1999년 9월부터 활동을 시작하여 2020년 말로 휴지(休止)했다. 팬클럽 회원 수는 300만 명 이상이라고 한다. 자니즈사무소는 물론이고 세계 예능사상 공전의 인기를 자랑하고 있다.

가부키의 하나미치는 객석으로 튀어나와 있다. 배우가 하나미치에 섬으로써 관객과의 거리를 좁히는 것이다. 통상 가부키의 하나미치는 하나이지만 공연 목록에 따라 하나 더 설치하는 경우가 있다. 양하나미치(両花道)라고 한다.

하나미치를 응용한 무대기구는 아라시 콘서트의 핵심으로 매회 다른 장치를 고안하고 있다. 2009년 8월 29일 데뷔 10주년 기념 〈ARASHI Anniversary Tour 5×10〉(장소: 국립경기장)에서는 가부키로 말하자면 본무대에 해당하는 메인 스테이지를 공연석 중앙에 설치하고 메인 스테이지에서 방사선상으로 하나미치를 설치했다. 객석과의 거리가 가까워진 것은 확실하다.

이름대기 무대의 부활

가부키 무대의 응용으로 압권인 것은 데뷔 20주면 기념 〈ARASHI Anniversary Tour 5×20〉(2018년 12월, 장소: 도쿄돔)이다. 메인 스테이지에서 튀어나온 하나미치의 끝, 공연석 중앙에 약간 작은 스테이지가 설치되어 있다. 이것은 가부키의 이름대기 무대의 응용 내지는 부활이다.

이미 〈ARASHI 10-11 TOUR "Scene"―그대와 내가 보고 있는 풍경―STADIUM〉(2010년 9월 3일, 장소: 국립경기장)이나 〈ARASHI LIVE TOUR 2015 Japonism〉(2015년 12월 27일, 장소: 도쿄돔)에서 공연석 중앙에 설치한 무대를 볼 수 있다. 또한 〈ARASHI LIVE TOUR 2017~

2018 "untitled"〉(2017년 12월 26일, 장소: 도쿄돔)에서도 세리 장치가 있는 무대가 메인 스테이지 앞에 설치되어, 〈바즈리 NIGHT〉 등의 악곡에 사용되었다.

이름대기 무대라는 것은 겐분(元文, 1736~1741)에서 엔쿄(延享, 1744~1748) 연간에 에도의 가부키 극장에 존재했던, 하나미치에서 바닥의 관객석 중앙으로 돌출된 정방형 무대를 말한다. 배우와 관객의 교류를 제일로 여기는 가부키 정신을 구현한 무대장치라고 할 수 있다. 그 이름대기 무대와 비슷한 부속 스테이지가 아라시의 콘서트에 설치되어 운영된 것이다. 아라시의 멤버는 다섯 명 모두 간토(関東) 지역 출신이다. 아이바 마사가 지바(千葉) 출신이고 다른 네 명은 도쿄 출신이다. 이름대기 무대는 에도 지역에 정말 어울린다. 가부키의 이름대기란, 스스로의 이름이나 내력을 드러내는 것이다. 정체 밝히기의 일종이다. 에도의 멋, 즉 자기 주장의 미학의 발로이다. 18세기 전반 약 10년 동안에만 에도의 가부키 극장에 존재했던 이름대기 무대가 간토지역 남자들의 집단인 아라시에 의해 21세기에 되살아난 것은 흥미롭다.

무빙 스테이지와 마쓰리

이름대기 무대의 부활에 보이는 바와 같이, 아라시는 관객과의 교류를 철저히 추구하는 그룹이라고 할 수 있다. 아라시가 시작한 무대 기구로서 '무빙 스테이지'가 있다. 2005년 여름 〈아라시 LIVE 2005 One SUMMER TOUR〉에서 처음으로 피로되었다. 문자 그대로 스테이지 그 자체가 이동하여 관객들 사이를 돌아다니는 것이다. 물론 스테이지 위에는 멤버가 있다. '무빙 스테이지'는 투명하여 스테이지 아래의 관객들도 볼 수 있는 구조로 되어 있다. 가부키의 하나미치나

이름대기용 장치는 객석 사이에 존재하지만 고정되어 있어서 움직임
은 없다. 움직이는 것은 어디까지나 하나미치나 이름대기 무대에 있는
배우이다. 아라시는 멤버 자신이 이동하는 것에 만족하지 않고 스테이
지 그 자체를 움직이게 하는 것을 고안해 냈다. 이는 무대 연출 상
획기적이라 할 수 있다.

'무빙 스테이지'는 하나로 보이지만, 실은 두 개로 분해된다. 아라시
의 멤버 다섯 명 전원이 타는 것으로 사용되지만, 둘로 분열되어 멤버
가 두 명, 세 명으로 나뉘어 타는 형태로도 사용된다. 콘서트 악곡이나
신에 따라 '움직이는' 스테이지의 다양한 연출이 이루어지는 것이다.

데뷔 15주년 〈ARASHI BLAST in Hawaii〉의 인터뷰에서 니노미야
가즈나리는 '보통의 남자들이 어떤 일정한 조건을 충족시키면 신격화
하는 집단이라고 생각하며, 그 일정한 조건 중에 콘서트라는 것이 포
함되어 있는 것이 아닌가 생각한다'고 이야기하고 있다. 이는 그야말
로 제례의 행렬에 참가하는 치아(稚児)와 맥을 같이 하는 것이라 할
수 있다. 신사의 제례나 사원의 법락(法樂) 때 화장을 하고 옷을 차려입
고 춤을 추며 행렬을 따라가는 행위를 하는 어린이들을 말한다. 니노
미야는 스스로를 신격화하는, 신이 되는 조건을 '콘서트'에서 추구하
고 있다. 치아들도 보통의 남자이지만, '마쓰리'의 장에 참가함으로써
이 세상의 어린이가 아닌 천동(天童)이 된다고 여겨지는 것이다.

아라시의 리더 오노 사토시는 콘서트 개시 인사에서 매번 반드시,
'오늘은 마쓰리 데이, 오늘은 나고야(名古屋) 마쓰리 데이'라고 회장
전체를 향해 외쳐댄다. 늘 정해져 있는 프레이즈이다. 어미의 '데이'는
오노 만이 아니라 회장 전체가 복창한다. 아라시에게 있어 콘서트는
마쓰리인 것이다. 마쓰리 장에서 움직이는 무대라고 하면 '장식 수레

(山車)'이다. '끄는 산(曳山)'이나 '야타이(屋台)' 즉 포장마차라고도 한다. 장식 수레는 '움직이는 무대'이며, '움직이는 산'이다. 무빙 스테이지도 곤돌라도 제례의 장식 수레의 변형이며, 콘서트라는 마쓰리의 장, 비일상 세계의 창출에 필수불가결한 장치인 것이다.

맺음말에 대신하여 ― '풍류의 예능'에 있어 조작물

장식 수레, 끄는 수레, 야타이는 제례의 장에 필수불가결한 것이다. 이것들은 '조작물'이라 하여 여러 가지 장식을 한다. 또한 어린이나 인형 등을 태우고, 오하야시(お囃)[5] 장단을 맞추는 떠들썩한 음악이 연주된다.

『겐지 이야기』 초음권(初音卷)에 '음악소리도 정취 있고, 이 저택을 노래하는 가락 매우 화려하다. 대신들도 가끔씩 소리를 더하시는 〈해오라기난초〉의 끝 부분은 매우 우미하고 멋지게 들린다. 무엇이든지 소리를 더하시는 멋진 모습에 흥이 올라 꽃의 색도 악기의 소리도 더한층 돋보이는 것이 확실하다'라는 표현에서 알 수 있듯이, 장단을 맞춘다는 의미의 '하야스(囃す)'[6]는 '번영시키다, 흥을 돋구다'라는 의미의 '하야스(栄す)', 비추다의 '우쓰스(映す)'와 같은 어원이며, '번영(栄,映)하게 하다' '돋구다'의 의미이다. 꾸며서 내세우는 것이다. 이와

---

5) 하야시(囃·囃子)란 노가쿠나 가부키 등에서 박자를 맞추며 흥을 돋우기 위해서 반주하는 음악으로, 피리, 북, 징 등을 사용함.
6) '북, 징, 피리 등으로 반주하다', '소리를 내거나 박수로 장단을 맞추다'라는 의미의 동사.

같은 취향에 정성을 들여 화려하게 꾸미고자 하는 마음의 작용을 예능 용어로 '풍류(風流)'라고 하며 취향이나 장식과 관련된 예능을 '풍류의 예능'이라고 한다.

'풍류'의 제례는 '어령신앙(御靈信仰)'과 함께 발달했다. 어령신앙은 헤이안시대 전기(900년대)에 일어난 도시형 신앙이다. 정치적으로 몰락한 자 혹은 젊어서 목숨을 잃은 자 등은 이 세상에 원망이나 집착을 남기고 그로 인해 지진, 벼락, 화재, 역병 등의 재앙을 일으킨다고 여겨졌다. 어령신(御靈神) 제례는 역신(疫神)을 떠나보내는 형태를 취한다. 마을이나 동네에 숨어 있는 재앙의 신인 어령신을 화려하게 장식을 한 조작물과 화려한 음악으로 유도하여 '조작물'과 함께 다른 곳으로 보내 버린다는 발상이다. 그렇기 때문에 어령신 제례에는 어령신을 빙의하게 하기 위한 '조작물'이 필요하게 되는 것이다. 가마나 끄는 산, 야타이와 같은 '조작물'은 어령신을 빙의하게 하기 위해 디자인을 잘 고안하여 장식을 한 것이다.

간사이 쪽 가부키 대본의 시작 부분은 '조작물'로 시작한다. 도구의 취향이나 미타테를 중시하는 풍류의 정신의 발현이며, 가부키의 발단이 '풍류의 예능'에 있음을 잘 보여주고 있다. 가부키의 풍류 정신이 자니즈의 콘서트에도 계승되고 있음은 흥미롭다. 현대에도 '조작물'은 콘서트를 마쓰리의 장으로 만들고 출연자와 관객이 함께 즐기기 위해 필수불가결한 장치로서 존재하고 있다. '풍류의 예능'이라는 문화전통은 현대에도 그 모양을 바꾸어서 계속해서 살아남고 있다.

원저자 주

*1 松崎仁, 「歌舞伎における歌謡 ― (一)万治・寛文~元禄期」「歌舞伎における歌謡 ― (二)宝永・正徳・享保期」(『舞台の光と影 ― 近世演劇新攷』, 森話社, 2004).

*2 「和の魅力を体感したい」(『Top Stage』, 2006年 3月号, 東京ニュース通信社).

*3 黒板勝美編, 『新訂増補 国史大系 第十巻 日本紀略前篇』(吉川弘文館, 1931), p.268.

*4 『日本国語大辞典 第二版 第七巻』(小学館, 2001), p.489.

*5 『岩波 新漢語辞典』(岩波書店, 1994), p.254.

*6 早稲田大学演劇博物館編, 『芝居絵に見る江戸・明治の歌舞伎』(小学館, 2003), p.58.

*7 郡司正勝, 「かるわざの系譜」(『郡司正勝刪定集 第二巻 傾奇の形』, 白水社, 1991, p.291) 등.

제5부

모던 컬처 프로젝션

제12장

〈야마토〉에서 〈건담〉까지의 미디어사

- '기억해야 할 것'과 '기억하는 사람들' -

곤도 가즈토(近藤和都)

들어가는 말

1970년대는 일본의 TV아니메사를 생각하는데 있어 중요한 시기이다. 1974년에 〈우주전함 야마토(宇宙戦艦ヤマト)〉(이하 〈야마토〉)가 방영되었다. 처음에는 시청률이 낮아서 방영기간이 단축되었지만, 재방송이나 영화 공개를 계기로 젊은이를 중심으로 붐이 일었다. 〈야마토〉는 그 후 복수의 TV시리즈나 영화로 전개되어 지금도 많은 팬을 확보하고 있다. 〈야마토〉가 방영될 무렵부터 집단으로서의 아니메 팬이 나타났고, '제2차 아니메 붐'이 일었다고 하지만,*1 현재에 이르는 일본 TV아니메 문화의 주요 오디언스 층은 이 시기에 준비되었다고 해도 좋을 것이다.

그리고 제2차 아니메 붐이 한창일 때 제작되어 동일한 붐을 가속화시킨 중요한 작품이, 1979년부터 다음 해인 1980년에 걸쳐 방영된 〈기동전사 건담(機動戦士ガンダム)〉(이하 〈건담〉)이었다. 〈건담〉도 〈야

마토〉와 마찬가지로 당초에는 별로 인기가 없어서 방영기간이 단축되
었지만 종반에 가서 주목을 받게 되어, 방영 후에 일어난 건담 붐이나
재방송, 영화 공개 등을 통해 사회적으로 널리 알려지게 되었다. 그
후 〈건담〉은 인기 시리즈를 형성하여 현재에 이르기까지 수많은 계열
작품이나 다종다양한 상품이 개발되었다.

　이와 같이 제2차 아니메 붐의 중심에 있던 〈야마토〉와 〈건담〉에는
여러 가지 공통점이 있다. 여기에서 특히 착목하고 싶은 것은, 양자
모두 프로그램의 영상 경험으로 수용되었을 뿐만 아니라, 팬들에게
관련된 설정이나 세계관 자체를 장기에 걸쳐 소비하는 태도를 초래했
다는 점이다. 예를 들어 〈야마토〉도 〈건담〉도 「설정집(設定集)」[1]에 준
하는 것이 몇 번이나 판매되었고, 공유하는 세계관을 바탕으로 속편이
제작되기도 하였다. 오쓰카 에이지는 개개의 에피소드로서의 '취향(趣
向)'과 그 배후에 있다고 상정되는 세계관이나 설정 등의 '세계'를 연결
지어 소비하는 태도를 '이야기소비'라 하는데,[*2] 〈야마토〉나 〈건담〉을
둘러싸고도 같은 수용형식이 성립되었다고 할 수 있다.

　그렇다면 왜 양자는 모두 시청률이 저미하여 방영기간이 단축될
만큼 당초에는 인기가 없었음에도 불구하고, '뒤늦게' 붐이 일고 최종
적으로는 본서의 키워드의 하나인 '세계'를 바탕으로 하는 경험을 매

---

1)　작품의 설정 등을 정리한 설정자료집(設定資料集). 창작자에 따라 설정자료의 양은 다
　양하며, 설정자료를 만들지 않는 경우도 있고 작중에 등장하지 않는 작품세계의 이면
　설정까지 상세하게 정하는 경우도 있다. 소설, 만화 등 혼자서 창작하는 작품은 만들지
　않는 경우도 많지만 아니메 등 다인수로 만들 때는 캐릭터 디자인 등 설정자료를 준비한
　다. 아니메나 게임의 콜렉터 아이템, 팬 아이템으로서 서적의 형태로 간행되는 경우가
　많다. 캐릭터의 일러스트나 러프화(画), 삼면도(三面図) 등이 게재되며, 세계관의 설정
　등 읽을 거리가 포함되는 경우도 있다.

개하게 된 것일까?

물론 이러한 물음에 대해, 〈야마토〉나 〈건담〉의 표현 혹은 이야기 내용에 따라 논의를 할 수도 있다. 예를 들면 수용자의 상상력을 촉발하는 뛰어난 요소가 많이 포함되어 있기 때문이다, 라는 식으로 말이다. 하지만 여기에서는 보다 미디어론적인 입장에서 생각해 보고 싶다.

미디어 이론가 레지스 드브레(Régis Debray, 1940~)는 특정 신앙이나 주의 등이 장기에 걸쳐 사회에 계속해서 영향을 주는 것은 왜인가라는 질문에 대해, 그 교육이나 사상의 내용을 바탕으로 하는 설명으로는 불충분하며 발상을 미디어론적으로 역전시키는 것이 중요하다고 이야기하고 있다.[3] 즉 내용을 바탕으로 하여 장기에 걸친 사회적 영향력을 설명하는 것이 아니라, 사상이나 신앙을 남겨야 하는 것으로 위치 짓고 실제로 계승해 가는 '전달작용'이 조직되어야 비로소 사상이나 신앙은 그 영향력을 담보할 수 있다는 것이다. 이와 같이 미디어의 역할을 중시하는 입장에 선다면 당초에는 인기가 없었던 〈야마토〉나 〈건담〉을 둘러싸고 '세계'가 조직되고 본방영이 끝나고 나서도 지속적으로 많은 사람들에게 영향을 주게 된 배경에는 어떠한 미디어론이나 미디어사적인 문맥이 관여한 것인지를 생각해야 한다.

본 장에서는 이상과 같은 문제의 관심에서, 〈야마토〉와 〈건담〉을 둘러싼 '세계'가 형성되기에 이른 배경에 대해 미디어 연구의 시좌에서 고찰해 간다. 드브레는 사상이나 신앙의 영향력이 유지되기 위해서는 '기억해야 할 것을 만들어내고, 동시에 기억하는 사람들을 마련해야 한다고 하는, 이중의 신중한 가공작업'이 중요하다고 주장한다.[4] 따라서 본 장에서도 〈야마토〉나 〈건담〉을 '기억해야 할 것'으로 파악하고 그것을 '기억하는 사람들'이 조직되는 방식에 착목을 해 보고자 한다. 그리고 일견 반복적 현상을 검토하는 것처럼 보이는 두 작품 사이에는 '세계'를 둘러싼 미디어론과 미디어사적 문맥 상 중요한 차이가 있음을 강조해 보고자 한다.

1. '세계'와 '취향'의 전제

이야기 소비론과 미디어

〈야마토〉와 〈건담〉을 둘러싼 구체적인 논의를 펼치기 전에, '세계'의 구성에 있어 미디어가 수행하는 역할을 파악하기 위해 우선 오쓰카 에이지에 의한 '세계'와 '취향'에 대한 설명을 참조해 보자. 오쓰카는 가부키 용어의 '세계'와 '취향'의 관계에서 '이야기 소비론'을 전개하는데, 그때 지식이나 틀의 '공유'의 중요성에 대해 언급하고 있다.

예를 들어 '요시쓰네기(義経記)의 세계', '소가 이야기(曽我物語)의 세계'로 표현되는 '세계'란, 이들 작품이 반복적으로 상연되어 친숙해짐으로서 발신자와 수신자 사이에 이들 '이야기'의 '배경이 되는 시대, 사건(스토리), 등장인물의 이름(역할명)과 그 기본적인 성격, 입장, 행동의 틀 등을 모든 면에 걸쳐 대폭 개변을 허락하지 않는 작극 상의 전제로서 미리 존재하는 틀'로서 공유하게 된 것을 말한다. (중략) 이들 '세계' 속에서 초안(草案)되는 개개의 '이야기'를 가부키에서는 '취향'이라고 한다.*5

즉 개개의 '이야기'들로서의 '취향'이 '세계'와의 관계를 바탕으로

이해되기 위해서는 '세계'에 대한 지식이 충분해야 하며, 만약 그것이 불충분한 경우 '취향'은 '세계'와 이어지는 일 없이 단체(単体)의 에피소드로서 수용되어 버린다고 한다. '세계'와 '취향'의 관계는 발신자에 의한 공식적인 상품에 한정되지 않고, 2차 창작 등 수신자의 제작물도 포함된다. 따라서 상기의 이론을 2차 창작에 대입해 보면, '〈세이야(星矢)〉(세인트세이야[聖闘士星矢])이든 〈사무라이트루퍼(サムライトルーパー)〉(요로이덴 사무라이 트루퍼[鎧伝サムライトルーパー])이든 '세계'의 틀을 모르는 사람으로서는 이들 동인지 코믹이 의미하는 바를 이해할 수 없다'[*6]는 것이다.

  그러나 '세계'와 '취향'의 관계는 전자가 틀로서 선행적으로 공유되어야 한다는 것은 아니다. 오쓰카가 빗쿠리맨 초코[2]를 예로 들어 설명하듯이, 아이들은 씰 수집을 통해 씰의 배후에 있다고 생각되는 '세계'를 재구성하려 했다. 즉, 미리 빗쿠리맨 초코와 관련된 확고한 '세계'가 공유되어 있었던 것이 아니라 수집행위를 통해 사후적으로 '세계'가 발견되고 그것과의 관계로 한 장 한 장 씰이 '취향'으로서의 의미를 갖기 시작한 것이다. '기업이 "세계"를 만들지 않아도 수신자 측에서는 반복되는 일련의 "이야기"에서 역산하여 그 배후에 있는 "세계"를 마음대로 상상=창조하는 일이 종종 있는' 것이다.[*7] 그리고 〈야마토〉도 〈건담〉도 발신자만 '세계'를 구성하는 것이 아니라 수신자 측이 적극적으로 '세계'를 상상=창조해 갔다는 점에 특징이 있다.

  하지만 개개의 수신자가 하나하나의 '취향=이야기'에서 정보를 읽

---

2) 1977년부터 롯데가 일본에서 발매한 과자로, '깜짝(빗쿠리)' 놀라게 하는 것을 컨셉으로 하는 씰을 덤으로 넣어 1980년대 후반부터 1990년대 초에 걸쳐 큰 붐을 일으켰다.

어 들이고 '세계'를 상상=창조해 가는 것이 가능하다고 하더라도 그것이 곧바로 공유지(共有知)가 되는 것은 아니다. 당연한 일이지만 수신자끼리 '세계'에 관한 지식을 조정하는 커뮤니케이션이 불가결해지고, 수신자끼리 네트워킹을 하기 위한 장도 필수적이다. 그 과정에서 정통의 지식과 그렇지 않은 지식이 정해지고, 지식을 공유하는 공동체의 경계선도 만들어진다. 더 나아가 이 지식의 생성 공유 과정은 모든 시대의 사람들에게 공통된 수순으로서 경험되는 것이 아니라, 역사적으로 변화하는 다양 조건에 바탕을 둔다.

그리고 이 지식의 생성, 공유 과정을 가능하게 하는 것이 다양한 미디어이다. 오스카도 예로 들고 있지만, 어떤 시기 이후 가부키에서는 공유지로서의 '세계'를 수록하여 참조할 수 있도록 한 『세계강목(世界綱目)』이라는 자료가 계승되고 있었다. 즉, '세계'를 써서 같은 '세계'를 공유할 수 있도록 하고 원활한 커뮤니케이션을 가능하게 하는 미디어가 있기 때문에, 가부키에서 '세계'와 '취향'의 관계는 안정화되는 것이다. 더욱이 이 과정에서, '기억해야 할 것'으로서의 『세계강목』이 만들어짐과 동시에 그것을 사용하여 기억을 활성화하는 '기억하는 사람들'로서의 창작자 집단도 성립한다.[8] 그런 의미에서 '세계'와 '취향'의 근저에는 미디어의 양상이 관련되고 있다.

TV아니메의 미디어 특성

이상의 내용을 기반으로 TV아니메와 '세계'와 '취향'의 관계를 고찰하는데 있어 전제조건에 대해 설명해 보겠다.

TV아니메는 개개의 에피소드에서 '세계'를 상상=창조하는 것을 촉구하기 쉬운 미디어 구조를 갖는다고 생각된다. 오쓰카가 종종 언급하듯이, 사람들 사이에서 어떤 작품을 둘러싼 '세계'와 개개의 '취향=이야기'의 관계성이 성립하는 하나의 계기로서 중요한 것은 개개의 '취향=이야기'가 '되풀이', '반복'되는 것이다. 특정 등장인물이 특정 관계 하에 특정 행위를 특정 무대장치에 따라 복수의 에피소드에 걸쳐 행함으로써 수신자는 개개의 '취향=이야기'의 배후에 있는 설정의 집합으로서의 '세계'를 파악해 간다. TV아니메는 광범위한 사람들에 대해 매주 일정한 요일과 시간에 연속물로서 개개의 '취향=이야기'를 방영한다고 하는 시간 리듬에 바탕을 두지만, 이 정시성이 수신자에 대해 '"이야기"에서 역산하여 그 배후에 있는 "세계"를 마음대로 상상=창조하도록'*9 촉구하는 것이다.

한편 TV는 스트리밍형 미디어이기 때문에, VHS와 같은 복제 기술이 보급되기 전까지는, 사람들은 방영기간이 끝난 아니메를 다시 접하고 싶어도 재방송을 기다려야만 했다. TV아니메의 경우는 일주일에 한 번, 전화(前話)까지의 각화와 관련된 최신화의 시청을 통해 형성된 애매한 기억을 매개로 간접적으로밖에 '세계'를 구성하는 '취향'의 세부나 캐릭터 묘사를 확인할 수가 없다. 즉 TV아니메에서는, '아니메의 방송 그 자체'로는 '세계'를 구성하기 위한 해상도 높은 지식을 얻기 힘들다고 할 수 있을 것이다.

VHS 등의 복제 기술이 보급되기 시작한 것은 1980년대 이후로, 제2차 아니메 붐 시기는 아니메를 자신의 의지로 반복해서 시청하는 것은 어렵고 일회적인 성질이 강한 오락이었다. 이러한 상황에서는 팬들끼리 설정을 확인, 공유하려고 해도 그것을 동일한 정보에 기반하여 할 수가 없었다. 그렇기 때문에 TV아니메의 '세계'를 구성하기 위해서는『세계강목』과 같은 기록의 매체와 실천이 불가결한 요소였을 것이다. 그러면 실제로 제2차 아니메 붐 시기에 '세계'가 구성되는 배경에는 어떠한 미디어 실천이 있었던 것일까. 이하에서는 그것을 '〈야마토〉와 〈건담〉 사이에 있는 미디어사적 문맥의 차이를 확인하며, 수신자의 실천에 따라 생각해보겠다.

2. '남기는' 것에 대한 욕망

반복해서 즐기는 것

어떤 콘텐츠를 반복적으로 수용한다고 하는 행위는 역사적으로 구성된 것이다. 예를 들면 지금은 잡지에 게재된 만화는 단행본으로 정리되어 수록되어 몇 번이고 읽을 수 있게 되었지만, 이러한 '잡지 코믹스 체제'는 1960~70년대에 걸쳐 서점에 '코믹 코너'가 창출되는 프로세스도 동반하여 서서히 형성된 것이다.[10]

TV아니메의 경우도 DVD나 Blu-ray 박스가 판매되거나 동영상 배신 서비스를 매개로 몇 번이고 악세스할 수 있는 환경이 만들어진 결과, 반복해서 시청하는 것이 당연하게 되었고, 그것을 특별히 의식하지 않게 되었다. 그러나 그러한 행위의 전제가 되는 TV아니메를 반복적으로 시청하고 싶다고 하는 욕망도 역사를 통해 서서히 형성된 것이라고 생각할 수 있다. 여기에서 그것을 구체적으로 검증할 수는 없지만, 중요한 것은 VHS 등이 보급되어, 실제로 TV아니메를 반복적으로 수용할 수 있기 되는 전 단계에서 이미 그러한 욕망은 형성되어 있었다는 점이다.[11] 그렇다고는 해도 값싼 VHS 등이 보급되기 이전이기 때문에 그 욕망을 충족시킬 수는 없었다. 그러한 가운데 어떻게든 방영

되는 아니메를 영상과는 다른 형태로 수중에 남기고자 하는 자각적인
실천이 이루어지게 되었다. 그렇게 해서 발생한 것이 아니메 속에는
'기억해야 할 것'이 있다고 하는 이해, 그리고 그것을 '기억하는 사람
들'이다.

종종 〈야마토〉는 본 방영 당시는 저미했고 재방영이나 영화화에
의해 인기가 폭발했다고 설명을 한다. 이는 바꾸어 말하면 본 방영
당시에 처음부터 끝까지 일관되게 〈야마토〉를 시청할 수 있었던 사람
들은 후에 폭발적으로 증가하는 팬들의 총체에 비해 매우 적었다는
이야기이다. 예를 들어 〈야마토〉 본 방영 시의 상대 프로그램이었던
〈알프스의 소녀 하이디(アルプスの少女ハイジ)〉가 '딱 클라이막스에 달
하려는 시기'였던 점도 있고, '〈우주전함 야마토〉의 엄청난 팬이었는
데, 〈알프스의 소녀 하이디〉를 보고 있었기 때문에 처음 재방송에서
전화를 겨우 보았다는 팬도 많았다'고 한다.[*12] 그것이 재방송에까지
이르러 많은 시청자를 획득할 수 있었던 것은 그 내용을 기록하여 공유
하는 기법이 조직되고 프로그램에 대해 계속해서 이야기할 수 있는
장이 있었기 때문이다.

아니메를 기록하는 기법

그러면 구체적으로, 1970년대에 아니메 팬들은 어떻게 프로그램을
기록하고 '세계'를 공유할 수 있었던 것일까? 여기에서 중요한 것이
당시의 미디어사적 문맥이다. 1970년대는 영상을 보존하는 기기는 아
직 보급되지 않았지만, 음성, 화상, 문자를 개인이 복제하는 기술을
활용할 수 있는 상황에 있었다. 드프레는 '존속시키고 싶다는 거듭되
는 욕망은 모든 경로를 이용하는 것'이라고 하는데,[*13] 이들 기술은

'기억해야 할 것'과 '기억하는 사람들'을 만들어내는 데 있어 적극적으로 활용되어 갔다.

제2차 아니메 붐 시기의 팬들은 개개의 '취향=이야기'를 수중에 남겨두기 위해 다양한 실천에 착수했다. 1970년대 후반부터 발행되기 시작한 아니메 전문지를 분석한 나가타 다이스케(永田大輔)에 의하면,[14] 비디오가 보급되기 전까지는 카세트테이프를 이용하여 아니메 프로그램을 '녹음'하거나,[15] TV화면을 사진으로 '촬영'하는 것은 널리 보급된 행위였다고 한다. 또한 노가미 아키라(野上曉, 1943~)도 1970년대에 '나오기 시작한 카세트테이프로 프로그램을 녹음하고 등장하는 괴수의 데이터를 만들거나 히어로의 상투 대사를 쓰거나 했던' 팬들에게 잡지편집에 협력을 부탁했음을 회상하고 있다.[16] 이와 같이 아니메의 영상은 화상과 음성의 형태로 보존되어 갔다.

오카다 도시오(岡田斗司夫, 1958~)도 비디오 보급 이전의 '오타쿠' 활동으로서 녹음이나 촬영을 들고 있는데, 그 외에 '리스트' 작성에 대해서도 언급하고 있다.[17] 여기에서 오카다는 '스태프 리스트'를 예로 들고 있는데, 개개의 에피소드의 '방송일'이나 '서브 타이틀'의 수집도 널리 이루어져서 동인지로서 판매되고 팬 집단에게 공유되는 경우도 있었다고 한다.[18] 포맷에 따라 단속적으로 작성되는 리스트는 고유 데이터의 축적, 보존으로 귀결되었고, 훗날 분석 소재로 위치 지어졌다.[19] 예를 들면 '스태프 리스트'는 그것을 보면서 프로그램을 시청하거나 기억 속 이미지를 더듬으면서 개개의 프로그램 스태프의 차이와 공통점에서 묘사의 개성을 분명히 할 수 있기 때문에,[20] 후에 아니메 전문지 상에서 '발견'되는 개개의 아니메이터 기량[21]을 추측, 측정하기 위한 렌즈 역할을 수행하였다.

'서브타이틀 리스트'는 개개의 '취향=이야기'에서 '세계'를 만들어 낼 때 중요한 미디어였다고 생각된다. 왜냐하면 이러한 종류의 리스트는 프로그램 내용을 특정한 방법으로 상기시키는 서브 타이틀을 가시화함으로써 하나의 에피소드를 다른 에피소드와 구별하여 참조, 언급할 수 있도록 함과 동시에 개개의 에피소드를 기억하기 쉽게 하고 매주 보기만 해서는 잊어버리기 쉬운 에피소드의 순서, 계기(継起) 관계를 명시하여 프로그램 전체상을 파악한 후에 방송 시의 시계열에 바탕을 둔 프로그램 해석을 가능하게 하기 때문이다. 즉 서브타이틀 리스트는 TV아니메의 목차로서 애매해 지기 쉬운 자신의 기억을 타임 라인을 도입하여 기억 속 이미지나 음성을 에피소드 별로 분절화하는 수단이 되는 것이다.[22]

기록을 생성, 공유하는 장으로서의 팬클럽

이와 같이, 인터넷을 매개로 다양한 정보를 그 자리에서 입수하는 현재와 달리, 필요에 의해 기록에 관한 기법이 당시 아니메 팬들 사이에서는 세련되어져 갔다. 이들 기록은 작품의 '세계'를 구성하는 일련의 지식을 반복적으로 확인할 수 있는 자료가 되고 팬들의 공동체인 팬클럽 등을 매개로 공유되었다. 게다가 1970년대를 통해 종래보다 싼 가격으로 부담 없이 인쇄할 수 있는 오프셋 인쇄를 활용한 동인지 제작이 이루어졌는데,[23] 이러한 미디어사적 문맥하에서 팬클럽은 스튜디오에서 입수한 설정자료나 제작자 인터뷰를 게재하는 회지도 발행하고 스스로 '기억해야 할 것'을 선정하면서 형성되어 갔다. 이러한 일련의 자료를 바탕으로 '세계'는 집합적으로 공유되어 간 것이다.

팬클럽은 '기억해야 할 것'을 인정하고 공유함과 동시에 '기억하는 사람들'을 조직하는 장으로서 '취향'에서 '세계'를 구축해가는 중요한 역할을 수행하고 있었지만, 이러한 장 자체는 〈야마토〉를 계기로 확산되었다고 한다.*24 아니메에 열광하는 청년 팬이 증가함으로써, 네트워크를 조직하는 실행력이 강화되어 갔다고 할 수 있을 것이다. 그와 동시에 팬클럽 결성의 움직임은 당시의 미디어사적 문맥에서도 초래된, 아니메를 둘러싼 경험이나 자료가 '남지 않는다'는 감각*25에 의해 촉발되고 있었다.

　예를 들면 〈야마토〉를 둘러싼 대표적인 팬클럽이었던 '야마토 어소시에이션'은 〈야마토〉의 중단 소식을 접하고, '작품 제작에 들인 스태프의 노력의 증좌라고 할 수 있는 자료도, 작품에 대한 팬들의 열의도 시간의 흐름 속에 잊혀져 버려도 괜찮은 것인가? 어떻게든 그것을 형태를 만들어 남기는 방법'은 없을까 라고 생각한 팬 중의 한 명이 결성한 것이다.*26 '〈야마토〉의 자료를 남기자, 〈야마토〉에서 느낀 가슴 뛰던 내 자신의 심정을 전하자'*27와 같이, 개개인의 '기억'을 공유 가능한 '기록'으로 변환하여 '남기기' 위한 실천을 하지 않으면 아니메의 경험과 자료는 사라지고 그 아니메가 있었던 일 자체를 후세가 돌아보지 않게 되는 것은 아닌가 하는 위기감이 있었던 것이다. 아니메 문화가 '찰라의 순간' 밖에 존재하지 못하는 '덧없는' 것이었기 때문에, 〈야마토〉를 둘러싼 팬들은 '남기기' 위한 다양한 미디어나 조직을 만들어 간 것이다.

　드브레의 관점에 보면, 그야말로 〈야마토〉를 둘러싸고는 다양한 미디어 실천을 통해 '기억해야 할 것'과 '기억하는 사람들'이 나오게 되었고, 그것에 의해 〈야마토〉의 '세계'는 지속적으로 향수될 수 있게 되었다고 할 수 있다. 비디오형 기술이 보급되기 이전, 아니메 그 자체를 보존할 수는 없었지만, 카세트테이프나 카메라가 일반에 보급되고 있었고 또한 팬클럽 회지의 복제, 보급을 용이하게 하는 인쇄 기술을 이용할 수 있게 됨으로써, 아니메를 둘러싼 '기억해야 할 것'과 '기억하는 사람들'은 성립할 수 있었던 것이다.

3. 아니메 전문지와 팬 문화의 변용

아니메 전문지의 역할

그러나 이러한 아니메 문화를 둘러싼 '기억해야 할 것'과 '기억하는 사람들'을 만들어가는 방법은 〈건담〉이 방영될 무렵 큰 변화를 맞이한다. 그 계기가 된 것이 1970년대 후반에 잇따라 창간된 아니메 전문지였다.

예를 들면 1977년에 창간된 『OUT』는 제2호에서 대대적으로 〈야마토〉 특집을 기획하였고, 그 호의 인기를 배경으로 아니메를 중심으로 한 편집으로 방침이 바뀌어 갔다. 1978년에는 현재도 간행되는 『아니메주(アニメージュ)』가 탄생하였고, 그 후에도 아니메 전문지의 수는 증가해 갔다. 제2차 아니메 붐을 거치는 가운데 아니메 문화의 소비자 연령이 높아지고, 그에 따라 구매력도 올라갔다. 이러한 새로운 팬층을 배경으로 아니메 전문지가 많이 발행되게 되었다.

이들 잡지는 ① 종래는 첨단 팬들이 담당하고 있던 기록 실천을 지면으로 끌어들여 그 생성, 공유에 드는 비용을 큰 폭으로 줄였고, ② 〈야마토〉 무렵부터 강화된 팬들끼리의 네트워크를 한층 더 확대시켜 갔다. 즉, 그때까지의 아니메 팬 문화의 역사적 문맥에 뿌리를 내리며 그것을 재편성하는 역할을 담당한 것이다. 그 각각의 경우를 확인해 보자.

먼저 아니메 팬은 수중에 아니메를 남기기 위해 화면 사진을 찍었 다. 하지만 TV화면의 사진 촬영에는 여러 가지 부담이 따른다. 예를 들면『아니메주』편집부는 독자로부터의 질문에 대답하는 형태로 셔 터 스피드의 속도 조정이나 시점을 안정적이게 하는 삼각대의 중요성 을 언급한 후, '30분 프로그램이라면 36장의 필름 한 통을 사용하여 그 회의 스토리 전체를 기록한다고 하는 방법'[*28]을 지상에 소개하고 있다. 필요한 기능을 갖춘 카메라와 삼각대를 갖추는 것만이 아니라 필름을 충분히 사용하지 않으면 권장 기준의 아니메 기록을 남길 수가 없었다. 잡지 등에서 프로그램 내용이 소개되지 않은 단계에서는, 예 를 들면 '주요 대목'만을 촬영하는 것으로는 안 된다. 따라서 가장 빠른 본 방송 타이밍으로 화면 촬영을 하는 경우에는 주요 대목이 아닌 신도 촬영할 필요가 생기는 것인데, 그러한 방법을 취하는 경우는 금전적인 부담이 커질 것이다.

그렇다고는 해도 달리 선택지가 있는 것도 아니었다. 〈야마토〉방 영 시나 그 이전 무렵에는 아니메의 이미지를 게재하는 잡지로서는 『TV랜드(TVランド)』나『TV매거진(TVマガジン)』과 같은 아동 대상 잡 지 밖에 없었다. 그것들은 일러스트레이터가 아동을 대상으로 프로그 램을 재현한 것으로, '너무 **박력에 넘치는** 일러스트 뿐'[*29](강조는 원문) 이었다. 그렇기 때문에 '아니메의 "그림"을 손에 넣으려면 자신이 직접 TV 화면을 촬영하는 수밖에 없었다.'[*30] '셀을 그대로 싣는' 책이 '팬의 입장에서는 학수고대되었던' 상황이었다.[*31]

팬 실천을 콘텐츠화하는 아니메 전문지

　팬들이 품는 아니메 화상을 보존하고 싶은 욕망을 배경으로, 아니메 전문지는 개개의 에피소드를 셀화와 문자를 조합하여 재현하는 기사를 많이 게재했다. 이러한 팬들의 욕망을 충족시키는 기사 형식을 처음으로 채용한 것은『OUT』증간호로서 한때 간행되고 있었던『랑데뷰(ランデヴー)』로([그림 1]), 훗날 많은 잡지가 모방하는 등 '아니메 잡지의 방향을 결정짓는 획기적인 스타일이었다'고 평가받고 있다.[32] '아무리 재미있고 멋진 프로그램이라도 끝이 나면 두 번 다시 볼 수

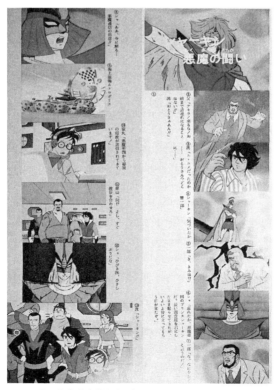

[그림 1] 『랑데뷰』(2권 3호, 1978년, p.11)에서

없다. 재방송도 해 줄지 어떨지 알 수도 없다'라는 상황에서 프로그램을 재현하는 '아니메 잡지는 지금과 달리 매우 귀중한 것이었다.'[*33]

리스트 역시 아니메 전문지로 계승된 실천이었다. 그때까지 리스트를 작성하기 위해서는 오프닝이나 엔딩 장면에서 나오는 스태프 이름이나 신문의 프로그램 란에 게재되는 서브타이틀과 같은, 찰나의 순간에 액세스해야 하는 정보를 바탕으로 기록하는 수밖에 없었다. 하지만 아니메 전문지에는 프로그램에 관한 주요 스태프의 이름이나 서브타이틀이 많이 게재되어 있었고, 그것들이 일괄적으로 리스트로서 정리되어 있는 경우도 있었다([그림 2]). 종래에는 다대한 노력을 기울여야 입수할 수 있었던 정보를 매월 500엔 정도만 지불하면 쉽게 모을 수 있게 된 것이다.

또한 아니메 전문지 상의 주요 콘텐츠로서 설정자료나 제작자 인터뷰가 있었다. 예를 들면 〈건담〉의 감독 도미노 요시유키(富野由悠季)의

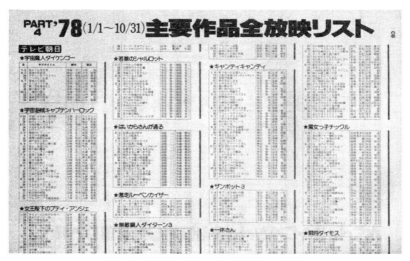

[그림 2] 『아니메주』(2권 1호, 1979년, p.80)에서

일문일답이나 인터뷰도 종종 게재되었다. 이들 기사에는 아니메 본편에 그려지지 않은 세부 설정에 대한 정보도 담긴다. 프로그램이 그 자체로 완결되는 것이 아니라, 그 주변에 '작자'들의 다양한 이야기들이 만들어지고, 그 이야기들과 함께 '세계'와 '취향'의 관계성이 이전보다 다중화되었다. 즉 아니메 전문지를 매개로, 프로그램 그 자체로는 파악할 수 없는 설정의 체계='세계'가 구축되어 간 것이다.

미디어로서의 아니메 전문지

난외에서 프로그램에 주석을 다는 것 자체는 이전부터 아동 대상 잡지에서도 있었고, 팬클럽 활동 중에도 스튜디오에서 설정자료를 주문해서 공유하거나 제작자 인터뷰가 포함되어 있었다. 그것들을 아니메 전문지에서 실행하는 것의 의의는, 이전에는 팬클럽 회지에서 주로 다루어져 온 팬들끼리의 설정자료를 상업적 잡지를 매개로 누구나 액세스하기 쉬운 형태로 공개한 데에 있다.

팬클럽에 입회하거나 팬진이나 동인지를 입수하기 위한 비용을 들이지 않아도 서점에 가면 충실한 아니메 관련 정보가 게재된 잡지를 구입할 수 있게 된다는 것은, 그전에는 없는 기회와 경험을 팬들에게 제공한다는 것이다. 예를 들면, 요시모토 다이마쓰(吉本たいまつ)는 특히『아니메주』를 염두에 두고, '대형출판사가 아니메 전문지를 발행하는 것은 (중략) 무엇보다 영업력이 있기 때문에 전국에 구석구석 배본할 수 있다는 강점이 있었다. 그것이 전국에 흩어져 있던 '아니메를 좋아하는 소년소녀'를 '아니메 팬'으로 바꾸어 가게 되었다'고 하며, 아니메 전문지가 수행한 역할을 강조하고 있다.[34] 이러한 집단의식은 아니메의 감상에서 장대한 아니메론, 패러디의 소재에서 물물교환 요

구 등 폭넓은 투고가 이루어진, 각 아니메 전문지에 설치된 투고란에 의해서도 촉발되었을 것이다.[*35]

종래는 일부 첨단 팬들이 하고 있던 기록의 실천이 상업 미디어를 매개로 정기적으로 이루어지게 되면서, 기록을 소유하는 팬들의 총수는 크게 증가하게 되었다.[*36] 그리고 그러한 기록을 기반으로 잡지상에서도 팬들끼리의 커뮤니케이션이 이루어지기도 하였다. 이렇게 해서 아니메 전문지는 '기억해야 할 것'을 널리 공유할 뿐만 아니라, 그것들을 '기억하는 사람들'도 동시에 만들어 내어, 아니메 팬 문화라는 개념으로 묶어내는 역할을 하게 되었다. 그중에서도 〈건담〉은 동시대 아니메 전문지에서 많이 다루어지며 잡지가 개척한 팬 문화의 중심이 되엇다. 이러한 팬 문화 및 미디어사의 문맥이 있었기 때문에 〈건담〉의 '세계'는 널리 확장되게 된 것이다.

맺음말

반복해서 언급해 왔듯이, 〈야마토〉도 〈건담〉도 본 방영보다는 '뒤늦게' 인기를 얻어 '세계'를 구성하기에 이르렀다. 본 장은 이렇게 '뒤늦게' 인기를 얻는 것 자체가 당시 미디어사적 문맥이나 팬 실천에 의해 성립되는 시간성이었다는 점을 논해 왔다. 물론 〈야마토〉나 〈건담〉의 이야기 내용에 뭔가 특별한 요소가 있고, 그것이 있었기 때문에 서서히 사람들로부터 주목을 받았을 것이라는 설명도 가능하며, 그것은 일면 사실일 것이다.

하지만 본 장에서 보아 왔듯이, 스트리밍을 기본으로 하는 TV라는 전달 경로에는 그 고유의 가능성(정기적인 유통)과 제약(일회성)이 있고, 그 제약을 극복하기 위한 미디어 실천이 발생하여, 아니메 문화는 단지 프로그램을 보는 것만으로는 얻을 수 없는 경험을 기반으로 출현하게 되었다. 하나의 미디어 형식이 다른 미디어 형식과 결합됨으로써 발생하는 복합적 미디어 환경이야말로 '뒤늦은' 붐을 가능하게 하고 '세계'의 구성도 촉진한 것이다.

아울러 본 장은 이러한 미디어 형식의 복합적 관계성이 〈야마토〉에서 〈건담〉에 이르는 수년 동안 이어져오면서 변화한 양상을 지적하였다. 아니메 전문지는 그때까지의 미디어 실천을 콘텐츠로서 계승함과 동시에 그것을 표준화한 형태로 유통시킴으로서, 아니메 문화를 다른 방법으로 재편성해 간 것이었다. 〈야마토〉에서 〈건담〉까지는 몇 년밖에 되지 않지만, 그 짧은 기간에 미디어사적 문맥은 변화하였고, 아니메 문화도 변용되었다.[*37]

이렇게 미디어론, 미디어사적 관점에서 아니메 문화를 파악함으로써 종래부터 언급은 되면서도 그 의의에 대해서는 적극적으로 설명되지 않았던 미디어 실천에 빛을 비추게 될 것이다. 예를 들면 '서브타이틀 리스트'의 작성과 수집은 서브타이틀로 에피소드를 언급할 수 있게 하며, 팬들끼리의 커뮤니케이션을 가능하게 하는 미디어로 이해할 수 있다. 더 나아가 서브타이틀이 팬 집단에 공유되는 지식이 될 경우, 그 서브타이틀(이나 그 패러디)을 붙인 다양한 '취향'을 낳게 되는 경우도 있다. 그 경우에 수신자는 '그 회를 바탕으로 하고 있다'는 기대하에, 그 에피소드와의 편차에서 '취향'을 해석하게 된다. 즉 리스트는 단순한 정보 집적일 뿐만 아니라 새로운 해석이나 실천을 낳는 기반이 되기도 한다.

마지막으로, 아니메 붐을 미디어 연구의 입장에서 고찰하는 본 장의 논의를 〈건담〉 이후에 다시 크게 변화하는 미디어 환경으로도 전개할 필요가 있음을 지적해 두고 싶다. 〈건담〉 방송 시부터 서서히 비디오형 기술이 보급되기 시작하여 1986년에는 보급률이 30%를 넘게 된다. 그 이후 '기억해야 할 것'은 영상으로 보존되게 되었지만, 그 안에서 종래의 '기억해야 할 것'을 낳은 실천과 그 작용이 어떻게 변화해 갔는지를 생각해 볼 필요가 있다. 뉴 미디어가 등장해도 전통 미디어나 그것을 둘러싼 실천은 바로 없어지는 것이 아니라 계속 남아서 독자적인 영향을 미치기 때문이다.[*38] 뉴 미디어/전통 미디어 사이를 오가며 혹은 미디어 형식의 복합적 관계성을 횡단하면서 아니메 문화의 미디어 연구를 축적하는 작업이 불가결하다.

원저자 주

[*1]   津堅信之, 『新版 アニメーション学入門』(平凡社, 2017).

[*2]   大塚英志, 『定本 物語消費論』(角川書店, 2001).

[*3]   レジス・ドブレ, 『メディオロジー入門 ―「伝達作用」の諸相』(西垣通監修・嶋崎正樹 訳, NTT出版, 2000).

[*4]   전게 주 3, p.18.

[*5]   전게 주 2, pp.29~30.

[*6]   전게 주 2, p.32.

[*7]   전게 주 2, p.34. 가부키의 '세계'에 대해서도 오쓰카는 '가부키의 '세계'가 수신자로 인지되어 가는 과정에서 발신자가 처음부터 퍼펙트한 '세계'의 틀을 준비한 것이 아니라, 몇 개의 구체적인 '이야기'를 수용해 가는 과정에서 오히려 수신자 측에 '세계'가 생성되고, 발신자는 오히려 그것을 정리하고 그 결과로서 발신자와 수신자의 합의사항으로서 양자에게 승인되어갔다고 하는 것이 맞다'고 하고 있다(같은 책, pp.34~35).

[*8]   어떤 대상을 중요하다고 인식하는 '기억하는 사람들'이 없으면, '기억해야 할 것'은

생기지 않는다. '기억해야 할 것'이 있기 때문에 그것이 중요하다는 인식이 생겨서, '기억해야 할 것'을 둘러싸고 '기억하는 사람들'이 조직된다. 이렇게 '기억해야 할 것'과 '기억하는 사람들'은 상호 구성적인 관계에 있다.

*9 전게 주 2, p.34.

*10 山森宙史, 『「コミックス」のメディア史 ── モノとしての戦後マンガとその行方』(青弓社, 2019).

*11 永田大輔, 「「アニメおたく / オタク」の形成におけるビデオとアニメ雑誌の「かかわり」── アニメ雑誌『アニメージュ』の分析から」(『社会学ジャーナル』 36, 2011).

*12 池田憲章編, 『アニメ大好き! ── ヤマトからガンダムへ』(徳間書店, 1983[2쇄, 1쇄는 1982]), p.46.

*13 전게 주 3, p.11.

*14 전게 주 11, p.72. 나가타 논의에서 중요한 점은 이러한 프레 비디오적인 '아니메를 보존하는 것'에 관한 욕망과 실천이 비디오 기기의 녹화 기능에 대한 수요를 준비했다고 하는 지적이 있다.

*15 미디어론적으로 말하자면 음성을 기록하고 아니메의 시청각적 측면을 강조하는 카세트테이프가 있었기 때문에, 팬들 사이에서 '대사를 즐김'과 동시에 등장인물의 발화를 바탕으로 하는 패러디 등을 작성하는 '대사로 즐기는' 태도가 촉진되었을 가능성도 생각할 수 있다.

*16 野上暁, 『子ども文化の現代史 ── 遊び・メディア・サブカルチャーの奔流』(大月書店, 2015), p.122.

*17 岡田斗司夫, 『オタク学入門』(太田出版, 1996), p.19.

*18 当時のファンが持っていた「リストへの情熱」については大塚英志『二階の住人とその時代 ── 転形期のサブカルチャー私史』(星海社, 2016), pp.152~160.

*19 리스트의 정보 축적 측면에 대해서는 Werbin, Kenneth C., *The List Serves: Population Control and Power* (Institute of Network Cultures, 2017)를 참조.

*20 비디오형 기술이 보급되기 전에 스태프 이름과 묘사를 연결짓는 실천에 대해서는 전게 주 17, p.13 및 전게 주 18, 오쓰카 저서, p.152 참조.

*21 永田大輔, 「コンテンツ消費における〈オタク文化の独自性〉の形成過程 ── 一九八〇年代におけるビデオテープのコマ送り・編集をめぐる語りから」(『ソシオロジ』 59-3, 2015).

*22 리스트의 미디어론적 작용을 간결하게 정리한 것으로서, Adam, Alison, "Lists," In Fuller, Matthew ed., *Software Studies / A Lexicon* (The MIT Press, 2008)를 참조.

*23 飯塚邦彦, 「コミック同人誌印刷所の成立 ── 創作漫画文化の側から」(『成蹊大学文学部紀要』 51, 2016).

*24 전게 주 12. p.52.

*25 이러한 감각에 대해서는 전게 주 18. pp.264~265 참조.

*26 전게 주 12. p.42.

*27 전게 주 12. p.50.

*28 『アニメージュ』(2-4, 1979), p.118.

*29 전게 주 12. p.36.

*30 전게 주 12. p.108.

*31 전게 주 12. p.37.

*32 전게 주 12. p.108. 이 형식은 『랑데뷰』에 의해 처음으로 시도되었다기보다는 영화 잡지에서 오랜 역사를 갖는 영화의 재현 양식의 하나를 유용(流用)한 것이다.

*33 전게 주 17. p.20.

*34 吉本たいまつ, 『おたくの起源』(NTT出版, 2009), p.124. 『아니메주』 창간 3주년에 즈음하여 그 역사와 역할을 돌아보는 특집 안에서 이야기하고 있듯이, 특히 '지방에 서는 도쿄처럼 자료를 손에 넣을 수 없기' 때문에 아니메 전문지는 '지방 팬들에게는 매우 귀중했을' 것이었다. 『アニメージュ』(4-7, 1981), p.99.

*35 당시 아니메 잡지의 투고란의 중요성에 대해서는, 永田大輔, 「OVAという発明 ― 「TV的なもの」の位置づけをめぐって」(永田大輔・松永伸太朗編, 『アニメの社会学 ― アニメファンとアニメ制作者たちの文化産業論』, ナカニシヤ出版, 2020, pp.162 ~163) 참조.

*36 또한 제2차 아니메 붐은 아니메 레코드 시장확대를 초래하였다. 아니메 레코드에서 중요해진 것은 대부분의 경우 음악과 함께 프로그램 내의 대사가 수록되어 있다는 점이다. 따라서 레코드를 들음으로써 작품 내용을 대사와 함께 재현하는 것이 가능해 진다.

*37 미디어사적 문맥이 단시간에 변용된 사례를 고찰한 논의로서는, 永田大輔, 「ビデオ をめぐるメディア経験の多層性 ―「コレクション」とオタクのカテゴリー運用をめ ぐって」(『ソシオロゴス』 42, 2018) 참조.

*38 Acland, Charles R. ed., *Residual Media* (University of Minnesota Press, 2007) 참조.

제13장

그룹 아이돌의 세계관 공유와 보완

- BiS·BiSH를 대상으로 -

에구치 구미(江口久美)

들어가는 말

필자는 본서의 주제인 '캐릭터' 세계라는 테마에 대해 2010년 이후 일본의 여성 아이돌을 대상으로 그 세계관의 공유와 보완에 관해 논하고 싶다.

대중문화를 논하는 데 있어 아이돌을 축으로 테마를 설정하는 이유에 대해서는, 대중의 집단적 운동에 의해 늘 갱신되면서 표현되는 콘텐츠로서의 양상을 아이돌이 가장 잘 구현하고 있기 때문이다. 대중문화에 대해서, 요시미 슌야(吉見俊哉, 1957~)들은 '역사의 어느 시점에서 특정한 오디언스에 의한 특정한 일상적 실천 속에서 발견되어 가는 역사 한정적인 현상'이라고 정의하고, '"대중문화"라는 한 마디로는 도저히 아우를 수 없는 다수의 단층을 포함하는 문화'를 다각적으로 파악하려는 시도를 하고 있다.[*1] 같은 시좌에서 오쓰카 에이지는 대중문화에 대해서, '커먼즈로서의 "세계"에서 "무리로서의 작자"들에 의

해 그때그때 나타나는 "문화"라고 정의하고 있다.[*2]

오쓰카는 '무리로서의 작자'라는 개념에 '대량생산품의 복제문화의 수동적 소비자'관에서 벗어난 '집합지(集合知)로서 형성되고 디바이스를 통해', '발화하는 주체로서의 대중'이라는 존재를 제시하고 있다. 오쓰카는 이러한 '무리로서의 작자'인 대중은, 미디어 믹스 속에서 '세계'를 '반복해서 만들어내는 생성물에 의해 갱신'되는 존재라고 하며, 그 근저에는 사람들이 공유하는 '집합지'가 데이터베이스의 역할을 수행하고 있음을 지적하고 있다. 오쓰카는 또한 현대의 대중문화에 대해 아즈마 히로키(東浩紀, 1971~)의 데이터베이스 소비론[*3]의 한계에 대해서도 시사하고 있다.

본 장에서 다루는 아이돌에 대해서 이러한 시점으로 눈을 돌려 보면, 아이돌은 우선 그들 자신이 '무리로서의 작자'인 팬에게 '원작'으로서의 '세계관'을 제공하고 팬이 그 '세계'에 참가하여 반복해서 갱신함으로써 아이돌의 '세계'는 미완의 스토리로서 존재가 확립되어 가는 것이라는 사실을 지적할 수 있다. 아이돌의 '세계'에 대한 '무리로서의 작자'인 팬들의 참가 예로서는 예를 들면, AKB48의 선발 총선거가 있을 것이다. 팬들에 의해 싱글 CD의 센터나 멤버가 선발되고 그때마다 아이돌의 스토리가 갱신된다. 또한 예를 들면, 2018년에 싱어송라이터 오모리 세이코(大森靖子, 1987~)의 프로듀스에 의해 결성된 아이돌그룹 ZOC에 대해, 오모리는 스스로를 프로듀서 겸 멤버 겸 동지인 '공범자'로 위치 짓는 한편, 팬들에게 '우리 ZOC의 공범자, 당신도 그렇게 되길 원한다'고 호소하고 있다.[*4] 이렇게 아이돌의 팬들에게는 '무리로서의 작자'의 역할이 적지 않게 기대되고 있음을 알 수 있다.

또한 특필할 만한 것은 아이돌의 '원작'으로서의 '세계관' 구축 시,

'집합지'가 큰 역할을 한다는 점이다. 모모이로 클로버(ももいろクロ
バー)Z(이하, 모모클로)는 뒤에서 상술하는 바와 같이, 전대물(戰隊物)의
모티프를 악곡이나 PV에 인용하는 것이나 자신의 과거 악곡을 자기
인용하기도 한다. 이는 한정된 예가 아니라 후술하는 안자이 신이치
(安西信一, 1960~2014)가 다수의 인용례를 분명히 하고 있듯이,*5 모모
클로의 세계관을 구축하는데 하나의 기초가 되고 있다. 이러한 인용은
AKB48 등에서도 종종 일어나며, 아이돌의 '세계관'을 구축하는 주요
수법의 하나임을 미루어 짐작할 수 있다. 이는 오쓰카가 대중문화에
대해서 지적하듯이, '집합지'가 '무리로서의 작자'의 데이터베이스가
되고, 거기에서 샘플링되어 인용된 정보에서 '세계', 즉 이 경우에는
아이돌의 '세계관'이 구축되고 있음을 시사하고 있다.

본 장이 아이돌 중에서도 BiS(신생 아이돌연구회, Brand-new idol
Society) 및 같은 사무소 WACK에 소속되어 있는 BiSH*6에 착목하는
이유는 여기에 있다. AKB48나 모모클로 등의 메이저 아이돌의 다양
한 수법에 의한 세계관 구축 시도가 각각 성공하는 가운데, 집합지의
인용에 의한 세계관의 구축과 그 팬과의 공유를 주축에 놓고 활동해
온 아이돌이 BiS·BiSH인 것이다.

1. 대중문화의 아이돌

다양화하는 아이돌 문화

여기에서, 아이돌 문화에 대한 개념을 설명하고 싶다. 2010년 이후
는 '아이돌 전국시대(戰國時代)'라고 불리며,*7 AKB48나 모모클로 등 크

게 인기를 끈 아이돌이 출현했다. AKB48는 2009년 이후 미디어에서 '국민 아이돌'이라고 불릴 정도였다.[8] 또한 그러한 아이돌 문화의 성행으로 2013년 NHK 아침 연속 TV소설 〈아마짱(あまちゃん)〉에서는 '아이돌'이 테마로 거론되어 작중 대사 '제제제'는 유행어 대상을 수상했다.[9]

이렇게 2010년대 이후에는, 아이돌이 일종의 사회현상으로 불리는 차원에 달한 시대이며, 장르도 다기에 걸친 다양한 아이돌이 탄생했다. 아이돌 전국시대는 시작된 지 10년을 맞이하여 아이돌인 상태를 유지한 채 결혼을 하는 등, 캐리어의 다양화에 의해 붐은 일단락되었다고 미디어에서 표현되는 경우도 있지만,[10] 아이돌 문화는 현재도 뿌리 깊게 정착되어 있다. 이러한 열광의 배경에 있는 것은, 집합지에 해당하는 아이돌의 기존 악곡 등의 인용에 의한 팬과의 세계관 공유, 무리로서의 작자인 팬의 참가에 의한 세계관의 보완이라는 메커니즘이 있다고 생각된다.

또한 연구 대상인 아이돌을 일본으로 한정하는 이유는, 가쓰키 다카시(香月孝史)가 정리하고 있는 '하이콘텍스트 / 로콘텍스트'의 틀에 의한 것이다.[11] 이는 일본 아이돌의 성격에 대해서 고찰하는 것으로, 일본의 아이돌 문화는 '일반적으로 그 그룹 등의 배경에 있는 이야기를 단속적으로 쫓으며 공유하는 것이 기대가 된다고 하는' 하이콘텍스트의 틀에 위치지어지고 있고, 일본 독자의 문화[12]로 파악할 필요가 있기 때문이다. 또한 '문맥(콘텍스트)을 공유하지 않아도 노래나 댄스의 퍼포먼스만으로 완성도 높은 콘텐츠로서 즐길 수 있다고 여겨지는' K-POP은 로콘텍스트의 틀에 위치지워져 있다. 또한 연구 대상을 여성 아이돌로 한정하는 이유도 가쓰키가 지적하는 대로 '여성 아이돌에게서 발생하는 현상이야말로 오늘날의 아이돌이라는 장르의 특성을 드러내고 있다'고 생각되기 때문이다.

세계관이라고 하는 시점

본 장에서는 이하 두 개의 시좌에서 논의를 시도하고자 한다. ① 집합지의 인용에 의해 구축되는 세계관의 공유에 의한 아이돌의 성립, ② 무리로서의 작자인 팬들의 참가에 의한 세계관의 보완이다. 이것들은 종래의 아이돌 연구에서는 별로 논해지지 않은 시점이지만, 아이돌 문화의 융성을 뒷받침한 중요한 논점이다.

초기의 모모클로에 이 도식을 적용하여 예시해 보겠다. 모모클로는 2008년에 결성되고나서 '모모이로 클로버'로서 활동해 왔지만, 2011년 그룹의 멤버 하야미 아카리(早見あかり)가 탈퇴를 했다. 이를 계기로 '모모이로 클로버Z'로 개명하고 새로운 세계관을 제시하기 위해 프로세스를 모티프로 한 이벤트 '모모클로 시련의 7번 승부'를 실시하여,[13] 전대물을 컨셉으로 한 악곡 〈Z전설−끝나지 않는 혁명−(Z伝説~終わりなき革命~)〉을 발표했다. 이것이 인용에 의한 팬과의 세계관 공유의 일례이다.

또한 팬의 참가에 의한 보완의 대표적 사례는 라이브에서 곡마다 팬에 의해 정해지는, 콜이라는 추임새이다. 실제로 모모클로에 많은 악곡을 제공하고 있는 음악 크리에이터 햐다인(ヒャダイン) 즉 마에야마 겐이치(前山田健一, 1980)는 팬들이 콜을 넣기 쉽게 작곡하고 있다고 발언하고 있다.[14] 팬들이 아이돌의 세계관을 공유한 후에 참가함으로써 아이돌의 세계를 보완하고 소비의 대상이 되는 메카니즘을 만들고 있다고 여겨진다.

모닝무스메(モーニング娘, 이하 모무스)는 아이돌 전국시대보다 약 10

년 앞서 출현한 존재였지만, 당시 악곡의 작사와 작곡은 거의 쓴쿠⚤ (つんく♂, 1968~)가 명확한 테마를 가지고 프로듀스하고 있었고, 소비 자는 일차 상품의 소비 그 자체를 즐기는 시스템이었다. 팬에 의한 춤이나 콜 등의 열성 팬들의 활동의 확립은 2002년의 후지모토 미키 (藤本美貴, 1985~)의 3rd 싱글《신나는 로맨틱 모드(ロマンティック 浮かれモード)》를 기다려야 했다.[15]

2. 인용과 참가에 의한 세계관의 공유와 보완

안무의 인용으로 세계관을 공유

아이돌을 성립시키는 데 있어, 팬들에게 알기 쉬운 세계관을 제시하고 공유할 필요가 있는데, 근년 많이 취해지는 수법이 기존의 안무나 악곡 등의 인용에 의한 팬과의 세계관 공유이다.

세계의 아이돌에게 보이는 대표적인 인용사례가 한국의 남성 그룹 BTS의 악곡 〈Dynamite〉의 안무에 마이클 잭슨의 상징적 댄스인 한쪽 발 킥의 인용이다.[16] 본 악곡에서는 마이클에 대한 오마주가 안무에 도입됨으로써 미국적인 세계관이 연출되고 그것은 팬들과 공유되고 있다. 한편 이해하기 어려운 인용도 있다. 모닝구 무스메. 〈LOVE머신 (マシーン)〉의 A멜로디에서는 후쿠오카현(福岡県)의 민요 〈탄광가락(炭坑節)〉의 안무를 인용하고 있음을 안무가 나쓰 마유미(夏まゆみ)가 밝히고 있다.[17]

아이돌에 의한 이러한 인용에 대해서는 안자이가 모모클로의 악곡에서의 인용에 대해 가사, 음악, 안무에 의한 인용례 및 자기 인용에

대해 정리하고 있다. 예를 들어 2011년에 발표한, 크리스마스를 테마로 한 모모클로의 악곡 〈산타할아버지(サンタさん)〉에서는 〈징글벨〉, 〈기쁘다 구주오셨네〉의 멜로디가 인용되었고, 여름을 표현하는 파트에서는 자신의 여름을 테마로 한 2010년 악곡 〈코코☆나쓰(ココ☆ナ ツ)〉의 가사와 안무를 자기인용하고 있다. 안자이는 이러한 인용에 대해서, '흘러드는 면면한 역사를 의식화하여 흡수함으로써 지금 여기를 풍부하게 다층화하는 시도'라고 해석하고 있으며, '기청감(既聴感), 정겨움, 더 나아가서는 역사의식'이 '하이브리드성'에 의해 탄생될 것이라고 언급하고 있다. 또한 주요 아이돌에 대해서는 AKB48에서 악곡 〈눈물 서프라이즈(涙サプライズ)〉의 PV에서 브리트니 스피어(Britney Jean Spears, 1981~)의 악곡 〈Baby One More Time〉의 PV에 대한 오마주가 이루어지고 있다.

이와 같이, 아이돌 문화에서는 기존의 안무 등을 인용하여 팬들과 세계관을 공유하는 시도가 이루어지고 있으며, '국민적 아이돌' AKB48이나 인지도가 높은 모모클로도 이 수법을 채택하고 있다. 그중에서도 특히 적극적으로 도입하여 자신의 아이덴티티의 확립 수법의 주축으로 삼고 있는 아이돌이, BiS 및 BiSH이다.*18[표 1, 2]

[표 1] BiS의 주요 인용 사례

그룹명	분류	인용처	인용원(引用元)
BiS (1기)	안무	악곡 〈Give me your loze 전부〉	모닝무스메 〈LOVE 머신〉(L자 모양 손) 오타게이(ヲタ芸)1) (OAD)
BiS (1기, 2기)	안무, 자켓	악곡 〈nerve〉	모모클로 〈가랏! 괴도 소녀(行くぜっ!怪盗少女)〉(새우 모양 안무) 신세기 에반게리온(新世紀エヴァンゲリオン) (NERVE의 로고)

그룹명	분류	인용처	인용원(引用元)
BiS(1기)	안무, PV	악곡 〈파프리카(パプリカ)〉	라디오체조제1(몸을 옆으로 굽히는 운전 등) t.A.T.u 〈All The Things She Said〉(PV)
BiS (1기, 2기)	안무	악곡 〈레리비(レリビ)〉	모닝무스메 〈LOVE 머신〉(L자 모양 손) 오타게이(OAD)
BiS(1기)	안무	악곡 〈엘레강트 괴물 (エレガントの怪物)〉	모모클로 〈가랏! 괴도 소녀〉(엿보는 제스처) EasyPop 〈해피 신디사이저(ハッピーシンセサイザ)〉(메로친[めろちん]에 의한 〈추어 봤다〉의 안무 중 허리에 손을 대고 좌우로 얼굴을 흔드는 동작)
BiS (1기, 2기)	타이틀	악곡 〈primal〉	THE YELLOW MONKEY 〈프라이멀(プライマル)〉
BiS(1기)	안무	악곡 〈PPCC〉	오타게이(썬더 스네이크[ThunderSnake] 등)
BiS(1기)	타이틀	앨범 〈비스케테 (びすけて)〉	우스타 교스케(うすた京介) 「섹시 커맨드 외전, 멋지다 사마루상(セクシーコマンドー外伝 すごいよ!サマルさん)」 2권('보스케테[2]의 메시지)
BiS(1기)	PV	악곡 〈STUPiG〉	영화 〈데쓰오(鉄男) THE BULLET MAN〉
BiS(1기)	가사	악곡 〈FiNAL DANCE〉	THE YELLOW MONKEY 〈낙원(樂園)〉(가사: MAKE YOU FREE 영구히)
BiS(2기)	안무, 가사, 악곡	악곡 〈BiSBiS〉	BiS〈primal〉(시작할 때 모여서 손가락으로 가리키는 안무) BiSH 〈BiSH-별이 깜빡이는 밤에(星が瞬く夜に)-〉(메인 부분의 안무) BiS 〈BiS〉(가사 '가야해') BiS 〈primal〉(기타 리프)
BiS(2기)	타이틀	악곡 〈로미오의 심장(ロミオの心臓)〉	BLAKNY JET SITY 〈로메오의 심장(ロメオの心臓)〉
BiS(2기)	가사, 타이틀	악곡 〈WHOLE LOTTA LOVE〉	BiS 〈BiS〉(가사 '가야해') Led Zeppelin 〈Whole Lotta Love〉
BiS(2기)	악곡	악곡 〈I can't say NO!!!!!!!〉	9mm Parabellum Bullet 〈하트에 불을 붙여서(ハートに火をつけて)〉

1) 아이돌 열성 팬의 독특한 춤 동작이나 구호. 콘서트장 등에서 아이돌의 노래에 맞추어 하는 응원의 하나.
2) 보스케테(ボスケテ)란 '보스 절대로 달리지 말고 빨리 걸어와서 우리를 도와주세요'라는 의미.

그룹명	분류	인용처	인용원(引用元)
BiS(2기)	악곡	악곡 〈Are you ready?〉	Queen 〈Bohemian Rhapsody〉
BiS(3기)	안무, PV, 타이틀	악곡 〈STUPiD〉	BiS 〈Give me your love 전부〉(L자 모양 손) BiSH 〈ALL YOU NEED IS LOVE〉(어깨동무 안무) 무토 게이지(武藤敬司)(프로레스 LOVE포즈) BiSH 〈BiSH-별이 깜빡이는 밤에-〉 BiS 〈STUPiG〉(타이틀)
BiS(3기)	가사	악곡 〈BiS-아무래도 좀비가 돌아다녀(どうやらゾンビのおでまし)->〉	BiS 〈BiS〉(가사:'가야해')(타이틀)
BiS(3기)	안무, 가사, 타이틀	악곡 〈BiS3〉	BiS BiS〉(가사:'가야해')(타이틀) BiS WHOLE LOTTA LOVE〉(줄을 서는 안무, 두 손을 엇갈려 올리는 메인 부분의 안무, 가사 '가야해, 벼락이 칠 거야')
BiS(3기)	안무	악곡 〈thousand crickets〉	라디오체조제1(몸을 옆으로 굽히는 운전 등) BiS 파프리카(헤드뱅잉(1기), 스쿼드(2기))
BiS(3기)	가사, 타이틀, 악곡	악곡 〈teacher teacher teacher〉	AKB48 〈Teacher Teacher〉(가사의 선생님을 유혹하는 시추에이션)
BiS(3기)	타이틀, 자켓	앨범 《LOOKiE》	Green Day 〈dookie〉
BiS(3기)	가사, 타이틀	악곡 〈LOVELY LOVELY〉	오자와 겐지(小沢健二) 〈러블리(ラブリー)〉(타이틀, 가사: 'LOVELY LOVELY 이렇게 멋진 날, LOVELY LOVELY WAY) 오자와 겐지 〈우리들이 여행을 떠나는 이유(ぼくらが旅に出る理由)〉
BiS(3기)	PV, 가사, 타이틀, 악곡	악곡 〈BASKET BOX〉	Green Day〈Basket Case〉(PV, 타이틀, 가사: 'Do you have the time to listen to me while'의 일본어역, 기타 리프)
BiS(3기)	안무, 악곡	악곡 〈텔레폰(テレフォン)〉	간자니 에이토(関ジャニ∞) 〈적극적 스크림(前向きスクリーム!)〉(선동하는 몸짓)
BiS(3기)	타이틀	악곡 〈소년의 노래(少年の歌)〉	THE BLUE HEARTS 〈소년의 시(少年の詩)〉
BiS(3기)	타이틀	투어명 〈HEART-SHAPED BiS〉	Nivana 〈HEART-SHAPED Box〉
BiS(3기)	타이틀	EP 〈ANTi CONFORMiST SUPERSTAR〉	Marilyn Manson 〈Antichrist Superstar〉

그룹명	분류	인용처	인용원(引用元)
BiS(3기)	타이틀, 안무	악곡 〈HiDE iN SEW〉	BiS 〈Hide out cut〉(타이틀, 악곡, 메인의 손을 올리는 안무) 울트라맨(스페시움[スペシウム][3] 광선 포즈) 도리야마 아키라(鳥山明) 〈드래곤볼(ドラゴンボール)(가메하메파[かめはめ波][4] 포즈)
BiS(3기)	PV, 가사, 악곡	악곡 〈고집쟁이 (つよがりさん)〉	가사기 시즈코(笠置シヅ子)〈도쿄 부기우기(東京ブギウギ)〉 (PV) 시무라 겐(志村けん) 〈사랑스런 아저씨(恋なおじさん)〉(PV) BiS 〈CHANGE the WORLD〉(가사: '절대로 세상을 바꿀 거야' 신세이 가맛테짱(神聖かまってちゃん) 〈22세의 여름방학(22才の夏休み)〉

[표 2] BiSH의 인용 주요 사례

분류	인용처	인용원
가사, 악곡	악곡 〈스파크(スパーク)〉	THE YELLOW MONKEY 〈SPARK〉(가사: '새로운 무언가가 내 안에서 잠이 깨') eastern youth 〈새벽의 노래(夜明けの歌)〉(가사, 멜로디 '날이 밝다')
안무	악곡 〈BiSH-별이 깜빡이는 밤에-〉	덴파쿠미.inc(でんぱ組.inc) 〈W.W.D〉(진화의 포즈) BiS 〈엘레강트한 괴물〉(엿보는 제스처) 고르고 마쓰모토(ゴルゴ松本) (생명의 포즈) BiS 〈BiS〉(가사: '가야해')
PV	악곡 〈MONSTERS〉	영화 〈풀 메탈 자켓〉
악곡	악곡 〈피라피라(ぴらぴら)〉	맥시멈 더 호르몬(マキシマム ザ ホルモン) 〈사랑의 메가 러버(恋のメガラバ)〉
타이틀	앨범 《FAKE METAL JACKET》	영화 〈풀 메탈 자켓〉
안무, 가사, 타이틀	악곡 〈Primitive〉	BiS 〈primal〉(관객에게 등을 돌리는 primal, 일어서는 안무. 가사: '되풀이되는 추억')

---

3) 〈울트라맨〉에 나오는 가공의 물질의 빛.

4) 〈드래곤볼〉에 나오는 가공의 기술.

분류	인용처	인용원
PV, 타이틀	악곡 〈ALL YOU NEED IS LOVE〉	BiS 〈primal〉(PV) The Beakles 〈All You Need Is Love〉
PV	악곡 〈DEADNAN〉	BiS 〈PPCC〉
PV	악곡 〈정말 진짜 (本当本気)〉	BiS 〈My Ixxx〉 BiSH 〈BiSH-별이 깜빡이는 밤에-〉
악곡	악곡 〈사회의 룰 (社会のルール)〉	유니콘(ユニコーン) 〈큰 민폐(大迷惑)〉
안무	악곡 〈My landscape〉	BiSH 〈오케스트라(オーケストラ)〉(손을 올리는 안무)
타이틀	투어 〈BiSH NEVERMiND TOUR〉	Nirvana 〈Nevermind〉
타이틀	악곡 〈PAiNT it BLACK〉	The Rolling Stones 〈Paint It, Black〉

BiS는 2010년에 가수 푸 루이(Pour Lui, 1990~)에 의해 결성된 그룹이다. 2011년의 PV 등으로 종종 큰 소동을 일으켜서 '전설의 아이돌 그룹'이라고 평가받고 있다. 결성 당초의 컨셉은 '아이돌을 연구하여 아이돌이 되고자 하는, 아이돌이 되고 싶은 4인조'이며, 안무도 직접 했다.[*19] BiS의 아이돌로서의 성립에 대해서 가쓰키는, 푸 루이의 '"아이돌"이라고 주장하는 그룹'이라는 주장을 인용하면서, '아이돌이란 현재 "이름대기"에 의해 성립되는 것이라는 사실이 시사'되고 있다고 지적하고 있다. 그렇기 때문에 BiS는 후술하듯이, 집합지로부터의 인용을 의식적으로 하며, 세계관의 구축과 팬과의 공유를 신속하게 추진하여 아이돌로서의 자신의 아이덴티티 확립을 목표로 했다.

BiS·BiSH에 있어 인용의 주요 포인트에 대해서 지적을 하자면, BiS 1기는 전술한 대로 자급자족으로 아이돌로서 성립해야 했기 때문에, 주로 기존의 아이돌 등으로부터 안무를 인용하고 세계관을 공유하였다. BiS를 아이돌로서 성립시킨 대표적인 인용이 악곡 〈nerve〉의

메인에 있어, 모모클로의 〈가랏! 괴도 소녀(行くぜっ!怪盗少女)〉의 새우
등 자세의 인용이다. BiS 본인도 팬도 이 인용에 자각적이며, 2013년
7월의 일본 내 최대 아이돌 페스티벌 〈TOKYO IDOL FESTIVAL〉에서
의 '아이돌인 것'의 상징처럼, 다른 아이돌이나 팬과 함께 회장에서
일체가 되어 새우등 춤을 실행하는 '사건'이 일어나서,[20] 팬과의 세계
관 공유가 성공하고 있음을 알 수 있다. 또한 BiSH의 투어 타이틀이나
BiS 3기의 PV에서 Nirvana 등 양악 락 아티스트로부터의 인용이 많이
눈에 띄었지만, 거기에서는 '아이돌이지만 락 밴드적 사고가 근저에
있다'는 세계관을 팬들과 공유하고자 하는 의도를 찾아볼 수 있다.
그 의도를 뒷받침하는 증거로, BiSH는 스스로 '악기를 가지고 있지
않은 펑크밴드'라고 주장하고 있다.[21]

표절인가 오마주인가

이와 같은 인용의 배경에 대해서, BiS 『BiStory 아이돌을 죽인 것은
누구?(BiStory アイドルを殺したのは誰?)』에서, BiS의 푸 루이는 초기
BiS의 안무를 할 때 인용하는 행위를 스스로 '표절 춤'이라고 언급했
다. 또한 이 책의 주석에서도 'BiS의 댄스에는 다양한 아이돌에 대한
오마주가 대담하게 활용되고 있다'고 해설이 되어 있어서 인용을 자각
적으로 하고 있음을 알 수 있다. 또한 BiS·BiSH에 관여하고 있는 아이
돌/음악 프로듀서인 와타나베 준노스케(渡辺淳之介, 1984~)는, 'BiS는
애초에 재탕같은 것들이었지만, BiSH는 오리지널을 넘어설 수 없다는
정설을 뒤집었으면 좋겠다고. 재탕이 오리지날이 되어가는 순간이 지
금까지 내게는 없었기 때문에 아무래도 그것을 넘어설 수 있다는 것을
보여주고 싶다'[22]고 이야기하고 있으며, 인용으로 새로운 가치를 창

출하고자 하는 시도를 하고 있음을 알 수 있다. 와타나베는 자신의 스탠스에 대해 유소년기부터 '기본적으로 다른 사람의 흉내를 내고 싶어하는 타입'으로, '내 자신이 진짜가 아니라고 느끼고 있었다'[23]고 언급하고 있다. 그러한 사고가 인용을 중심으로 하는 프로듀스의 수법에 반영되고 있음을 추측할 수 있다.

한편 인용에 있어 소위 표절과 오마주의 차이에 대해서, BiS나 BiSH의 사운드 프로듀스를 담당하고 있는 마쓰쿠마 겐타(松隈ケンタ, 1979~)는 '표절의 경우는 이러한 식으로 질문을 받았을 때 대답을 할 수 없습니다. "그것은 흉내를 낸 것입니까?"라는 질문을 받았을 때 당당하게 "그렇다, 잘 알고 있다"라고 대답할 수 있는 것은 오마주'라고 하고 있다.[24]

BiS·BiSH에 있어 인용이 표절이 아니라 오마주의 의식으로 행해지고 있는 점은, BiS·BiSH의 아이돌로서의 세계관의 확립과 팬과의 공유와 관련하여 주목할 점이다. 곤노 신지(今野真二, 1958~)는 문학작품의 도작 판단 기준에 대해서, 단순히 '같은가 다른가'라는 것이 아니라 와카(和歌)의 본가취하기(本歌取り)[5]나 소설에서의 패러디, 파스티슈와 같은 기법을 예로 들며 '모방하고 있는 것을 모른다면, 그것은 모방이 실패한 것'이라고 하며, 더 나아가 이들 기법은 도작과 달리 '일부러' 행한다는 점을 지적하고 있다.[25] 곤노에 의하면, 파스티슈란 '"어떤 작가 특유의 작품과 비슷한" 작풍 모방이나 문체 모방이다.'[26] 또한 곤노는 이들 기법과 관련하여 아이덴티티와 오리지널리티가 중시되

---

5) 와카(和歌)의 작성 기법의 하나로, 유명한 고가(古歌) 즉 본가(本歌)의 일부를 자작에 도입하여 노래를 짓는 방법.

고 있다는 사실도 지적하고 있다. 곤노의 지적은 작품 분야는 다르지만, BiS·BiSH에게서도 확인할 수 있다고 생각한다. BiS·BiSH에게 인용은 집합지를 전제로 정보를 샘플링하여 알기 쉽게 '일부러' 오마주로서 모자이크적으로 조합함으로써 아이덴티티와 오리지널리티를 낳아, 아이돌의 세계관을 확립시키는 것이라고 생각할 수 있다.

자기 인용이라는 연출

더 나아가 BiS 2기 이후와 BiSH에서는 그룹의 역사를 의식하게 하여 '에모함(エモさ)'[*27]을 연출하기 위해, 자기인용이나 BiS·BiSH 간 상호 인용도 많이 행해지고 있음을 지적할 수 있다. 특필할 만한 점으로서는 BiSH가 결성된 것을 인상짓는 악곡 〈별이 깜빡이는 밤에〉, BiS 2기의 시작을 고하는 악곡 〈BiSBiS〉, BiS 2기의 신생(新生)을 보여주는 악곡 〈WHOLE LOTTA LOVE〉, BiS 3기의 시작을 고하는 악곡 〈BiS-아무래도 좀비가 돌아다녀〉(이하 BiS좀비)[*28] 및 〈BiS3〉에서 BiS 1기 〈BiS〉의 가사 '가야해'가 인용되어,[*29] 역사의 '시작'이나 '반복'이 표현되고 있다.[*30]

이들 자기 혹은 상호 인용은 단순한 자기 모방이 아니라 자신의 역사에 대한 의식적 오마주로 실행되고 있는 점이 주목할 만하다. 그러한 자기 오마주의 의미에 대해 고찰해 보면, 특히 BiS 〈BiSBiS〉 및 〈STUPiD〉는 각각 BiS 2기 및 3기의 시작을 알려주는 악곡이었다. 그 두 곡 중에는 각각 4건 이상 BiS·BiSH로부터의 자기 인용이 이루어지고 있다. 이는 자신의 역사가 이미 팬들 사이에서 공유되어, '집합지'로서 데이터베이스 역할을 수행하고 거기에서 샘플링된 정보에 의해 새로운 세계관을 제시한 작품이 창작되어 아이돌의 세계관이 갱신되고 있음을 보여주는 것이다. 이러한 형태는 이미 오쓰카의 『MADARA』형 미디어 믹스*31에 의한 2차 창작 작품의 개념에 가까운 형태로 아이돌의 스토리 갱신이 이루어지고 있음을 보여주고 있다. 즉, 자신의 역사가 집합지로서 '설정자료로서 공표된 세계관'이 되고, 그 데이터베이스를 샘플링하여 새로운 세계관을 구축하고 있다고 할 수 있다.

팬들의 참가에 의한 세계관의 보완

여기에서는 무리로서의 작가인 팬들의 참가에 의한 세계관 보완에 대해 대표적인 사례로서 라이브에서 팬들의 콜을 다루고자 한다.

콜이란 '팬들이 아이돌이 라이브 현장에서 외치는 소리'이다.*32 이와 같은 추임새는 팬들이 아무렇게나 외치는 것이 아니라, 팬들 사이에 어느 정도 룰이 정해져서 라이브의 세계관을 보완하는 것이다.

아이돌이 세계관을 구축하면서 라이브를 행하는 데 있어, 팬들의 콜은 필수라고 할 수 있다. 그것을 뒷받침하듯이, 2020년 신형 코로나 바이러스의 영향으로 무관객 온라인 라이브 형태가 실시되었을 때는 '멤버에게 보내는 성대한 콜 대신 〈니코니코생방송(ニコニコ生放送)〉 화면은 흥분을 전하는 코멘트로 가득 차는'*33 현상이 일어났다.

콜에 대해서, 아이돌 걸즈 팝&락 전문사이트 〈가르포!(ガルポ!)〉를 참조하면, 콜은 크게 추임새 콜, MIX, 고조(口上)6), 오타게이로 나눌 수 있다.*34 추임새 콜은 '노래 도중 중간중간 타이밍에 맞춰 추임새를 넣듯이 외치는' 것으로, 예를 들면 '웃샤! 오이!' 등과 같은 것이다.*35

실제 악곡에 맞춘 콜의 추임새의 일례*36로서, BiS의 〈BiS 좀비〉와

---

6) 흥행에서 예명 따위를 발표하거나 연극 줄거리의 설명을 함. 혹은 그 설명을 하는 사람.

같은 것이 있다.[*37] 도입부에서는 추임새 콜 '웃샤! 오이!' 후에 스탠다드한 영어 MIX, 일본어 MIX, 아이누어 MIX가 이어진다. A멜로디 및 B멜로디에서는, 멤버의 이름 및 '나의 ○○(멤버 이름)'과 같은 추임새 콜이 반복된다. 메인에서는 '○○(멤버 이름) 짱' BiS 멤버의 상반신 안무를 복사한 오타게이가 펼쳐지는 외에, 후반에서는 '으악! 예!'와 같은 추임새 콜을 넣는다.

이와 같은 팬들의 콜에 대해서, 안자이는 이치카와 히로시(市川浩)의 신체론을 인용하여, "'동형적(同型的) 동조(同調)'와 "응답적, 역할적 동조"로 나누고 있다. 전자는 모모클로의 댄스를 흉내 내는 안무 카피, 후자는 모모클로에 응답하는 콜이나 오타게이에 해당한다'고 지적하고 있다. 이치카와의 신체론을 참조하면, 〈BiS 좀비〉의 경우, 도입부의 A멜로디 및 B멜로디에서는 '응답적, 역할적 동조'에 해당하는 MIX 및 추임새 콜을 하고, 메인에서는 '동형적 동조'에 해당하는 안무 카피인 오타게이를 한 후, 후반에서는 안무 카피를 하면서 '응답적, 역할적 동조'에 해당하는 추임새 콜을 실행한다.

〈BiS 좀비〉의 콜은 아이돌의 라이브 현장에서의 스탠다드한 형태의 하나이다. 여기에서 악곡의 모두부터 메인 전까지 아이돌의 퍼포먼스에 응답하는 형태로 콜을 실행한 후, 메인에서 아이돌과 싱크로시킨 안무 카피를 함으로써 라이브의 세계관을 서서히 열광적으로 일체화시켜, 팬들이 세계관을 보완하고 있음을 읽어낼 수 있다.

【그림 1】 BiS의 〈BiS 좀비〉의 콜의 일례(가사는 굵은 글자, 콜은 이탤릭체)

인트로	웃샤! 오이!x4 아- 자-자-! 타이거! 파이어! 사이버! 파이버! 다이버! 바이버! 자-자-!' 호랑이! 불! 인조! 섬유! 해녀! 진동! 화섬(化纖=화학섬유, 역자 기입)! 차페! 아페! 카라! 키나! 라라! 도스케! 묘혼토스케!
A멜로디	**이미 선택은 하나 밖에 없었어 고민하지 않고 선택했어** *네오짱x2 나의 네오짱* **나를 유혹한 그 달콤한 말은 너무 허무해** *나의 토기-* **사람이 이 장소를 떠날 때는 아무래도 좀비가 돌아다녀** *몬짱x2 나의 몬짱* **설령 내가 악이 되었다 해도 유토피아는 계속 될 거야** *나의 토기-*
B멜로디	**만약 그때 나를 믿었다면 지금도 함께 걸을 수 있을 텐데** *네오짱x8* **새로운 길이 이어져 유감이야**
메인	**가야 해 우리들 가야 해 우리들** *오타게이(안무 카피)* **Ah 너는 아직 추억 계속이야?** *오타게이(안무 카피)* **가야 해 우리들 가야 해 우리들** *오타게이(안무 카피)* **Ah 몇 번이고 마시고 가 몇 번이고 가야 해** *오타게이(안무 카피)* *웃! 예!x4*

전통 예능과의 유사점

그러면 이러한 팬의 콜과 같은 것은 아이돌 신 특유의 것일까? 피아니스트 로날드 카바예(Cavaye, Ronald, 1951~)는 '서양 예술에 "추임새"에 해당하는 것'은 존재하지 않는다고 하며, 가부키의 관객이 무대를 향해 추임새를 넣는 '오무코(大向こう)'[7]의 특이성에 대해 지적하고 있

다.[*38] 가쓰키는 가부키 연구자이자 연극 평론가인 군지 마사카쓰(郡司正勝, 1913~1998)의 말 '향연(饗宴)'을 이용하여 아이돌의 라이브 현장과 가부키의 상동성을 지적하고 있다. '향연'이란, '"아직 여러 가지가 미분화 상태에 있는" 상연형식'이다.

군지에 의하면, 가부키의 향연성은, '"추임새"를 넣거나 구경꾼(객)이 "칭찬의 말"을 던지거나, 연기 중 구경꾼(관객)에게 인사(고조)를 하는 교류의 방법'이며, 일본의 '예(芸)'와 서양의 '배우술(俳優術)'의 차이의 발로라고 지적하고 있다.[*39] 사카베 유미코(坂部裕美子)는 오무코에 대해서, '관객을 주체적으로 극 공간 내에 참가'시키고 있는 '관객 참가형' 연출이라고 하며, 근년 유행하고 있는 영화를 다른 관객과 함께 소리를 내며 감상하는 '응원상연(応援上映)'이나 '절규상영(絶叫上映)'도 마찬가지의 연출이라고 지적하고 있다.[*40]

그러나 아이돌의 라이브 현장에서의 팬들의 콜은, 이러한 '관객 참가형' '연출'과는 조금 다르다고 필자는 생각한다. 사카베에 의하면, 오무코는 '대전제로서 누가 소리를 내도 상관없지'만, 실제로는 '1층 객석에서는 소리를 내지 않는다'는 불문율이 있고, '몇 개 "모임"에 소속되어 있는 사람들이 소리를 내는 것이 기본'이며, '오무코는 사실상 극 공간을 만들어내는 항상적인 음향효과의 하나'라고 지적하고 있다. 한편, 아이돌 팬들의 콜은 무대의 음향효과와 같은 '연출'에 팬이 참가하는 것이 아니라, 팬이 '중동적(中動的)으로 시행하는 것인 점이 특이하다고 필자는 고찰하고 있다.[*41]

---

7) 배우가 뛰어난 기교로 오무코(大向こう)의 관객을 감탄시키는 것. 오무코란 무대 정면 뒤쪽의 관객을 말하며 이들은 연극통들이다.

'중동적'이란 '중동태(中動態)'의 형용사이다. 중동태란 고쿠분 고이치로(國分功一郞, 1974~)에 의하면, '능동태도 아니고 수동태도 아닌 또 하나의 태'이며, 수동태는 중동태에서 파생된 것이라고 한다.[*42] 고쿠분은 '"내가 무엇인가를 한다"고 하는 방식으로 지시되는 사태나 행위라도, 자세히 검토해 보면, 내가 그것을 스스로 의지를 가지고 수행하고 있다고는 단언할 수는 없기' 때문에 '능동태이지만 능동이 아닌 행위'이자 동시에 수동이라고도 할 수 없는 상태가 있음을 지적하며, 그것이 중동태에 해당된다고 한다. 또한 고쿠분은 '능동과 수동의 대립'은 '하는가, 당하는가'의 문제인 한편, '능동과 중동의 대립'은 '주어가 과정의 밖에 있느냐 안에 있느냐'의 문제라고 언급하고 있다.

팬들의 콜에 대해서, 어떤 상태에 있는지를 검증해 보면, 우선 모리 다카시(森貴史, 1992~)는 처음으로 아이돌의 라이브를 관람했을 때의 일을, '한 곡의 도입부가 흘러나오면 공연장 전체의 팬들이 콜을 한다! (중략) 댄스와 가창의 퍼포먼스가 개시된다! (중략) 그 순간 공연장 내의 공간은 모두 같은데 세계는 모두 바뀌어 버렸다'[*43]라고 기록하고 있다. 이는 라이브 현장에서 주체인 모리가 아이돌의 퍼포먼스와 다른 팬들의 콜에 휘말려 아이돌이 구축하는 세계관의 과정 내에 들어가게 되는 순간이었다고 생각할 수 있다. 또한 팬들이 콜을 하는 것에 대해서, 아이돌 팬인 마루는, '처음에는 주문처럼 들렸지만, 나도 정신을 차리고 보니 소리를 지르고 있었습니다(웃음)'라고 기술하고 있다.[*44] 이는 팬이 의지를 가지고 능동적으로 콜을 하고 있다고 할 수도 없고 수동적으로 콜을 하게끔 강요당하고 있다고도 할 수 없는 상태이다. 즉, 라이브 현장에서 팬들은 중동적으로 콜을 하고 있다고 생각할 수 있다. 아이돌이 구축하는 세계관 속에 팬들이 말려들어가고 팬들이 중동적으로 콜을 실행함으로써 아이돌의 세계관이 보완되고 있는 것이다.

이러한 팬들의 콜에 의한 세계관의 보완에 의해 태어난 라이브 현장 그 자체에 대해서, 니시 겐지(西兼志)는 발터 벤야민의 '아우라'의 개념을 참조하며, '디지털 기술이라는 완벽한 복제기술의 등장에 의해 상실해 버린 "아우라"를 음악 분야에서 회복시킨 것이 라이브라는 일회적 경험이다'라고 지적하고 있다.[*45]

맺음말

본 장에서는 BiS·BiSH를 대상으로, ① 집합지의 인용에 의해 구축되는 세계관의 공유에 의한 아이돌의 성립, ② 무리로서의 작가인 팬들의 참가에 의한 세계관의 보완이라는 두 가지 시점에서 아이돌 분석을 시도하였다.

인용에 의한 세계관의 공유에 대해서는 자급자족 아이돌로서 이름을 올린 BiS 1기는, 우선은 '표절'이 아니라 '오마주'라는 입장에서 모모클로의 〈가랏! 괴도 소녀〉 등 기존 아이돌의 안무 등을 '재탕'하여 인용함으로써, 팬과 세계관을 공유하여 아이돌로서 자신을 성립시켰다. 이는 팬의 집합지를 전제로 정보를 샘플링하여 알기 쉽게 '일부러' 오마주로서 모자이크적으로 조합함으로써 아이덴티티와 오리지널리티를 낳았고, 아이돌의 세계관을 확립시키는 수법이 되었다. 또한 BiS 2기 이후와 BiSH에서는 기존의 양악 등으로부터의 인용도 계속해서 세계관을 제시하는 한편 결성 시 혹은 터닝 포인트가 되는 악곡에서는 자기인용이나 그룹 간 상호 인용을 함으로써 역사를 의식한 세계관을 구축했다. 이는 공식 자신이 자신의 역사를 집합지로 삼고 '설정자료로서 공표된 세계관'으로 한, 오쓰카의 『MADARA』형 미디어 믹스의 2차 창작 개념에 가까운 작품 제작을 실행하고 있음을 시사하고 있다.

팬들의 참가에 의한 세계관의 보완에 대해서는 콜을 예로 들었다. 스탠다드한 콜이 실행되고 있는 구체적인 대상으로서 BiS 〈BiS 좀비〉를 예시로 분석한 결과, 가쓰키가 지적하는 아이돌과 팬의 '향연'이 이루어지는 라이브 현장에서는, 콜은 안자이가 지적하는 '응답적, 역할적 동조'와 '동형적 동조'로 분류할 수 있다. 〈BiS 좀비〉의 원 코러스 내에는, 도입부에서 B멜로디에 걸쳐 '응답적, 역할적 동조'가 이루어지고, 메인에서는 '동형적 동조'가 이루어진 후에 '응답적, 역할적 동조'가 나타난다.

이러한 콜 행위는 서양 예술에서는 볼 수 없는 가부키의 '향연'적 성질을 띠고 있는 '무코'라는 '관객 참가형' '연출'과는 달리, '무리로서의 작자'로서 참가하는 팬들의 집단적, 중동적 행위로, 그에 따라 아이돌의 세계관이 보완되는 것이라고 생각할 수 있다. 또한 이렇게 해서 만들어지는 현장은 니시가 지적하는 벤야민의 '아우라'를 두르고 일회성 경험으로 소비된다고 생각할 수 있다. 라이브 현장에서 이루어지는 팬들의 콜에 의한 세계관의 보완은, 대중에 의한 '무리로서의 작자'의 역할의 표현의 하나이며, 아이돌의 미완의 스토리를 반복하여 갱신해가는 동태적 현상 즉 늘 변화를 계속하는 현상을 보여주고 있다고 할 수 있다.

원저자 주

*1 吉見俊哉·土屋礼子, 『大衆文化とメディア』(ミネルヴァ書房, 2010).

*2 日文研大衆文化研究プロジェクト編著, 『日本大衆文化史』(KADOKAWA, 2020).

*3 東浩紀, 『動物化するポストモダン』(講談社, 2011).

*4 「ZOC PROFILE」https://www.zoc.tokyo/profile/(2021년 5월 15일 참조).

*5 安西信一, 『ももクロの美学〈わけのわからなさ〉の秘密』(廣済堂出版, 2013).

*6 BiS는 멤버를 바꾸면서 해산과 재결성을 반복하지만, 활동기간에 대해서는 1기가 2010~14년, 2기가 2016~19년이며, 3기는 2019년 결성 후 2021년 2월 현재 활동 중이다. 「音楽ナタリー"BiSをもう一度始める"渡辺淳之介プロデュース"BiSH"始動」https://natalie.mu/music/news/136065(2021년 2월 25일 참조)에 의하면 BiSH 는, 2014년 7월 BiS 1기 해산 후, 'BiS를 다시 한 번 시작한다'고 하여 2015년에 결성된 그룹이다.

*7 「ニコニコ大百科 アイドル戦国時代」https://dic.nicovideo.jp/a/(2021년 2월 2일 참조).

*8 「東洋経済 ONLINE 乃木坂46、女性アイドルの頂点に立った必然」https://toyokei zai.net/articles/-/155004(2021년 2월 2일 참조).

*9 「ORICON NEWS【2013新語·流行語】年間大賞は史上最多4つ「じぇじぇじぇ」「倍返 し」など本命勢揃い」https://www.oricon.co.jp/news/2031516/full/(2021년 2월 2일 참조).

*10 「Negicco全員結婚、古川未鈴妊娠、柏木由紀30歳…"アイドル戦国時代"から10年 多様化するアイドルの"キャリア像"」https://news.yahoo.co.jp/articles/0a01a41 e6831f4cd0bf9e2c2019686029594f9b7(2021년 2월 2일 참조).

*11 香月孝史, 『「アイドル」の読み方 混乱する「語り」を問う』(青弓社, 2014).

*12 中森明夫, 『アイドルにっぽん』(新潮社, 2007)에서는 일본이라는 나라가 갖는 아이 돌의 성격을 지적하고 있다.

*13 川上アキラ, 『ももクロ流 5人へ伝えたこと5人から教わったこと』(日経BP, 2014).

*14 「Real Sound ヒャダインが語る「地下アイドルの強み」とは? カワユシ♥デヴュー曲の "新奇性"に迫る」https://realsound.jp/2013/11/post-153.html(2021년 2월 12일 참조).

*15 「ニコニコ大百科 ロマンティック 浮かれモード」https://dic.nicovideo.jp/a/ロマ ンティック 浮かれモード(2021년 2월 12일 참조).

*16 スノーク, 「note Michael JacksonなBTSの『Dynamite』」https://note.com/snoke /n/n61fed171954f(2021년 2월 27일 참조).

*17 夏まゆみ, 『ダンスの力 モーニング娘。AKB48… 愛する教え子たちの成長物語』(学研

プラス、2014).

*18 표1, 2에서는 BiS 1기 및 BiSH가 각각 결성에서 2021년 2월까지의 악곡 인용의 주요 사례를 소개하고 있다. 인용의 주요 사례는 「ぷにたま通信—IDOL情報.com—【BiS のオマージュ楽曲をまとめて紹介します】」https://punitamablog.com/bis_omajyu (2021년 2월 25일 참조)나 「TSUTAYA MUSIC PLAYLIST メジャーデビュー直前! ど うやらBiSHが「ヤバい」らしい」https://tsutaya.tsite.jp/guide/music/playlist/00 1358.html(2021년 2월 25일 참조) 등에서도 소개되고 있지만, 현재 모든 것을 망라 하여 아우르고 있는 사이트는 존재하지 않는다. 여기에서는 필자에 의한 추정을 포함 하는 주요 사례를 정리했다. BiS 1기와 2기 등에서 안무가 다른 악곡이 있지만, 여기 에서는 주요 해당 인용만 언급했다.

*19 BiS, 『BiStory アイドルを殺したのは誰?』(エムオン・エンタテインメント, 2013).

*20 「billboard JAPAN BiS 国内最大アイドルfesで大トリ 人気アイドル&ヲタ全員とエ ビ反り」http://www.billboard-japan.com/d_news/detail/14108/2(2021년 2월 27일 참조).

*21 「BiSH PROFILE」https://www.bish.tokyo/profile/(2021년 2월 27일 참조).

*22 「OTOTOY【新連載】BiSH～Rock'n Roll Swindle～二番煎じは本物を超えられるのか ?! ―Episode0 渡辺淳之介インタヴュー」https://ototoy.jp/feature/2015012505 (2021년 2월 27일 참조).

*23 宗像明将, 『渡辺淳之介 : アイドルをクリエイトする』(河出書房新社, 2016).

*24 松隈ケンタ, 「BiSH「社会のルール」はユニコーン「大迷惑」のオマージュ?【教えて!松 隈さん】」(YouTube) https://www.youtube.com/watch?v=nL43ofKPPuU(2021년 2월 25일 참조).

*25 今野真二, 『盗作の言語学 表現のオリジナリティーを考える』(集英社, 2015).

*26 新村出, 『広辞苑第七版』(岩波書店, 2018)에 의하면, 파스티슈란 '다른 작자의 문장 이나 문체를 모방하는 것. 또한 그 작품'이며, '표절과 달리 선행하는 작품의 특징을 강조하여 새로운 창작성을 보여주는 것을 의도한다'라고 되어 있다.

*27 '에모이(エモい)'란, 「weblio辞書」https://www.weblio.jp/content/エモい(2021년 2월 27일 참조)에 의하면 '젊은이들의 언어로, 말로는 설명할 수 없는 '외롭다' 혹은 '감동'을 나타내는 말'이다.

*28 発売年 : 2019年, 作詞 : 松隈ケンタ / JxSxK, 作曲 : 松隈ケンタ.

*29 가사 '가야 해(いかなくちゃ)'에 관해서는 BiS 〈BiS〉 이외에서는 '이카나쿠차(行かな くちゃ)'와 같이 한자 표기가 되어 있다.

*30 〈BiS3〉에서는 〈WHOLE LOTTA LOVE〉의 가사 '벼락이 칠 것 같아'가 '벼락이 떨어 져'로 인용되고 줄을 서는 안무와 메인 안무도 손짓을 바꾸어서 인용하고 있다. 또한 BiS 1기의 상징적 악곡 〈primal〉은 안무와 가사가 BiSH 〈Primitive〉에, 유소년기

멤버를 돌아보는 PV의 구성은 BiSH 〈ALL YOU NEED IS LOVE〉에 인용되어, BiS의 역사가 BiSH로 계승되고 있음을 알 수 있다. 더 나아가 BiSH의 신 멤버 아뉴 D의 가입을 인상짓는 악곡 〈정말 진짜〉의 PV에서는 BiS 1기의 아이돌로서의 지명도를 올린 악곡 〈My lxxx〉의 PV에서의 컬러 파우더를 칠하는 연출과 BiSH 〈별이 깜빡이는 밤에〉의 PV에서의 오물을 칠하는 연출이 함께 인용되어, 컬러 페인트를 칠하는 연출이 이루어졌다. BiSH의 〈별이 깜빡이는 밤에〉의 오물 연출은, BiS의 〈STUPiD〉에서도 인용되고 있다. BiSH의 인기가 높아지고 새롭게 BiS 3기가 결성된 근년에는 BiS·BiSH 모두 양악이나 국악에서의 인용도 많이 이루어져서 새로운 세계관의 구축을 모색하고 있음을 알 수 있다. BiS 3기에서는 〈HIDE iN SEW〉에서 BiS 1기의 악곡 〈Hide out cut〉와 유사한 코드 진행, 멜로디라인, 피아노가 인상적인 어렌지 등 자기인용을 하는 한편, 〈superman〉의 가사를 본 딴 인상적인 울트라맨의 스페시움 광선 등의 포즈를 인용함으로써 역사상 새로운 세계관을 구축하여 팬들과 공유하고자 하는 시도를 보이고 있다. BiS 〈고집쟁이〉에서도 가사기 시즈코나 시무라 겐 등 쇼와의 대중적 콘텐츠가 인용되면서, BiS 2기 〈CHANGE the WORLD〉의 '절대로 세상을 바꿀 거야'라는 가사를 생각나게 하는 '아아 세상 바꾸기 어렵네'라는 가사가 사용되고 있어 같은 시도를 엿볼 수 있다.

*31 大塚英志, 『メディーミックス化する日本』(イースト·プレス, 2014)에 의하면, 연표, 설정자료로 공표된 세계관에서 코믹, OVA, 노벨즈, 2차 창작, 2차 창작 작가의 스핀오프 등으로서 미디어 믹스된 상품이 평면적으로 병렬되고 있다.

*32 「ガルポ!アイドルライブの基本コールを紹介!MIXや口上、ヲタ芸を理解しよう!」 https://www.galpo.info/feature/list/1741(2021년 2월 28일 참조).

*33 「音楽ナタリー「愛してます」BiSH、無観客に涙するも熱い思い届けた夏ライブ 「TBS6」」 https://natalie.mu/music/news/392795(2021년 2월 27일 참조).

*34 사람에 따라 분류법이 다르며 여러 가지 의견이 있다.

*35 MIX는 곡의 도입부 등에서 사용되는 정형의 프레이즈로, 여러 가지 바리에이션이 있지만, 스탠다드한 것은 '준비! 시작!, 타이거! 파이어! 사이버! 파이버! 다이버! 바이버! 자—자—!'와 같이 영어 MIX이다. 고조는 주로 곡의 간주에서 사용되는 정형의 프레이즈이다. 이것도 몇 가지 바리에이션이 있는데, 스탠다드한 것은 '찐사랑 고조(ガチ恋口上)'라는 것으로, '하고 싶은 말이 있어! 역시 ○○는 예뻐! 좋아! 좋아 좋아 엄청 좋아, 역시 좋아! 이제 겨우 봤어. 공주님! 내가 세상에 태어난 이유! 그건 너를 만나기 위해서야! 나와 함께 인생을 살아가자! 세상에서 가장 사랑해! 사, 랑, 해!'이다. ○○에는 응원하는 아이돌의 이름이 들어간다. 오타게이는 추임새가 아니라 '곡의 메인 부분이나 가사에 맞춘 팬들의 독특한 움직임'이다.

*36 같은 악곡이라도 팬들에 따라 다른 콜이 붙여지는 경우가 있다.

*37 「【第3期BiS】BiS-どうやらゾンビのおでまし(LIVE)コール / MIX」 https://www.youtube.com/watch?v=hZTPte4hc2g(2021년 2월 27일 참조). 멤버의 명칭 등은 202

1년 3월 시점의 것이다. 또한 안무 카피란 안무를 카피하는 것을 말한다.

*38 「歌舞伎美人 ロナルド・カヴァイエ Letter from London —歌舞伎の世界、世界の歌舞伎—」 https://www.kabuki-bito.jp/special/more/letterfromlondon/post-letterfromlondon-post-146/(2021년 5월 12일 참조).

*39 郡司正勝, 『かぶき入門』(牧羊社, 1990).

*40 坂部裕美子, 「歌舞伎の「大向こう」の時代変遷 — 過去の舞台映像から当時の劇場の空気を感じ取る試み」(『アート・リサーチ』19, 2019).

*41 본 장에서는 2002년 후지모토 미키(藤本美貴)의 3rd 싱글《신나는 로맨틱 모드》에 의한 오타게이 등의 확립 이후의 콜에 대해 고찰하고 있다. 「Wikipedia 親衛隊(アイドル)」 https://ja.wikipedia.org/wiki/親衛隊(アイドル)(2021년 2월 14일 참조)에 의하면 1970년대부터 1980년대에 많이 존재했던 아이돌의 친위대에 있어서는 조직화된 이후 간부가 일정한 콜을 정한 콜표를 대원들에게 나누어 주고 콜을 실행한 역사가 있지만, 1997년 무렵에는 친위대 자체가 자연 소멸된 사실이 지적되고 있다.

*42 國分功一郎, 『中動態の世界 意志と責任の考古学』(医学書院, 2017).

*43 森貴史, 『〈現場〉のアイドル文化論』(関西大学出版部, 2020).

*44 「WEB MAGAZINE AGESTOCK【意外と気になる】地下アイドル現場って実際どんな感じなの?」 https://agestock.jp/webmagazine/【意外と気になる】/(2021년 5월 9일 참조).

*45 西兼志, 『アイドル / メディア論講義』(東京大学出版会, 2017).

제14장

비디오 게임의 캐릭터와 세계

- ⟨슈퍼로보(スパロボ)⟩와 ⟨사가(サガ)⟩ 시리즈로 생각하다 -

마쓰이 히로시(松井広志)

들어가는 말

본서는 '캐릭터'와 '세계'라는 키워드를 중심으로 대중문화사를 기술 고찰하는 책이다. 그중 본 장은 '게임'에 관한 문화영역을 다룬다.

게임에서 캐릭터에는 플레이어가 조작하는/하지 않는 것 양쪽이 모두 포함된다. 근년 비디오 게임에서는 전자에 더해 후자 쪽에서도 캐릭터는 중요한 존재가 되었다. 또한 세계에 관해서는 플레이어가 게임을 이야기할 때 '세계관'이라는 말을 종종 사용한다. 이 세계관 역시 디오게임에 불가결한 요소이다.

이러한 생각을 기반으로 본 장에서는 비디오 게임의 캐릭터와 세계관에 대해서, 역사적 시좌를 가지고 고찰해 간다. 구체적인 대상이 되는 것은 ⟨슈퍼 로봇 대전(スーパーロボット大戦)⟩과 ⟨사가⟩라는 두 개의 게임 시리즈이다. 이것들은 일본의 비디오 게임 중에서 ⟨슈퍼 마리오(スーパーマリオ)⟩나 ⟨드래곤 퀘스트(ドラゴンクエスト)⟩, ⟨파이널 판타지(ファイナルファンタジー)〉와 같은 타이틀에 비하면, 지명도가 약간 떨어질지 모르지만, 그래도 '대중문화'라고 할 수 있는 인기 시리즈작이다.

본 장의 구성은 다음과 같다. 우선 제도화되는 '게임 스터디즈'라는 학문 영역에서의 캐릭터에 대한 표준적인 논의를 확인하다. 다음으로 일본의 게임론 속 캐릭터의 위치 및 이야기나 세계관과의 관계를 정리한다. 그런 후에 첫 번째 케이스 스터디로서 〈슈퍼 로봇 대전〉 시리즈를 분석한다. 그리고 두 번째 대상으로 〈사가〉 시리즈, 특히 근년 소셜 게임에서의 전개를 논한다. 마지막으로 이들 분석결과를 바탕으로 게임 캐릭터와 세계의 관계를 제시한다.

1. 캐릭터, 이야기, 세계

게임 스타디즈의 경우

게임 스타디즈는 지금까지의 놀이연구(루드로지[Ludology])를 기초로 하면서 인문학의 제 영역의 지견을 도입하는 형태로 2000년대 초 구미, 특히 영어권에서 제도화가 진행되었다. 2010년대에는 학제적인 연구로서 사정권을 더욱 확대하고 있다.

그러한 게임 스타디즈에서 '현대의 고전'이라 불리는 것이 비디오 게임을 '현실의 룰'과 '허구세계' 사이에 있다고 하는 율 예스퍼(Juul, Jesper, 1948~2019)의 『하프 리얼(Half-real)』이다.[*1] '현실의 룰'이란 플레이어가 따르는 신체적 행위를 규정하는 현실사회 영역에 있는 룰을 가리키며 '허구세계'란 게임 내 캐릭터가 살아가는 이야기의 세계관을 가리킨다. 이러한 세계관에 관해서는 비디오 게임에서(판타지나 SF, 현실세계와 비슷한 것까지) 구체적인 양상은 다양하지만, 허구세계의 존재는 불가결하다고 여겨진다.

그러면 캐릭터 쪽은 어떨까? 세계(관)과 비교하여 논해지는 경우는 적지만, 게임 스타디즈의 영어권에서의 『필수논집(必携論集)』에서는, '사회학적인 측면'이라는 부(部)에 '캐릭터'의 항목이 설정되어 있다. 이 항목의 저자인, 게임 연구자 제시카 알드레드(Aldred, J.)는 비디오 게임의 캐릭터를 '복합적 존재'라고 강조하고 있다. 여기에서 복합이라는 말은 ①게임 세계에서의 플레이어의 인터랙티브한 대체물, ②게임세계의 이야기를 진행하기 위한 허구적(fictional) 존재, ③라이센스화된 상품을 통해 인식과 가치를 최대화하는, 보다 거대한 게임의 프렌차이즈의 상표적 심볼, 이라는 세 개의 위상을 말한다.[*2] 다만, 그녀가 정리한 것 중, ①과 ②에 대해서는 현대의 비디오 게임 특유의 성질이 아니라, 그 이전의 아날로그 게임 시대부터 강조되고 있던 이중성이다.

판타지 롤 플레이 게임(RPG), 이것은 일본의 테이블 토크 롤 플래잉 게임(TRPG)에 해당하는데, 미국에서의 그 플레이어의 에쓰노그래피를 쓴 개리 앨런 파인(Gary Alan Fine, 1950~)은 게임 경험이 다른 의미의 수준에 의해 성립되고 있음을 지적했다.[*3] TRPG는 『Dungeons & Dragons』(1974년, 이하 D&D)에서 시작된 장르로, 간단히 정의하자면, '현실과 다른 허구세계에서 특정한 역할(role)을 연기하는(playing) 게임'이다. 파인은 그곳에서 '플레이어'로서의 게임 참가와 '캐릭터'와의 동일화라는 수준을 발견했다.

더 나아가 케이티 살렌(Salen, Katie)과 에릭 짐머만(Eric Zimmerman,

1969~)은 파인의 논의를 인용하여, 플레이어와 조작하는 캐릭터의 관계는 동일시 할 수 있는 단순한 것이 아니다, 캐릭터가 등장하는 게임의 놀이는 풍부하고 복수의 층에 걸친 경험이 된다, 라고 지적한다.[4] 그러나 그들 자신이 유보를 하고 있듯이, 상기의 논의는 어디까지나 플레이어가 조작하는 주인공 캐릭터에 주목을 한 것이다. 비디오 게임의 풍부한 경험은, 캐릭터라는 점에서 봐도 반드시 조작하는 주인공만이 아니라 그 게임의 허구세계에 등장하는 기타 많은 캐릭터에 의해서도 얻을 있을 것이다.

특히 일본에서는 대중문화 중에서도 만화나 아니메의 영향력이 강했기 때문에 게임에서도 만화나 아니메적인(조작적 주인공 이외의) 캐릭터의 존재감이 강하다. 실제로 비디오 게임에서도 구미에서 표준적인 RPG라고 하면 플레이어가 아바타를 작성하여 준비된 허구세계와 룰 속에서 '자유'롭게 플레이 할 수 있는 게임을 일컫는 일이 많다. 이는 현재는 일본에서도 대규모 다인수 동시 참가형 온라인 RPG(MMORPG)의 형태로 일반화 되어 있다.[5] 그러나 이에 대해 〈드레곤 퀘스트〉 시리즈(1986~, 이하 DQ)나 〈파이널 판타지〉 시리즈(1987~, 이하 FF)의 많은 작품들이 구미에서는 'JRPG'라는 별도의 장르로 구분되고 있듯이, 일본의 게임은 허구세계에서 만들어지는 이야기나 그곳에서 자립한 캐릭터가 중요한 구성요소가 되는 경우가 많다. 이러한 게임 캐릭터의 의미를 고찰하기 위해 다음 절에서는 일본 독자의 게임론을 참조해 보겠다.

일본 게임론의 경우

일본의 게임 캐릭터를 파악하는 논의 중 하나에 아즈마 히로키의

「게임적 리얼리즘」론이 있다. 이는 선행하는 오쓰카 에이지의 「만화, 아니메적 리얼리즘」을 비판적으로 계승한 것이다.

만화·아니메적 리얼리즘이란 일본의 전시 하부터 전후의 역사 속에서 형성되어 온 심성으로, 사소설에서의 '나(私)'의 장소에 '캐릭터'가 대입된 것이다. 이러한 독자적인 리얼리즘에 의해, 일본의 만화나 아니메는 '사람의 죽음'을 기호적으로밖에 묘사하지 않는 한계를 안고, '기호적이 아닌 내용물인 인간존재나 사회적 현실을 그린다'는 모순을 표현하는 것이 가능해졌다.[*6]

그러나 게임과 같은 소설에서는 이러한 모순을 받아들일 수 없다고 오쓰카는 말한다. 여기에서 염두에 두는 게임 장르는 앞에서 언급한 TRPG이며, 이 부분에서 언급의 대상이 되고 있는 것은 전술한 D&D의 플레이 기록을 소설화한 『로도스섬 전기(ロ―ドス島戦記)』이다. 확실히 TRPG는 개개의 이야기를 자아내는 것은 플레이어들이며, 원래의 게임은 룰에 불과하다. 그렇기 때문에, 게임은 '리셋 가능한 미디어'라고 하는 주장은 이러한 장르를 전제로 하는 한 가능한 이야기이다.

위와 같이 만화·아니메적 리얼리즘은 만화·아니메 혹은 TRPG에서 파생한 캐릭터 소설(훗날의 라이트노벨)에서의 이야기 양상을 파악하기 위한 개념이었다. 그렇기 때문에 TRPG나 관련되는 판타지 소설에서 영향을 받은 DQ나 FF 등의 JRPG 이야기를 독해할 때는 유효한 시점을 제공해 준다. 그러나 그 외의 많은 게임 장르는 논의의 범위 밖에 있었다.

그에 대해 아즈마는 오쓰카의 주장을 받아들이면서 '복수의 이야기'를 낳는 '메타 이야기적 시스템으로서의 게임'의 성질에 보다 적극적인 의미를 발견했다. 게임은 이야기나 캐릭터 삶을 복수화하며, 죽음을 리셋 가능한 것으로 만든다. 게임적 리얼리즘은 이러한 '캐릭터의 메타 이야기성이 펼치는 또 하나의 이야기 시스템'이다. 그곳에서는 캐릭터가 메타 이야기적 결절점이기 때문에 어떠한 이야기에 대해서도 다른 이야기를 상상할 수 있는 힘이 생기게 된다.*7

전절에서 정리한 대로 게임은 룰이나 허구세계로 이루어지며 그곳에서의 주인공늑조작적 캐릭터는 플레이어와의 동일화와 허구세계의 존재로의 이화(異化)라는 다른 벡터를 가지고 있었다. 더욱이 일본의 게임문화에는 이야기보다 메타 레벨에 있는 룰 속에서 요소의 조합에 의해 생성된다. 그러한 게임적 리얼리즘을 바탕으로 하는 캐릭터는 이야기에 종속되는 것이 아니라 독립적인 것이다. 다른 이야기로 상상하는 힘을 발휘하고 리셋 가능하기 때문에 그릴 수 있는(게임 특유의 메타성을 지니기 때문에 가능한) 종류의 이야기도 나온다.

이러한 틀을 바탕으로 다음 절부터는 구체적인 사례를 검토하고자 한다. 그곳에서는 위의 논의로 이해할 수 있는 부분도 있고, 아직 설명이 되지 않은 영역이 있을 수도 있다. 그런 후에 다시 이론적으로 고찰하여 게임의 캐릭터와 세계관에 대한 이해를 심화하고자 한다.

2. 사례 분석 ① 〈슈퍼 로봇 대전〉 시리즈

'슈퍼 로봇'의 '대전'이라는 특징

첫 번째로 거론하고 싶은 것이 〈슈퍼 로봇 대전〉 시리즈(반프레스트[バンプレスト], 현 반다이 남코 엔터테인먼트[バンダイナムコエンターテインメント], 1991~)이다. 이하 시리즈명으로서는 SRW라고 표기하고 개별

타이틀에 대해서는 그때마다 표기를 하겠다. SRW는 그 이름대로 '슈퍼 로봇'과 '대전(전쟁)'을 테마로 한 시뮬레이션 RPG(SRPG) 시리즈이다. 알기 쉽게 설명하기 위해서 관계가 있는 SRW의 작품 발표연도와 게임 하드를 [표 1]에 정리한다.

[표 1] 〈슈퍼 로봇 대전〉 시리즈의 전개(본 장과 관련 있는 작품만 게재)

시리즈	타이틀	발표연도	발표시 하드
초기 시리즈	슈퍼 로봇 대전	1991	게임보이
	제2차 슈퍼 로봇 대전	1991	패밀리 컴퓨터
	제3차 슈퍼 로봇 대전	1993	슈퍼 파미콘
	슈퍼 로봇 대전EX	1994	슈퍼 파미콘
	제4차 슈퍼 로봇 대전	1995	슈퍼 파미콘
	슈퍼 로봇 대전F	2000	세가사탄
α시리즈	슈퍼 로봇 대전α	2000	PlayStation
	슈퍼 로봇 대전α외전	2001	PlayStation
	제2차 슈퍼 로봇 대전α	2003	PlayStation2
	제3차 슈퍼 로봇 대전α	2005	PlayStation2
Z시리즈	슈퍼 로봇 대전Z	2008	PlayStation2
	제2차 슈퍼 로봇 대전Z 파계편(破世編)	2011	PlayStation Portable
	제2차 슈퍼 로봇 대전Z 재세편(再世編)	2012	PlayStation Portable
	제3차 슈퍼 로봇 대전Z 시옥편(時獄編)	2014	PlayStation3 /PlayStation Vita
	제3차 슈퍼 로봇 대전Z 천옥편(天獄編)	2015	PlayStation3 /PlayStation Vita
—	슈퍼 로봇 대전DD	2019	iOS/Android

우선 '대전'이라는 점에서 SRW 시스템은 아날로그 게임에서의 워게임(전쟁 시뮬레이션을 반면[盤面]으로 하는 게임) 장르의 계보에 있다.

또한 SRW가 직접 참조했다고 생각되는 것이 〈파이어 엠블렘(ファイアーエムブレム)〉 시리즈(닌텐도[任天堂], 1990~)이다. 동 시리즈는 일본 SRPG의 전형으로 되어 있는데, 제1작 〈파이어 엠블렘 암흑룡과 빛의 검(ファイアーエムブレム 暗黒竜と光の剣)〉(1990)의 발매는 초대 〈슈퍼 로봇 대전〉 1년 전이며, SRW는 그 영향을 룰, 특히 게임 시스템 면에서 받아들이고 있다. 그것은 캐릭터 유닛을(장기나 바둑처럼) 칸 안에서 차례가 올 때마다 움직이는 전투 파트와 캐릭터가 자아내는 이야기를 읽어나가며 진행하는 인터미션 파트가 반복되는 식으로 진행된다.

그러나 다른 SRPG와 다른 SRW의 특징은 타이틀 전반의 '슈퍼 로봇'이라는 말이 보여주고 있다. 즉 SRW에서 플레이어가 조작하는 것은 중세 기사나 실제 병기가 아니라 마징가Z나 겟타로보, 건담과 같은 로봇이다. 원래 소년들이 타는 '거대 로봇'은 전후 일본 사회 속에서 탄생하였고, 1970년대의 〈마징가Z(マジンガーZ)〉(1972~1974)의 유행이나 〈기동전사 건담(機動戦士ガンダム)〉(1979~1980, 이하 건담)의 80년대 극장판이나 〈건담 프라모델〉을 필두로 한 붐 등, 몇 개 단계를 거쳐 정착한 상상력이다. 이러한 기존의 로봇 아니메는 각각 별개의 이야기를 지니지만 이것들이 '꿈의 공연'을 하는 것이 SRW의 최대 특징이다.

SRW는 그 후 90년대의 〈신세기 에반게리온(新世紀エヴァンゲリオン)〉(1995~1996)이나 2000년대의 〈코드기아스(コードギアス)〉 시리즈와 같은 각 시대마다 인기를 끈 새로운 캐릭터를 등장시켜 간다. 지금까지 간과되어온 마이너한 로봇 아니메, 혹은 아니메가 아니라 만화나 다른 미디어에서밖에 전개되지 않는 작품도 등장시키며 현재까지 시리즈를 이어왔다. 즉, SRW는 게임 시스템으로 워 게임이나 SRPG의 계보를 이으며, 캐릭터 면에서 아니메 등 '이미 존재하는' 로봇이나

파일럿이 중요한 구성요소가 되고 있다.

크로스오버에 의한 캐릭터와 이야기의 변용

그러면 크로스오버에 의해 캐릭터와 이야기는 어떻게 변화했을까? 이러한 점에 대해서, 거대 로봇과 비디오 게임의 관계를 분석한 시오야 마사유키(塩谷昌之)는 본 장과 마찬가지로 오쓰키와 아즈마를 참조하면서 다음과 같이 결론짓고 있다.

즉 이야기가 복수화되는 게임의 구조하에, 원작에서는 유일무이의 존재였던 로봇이나 파일럿은 비슷한 존재를 수없이 많이 늘어놓음으로써 카탈로그화되고 비교에 의해 캐릭터성이 강조된다. 이는 거대 로봇 아니메가 본래 지니고 있던 세계관ー큰 이야기를 후경화한다. 다만, 그렇게 복수화한 이야기의 구조 안에서 활약하는 캐릭터에도 여전히 수미일관된 이야기는 필요하다고 한다.[*8]

위와 같은 설명은 크로스오버에 의한 캐릭터와 이야기의 변화의 기본적 양상을 적확하게 포착하고 있다. 다만, SRW는 그 인기에 비해 학술적인 논고는 그 외에 없고 시오타니 자신도 강조하고 있는 대로, 고찰은 초보 단계에 머물러 있다. 그렇기 때문에 본 장에서는 시오타니를 계승하며 그 후의 시리즈 전개도 시야에 넣은 논의를 '이야기와 세계관의 변화'라는 논점에서 전개해 간다.

우선 초기 시리즈인 〈제2차 슈퍼 로봇 대전〉(1991)에서 〈제4차 슈퍼 로봇 대전〉(1995)(혹은 그 리메이크작인 〈슈퍼 로봇 대전F〉)까지는, 작품에 따라 정도의 차이는 있지만, 기본적으로는 건담 시리즈의 〈우주세기(宇宙世紀)〉를 베이스로 하여 적당히 다른 원작 아니메 설정이 조합되는 형태로 세계관이 형성되고 있었다. 그 다음에, 판매고가 가장 컸던

〈슈퍼 로봇 대전α〉(2000)부터 〈제3차 슈퍼 로봇 대전α〉(2005)까지의 'α시리즈'에서는, 건담 시리즈라도 〈우주세기〉만이 아니라 〈신기동전기 건담W(新機動戦記ガンダムW)〉(1995~96) 등의 '언아더 센추리'라고 불리는 별개의 세계관을 갖는 작품과 〈초시공 요새 마크로스(超時空要塞マクロス)〉(1982~83) 등 (그 자체로 아니메나 다른 미디어로 시리즈 전개되는 것과 같은)'큰 이야기'를 지닌 인기작이 참전하게 되었다. 그 결과, 아말감적 세계관으로 이야기가 전개되게 되었다.

물론 거기에는 다양한 내력을 지닌 작품을 취사선택하여 모순되는 점은 다시 해석하여 어떻게든 통일된 세계관을 구축하고자 하는 노력이 보였다. 그 결과 일상적인 범죄 레벨에서 국가나 지구권 내의 분쟁과 같은 중간 레벨, 더 나아가 외우주(外宇宙)나 은하 규모의 대전쟁까지, 미크로에서 마크로에 걸치는 장대한 이야기를 자아내는 것이 가능해졌다. 하지만 그 결과 이야기는 복수화되어 가고 31개나 되는 작품이 참전한 〈제3차 슈퍼 로봇 대전α〉에서는 은하 규모의 제국이나 우주 전체를 파멸시키는 힘을 지닌 규모의 괴수군과 외우주에서 싸운 직후에 지구권에서 인류의 국가들끼리의 결전이 그려지는 등, 모순이 드러나게 되었다. 이는 곧 각각 규모나 작풍이 크게 다른 원작의 큰 이야기를 하나로 묶어내고 더 나아가 단발적인 역사를 지닌 작품을 넘어 시리즈로서 시간적으로 계속 이어지는 전개가 한계에 달했다는 것을 의미한다고 할 수 있다.

그 결과 다음 시리즈인 〈슈퍼 로봇 대전Z〉(2008)부터 〈제3차 슈퍼 로봇 대전Z〉(2014~2015)까지의 〈Z시리즈〉가 되자, 이야기 전개 상 어떤 아이디어가 도입되게 되었다. 그것은 곧 '병행세계'라는 설정이다. 즉, 이 시리즈의 세계관은, 그때까지의 SRW처럼 '다른 원작의 설정을 합친 세계가 처음부터 존재하는' 것이 아니게 되었다. 그 대신, 이야기 개시 당초에는 각 원작의 세계 혹은 비교적 세계 설정이 가까운(함께 합쳐도 모순이 생기지 않는) 작품이 몇 개 조합된 세계에서, 각 캐릭터가 뭔가의 이유로 병행세계로 소환된다고 하는 작극상의 고안이 이루어 졌다.

이에 의해 Z시리즈에서는 확실히 이야기 전개상의 무리나 모순은 일어나지 않게 되었다. 그러나 크로스오버의 매력의 하나였던 '수많은 작품이 하나의 세계관 안에서 통일되어 있다'는 감각은 희박해졌다. 세계관에서 큰 이야기가 후퇴하고, 각 원작에서의 작은 이야기의 집합 이 되어 버린 것이다. 이는 율의 개념을 사용하자면, 허구세계보다 현실의 룰이 전면에 나온 상황이라고도 할 수 있다.

더 나아가 SRW 후에도(참전 작품 수가 적고 하나로 결합된 세계관으로 이야기가 전개되는 작품이 몇 개 존재하기는 하지만) '원작의 세계'에서 '병 행세계'로 호출되어 공연한다는 설정은 많은 작품에서 답습되게 된다. 예를 들면, 스마트폰 게임인 〈슈퍼 로봇 대전DD〉(2019~)에서는 몇 개 의 원작이 조합된 세계가 설정되어 있지만, 그것들은 처음부터 네 개 의 '월드'로 나뉘어 있어서 다른 세계의 캐릭터와는 단절되어 있다.[*9] 그 안에서 주인공 캐릭터는 그들의 평행세계를 건너다니는 존재로 설 정되어 있다.

본절에서 분석해 왔듯이, SRW는 캐릭터의 '크로스오버'에 대해서 선구적 게임이며, 1990년대 초반부터 2000년대 전반 시리즈까지는 다른 원작이 통합된 하나의 세계관으로 이야기가 전개되고 있었다. 그러나 2000년대 후반부터 2010년대가 되자, 캐릭터의 증대와 이야 기의 확대로 인해 통일된 세계관의 유지가 곤란해지고 '평행세계'라는

모티프가 도입되었다. 이러한 세계관의 복수화는 작은 이야기가 그야
말로 '평행'적으로 존재하고 있지만, (모든 로봇이 하나의 가공역사를 지
닌 세계로 공연된다) 큰 이야기를 향수할 수 없게 만든다. 이는 게임을
구성하는 허구세계와 현실의 룰이라는 두 개 중 후자의 논리가 전면화
했다고 할 수도 있고, 게임이라는 미디어 형식이 지닌 '메타성'이 드러
난 것이라고도 할 수 있다.

　하지만, 이러한 크로스오버에 의한 세계관의 존재는, SRW에 한한
것이 아니라 다른 내력을 지닌 캐릭터가 공연하는 타입의 비디오 게임
에서도 볼 수 있다. 이에 대해서, 다른 논점도 추가하여 다음 절에서
논의해 보겠다.

3. 사례 분석 ② 〈사가〉 시리즈

'프리 시나리오'라는 이야기

　분석대상 두 번째로 거론하는 것은 〈사가〉 시리즈(스퀘어, 현 스퀘어
에닉스, 1989~)이다. 동 시리즈는 첫 작품 『마계탑사 사가(魔界塔士サ
·ガ)』(1989)에서 시작되어, 현재 전개 중인 스마트폰 어플 게임까지
계속되고 있는데, '유례를 찾아볼 수 없다', '"게임을 좋아하는" 사람을
끌어들이는 "사가"시리즈'[*10]라는 평가를 받을 만큼, 독자적인 매력을
갖추고 있다. 이 개성은 비디오 게임에서의 캐릭터와 이야기, 그리고
세계관과의 관계를 생각하는 단서가 될 것이다. 〈사가〉 시리즈의 주요
타이틀을 [표 2]에 제시해 둔다.

[표 2] 〈사가〉 시리즈의 전개(본 장과 관련 있는 작품만 게재)

시리즈	시리즈	발매연도	발매시 하드
초기 시리즈	마계탑사 사가	1989	게임보이
	사가2 비실전설(秘室伝説)	1990	게임보이
	사가3 시공의 패자(時空の覇者) 완결편	1991	게임보이
로맨사가 시리즈	로맨싱 사가	1992	슈퍼패미콘
	로맨싱 사가2	1993	슈퍼패미콘
	로맨싱 사가3	1995	슈퍼패미콘
사가프로 시리즈	사가 프론티어	1997	Playstation
	사가 프론티어2	1998	Playstation
—	언리미티드 : 사가	2002	Playstation2
—	사가 스칼렛 그레이즈	2016	Playstation Vita
—	로맨싱 사가 리 유니버스	2018	iOS/Android

실험적인 1–3작째를 거쳐, 〈사가〉 시리즈 중에서도 'JRPG의 가능성을 확장한 중요한 작품'으로 여겨지는 것이, 제4작 〈로맨싱 사가(ロマンシング サ·ガ)〉(1992)이다. 동 작품은 멀티 시나리오와 멀티 엔딩의 게임 시스템을 구비하고 있으며, 이야기 평론가인 사야와카(さやわか)에 의하면, '이야기가 시스템적으로 생성되는 작품'의 선구적 예이다.[*11] 즉 그때까지의 JRPG에서는 플레이어의 선택에 의해 몇 가지 분기(分岐)가 있는 등 다소의 바리에이션은 있어도 기본적으로는 하나의 일관된 이야기가 진행되고 있었다. 이에 대해 〈로맨싱 사가〉는 플레이어의 선택에 의해 이야기가 다르게 전개된다.

그곳에서의 캐릭터와 이야기의 관계가 보다 명확해진 것이, 다음 작인 제5작 〈로맨싱 사가2〉(1993년, 이하 로맨사가2)이다. 이 작품의 이야기는 태고에 사람들을 구한 일곱 명의 영웅이 있다는 식으로 복잡하며, 그들을 주인공 측 제국이 타도해 간다는 것이다. 그러나 게임 개시 직후 플레이어가 이름을 입력한 주인공은 종반까지 등장하지 않고 그 때까지는 플레이어가 조작하는 역대 황제들이 차례로 황위를 계승하면서 천 년 동안의 시간 속에서 싸우게 된다.

다만 플레이어가 조작하는 황제는 최초와 두 번째 캐릭터, 그리고 위에서 언급한 플레이어가 이름을 붙인 최종 황제는 정해져 있지만, 세 번째부터 마지막 직전까지의 황제는 통상은 주인공이 아닌 캐릭터를 후계자로 지명해가게 된다. 이들 캐릭터는 황제로 지명되기 전에는 스무 개 이상의 직업이 준비되고, 또한 직업마다 여덟 개의 바리에이션이 있어서 합계 100개 이상은 된다. 이들 캐릭터가 특정 이벤트를 거쳐 플레이어 측 제국 산하에 들어가서 조작이 가능해 진다. 또한 전 작품부터 계속되는 프리 시나리오에 의해 세계 각지의 일곱 영웅을 타도하는 순번은 자유롭게 설정되어 있어서, 플레이어의 진행에 의해 이야기의 전개는 크게 달라진다.

즉, 로맨사가2는 조작 캐릭터의 수도 이야기의 흐름도 플레이어에 따라 크게 다르다. 이는 캐릭터와 지역, 전개 마다 다른 작은 이야기가 게임의 주된 부분이라는 것을 의미한다. 그것들을 통합하는 룰과 세계관이 있음으로 인해 하나의 게임 작품으로 성립되는 것이라고 할 수 있다. 이러한 캐릭터와 단편적인 이야기의 '집합'이라는 게임의 양상은, 〈사가〉 시리즈 중에서도 특히 인기를 모았다. 실제로 로맨사가2와 그 시스템의 대부분을 이은 〈로맨싱 사가3〉(1995년, 이하 로맨사가3)는 각각 120만 편, 130만 편으로 그 후의 시리즈도 포함하여 매출 탑을 기록하였다. 로맨사가3는 전작부터 주인공을 여덟 명 중에서 선택하는 시스템으로 바뀌었지만, 시작과 마지막의 이벤트 이외는 자유로운 프리 시나리오이며, 그에 따른 이야기의 탈중심화라는 큰 부분에서는 공통되고 있다.

'메타 이야기'의 변용

이미 언급한 대로, 근년 컨슈머기에서 인기였던 게임 시리즈가 스마트폰용 소위 소셜 게임으로서 전개되는 일이 많은데, 〈사가〉 시리즈의 그러한 작품이 〈로맨싱 사가 리 유니버스(ロマンシング サガ リ·ユニバース)〉(스퀘어 에닉스, 2018~, 이하 로맨사가RS)이다. 이 작품은 SRW의 크로스오버에서 선구적으로 볼 수 있었듯이, 〈사가〉 시리즈의 캐릭터가 개개의 세계관의 틀을 넘어 모여 있다.

2010년대에 성행하게 된 스마트폰 게임에서는 이러한 '캐릭터 자원을 활용한 소셜게임화'가 널리 전개되고 있다. 다만, 그 의미는 게임에 따라 다르며, 평론가 나카가와 다이치(中川大地)는 동인 게임을 루트로 가지고 있는 〈Fate/Grand Order〉(2015~)와 비교하여, 〈파이널 판타지〉 등의 대작 JRPG의 소셜 게임화에 대해서는 '구형 모델의 스핀오프 작품'으로서 낮은 평가를 하고 있다.[*12] 이러한 평가는 일반적일 것이다.

그러나 컨슈머 게임에서 유래한 소셜 게임에서도, 본 장과 같은 문맥에서는 다른 의미를 찾을 수 있다. 로맨사가RS에서는 메인 스토리 자체는 그 시점에서 공개되어 있는 최신화까지 비교적 쉽게 도달한다.[*13] 이는 소셜 게임의 일반적 특징이기도 하지만, 다른 시각에서 볼 수도 있다. 그것은 세계 설정과의 관계이다.

로맨사가RS의 세계는 기본적으로는 로맨사가3의 300년 후로 설정되어 있다. 그곳에서 속편의 이야기가 전개되는 것인데, 세계 설정으로서는 다원적으로 존재하는 역대 시리즈 작품 별 세계에서(로맨사가3

을 기반으로 하는 세계로) 수많은 캐릭터가 소환되게 된다.[14] 이는 어느 시기 이후의 SRW에서 볼 수 있는 상상력, 보다 있는 그대로 이야기하자면, '해결책'이다.

대부분의 소셜 게임이 그렇듯이, 로맨사가RS의 플레이 대부분은 전투를 반복하여 경험치와 아이템을 축적하여 캐릭터를 성장시켜가기만 하는 시간이 된다. 그곳에서의 캐릭터는 이야기의 진행으로 획득할 수 있는 것도 있지만, 기본 플레이 무료식 소셜 게임의 운영상의 제약으로서 과금을 함으로써 기회가 증가하는 '가차'로 손에 넣는 것이 대부분이다. 그런 의미에서 이 게임은 '가차 과금'의 전형적 비즈니스 모델의 하나에 불과하다고 할 수 있다.

그러나 그것은 플레이어의 인생의 시간과 연동하는 것이기도 하다. 예를 들면 사회학자 기지마 요시마사(木島由晶)는 앞서 거론한 〈Fate/Grand Order〉의 플레이어에 대한 인터뷰에서, 게임에 빠져들기 위한 '지겨워도 한 번 들어가서 해보는' 플레이가 일상의 일부가 되어 있는 현대를 '끊임없는 육성의 시대'라고 부른다.[15] 스마트폰을 한 시도 떼어 놓지 못하고 몸에 지니고 실시간으로 연동하여 이야기를 갱신시키고 있는 게임은 이와 같은 일상을 구축하는 성질이 있는 것이다.

본 절에서는 〈사가〉 시리즈를 사례로 캐릭터와 이야기, 세계관의 관계를 검토해 왔다. 거기에서 프리 시나리오나 멀티엔딩으로부터 크로스오버의 플랫폼으로라는, 메타 이야기의 양상의 변화를 볼 수 있었다. 또한 게임의 구성요소 중에서 이야기는 탈중심화되고 복수화된 세계관으로 카탈로그화한 캐릭터들이 부상하게 되었다. 또한 이들 캐릭터는 반복하는 플레이 속에서 일상생활의 일부분이 되어 있다. 그러한 가능성이 발견된 것이다. 마지막으로 다음절에서는 지금까지의 사례 분석을 바탕으로, 현대 미디어 환경하, 게임의 캐릭터와 세계관의 관계를 검토해 보고자 한다.

4. 게임의 캐릭터와 세계

일본문화로서의 '캬라게'

게임의 캐릭터에 대한 본 장의 결론을 제시하기 전에 현대 일본의 미디어 환경을 캐릭터의 시점에서 확인해 보겠다. 일본은 캐릭터가 편재하는 나라이다. 캐릭터라고 하면 만화나 아니메, 소설, 영화가 먼저 떠오를지 모르겠지만, 본 장에서 보아 왔듯이, 캐릭터문화는 그들 매체만으로 전개되는 것은 아니다.

오쓰키의 이야기 소비론에서는 빗쿠리맨 초코가 씰에 그려진 캐릭터와 이야기를 전달하는 미디어로서 논의되었다.[16] 또한 미디어 연구자인 마크 스타인백(Marc Steinberg)은 편의점이라는 친근한 공간까지 캐릭터를 전달하는 미디어로서 미디어 믹스의 일환이 되어 있다고 지적하고 있다.[17] 완구나 모형[18]도 거기에 더할 수 있을 것이다.

그러한 일본의 미디어 환경에 바탕을 둔다면, 오늘날의 비디오 게임 역시 캐릭터를 운반하는 미디어가 되고 있음을 알 수 있다. 그렇기 때문에 SRW처럼 아니메나 기타 미디어에 기원을 두는 캐릭터가 수없이 출연하는 캐릭터가 시리즈나, 로맨사가RS처럼 비디오 게임 자체의 캐릭터가 총등장하는 작품도 있다. 본 장에서 보아왔듯이, 그렇게 증식한 캐릭터는 카탈로그화되고, 이야기가 그들 캐릭터를 포섭하고자 하면, 통일된 세계관 구축은 곤란해진다. 그렇기 때문에 게임의 허구세계는 다원화되고 끊임없는 육성이 플레이의 주된 부분이 된다. 이러한 '캐릭터와 함께 있는 일상'이 바로 현대적 비디오 게임이 형성하는 게임 내 세계, 아니 그보다는 메타레벨에 있는 '세계'의 하나일 것이다.

본 장에서 다룬, 원래 다른 세계를 지닌 캐릭터가 크로스오버하는 타입의 게임은 종종 '캬라게(キャラゲー)'[1]라고 야유를 받으며 제대로 논의가 되지 않고 있다. 그러나 지금까지의 논의에서 알 수 있듯이, 이러한 게임은 실은 일본의 캐릭터문화와 게임문화의 역사가 교차하는 지점에서 출현한 지극히 '일본문화'적인 것이다.

이야기의 단편화와 세계관의 다원화, 캐릭터의 일상화. 이것이 일본의 일종의 비디오 게임에 특징적인 캐릭터와 이야기, 세계의 관계이다. 물론 이것들과 다른 양상의 비디오 게임도 존재하며, 거기에서도 역시 다른 '세계'가 형성되고 있을 것이다.

원저자 주

*1 율 예스퍼(松永伸司訳), 『하프 리얼 — 허실의 사이에 있는 비디오 게임(Half-real : video games between real rules and fictional worlds)』(ニューゲームズオーダー, 2016).

*2 Aldred, J., "Characters" in Wolf, M., and Perron, B., ed. The Routledge Companion to Video Game Studies(Routledge, 2014).

*3 Fine, G. A., Shared Fantasy: Role Playing Games As Social Worlds(The University of Chicago Press, 1983).

1) 노는 것을 즐기기보다는 등장인물의 캐릭터의 매력에 중점을 두는 게임 작품을 말함.

*4   케이티 살렌, 에릭 짐머만, 『룰즈 오브 플레이(상)—게임 디자인의 기초(ルールズ・
オブ・プレイ(上)ーゲームデザインの基礎)』(山本貴光訳, ソフトバンククリエイ
ティブ, 2011). [역주] 윤형섭, 권용만 역, 『게인디자인 원론』 1~3(지코사이언스,
2010.7~2013.9).

*5   일본에서도 근년 MMORPG의 에쓰노그래픽한 연구가 나오고 있다. 高田佳輔, 「大規
模多人数同時参加型オンラインロールプレイングゲームのエスノグラフィー 一 仮想世界
において創発的サードプレイスをいかに生み育てるか」(『社会学評論』 69-4, 2019).

*6   大塚英志, 『キャラクター小説の作り方』(講談社, 2003).

*7   東浩紀, 『ゲーム的リアリズムの誕生』(講談社, 2007).

*8   塩谷昌之, 「巨大ロボットとビデオゲーム」(池田太臣・木村至聖・小島伸之編, 『巨大
ロボットの社会学 一 戦後日本が生んだ想像力のゆくえ』, 法律文化社, 2019).

*9   집필 시(2021년 3월 현재)에는 여섯 개의 '월드'로 증가했지만, 각각이 병행세계인
설정은 같다.

*10   株式会社キュービスト編, 『サガ クロニクル』(スクウェア・エニックス, 2017).

*11   井上明人・黒瀬陽平・さやわか・東浩紀, 「メディアミックスからパチンコへ 一 日本
ゲーム盛衰史1991~2018」(『ゲンロン8』, ゲンロン, 2018).

*12   中川大地, 「ふたつの「GO」が照らす〈空間〉と〈時間〉」(『ユリイカ』 2017年 2月号, 青
土社).

*13   이런 종류의 소셜게임에 자주 보이는 시스템이지만, 서비스 개시 때부터 이야기가
조금씩 갱신되어 간다. 〈로맨사가RS〉의 경우, 집필 시에는 1부 2장으로 도중까지만
정해져 있었다.

*14   그렇기 때문에 등장하는 〈사가〉 시리즈의 대부분의 캐릭터는 '이계(異界)의 전사'로
불린다.

*15   木島由晶, 「携帯する「ゲーム＝遊び」の変容 一 オンラインゲームの大衆化をめぐっ
て」(松井広志・井口貴紀・大石真澄・秦美香子編, 『多元化するゲーム文化と社会』,
ニューゲームズオーダー, 2019).

*16   大塚英志, 『定本 物語消費論』(角川書店, 2001).

*17   マーク・スタインバーグ(岡本健・松井広志訳), 「物流するメディア 一 メディアミック
ス・ハブとしてのコンビニエンスストア」(岡本健・松井広志編, 『ポスト情報メディア
論』, ナカニシヤ出版, 2018).

*18   松井広志, 『模型のメディア論 一 時空間を媒介する「モノ」』(青弓社, 2017).

집필자 소개

아라키 히로시(荒木浩)

서「'캐릭터'와 '세계'의 대중문화사」

1959년생. 국제일본문화연구센터(国際日本文化研究センター) 교수. 전공은 일본고전문학. 저서에 『『곤자쿠이야기집』의 성립과 대외관(『今昔物語集』の成立と対外観)』(思文閣出版), 『쓰레즈레구사에의 길(徒然草への途)』, 『설화집의 구상과 의장(説話集の構想と意匠)』(勉誠出版), 『이렇게 해서 「겐지 이야기」가 탄생한다(かくして「源氏物語」が誕生する)』(笠間書院), 편저에 『고전의 미래학(古典の未来学)−Projecting Classicism』(文学通信) 등.

긴스이 사토시(金水敏)

제1장「'캐릭터'와 '인격'에 대해서」

1956년생. 방송대학(放送大学) 오사카 학습센터 소장. 전공은 일본어사. 저서에 『버추얼 일본어 역할어의 수수께끼(ヴァーチャル日本語 役割語の謎)』(岩波書店), 『일본어 존재표현의 역사(日本語存在表現の歴史)』(ひつじ書房), 저서에 『〈역할어〉 소사전(〈役割語〉小辞典)』(研究社) 등.

아시즈 가오리(芦津かおり)

제2장「야마토 햄릿 일곱 가지 변화」

1967년생. 고베대학(神戸大学) 인문학연구과 교수. 전공은 영미문학. 저서에 『가랑이 사이로 보는 『햄릿』−셰익스피어와 일본인(股倉からみる『ハムレット』−シェイクスピアと日本人)』(京都大学学術出版会), 번역서 『잘 하는 여자(よくできた女)』, 『행복의 글라스(幸せのグラス)』(バーバラ·ピム、みすず書房) 등.

마이클 에메릭(Michael Emmerich)

칼럼 I「캐릭터와 번역 가능성」

1975년생. 캘리포니아대학 로스앤젤레스교 교수. 전공은 일본문학. 저서에 『The Tale of Genji: Translation, Canonization, and World Literature』(Columbia University Press), 『이리 뛰고 저리 뛰고 야단법석−문학은 저물고 길은 멀다(てんてこまい−文学は日暮れて道遠し)』(五柳書院), 번역서에 『Dandelions』(川端康成著, New Directions), 『Sayonara, Gangsters』(高橋源一郎著, Vertical) 등.

이노우에 쇼이치(井上章一)

제3장 「미모의 역사와 미술의 역사」

1955년생. 국제일본문화연구센터 소장. 전공은 건축사, 의장론. 저서에 『만들어진 가쓰라이궁신화(つくられた桂離宮神話)』(講談社学術文庫), 『사랑의 공간－남자와 여자는 어디에서 맺어졌나(愛の空間－男と女はどこで結ばれてきたのか)』(角川ソフィア文庫), 『싫은 교토(京都ぎらい)』(朝日新書), 『미인론(美人論)』(朝日文庫) 등.

나가이 구미코(永井久美子)

제4장 「'세계 3대 미녀' 담론과 전후 일본의 미인관－고마치와 헬레네의 교체로 생각하다」

1975년생. 도쿄대학(東京大学) 대학원총합문화연구과 부속 진학정보센터 준교수. 전공은 비교문학, 비교문화, 일본 고전문학. 논문에 「발을 내거는 세이쇼나곤도의 확립과 울타리엿보기의 시점－도사 미쓰오키(土佐光起) 이전, 이후(簾をかかげる清少納言図の確立と垣間見の視点－土佐光起の以前以後)」(『造形のポエティカ』, 青簡舎), 「『겐지 이야기』마보로시권의 사계와 우라시마전설－가메히메로서의 무라사키노우에(『源氏物語』幻巻の四季と浦島伝説－亀比売としての紫の上)」(『アジア遊学』 246, 勉誠出版) 등.

마에카와 시오리(前川志織)

제5장 「'캐릭터'로서의 레이코－화가 기시다 류세이의 〈레이코상〉 연작으로부터」

1976년생. 교토예술대학(京都芸術大学) 전임강사. 전공은 일본근대미술사, 디자인사. 편저에 『박람회 그림엽서와 그 시대(博覧会絵はがきとその時代)』(青弓社), 논문에 「캬라멜의 비유로서의 '어린이'－전간기 일본의 양과자 광고와 동화풍 도안(キャラメルの喩えとしての「子ども」－戦間期日本の洋菓子広告と童画風図案)」(『運動としての大衆文化』, 水声社) 등.

사사키 다카히로(佐々木高弘)

제6장 「〈신 고질라〉의 세계관－캐릭터화된 '사나운 신'과 신화의 세계」

1959년생. 교토첨단과학대학(京都先端科学大学) 명예교수. 전공은 역사, 문화지리학. 저서에 『민화의 지리학(民話の地理学)』, 『괴이의 풍경학(怪異の風景学)』, 『신화의 풍경(神話の風景)』, 『요괴순례(妖怪巡礼)』(古今書院), 『교토 요괴 안내(京都妖界案内)』(だいわ文庫), 『생명으로서의 경관(生命としての景観)』(せりか書房), 『요괴가 찾아온다(妖怪がやってくる)』(岩波書店) 등.

기바 다카토시(木場貴俊)
제7장 「하늘에서 짐승이 떨어졌다-뇌수(雷獣) 고찰」
1979년생. 교토첨단과학대학(京都先端科学大学) 인문학부 준교수. 전공은 일본근세문화사. 저서에 『괴이를 만들다-일본 근세 괴이 문화사(怪異をつくる-日本近世怪異文化史)』(文学通信), 논문에 「'무서운 것을 보고 싶음'의 근세문화사(「こわいもの見たさ」の近世文化史)」(『身体の大衆文化 描く·着る·歌う』, KADOKAWA) 등.

사노 아키코(佐野明子)
제8장 「너구리와 전쟁-일본 아니메 문화에 있어 전승세계의 전개」
1975년생. 도시샤대학(同志社大学) 문화정보학부 준교수. 국제일본문화연구센터 객원 준교수. 전공은 영상문화론. 논문에 「『모모타로 바다의 신병』론-국책 아니메의 영상 실험(『桃太郎海の神兵』論-国策アニメーションの映像実験)」(『アニメーション研究』20(1)), 「다카하타 이사오와 이마무라 다이헤이『만화영화론』(高畑勲と今村太平『漫画映画論』)」(『ユリイカ 総特集 高畑勲の世界』, 青土社) 등.

구루시마 하지메(久留島元)
칼럼 Ⅱ 「제가이보의 근세 수용-전생하는 천구 설화」
1985년생. 교토세이카대학(京都精華大学) 특별임용강사. 전공은 일본중세문학. 논문에 「『곤자쿠이야기집』 진단부의 위치-성과 외도가 없는 나라-(『今昔物語集』震旦部の位置-聖と外道のいない国-)」(『説話の中の僧たち』, 新典社), 「천구신앙과 문예(天狗信仰と文芸)」(『怪異学講義-王権·信仰·いとなみ』, 勉誠出版) 등.

아오키 젠(青木然)
제9장 「고바야시 기요치카의 『백찬백소』에 나타난 청국인상」
1984년생. 담배와 소금 박물관(たばこと塩の博物館) 학예원. 전공은 일본근대사. 논문에 「고베의 항만 노동자와 청국인 노동자 비잡거 운동(神戸の港湾労働者と清国人労働者非雑居運動)」(『日韓民衆史研究の最前線』, 有志舎), 「일본민중의 조선관(日本民衆の朝鮮観)」(『隣国の肖像』, 大月書店) 등.

야마구치 노리히로(山口記弘)
제10장 「시대극과 히어로 캐릭터의 예능사」
1960년생. 도에이주식회사(東映株式会社) 경영전략부 펠로. 전 도에이우즈마사영화마을(東映太秦映画村) 사장, 현재는 상담역. 게이후쿠전기철도주식회사(京福電気鉄道株式会社) 이사. 리쓰메이칸대학(立命館大学) 영상학부 비상근강사. 전공은

일본영화사. 연재에 「우즈마사 시대극의 1세기(太秦時代劇の1世紀)」(読売新聞夕刊), 도에이 70주년 블로그(東映70周年ブログ) 「도에이 행진곡(東映行進曲)」 등.

후카야 다이(深谷大)
제11장 「가부키와 자니즈-형태를 바꾸어 계속해서 살아남는 문화전통」
와세다대학(早稲田大学) 연극박물관 초빙연구원, 주쿄대학(中京大学) 문화과학연구소 특임연구원. 전공은 일본문학, 문화. 저서에 『이와사 마타베에 풍 에마키군과 고조루리(岩佐又兵衛風絵巻群と古浄瑠璃)』(ぺりかん社), 『삽화로 즐기는 에도살이(さし絵で楽しむ江戸のくらし)』(平凡社新書) 등.

곤도 가즈토(近藤和都)
제12장 「〈야마토〉에서 〈건담〉까지의 미디어사-'기억해야 할 것'과 '기억하는 사람들'」
1989년생. 오즈마여자대학(大妻女子大学) 사회정보학부 준교수. 전공은 미디어 연구. 저서에 『영화과 관객의 미디어론-전전시기 일본의 「영화를 읽다 / 쓰다」(映畫館と観客のメディア論-戦前期日本の「映畫を読む / 書く」という経験)』(青弓社) 등.

에구치 구미(江口久美)
제13장 「그룹 아이돌의 세계관 공유와 보완-BiS·BiSH를 대상으로」
1983년생. 규슈대학(九州大学) 지속가능한 사회를 위한 결단과학센터(持続可能な社会のための決断科学センター) 특임조교, 일반사단법인 규슈 오픈 유니버시티 연구부 연구원. 전공은 도시공학. 저서에 『파리의 역사적 건조물 보전(パリの歷史的建造物保全)』(中央公論美術出版), 논고에 「문화전파의 날실과 씨실-가스리오리문화 전파경로의 세계사(文化伝播の経糸と緯糸-絣(かすり)織り文化の世界史における伝播経路」(『映しと移ろい』, 花鳥社) 등.

마쓰이 히로시(松井広志)
제14장 「비디오 게임의 캐릭터와 세계-〈슈퍼로보〉와 〈사가〉 시리즈로 생각한다」
1983년생. 아이치슈쿠토쿠대학(愛知淑徳大学) 창조표현학부 준교수. 전공은 미디어론, 문화사회학. 저서에 『모형의 미디어론-시공간을 매개하는 '모노'(模型のメディア論 −時空間を媒介する「モノ」)』(青弓社), 편저에 『다원화하는 게임문화 사회(多元化するゲーム文化と社会)』(ニューゲームズオーダー) 등.

옮긴이 소개

엄인경(嚴仁卿)

고려대학교 글로벌일본연구원 교수. 한국일본문학회 회장.
고려대학교 일어일문학과와 같은 대학원에서 일본문학 연구로 문학 박사 학위를 취득하였고, 20세기의 '외지' 일본어 문학, 전통 시가문학의 현재성, 한일 비교문화 및 일본의 문화콘텐츠 산업 등에 관심을 가지고 번역과 연구를 진행 중이다.
논저에『한반도와 일본어 시가문학』(고려대학교 출판문화원, 2018),『조선의 미를 찾다-아사카와 노리타카의 재조명』(공저, 아연출판부, 2018),「日韓相互コンテンツ ツーリズムの比較研究― テキストマイニングを用いて」(『跨境·日本語文学研究』17, 2023) 등이 있고, 역서에『쓰레즈레구사』(문, 2010),『몽중문답』(학고방, 2013),『단 카로 보는 경성 풍경』(역락, 2016),『나카지마 아쓰시의 남양 소설집』(보고사, 2021),『자바 사라사』(보고사, 2022),『콘텐츠 투어리즘 연구』(보고사, 2023) 등이 있다.

김효순(金孝順)

고려대학교 글로벌일본연구원 교수, 인문학과동아시아문화산업협동과정 주임교수.
고려대학교와 쓰쿠바대학에서 아쿠타가와 류노스케 문학을 연구하였고, 현재는 문 화산업과 일본 서브컬처에 관심을 갖고 연구하고 있다. 주요 논문으로「카렐 차페크 의『R.U.R』번역과 여성성 표상 연구」(『일본문화연구』68, 2018),「『경성일보(京城 日報)』일본어 문학과 근대도시 경성의 표상」(『일본연구』34, 2020) 등이 있고, 저역 서에 가와시마 노부코의『콘텐츠 산업론』(역서, 보고사, 2023), 다니자키 준이치로 저『열쇠』(역서, 민음사, 2018),『현상소설 파도치는 반도·반도의 자연과 사람』(공 역, 역락, 2020),『식민지 문화정치와 경성일보: 월경적 일본문학문화론의 가능성 을 묻다』(편저, 역락, 2021) 등이 있다.

일문연 대중문화연구 프로젝트란?

국제일본문화연구센터(国際日本文化研究センター, 일문연)가 2016년도부터 2021년도에 걸쳐 인간문화연구기구·기관 거점형 기간 연구 프로젝트로서 착수한 프로젝트(정식 명칭은 '대중문화의 통시적·국제적 연구에 의한 새로운 일본상 창출')이다. 이 프로젝트는 일본 문화 전체를 구조적·종합적으로 다시 파악하기 위해 대중문화의 통시적·국제적 고찰을 시작하여 새로운 일본상과 문화관 창출에 공헌하는 것을 목적으로 한다.

일본대중문화총서 08

캐릭터의 대중문화
전승·예능·세계

2024년 2월 5일 초판 1쇄 펴냄

엮은이 아라키 히로시·마에카와 시오리·기바 다카토시
옮긴이 엄인경·김효순
펴낸이 김흥국
펴낸곳 보고사

책임편집 황효은
표지디자인 김규범

등록 1990년 12월 13일 제6-0429호
주소 경기도 파주시 회동길 337-15 보고사
전화 031-955-9797
팩스 02-922-6990
메일 bogosabooks@naver.com
http://www.bogosabooks.co.kr

ISBN 979-11-6587-670-8   94300
      979-11-6587-555-8   94080 (set)
ⓒ 엄인경·김효순, 2024

정가 28,000원

EXPO'70 FUND
(公財) 関西·大阪21世紀協会